2016年度重庆市社会科学规划重点项目（批准号：2016ZDJY07）

未来视域

——重庆职业教育网络建设与应用

顾问：窦瑞华

主编：李光旭

西南师范大学出版社

国家一级出版社 全国百佳图书出版单位

图书在版编目(CIP)数据

未来视域：重庆职业教育网络建设与应用 / 李光旭
主编. — 重庆：西南师范大学出版社, 2019.3
  ISBN 978-7-5621-5799-1

  Ⅰ.①未… Ⅱ.①李… Ⅲ.①职业教育 – 网络教育 –
研究 – 重庆 Ⅳ.①G712.0

中国版本图书馆 CIP 数据核字(2019)第 049856 号

未来视域：重庆职业教育网络建设与应用

WEILAI SHIYU
CHONGQING ZHIYE JIAOYU WANGLUO JIANSHE YU YINGYONG

李光旭　主编

责任编辑：翟腾飞　周明琼　曾　文
责任校对：熊家艳
装帧设计：观止堂_未　氓　黄　冉
排　　版：重庆大雅数码印刷有限公司·张祥
出版发行：西南师范大学出版社
　　　　　地址：重庆市北碚区天生路2号
　　　　　邮编：400715　网址：http://www.xscbs.com
　　　　　市场营销部电话：(023)68868624
印　　刷：重庆市正前方彩色印刷有限公司
幅面尺寸：185mm×260mm
印　　张：34
字　　数：720千字
版　　次：2019年4月　第1版
印　　次：2019年4月　第1次印刷
书　　号：ISBN 978-7-5621-5799-1

定　　价：99.00元

学术指导委员会

编委会

顾　问

窦瑞华

主　编

李光旭

副 主 编

杨和平　罗　能　黄承国
邱孝述　张扬群　颜　庆

参　编

（以姓氏笔画为序）

马小锋	王　毅	王大伦	王云飞	王成麟	王秀红	王曦川	韦永胜
邓晓宁	甘志勇	石晓冀	龙泽平	申鸿平	付依琳	代　淼	兰　飞
朱汉全	朱丽佳	伍美玲	向　军	刘　可	刘　洁	刘　鑫	刘必昌
刘辉元	刘德友	江　菲	许　艳	许少伟	孙志元	孙祖胜	肖　菁
杜柏村	李　庆	李　俊	李　涛	李　淼	李少军	李先宇	李丽华
李祖平	李　璇	杨　苏	杨　星	杨　剑	杨兴江	杨和平	杨宗武
吴　迪	吴文明	别　牧	何木全	余朝洪	邹　浩	汪　然	张　伦
张扬群	陈　思	陈　斌	陈林译	苟氏杰	易克建	罗　能	罗少甫
周振瑜	周朝强	赵小冬	胡栋国	胡俊清	钟　莉	钟代文	姜正友
秦继发	徐　鸥	郭功举	陶管霞	黄　欣	黄　梅	黄一马	黄福林
曹正贵	梁　强	彭　林	彭发明	谢娜娜	臧春梅	廖　伟	廖　建
谭　铸	熊　华	黎红兵					

序 PREFACE

2010年7月教育部制定的《国家中长期教育改革和发展规划纲要(2010—2020年)》明确指出:信息技术对教育有着革命性影响,必须予以高度重视。2012年3月教育部发布的《教育信息化十年发展规划(2011—2020年)》明确了教育信息化将是我国教育发展的重要战略。

职业教育是我国教育事业的重要组成部分。职业教育信息化是我国教育信息化工作的重要内容,是提升职业教育基础能力的重要任务,是支撑职业教育改革创新的重要基础,是提高技术技能人才培养质量的关键环节。

重庆市职业教育学会承担2016年度重庆市社会科学规划重点项目"重庆市职业教育网络建设与应用研究",开展了深入扎实的研究,这不仅顺应了时代发展的需要,顺应了职业教育改革发展的需要,而且遵循了网络技术、信息技术、数字技术、智能技术发展的本质规律。该课题联合30多个职业院校和企业共同参与,校校合作,校企合作;采取行动研究方法,边研究边建设,研究建设相互促进;在研究建设中,既立足于校园网络现有状况,又着眼于未来发展,做到校园网络的建设与应用尽量不落后于现实需求;理论和实践紧密结合,不仅在理论方面取得了丰硕的成果,而且参与研究的学校的网络应用状况有了明显改观,取得了很好的实际效果,有不少生动的案例。

为期三年的众多单位和专家学者共同努力,不断探索,不断总结课题研究,成果丰硕,来之不易! 希望该研究成果能为重庆市乃至全国的职业教育网络建设与应用提供一个良好的借鉴。

本书共六章:第一章是重庆职业教育网络建设与应用报告;第二章是重庆职业教育网络建设与应用标准研究;第三章是重庆职业教育网络基础建设研究;第四章是重庆职业教育网络平台建设与应用研究;第五章是重庆职业院校智慧校园平台建设与应用研究;第六章是重庆职业教育网络服务功能与作用研究。本书内容丰富、观点新颖、资料翔实,具有前瞻性、指导性和可操作性。其推广应用,有助于提升职业院校管理干部、信息技术管理人员的信息技术建设与管理能力,有助于提升职业院校教师和学生的信息技术应用能力。

感谢所有参与研究和编写的人们,你们的智慧与贡献将随着本书的出版及研究成果的推广而流传久远。

教育信息化、智能化的建设和应用是永无止境的。期盼加快推进重庆职业教育信息化,提升重庆职业教育信息化水平,以持续的发展与创新实践适应广大职业院校日益增长的信息化需求。

重庆市职业教育学会首席专家

前言 FOREWORD

在"互联网+"和大数据背景下,网络应用已深入人们学习、生活、工作等各个领域。"互联网+"在教育领域的运用与拓展非常迅速,教育内容的持续更新、教育方式的不断变化、教育评价的日益多元,使中国教育正在迎来一轮新的变革,尤其是与社会经济紧密结合的职业教育,将因此面临新的挑战。加快职业教育现代化,加强职业院校的信息化、数字化建设,成为应对挑战必然的重要选择。教育信息化是教育现代化的重要体现,而网络是信息化的重要载体。重庆职业教育网络在发展过程中,呈现出建设的系统性与规范性不强,应用性与有效性不高,研究工作相对薄弱等问题。鉴于此,重庆市职业教育学会受重庆市社会科学规划办的委托,联合重庆市30多个职业院校和企业,在充分调研的基础上,运用职业教育学、网络技术和管理学等理论,采取行动研究方法在职业教育网络建设与应用方面进行了深入而广泛的研究,取得了丰硕的成果,为重庆市乃至全国的职业教育网络建设与应用提供了一个良好的、可供借鉴的蓝本。

本书依据职业教育网络的建设标准、达成标准路径、应用网络标准三大方面,以重庆职业教育网络建设与应用研究报告、调研报告、咨政报告和重庆职业教育网络基础建设标准与应用、重庆职业院校网站建设运维标准与应用、重庆职业院校智慧校园平台建设标准与应用、重庆职业院校网站网络安全标准与应用、重庆职业教育数字化教学资源开发与共享标准与应用、重庆职业教育网络服务功能标准与应用六个维度展示了其研究成果。本书内容丰富、观点新颖、资料翔实,具有前瞻性、指导性和可操作性,不仅为职业教育院校的网络建设与应用提供了较系统性和规范性的借鉴,也可为政府在职业教育网络建设与应用方面提供咨政参考,提升职业教育网络在学校教育、教学、管理和社会服务方面的支持作用。

本书可以作为职业院校网络建设与应用的重要参考资料,也适合教育网络专业方向的师生和从事教育网络建设工作的相关工作者阅读。

本书由重庆市职业教育学会常务副会长兼秘书长、"重庆职业教育网络建设与应用研究"课题组组长李光旭主编,在重庆市职业教育学会首席专家窦瑞华的指导下,先后有多位职教专家,职业院校校长、教师及有关企业人士为此付出心力。重庆市教育科学研究院职业教育与成人教育研究所副所长谭绍华,重庆市教育评估院职成教育评估所所长黄承国,重庆航天职业技术学院副院长罗能、高职研究所副所长朱丽佳及重庆市30多所职业院校的院校长及课题组成员积极参与本书的构思及写作。全书由西南大学教育学部教授伍叶琴统稿,得到重庆市社会科学界联合会的关心和指导,在此,对关心、指导并为本书编辑出版付出心血的各位领导、专家及所有编写人员表示衷心的感谢!

因为信息网络飞速发展和编者研究视野与水平有限,本书难免有疏漏和不足之处,敬请同行及读者批评指正。

《未来视域:重庆职业教育网络建设与应用》编委会

2019年2月

目录 CONTENTS

第一章

重庆职业教育网络建设与应用报告

FIRST

第一节　重庆职业教育网络建设与应用研究报告

一、研究背景及意义

(一)研究背景

以互联网、3D打印、分布式新能源为代表的第三次工业革命时代的到来,对现今社会影响巨大,中国能否经得住新的工业革命带来的经济和社会的质的变革,关键在教育,核心在于能否培养出适应时代发展、具有创新精神和创新能力的人才。传统的具有工业化时代烙印的、流水线式的、以知识传授为主的教育模式,已无法满足第三次工业革命时代的人才需求。第三次工业革命,需要教育领域培养出多样化、个性化、创新型和国际化的人才。以互联网为代表的新一代信息技术与教育领域的跨界融合,为解决这个重大问题、促进中国教育顺利转型提供了新的契机。①"云""物""大""智"等新兴技术在教育行业的普及与应用,促使教育信息化已经成为职业院校提升教育教学管理能力、提高专业课程建设水平、推进教学改革的核心内容。以信息化、数据化、智慧化为标志的教育信息化工作迈入2.0时代。深入开展职业教育信息化建设与应用研究,是顺应时代需求、发展现代职业教育、促进职业院校自主发展的必由之路。

重庆市职业教育信息化建设与应用工作在各级党政和业务主管部门的重视下,取得了较大成效,但是与发达地区相比,还存在着较大的差距。加强对本课题的研究,有利于推进职业院校信息化、智慧化发展的进程。

(二)研究意义

1.时代发展的需要

信息化时代,信息技术在政治、经济、社会生活等领域的应用能力与效果是衡量一个国家国际竞争力水平的关键评价指标。西方各发达国家出台了一系列政策、措施来谋求其在教育信息化领域的领先地位,内容涉及基础教育、职业教育和高等教育多个层次。②美国等职业教育发达国家一直都将提升职业教育的信息化水平作为提升职业教育质量,保持其领先地位的重要措施,其信息化建设不仅在硬件投入方面花费了巨大的资金与精力,其在软件设计、网络平台搭建、教师信息化教学能力改进等多个方面都取得了不俗的成绩,为职业院校教师的教学和学生的学习提供了十分优良的信息化教学环境,极大地提高了职业院校教师的教学效果与学生的学习质量。而我国职业教育信

---

① 余胜泉,王阿习."互联网+教育"的变革路径[J].中国电化教育,2016(10):1-9.
② 王亚南,石伟平.歧途与省思:职业教育信息化建设的战略转型[J].现代教育管理,2016(4):86-92.

息化建设无论是在硬件投入还是在软件支持、教师能力、建设机制上都同发达国家职业教育信息化建设水平存在着较大的差距。[①]面对来势汹涌的信息化浪潮，中国的职业教育更需要在吸取各国信息化建设经验与教训的基础上，脚踏实地地开展网络建设与应用研究，释放数字资源蕴含的巨大能量，促进教育教学水平的提升，增强职业教育国际竞争力。

2.现代职业教育发展的需要

随着信息技术的飞速发展和日益普及，信息化浪潮推进到社会发展的各个领域，教育体制和模式也受到巨大冲击。信息化对职业教育带来了革命性的影响：信息化改变了职业教育环境，全社会的教育资源将得到最大限度的整合，形成一个开放的教育平台，进而产生新的教育教学规律。在这种背景下，教育者不仅需要掌握基本的信息技术工具，更需要用信息化的理念审视和指导教育教学过程的各个环节和领域。信息化改变了教育资源的配置方式，教育系统将不再局限于传统意义上的校园，而加入了网络学院、虚拟开放大学等新的形式；受教育者不仅可以通过传统的面授方式获得知识，还可以借助计算机、网络足不出户异地接受教育，使得分布于世界各地的学生和教师可以同时在一个虚拟的教室中进行课程学习和讨论。[②]信息化推动了教育技术的改革创新，微课、慕课等多种教学形式层出不穷。面对信息化带给职业教育的巨大挑战，职业教育如何适应现阶段的具体社会环境，开展教育系统的重新组合和社会教育资源的优化配置，[③]培养在信息化时代浪潮中"冲浪的职业新人"是实现现阶段教育教学改革历久弥新的话题。

3.职业院校自身发展的需要

开展职业院校网络建设与应用研究是提高职业院校办学质量的必然选择。在信息化发展带来的一系列新技术、新理念、新模式的冲击下，"互联网+"与职业教育正在深度融合，逐步重构我们的教学方式、教育观念等，具体表现在：一是服务社会网络化，校园网站成了职业院校服务社会和对外宣传的重要窗口，微信公众号、官方微博、手机报等现代信息化方式已成为主流宣传工具；二是管理方式网络化，无纸化的办公既节约成本、减少污染，又提高了管理水平和效率；三是教学模式网络化，数字课程资源、现代教学模式、微课、在线课堂、模拟实训等将打破传统教学的时空限制，实现优质课程资源的共享，提高教育教学的效率和质量；四是学习方式网络化，学生利用互联网打破了传统的学习方式，突破了时间、空间的限制，获取了丰富的网络信息和学习资源。

对重庆市30所职业院校网站建设与应用的调查发现，重庆职业教育网络建设与沿

---

① 徐国庆.中美职业教育信息化发展水平比较研究[J].教育科学，2011(2)：80-84.
② 李海云.信息化对教育的革命性影响[N].人民日报，2013-8-26.
③ 王亚南，石伟平.歧途与省思：职业教育信息化建设的战略转型[J].现代教育管理，2016(4)：86-92

海发达省市差距大,与教育部的要求差距大,主要表现在:部分职业院校在网络建设与应用上认识和管理不足,对网络建设与应用在职业教育改革发展中的重要性认识不足,没有相关的制度保障,缺少专、兼职网管人员及技术团队,网络的规范化程度较低,缺乏相对统一、规范的网络建设标准,校园网用户体验差,主要宣传内容不突出,力度不够,信息更新不及时,点击率不高,优质数字教学资源缺乏,没有发挥院校网络在招生就业宣传、教育教学、管理及社会服务等方面应有的作用等。重庆市职业教育自身的发展要求各职业院校必须跟上网络建设的历史潮流,适应信息化时代的新要求,深入开展网络建设与应用研究。

二、文献综述

(一)国外文献综述

世界上几乎所有的发达国家都相继建成了国家级的教育网络。在美国、加拿大、澳大利亚、日本和新加坡等多个国家,政府和教育部门不遗余力地着手推行教育信息化发展战略,在改革传统的教育教学过程中大力推行计算机技术和信息技术,积极组织本国教育界及相关专家学者开展教育信息化研究活动。

1.美国经验

信息化最初在美国教育领域的运用是美国克莱蒙特大学凯尼斯·格林教授于1990年提出的"信息化校园"概念,并在当年美国高校信息化的一个研究项目——信息化校园计划(The Campus Computing Project,缩写 CCP)中实施。1993 年,美国总统克林顿提出的"信息高速公路"计划,标志着美国教育信息化的全面开展。1994—1999年,信息技术进入美国高校,主要做法是将信息技术引入课堂中,通过教学实践,探究什么是信息技术,让教师和学生认识信息技术。2000—2004 年,美国教育信息化方向主要集中在高校门户网站的建设。2005年至2008年,开始主要关注高校信息化建设的信息安全治理。2016年美国提出了教育技术计划,在学习、教学、领导力、评价和基础设施5个领域提出21条建议指导教育信息技术应用,以确保所有年龄段的学生都能拥有个性化成长和成功的机会。它描述了如何"利用公平、积极的技术应用,以及协作的领导力来实现随时随地的学习"。通过不断建设,美国几乎所有的大学都建立了校园网,各类教育杂志和有关教育技术的国际会议几乎全是讨论网络教育虚拟课堂、多媒体教学设计等有关教育信息化的内容。美国政府为网络建设及教育资源的开发和利用投入了大量的资金和研究力量,政府组织开发了多个国家级大型资源信息中心,其中最具代表性的是ERIC(美国教育资源信息中心),它由美国教育部、教育科学院和教育国家图书馆提供支持,其资源开发计划周密,功能齐全,文献资料异常丰富,配有易用的搜索引擎、E- mail问答系统和专家咨询等,可帮助用户方便快捷地查找所需要的资料。

通过美国的教育信息化建设经验可以发现,在信息化时代,美国作为教育强国都意识到信息技术对于教育的革命性影响,将信息技术融入教育,利用信息技术改革教育教学手段,以保持美国在全球经济中的竞争力。相对美国来说,我国学校信息化程度不高,更需要在数字化教学资源的建立和共享、学校门户网站建设等方面进一步深入探索。

2.新加坡经验

新加坡于1980年制定了第一个国家信息化战略规划(The National Computerization Plan)。从1997年到2009年,新加坡共发布了3项教育信息化战略计划,分别是为期五年的基础教育信息化建设计划(Master Plan 1,简称"MP1")、基础教育信息化第二期(MP2)和基础教育信息化第三期(MP3)。这些计划都在一定程度上有效地推动了新加坡的教育信息化建设。2015年,新加坡开始实施"智慧国2015(IN2015)计划",加强全国信息基础设施建设、提高网络宽带连接质量,实施"一人一台计算机"和"无线校园"项目工程。注重对学生学习环境的营造,更倾向于鼓励学生进行自主学习,并凭借信息化的力量为学生呈现更多画面精彩的学习内容,让学生在潜移默化中产生对学习的兴趣。[①]

通过研究发现,新加坡在3期战略计划的实施过程中,都将学校和教师的示范作用列为工作的重点,建设了很多信息技术试点学校项目,并开展了多项教师培训活动。目前,我国也借鉴了国外经验,在全国范围内选取一些代表性的学校作为试点基地,开展教师信息技术培训,从试点项目开始一步一步在全国范围内推广,但我国在试点的深度和广度上还可以再进一步扩大,项目指导和项目投入还待进一步加强,以便更好地推动教育信息化水平进一步提升。

3.日本经验

日本自20世纪50年代起,逐渐利用电视、广播等多媒体设备开展学校教育,尤其是在1994年信息技术被定为国家战略产业以后,日本连续不断地出台了各类相关国家政策,并在此背景下通过政策引导、基础建设、教育实践和研究讨论,逐步推进教育信息化。日本信息化建设分别在经历了1945—1980年的萌芽阶段、1981—2000年的定性阶段后,2001年日本制定了"E-Japan战略",重点扶持超高速网络建设、电子商务和政务、IT人才培养。2004年推出了"U-Japan"政策,要求在2010年前实现随时随地均可自由连接互联网,建设世界一流信息化社会。2013年提出的"世界最先进IT国家宣言"和"日本再兴战略"再次提高标准,提出"一人一台计算机"的口号,强调信息技术能力应从儿童抓起;同年发布的第二期教育振兴基本计划更是要求在2020年前彻底实现"一人一台计算机"。2016年,七国集团教育部长会议发表《仓敷宣言》,日本是主要倡议者,提出要在全球化中加强适应技术革新的教育,鼓励采用ICT(信息通信技术)帮助处于经

---

①董永芳.新加坡教育信息化发展战略概述与启示[J].教学与管理,2016(2):118—121.

济或社会劣势的学生。近年来,日本又将海外的日本人学校纳入国际化联合实践当中,并积极加速建设统一的教育云平台和教学资源开发标准,验证并构建优质可行的教学模型。

通过研究发现,日本的信息化建设强调教育均质化,积极推广以点带面。日本通过积极划拨政府补贴、照顾偏远地区、均衡教育资源,从软硬件设备上基本上消除了地区差异和数据鸿沟,极大地保证了各地区试点的均衡程度。因此,借鉴日本的经验,我国可以积极利用信息技术的特点,建设统一的教育云平台和教育资源开发标准,加强教育信息化建设的顶层设计,加强各类资源的互联互通、整合共享和统筹协调,避免"信息孤岛"和重复低效建设,积极推动教育信息化水平提升。[1]

(二)国内文献综述

近年来,我国高等教育信息化建设与应用研究领域成果非常丰富,研究内容主要集中在信息化建设在现阶段的功能和作用、"互联网+"教育教学手段和模式、信息技术对教学与管理的影响与促进、人工智能教育与智慧教育等诸多方面。

1.信息化建设的功能和作用研究

杜占元(2017)提出,教育信息化必将带来教育理念的创新和教学模式的深刻革命,必将成为促进教育公平和提高教育质量的有效手段,必将成为营造学习环境和全民终身学习的有力支撑,必将带来教育科学决策和综合治理能力的大幅提高。[2]饶钦焕、杨维(2013)在《复杂视野下高职院校教育信息化发展浅析》中提出,高职院校教育信息化系统要以复杂性范式为指导,将教师、学生及管理者等与信息技术有机整合后运用到教育系统中,以实现更高效率、更高质量的教育活动,此信息技术能够提高高职教育信息化的境界。陈琳、刘雪飞、冯熳、陈丽雯(2018)在《教育信息化转段升级:动因、特征方向与本质内涵》中提出,教育信息化将作为教育系统性变革的内生变量,支撑引领教育现代化发展,推动教育理念更新、模式变革、体系重构。陈耀华、陈琳(2016)在《互联网+教育智慧路向研究》中提出,"互联网+教育"的智慧化发展可以体现在:教育功能定位由适应社会提升为引领社会,教育基本遵循由知行合一走向知行创统一,教育目标由培养知识人转向培养智慧人、创新创造人。杨宗凯(2018)在《以信息化全面推动教育现代化:教育技术学专业的历史担当》中提出,以智慧校园建设、在线教育发展、智能助理与大数据和学习分析技术创新为代表的技术革新将为教育内容的重组提供有力支撑,进而带动整个教育体系的整体变革。任友群(2018)在《人工智能的教育视角初探》中提出,人工智能能够为教育的发展带来足以改变其业态、形态的新技术、新工具;随着人工

①张玮,李哲,奥林泰一郎,贾若.日本教育信息化政策分析及其对中国的启示[J].现代技术教育,2017(3):5-12.
②蔡继乐.以教育信息化全面推动教育现代化——访十九大代表、教育部副部长杜占元[N].中国教育报,2017-10-23.

智能对社会的影响日益加深，也对人的发展，继而对教育的发展提出了新要求。

2.“互联网+”教育教学手段和模式研究

张偎、任友群（2018）在《教师教育的智能变革何以可能：智能课堂及其意义》中提出，面向规模化的教师教育活动需求，需要融实际教学情境中教学环境数据、师生教学生理数据、师生教学行为数据以及学业表现数据等“多模态数据”的采集、分析、应用为一体，并利用大数据和人工智能技术发现各类数据与教学之间关系的“智能课堂”，为教育学研究提供科学的实证基础。秦瑾若、傅钢善（2018）在《面向STEM教育的设计型学习研究：模式构建与案例分析》中，围绕STEM教育的核心理念，借鉴典型的设计型学习模型，从学生创新探究能力培养、师生活动和教学环境3个层面出发，构建了一个以“跨学科融合”“循环迭代”“过程体验”“问题解决”为核心的、面向STEM教育的设计型学习模式。谢幼如、邱艺等（2018）在《网络学习空间建设应用新范式：知识生成视角》中对小学科学课提供了探究空间与工具，梳理了小学科学探究的一般过程及类型，并在理论层面构建了科学探究的可视化过程，在技术层面实现网络学习空间对科学探究过程可视化的相关支持。

3.信息技术对教学与管理的影响与促进研究

陈明选、王诗佳（2018）在《测评大数据支持下的学习反馈设计研究》中对测评大数据支持下的学习反馈内容进行了设计，结合大数据带来的客观性、及时性、迭代性优势，基于测评大数据的分析与规律总结是教育大数据在基础教育领域的价值所在。余胜泉（2017）在《大数据时代的未来教育》中提出，大数据、互联网、人工智能等技术为构建“全纳、公平、优质的教育和促进全民终身学习”提供了极其重要的物质基础，能够变革陈旧的学校教育组织模式、服务模式、学习方式、评价方式、管理模式等要素，进而构建大数据时代的新型教育生态体系，培养未来经济社会发展所需的多样化、个性化、国际化、创新型人才。

4.我国的实践探索

我国先后出台了《教育信息化十年发展规划（2011—2020年）》（教技〔2012〕5号），《教育信息化“十三五”规划》（教技〔2016〕2号）。2012年教育部联合九部门印发了《关于加快推进教育信息化当前几项重点工作的通知》（教技〔2012〕13号）。2012年教育部又部署了“三通两平台”、教学点数字教育资源全覆盖和教育信息技术应用能力提升等7项重点工作。2014年教育部联合五部门印发了《构建利用信息化手段扩大优质教育资源覆盖面有效机制的实施方案》（教技〔2014〕6号）等，形成了成体系的教育信息化政策制度和战略部署，探索了一条具有中国特色的教育信息化发展道路。[①]各地区也在国

① 雷朝滋.教育信息化：从1.0走向2.0——新时代我国教育信息化发展的走向与思路[J].华东师范大学学报（教育科学版），2018（1）：98-103.

家各部委的支持下,积极开展信息化建设探索工作,如苏州市政府开展了"苏州教育E卡通"项目,通过信息化载体——教育E卡通,整合考勤、门禁、校内消费、免费公交轨交、校内图书借阅、市图书馆借阅、社会实践基地刷卡等多项功能,为学生成长提供了优质便捷的服务。泰州市根据多方调研后正式启动微课程的研究与建设工程,根据学科知识体系编撰碎片化的知识点、技能点条目,针对学生学习过程中的难点、疑点、易错点制作3~5分钟的微视频、微测试,建成覆盖基础教育主要学科的自主学习平台与资源库。华中师范大学积极探索信息技术与教育教学的深度融合,坚持运用信息化推动新一轮教学改革,建设了全覆盖的无线校园网和学校自主知识产权的教学云平台,建设了数字化课程资源700多门,60%必修课建设数字化资源,教师开辟网络教学空间,实现线上线下、网络面授等多种教学形态。常州工程职业技术学院按照统一的技术构架、标准与环境,对其现有数据资源进行整合,建立了一个能对数据进行集中管理、维护的数据交换与共享平台;建设了校级数据中心,实现了各级部门以及应用系统之间信息资源共享;建立了统一的网上办事大厅。运用云计算技术、物联网技术、大数据技术等信息技术,打造信息化平台,实现了从"数字校园"向"智慧校园"的转变。[1]陕西工业职业技术学院夯实学校信息化建设硬件基础,搭建数据采集支撑环境,构建以主要功能软件系统为元件的软环境,通过统一数据标准,打通信息孤岛,实现各软件系统的互通互联,运用信息技术服务教学。[2]

(三)现有相关研究局限与本研究欲突破的问题

通过研究发现,现行关于职业教育信息化建设的研究主要以理论研究和调查研究为主,实证性研究偏少;单一视角开展相关研究较多,多重视角开展的综合性研究偏少;技术和认知因素的关注较多,组织与环境因素的关注偏少。本课题研究拟从现代教育理论、现代教育技术理论、福利理论、信息悖论等多视角开展综合研究,对职业教育网络建设与应用的运行机制、信息技术在教育教学中的运用、对经济社会的影响等方面开展研究。

三、研究设计

(一)研究目标

1.总体目标

通过重庆职业教育网络基础建设与应用、重庆职业教育网络平台建设与应用、重庆职业教育智慧校园平台建设与应用、重庆职业教育网络服务功能和作用等4个方面的研

---

[1] 袁洪志.高等职业院校内部质量保证体系建立与运行实务[M].南京:南京大学出版社,2017.

[2] 刘建林.高等职业院校教学工作诊断与改进实操导引[M].北京:高等教育出版社,2018.

究,深化"重庆职业教育网"与各职业院校校园网的共建互融,促进重庆市职业教育网络资源的有效开发、整合和优化利用,推动重庆市职业院校校园网的健康发展和不断完善,提升重庆市职业院校的信息化建设水平,强化现代信息技术对职业院校教育教学质量提升的重要性,引领重庆职业教育网络建设与应用的发展,更好地为服务地方经济提供优秀的高素质技术技能型人才。

2.具体目标

通过课题研究,希望能够构建重庆职业院校校园网的共建互融机制;建设3个"平台",即重庆市职业教育课程管理平台、重庆市职业教育学会课题协同平台、重庆市职业教育智慧校园平台,助推重庆职业教育网络应用;研制6个"标准",即《重庆职业院校网站建设运维标准(试行)》《重庆职业教育网络基础建设标准(试行)》《重庆职业院校网站网络安全标准(试行)》《重庆职业教育数字化资源开发与共享标准(试行)》《重庆职业院校智慧校园平台建设标准(试行)》《重庆职业教育网络服务标准(试行)》,规范重庆职业教育网络建设行为,形成一批典型案例,为重庆职业院校加强网络建设与应用提供参考范本。

(二)研究方法

1.文献研究法

课题组对中国知网、维普期刊、万方期刊和各类纸质文献进行了充分的检索和调研,总结归纳了其中有意义的经验和做法。搜集了包括CNKI和维普网的大部分期刊和硕博论文中有关职业教育网络建设与应用的相关研究文章500余篇,查阅了《中国教育信息化发展报告(2016)》等。

2.调查研究法

课题组深入开展了问卷调查、座谈、访谈等。主要针对30个职业院校,10个相关企业、科研院所及政府相关的部门,制订了调查问卷,开展了相关调查。搜集整理了职业院校网络建设与应用工作开展的现状和问题等,剖析重庆职业教育网络建设与应用存在的问题,提出加强重庆职业教育网络建设与应用的对策,为课题的后续研究奠定基础。

3.行动研究法

本课题研究以"重庆职业教育网"和30所共建单位校园网的实际工作者为研究主体,以国家对职业教育信息化建设的要求为依据,以网络建设与应用存在的问题和实际需求为导向,根据总课题的研究目标,各子课题组结合子课题研究的专题内容,按照"计划、研究、即时应用、反思、再修正研究、总结提炼"的行动研究模式进行研究,以此达到解决职业教育网络建设与应用的实际工作中的问题的目的。

4.案例研究法

选择重庆市国家级示范院校、市级示范院校、公(民)办职业院校,特别是30所共建单位进行持续的观察、跟踪、分析和提炼,为课题研究提供典型的个案。

四、研究内容

(一)研究的理论基础及政策依据

1.理论基础

本课题是一个由多种学科、多种理论和多种模型组成的综合研究领域,其中涉及了现代教育理论、现代教育技术理论、福利理论、信息悖论等综合性理论,其基本理论依据和技术支撑如下:

(1)现代教育理论。

人本主义教学理论强调:成长是学生自己的事,教师的职责是为学生的成长提供促进与保障条件。主要体现在:帮助学生确定探究活动的主题;参与探究活动,及时点拨、补充、评价;帮助学生完成探究活动。教师的作用与智慧更应该体现在探究程序、活动平台的设计与搭建上,而不完全是在教师自身的人格与学识上。职业教育网络建设强调教学方法和教学内容的改革,通过网络营造学习场景和氛围,帮助学习者更好地开展学习。

行为主义理论:斯金纳认为,学习是一门科学,学习是循序渐进的过程,而教则是一门艺术,是把学生与教学大纲结合起来的艺术,应安排可能强化的事件来促进学习,教师扮演着监督者或中间人的角色。教学媒体设备的作用不仅要呈现教材,而且必须与学生的行为联系起来。在这种理论的影响下,传统视听传播领域日益重视教学媒体对提高学习质量的影响,重视课件开发和推广使用。行为主义理论对开展职业教育网络建设与应用研究,重视对教学资源的开发和使用,通过应用先进教学媒体来改善教育教学质量,有极大的促进作用。

建构主义:其基本观点认为学习知识不是镜面式的或者被动的反应,而是学习者根据一定的社会背景,借助教师的帮助,主动建构的过程。建构主义认为,学习环境是学习者可以在其中进行自由探索和自主学习的场所。学生在此环境中可以利用各种工具和信息资源(如文字材料、书籍、音像资料、CAI与多媒体课件以及Internet上的信息等)来达到自己的学习目标。在这一过程中,学生不仅能得到教师的帮助与支持,而且学生之间也可以相互协作和支持。学习应当被促进和支持而不应受到严格的控制与支配。学习环境则是一个支持和促进学习的场所。建构主义理论强调利用各种信息资源来支持学生学习。为了支持学习者主动探索和完成意义建构,在学习过程中要为学习者提供各种信息资源(包括各种类型的教学媒体和教学资料)。这些媒体和资料并非用于辅助教师的讲解和演示,而是用于支持学生的自主学习和协作式探索。[①]在职业教育网络建设与应用过程中,教师通过设计精品在线开放课程、教学资源库等,利用在线考试、在线答疑、互动评价、在线牵动、在线分组、在线提问等多种教学形式,为学生营造学习氛围和场景,支持学生学习。

(2)现代教育技术理论。

诺兰模型:计算机应用到一个组织的管理中,一般要经历从初级到不断成熟的成长过程,诺兰认为这个阶段分别是初装阶段、普及阶段、控制阶段、应用整合阶段、数据管理阶段和成熟应用阶段。模型中的各阶段都是不能跳过的。因此,无论在确定开发管理信息系统的策略,或者在制定管理信息系统规划的时候,都应首先明确本单位当前处于哪一个生长阶段,进而根据该阶段特征来指导管理信息系统建设。职业教育智慧校园建设,根据诺兰模型,首先要明确所处的阶段,然后才能根据该阶段的具体特点来开展网络建设。

区块链技术:它是利用块链式数据结构来验证与存储数据,利用分布式节点共识算法来生成和更新数据,利用密码学的方式保证数据传输和访问的安全,利用由自动化脚本代码组成的智能合约来编程和操作数据的一种全新的分布式基础架构与计算方式。

SDN(软件定义网络):它是由美国斯坦福大学CLean State课题研究组提出的一种新型网络创新架构,是网络虚拟化的一种实现方式。其核心技术OpenFlow通过将网络设备的控制面与数据面分离开来,从而实现了网络流量的灵活控制,使网络作为管道变得更加智能,为核心网络及应用的创新提供了良好的平台。

云计算技术:它由美国国家标准与技术研究院(NIST)定义,是一种按使用量付费的模式。这种模式提供可用的、便捷的、按需的网络访问,进入可配置的计算资源共享池(资源包括网络、服务器、存储、应用软件、服务),这些资源能够被快速提供,只需投入很少的管理工作,或与服务供应商进行很少的交互。

雾计算技术:由美国纽约哥伦比亚大学的斯特尔佛教授提出的,一种面向物联网的分布式计算基础设施,可将计算能力和数据分析应用扩展至网络"边缘"。它使客户能够在本地分析和管理数据,从而通过连接获得即时的见解。

职业教育网络建设与应用研究,需要使用上述技术理论,才能更好地为受教育者提供优质的数字化教学资源及共享服务。

(3)福利理论。

罗尔斯主义的福利观认为:社会福利最大化目标是使处境最差的社会成员的效用最大化,改善最贫困者的福利必须优先于其他社会目标,衡量某项制度合理与否的最主要依据就是看其是否改善了最贫困者的处境。职业教育网络建设与应用通过搭建网

---

① 陈慧丽.在信息技术环境下用建构主义指导教学研究[J].科学之友,2006(8):76-77.

络教育平台,分享优质网络资源,帮助学习者不受时间、地点和学习条件的限制,更有效更自由地开展学习,使得职业教育公共产品在提高国民整体素质的同时,为更多的社会弱势群体服务,进一步体现教育的积极作用,促进社会公平。

(4)信息悖论。

信息悖论是指由信息技术造成快速的、范围广泛的变革带来管理上的困境,人们难以看到信息化投资与经营成果之间的关联,而造成的信息化投资与利益关联模糊甚至毫不相关的现象。深入了解信息悖论,适时制定和落实信息化规划,有助于在重庆职业教育网络建设与应用过程中,减少校园信息化投资多、收效少的情况,降低其不利影响。

2.政策依据

《中共中央关于全面深化改革若干重大问题的决定》明确提出"构建利用信息化手段扩大优质教育资源覆盖面的有效机制"。《关于加快发展现代职业教育的决定》(国发〔2014〕19号)强调"推进职业教育资源跨区域、跨行业共建共享,逐步实现所有专业的优质数字教育资源全覆盖"。《现代职业教育体系建设规划(2014—2020年)》强调"加强职业教育数字化资源平台建设,到2020年,数字化资源覆盖所有专业"信息技术应用达到世界先进水平。"2017年教育部出台《2017年教育信息化工作要点》提出,要坚持力度不减、抓手不软、培训不松,做到强化示范、突出效果、加强宣传,推动数字校园和智慧校园建设。

《国家中长期教育改革和发展规划纲要(2010—2020年)》提出了到2020年基本形成学习型社会的伟大目标。2015年,习近平总书记再次明确了建设"人人皆学、处处能学、时时可学"学习型社会的教育"中国梦"。党的十九大则正式提出完善学习型社会与终身教育体系,建设学习型社会。以上政策都充分说明了开展职业教育网络建设与应用研究的必要性和重要性。

教育部在关于印发《教育信息化2.0行动计划》(教技〔2018〕6号)的通知中提出:"持续推动信息技术与教育深度融合,促进两个方面水平提高。促进教育信息化从融合应用向创新发展的高阶演进,信息技术和智能技术深度融入教育全过程,推动改进教学、优化管理、提升绩效。全面提升师生信息素养,推动从技术应用向能力素质拓展,使之具备良好的信息思维,适应信息社会发展的要求,应用信息技术解决教学、学习、生活中问题的能力成为师生必备的基本素质。加强教育信息化从研究到应用的系统部署、纵深推进,形成研究一代、示范一代、应用一代、普及一代的创新引领、压茬推进的可持续发展态势。"

(二)研究内容

课题组着眼于职业教育内涵发展的动力机制,立足于重庆职业教育网络建设基础,开展职业教育网络平台、智慧校园平台研究,并根据职业教育内在价值论,探索职业教育社会服务功能的实现,以期促进学习者的整体性发展和有效性发展。

本研究所指的网络意指信息传输、接收、共享的虚拟平台,通过它把各个点、面、体的信息联系到一起,从而实现这些资源的共享。网络建设是指职业院校校园网的网络基础、网络管理及维护、网络安全、教学网络平台的资源开发等。网络应用是指职业院校利用网络资源,服务管理、服务教学、服务学习、服务社会等。

1.重庆职业教育网络建设与应用的现状研究

课题组走访了重庆市璧山职业教育中心、重庆市轻工业学校、重庆女子职业高级中学、重庆市渝北职业教育中心、重庆三峡职业学院、重庆航天职业技术学院等30个职业院校,对各个学校的网络建设与应用基本情况进行了调研。调研一共发出问卷30份,回收问卷30份[①],具体情况如下:

(1)网络基础设施建设。

一是硬件建设方面,被调研学校都建立了基础校园网,采用五类或者超五类双绞线的职业院校占比83%。铺设六类线实现万兆汇聚,千兆桌面的达到17%,数字广播建设比例达83%以上,视频监控设施达100%。无线网络建设积极性很高,无线校园网全校覆盖为27%左右,其中无线网覆盖率最小为0,最大为100%。信息化基础设施不断完善,中心机房拥有专业服务器的学校达100%,平均5台左右;大部分学校通过自建(自行购买服务器和存储)来建设学校的数据中心,少量学校尝试租用腾讯、阿里、亚马逊的IaaS云服务或者将数据中心托管在运营商机房。

二是软件建设方面,超过94%的学校采用了高可用性的云计算和虚拟化平台构建数据中心。80%的学校是终端自行下载防病毒软件,20%的学校有硬件防火墙,33%的学校有上网行为管理器。

三是网络队伍建设方面,信息中心的专职管理人员最多为12人,最少为1人,大部分职业院校多为3~4人,普遍专、兼职结合,高职称、高学历的信息化管理人员不多,多数被调研职业院校的高级职称人员占20%以下。

四是网络机制管理方面,73%的职业院校有单独的网络管理建设部门,27%的职业院校是由相关职能部门(如实训中心、教务处等)的下属二级单位或部门的某个工作人员负责职业院校的网络建设和管理工作。82%的职业院校有成文的信息化建设规划,38%的职业院校的信息建设规划分散于总体规划中,19%的单位无信息化建设规划,13%的职业院校单列信息化建设规划。

(2)网络平台建设。

90%的高职院校和70%的中职院校使用数字化教学资源进行教学,大多使用慕课、Moodle等形式建立。通过校园网,教师可以上传课件和其他辅助资料、布置和检查作

---

①因部分被调研职业学校反馈的问卷信息不全面,后文出现了学校数量总和不等于30的情况。

业;学生可以进行试卷练习、下载并学习多媒体课件、利用视频动画学习课程和案例、了解专业标准,以及上传学生个人作品等。在课程资源的开发和使用上,有10%的职业院校无数字化教学资源,在已有数字化教学资源的院校中,教学资源多以网络课程、教学资源库等形式存在。在被调研职业院校中,建有网络课程教学资源的学校最多为85门,最少为1门。在所有课程资源中,国家级教学资源最多为3门,最少为0门;市级教学资源最多为19门,最少为2门;校级教学资源最多为43门,最少为1门。在建有教学资源库的学校中,国家级教学资源库最多为1个,最少为0个;市级教学资源库最多为6个;校级教学资源库最多为26个。

（3）智慧校园建设。

根据调研发现,已有大部分高职院校取得了智慧校园平台建设的阶段性成果,学校的学生学籍管理、财务管理、人事管理、档案管理、教务教学管理、资产管理、教科研管理等方面都逐步信息化,并注意到了数据的兼容性。但尚有一小部分高职院校还在使用单一应用系统（图1-1）。

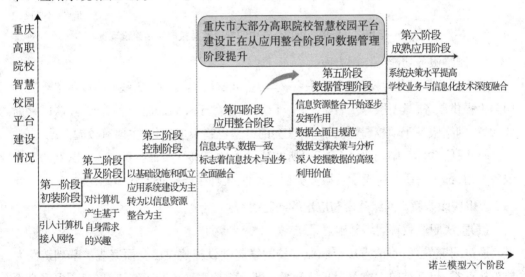

图1-1　运用诺兰模型分析重庆市高职院校智慧校园平台建设现况

重庆市中职学校的智慧校园平台建设与应用处于诺兰模型第三阶段（控制阶段）向第四阶段（应用整合阶段）的提升过程中,主要表现为以基础设施和孤立的应用系统建设为主,即硬件和软件方面的建设情况存在着较大的差异。一方面,大部分学校都基本完成了硬件及网络等基层设施的建设,构建了智慧校园平台建设的基础环境;另一方面,在这些已基本建成硬件环境的学校中又有绝大多数学校在智慧校园平台软件的建设上存在着短板,缺少统筹规划,已建设的独立系统应用功能又不满足当前的学校发展需要。例如:有些学校已建设了不少应用系统,但由于各个系统数据不规范、不统一,并未给学校带来信息化的真正价值。还有一些学校是因为整个信息化建设起步较晚或是其他原因,学校的基础设备、网络等还正在建设中,或正处于智慧校园平台建设的规划阶段(图1-2)。

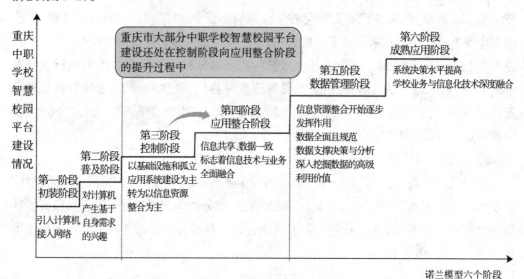

图1-2　运用诺兰模型分析重庆市中职学校智慧校园平台建设现况

(4)网络服务功能与作用方面。

重庆职业教育通过网站、资源平台、学习空间、微信公众号、无线Wi-Fi覆盖等方面向师生提供服务,具备服务于教学、服务于管理、服务于社会的能力。借助"互联网+"时代背景,网络服务于学校、教师、学生、社会的类型也趋于多元化,主要有校园网站、资源库、QQ、微信、短信、邮箱等。目前30所共建学校的60%学校最少都有3个以上的平台服务类型,部分高质量建设学校服务类型达8种,实现了服务类型的多元化。

2.重庆职业教育网络建设与应用的问题研究

(1)重庆职业教育网络基础建设研究。

通过研究发现,目前重庆市职业院校网络基础设施建设已全面完成。基础链路介质正从五类、超五类向六类及全光纤升级。部分学校实现了升级改造,更换了汇聚交换机、接入交换机、无线AP、上网行为管理器等设备,部分基本形成万兆到汇聚、千兆到桌面的高速校园网,部分实现无线网络免费覆盖。基础网络的发达承载了更多更复杂的业务系统,包括视频监控、数字广播、校园一卡通、教务系统、学生招生就业系统、OA系统等。数据中心打通了各部门之间的数据通道,实现基础数据共享,提升了学校在教研、科学、管理和生活服务等方面的竞争力。但部分学校核心层及汇聚层建设滞后,小部分核心交换机较为老化,无论是可靠性、转发能力、端口密度还是业务特性均无法满足今后数字校园应用的承载需求。部分接入交换机全部为非网管型百兆交换机,管理维护困难,且转发能力已不满足今后数字校园应用的承载需求。接入层建设缺乏扩展性,骨干网无备用光纤链路且芯数不足;因年代久远,部分暗线铺设的链路不通,临时铺设了不规范的线路,给后期维护、更换带来麻烦。网络基础建设安全性不够,部分学校机房或者服务器没有提供UPS(不间断电源);笔记本电脑、手机、平板等新设备通过教师自主购买无线路由器接入校园网,存在严重的安全隐患。硬件建设缺少规划,校园网络建设缺乏整体和统一的规划。重庆市很多职业院校网络建设是随着办学规模的扩大而逐步完善的,很多经历3次建设(初建、扩容、新校区建设扩容),最终实现了全校的有线网络覆盖。以升级为主的校园网建设模式虽然在容量上和规模上不断地适应新的变化,但无法彻底解决一些历史遗留问题和设计缺陷,对一些新技术的引入留有一定的后患,校园网建设的整体性较差。网络管理缺乏常规化,学校中心机房、学校的设备间的卫生问题极为严重;若干机房线路极为混乱,室内杂物乱放,机房像杂货铺,人员几乎不能进入;部分学校的终端用机软件安装随意,系统处理随意,学校领导和管理人员没有将工作提升到学校管理层面上去对待。设备使用率低,整体的信息化技术水平不足,不能有效开展高水平管理和应用指导、培训,在安全管理上也存在若干疏漏,致使整个校园网络存在隐患。

(2)重庆职业教育网络平台建设与应用研究。

通过研究发现,重庆职业教育网络平台在运用上还存在着一些不足。

一是数字孤岛现象严重。重庆市职业院校在教学管理、人事管理、后勤管理、学生管理、财务管理、资产管理等方面具有一定的信息化基础,也有各自独立运行的数据库,各职能部门都在信息化建设方面付出了大量的人力、物力和财力成本,基本实现了日常管理的信息化。但各职业院校之间和职业院校内部各处室之间很少实现数据共享,各业务系统处于数据孤岛状态。由于各职业院校和院校内各部门之间数据独自存储、各自定义,其运行环境、数据库系统、信息编码规则、业务流程定义等都执行不同标准,信息很难及时共享,影响了各职业院校与相关政府部门之间、职业院校内部各部门之间的配合,相关部门的数据采集成本和局限性增加,影响决策效率。

二是平台安全性不够。部分院校对于来自校内及校外的安全威胁均无任何解决手段;重要数据没有良好的灾备;部分院校可以实现上网审计功能,但没有专门设置上网审计系统。

三是平台管理能力不强,使用率不高。重庆市职业院校普遍在网络教育资源的建设和使用上存在着重开发而轻应用的倾向。各院校都相当重视资源的开发和研究,投入的资金也比较多,后续资源使用情况却少有人关注。又如很多院校都存在着乐于开发资源,但开发的目的不是为了使用,而是把这作为树立学校形象、打出品牌的重要途径。

四是网络平台功能欠缺,导致运用信息化手段改进教学方式及育人模式的创新性不足。"互联网+"的大规模运用,逐渐改变着学习者的学习习惯。英国埃克塞特大学与开放大学教授克拉夫特（Anna Craft）在《创造力和教育的未来——数字时代的学习》中特别指出，数字时代的青少年具备4个关键特征：多样性、娱乐性、可能性和参与性。面对数字时代的学习者，教育者需要不断改进教育教学手段，把传统与现代、科技与人文有效融合，用混合式、融合式的学习方式来培养人、塑造人，帮助其形成面向未来的关键能力。但就目前的教学资源网络平台运行现状来看，大部分职业院校网络平台功能设计局限在资源共享的阶段，平台的交互功能开发不足，导致教师难以利用网络教学平台构建信息化教学环境，有针对性地规划设计课前、课中、课后的教学安排，难以运用信息技术改革教学方式和育人模式。

（3）重庆职业教育智慧校园平台建设研究。

通过调研发现，重庆市智慧校园平台的建设主要存在以下几方面问题：第一，部分院校缺少理论层面的指导，建设思路不够清晰，未完全做到以用户使用为中心，过于强调物联网、云计算等新技术的影响和作用，而非依据本校的应用系统建设现状、建设周期、资金情况选择智慧校园平台建设；[①]第二，对智慧校园平台的内涵认识不统一，学校内部各部门之间认识和理解的差异化较大，对智慧校园平台的建设和研究存在着简单化、理想化的倾向；第三，智慧校园平台服务于教学、科研等工作的实践性不强，院校领导层缺乏运用智慧校园平台的手段，利用大数据进行有效决策管理的意识不强。

上述不足具体表现为：各职业院校各部门独立使用数据库系统，未对学校的技术架构、建设标准和建设环境进行统一，学校现有数据资源未进行整合；少有学校建立统一的数据中心，未实现数据的集中管理、统一维护和交互共享；未实现统一门户、信息集中等基础工作；难以满足学校内各类用户对相关信息资源查询检索的要求；院校内存在多个信息孤岛，各个业务部门都使用独立的数据库，数据冗余、来源多样、格式不统一、缺失较普遍、难以共享，难以进行数据挖掘，很难对管理决策进行支持。

（4）重庆职业教育网络服务功能与作用研究。

通过调研发现，重庆职业教育网络服务功能正在实现多元健全，在网络服务教学基础环境建设、网络服务教学的平台和资源建设、网络服务教学过程管理、网络服务教学新技术应用等方面引进了不少优质资源。部分学校陆续建立智慧教室、实训模拟演练系统、课程资源平台，在学校教育管理、备课授课、学生评价、教学评价、课后作业辅导、学校—家长—企业—社会互动等方面，予以强大的网络服务支撑，提高了课堂教学实效性，提高了学习效率，帮助学生、教师获得更多的学习、教学资源，网络平台的作用巨大。职业教育向开放性方向发展，教室范围早已突破地域和大小的限制，授课时间也变成双向选择，打破了传统的定时、定点模式，开启了学生的移动学习与碎片化学习时代。学生可以自主灵活地学习，随时了解自己的学习情况，管理自己的学习进度，学业

---

① 于长虹，王运武，马武.智慧校园建设的现状、问题与对策[J].教学与管理，2015（2）：48-51.

评价也开始实现多元立体评价。

但在网络服务方面还存在着一些不足：缺少学校之间的资源共享机制，各个学校教学资源重复建设严重，由不同的公司承接业务，没有进行资源共享和技术对接，也没有一个广泛认可的开发标准和配套法规。在全市层面，相同相似的专业，没有顶层设计来规划教学资源，也没有较强有力的主管部门来引导，集团化办学的资源没有实现连接互通。

3.加强重庆职业教育网络建设与应用的策略研究

（1）网络基础建设方面。

一是要建设符合安全性和可扩展性的综合布线环境。机房设计采用梯式桥架走线，桥架宽度要求在30 cm左右，分层，一层为电源桥架，一层为数据线缆桥架，铺设线路采用阻燃铜芯导线或阻燃铜芯电缆。桥架设计为"井"字结构，方便机柜间穿线。采用比五类和超五类传输距离更长，传输损耗更小，耐磨、抗压强的六类非屏蔽双绞线建设到网络模块。另外，机房电路采用双路强电引入，配置市电总配线柜和UPS输出控制配线柜。

二是要加强基础信息网络平台建设。推荐采用虚拟化、双链路、主干全万兆的网络架构，核心设备及汇聚设备实现双机保障，使行政中心网络系统链路或网络设备故障时不影响网络的正常运行，实现虚拟化、智能化、无阻塞高速交换，从而达到安全、稳定、可靠、高速的特性。除以太网基础特性加端口及链路聚合、隔离、镜像等特性外，支持交换虚拟化技术、支持标准OSPF V3及多版本技术、支持QOS技术、支持二三层MPLS VPN技术、IPv4/IPv6协议双栈支持、支持IPv4向IPv6的过渡技术、支持多路由策略、支持多种组播技术、支持访问控制列表、应用安全、应用优化，提供不间断转发、不间断升级、环网保护等多种高可靠技术，支持拥塞检测、拥塞避免算法等数据中心软件特性。接入层网络建设的主要功能是连接终端用户，为用户提供传输保障。接入层网络的特性比较单一，一般要求具备多个终端连接传输链路，具备向上的千兆（万兆）连接复用连接链路，保障业务的可达性。

三是要建立网络安全保障体系。学校需要购置防火墙、上网行为管理器等相关安全设备，建立网络安全管理制度。满足公安、网信办等上级部门的等保要求。开展网络安全培训及相关知识的普及工作，让师生树立网络安全意识。建立数据备份系统。要求支持将数据备份到第三方公有云平台中（例如阿里云），实现基于云的异地数据灾备，可以在Web浏览器界面查看备份系统的CPU和内存的资源使用情况，方便管理员随时掌握设备使用情况。

四是要建立安全、易用的无线网络。新建无线覆盖要求AP零配置接入，可实现用户身份认证，全校覆盖无线，实现无缝漫游，负载均衡，保障无线网络快速、可靠及稳定，有灵活的部署方式及适用于不同场景的各类AP，满足不同条件下的各种用户需求。

（2）网络平台建设方面。

一是要强化顶层设计。各职业院校在建设计算机网络（包括有线和无线网络）、校园监控和IP广播系统等时，既要整体规划，共建共用部分设备及线路，又要考虑维护的难度，避免重复布线与设备投入，提高设备使用率。

二是要构建校内各类基础支撑平台，为建设优质数据中心打基础。建立校内可持续发展的、符合大数据需要的信息化建设标准。建设包括数据、身份、门户在内的基础支撑平台，通过顶层设计整合校内业务系统，形成一体化的信息化整体架构。优先解决信息系统独立建设带来的数据孤岛和流程割裂问题，打通各部门间的信息壁垒，形成数据的共享互通、身份的统一认证、服务的统筹规划管理、信息的集中展示。

三是要以流程为依托，以服务为核心，建设校级业务流程中心和网上事务中心。在这个层级，基于基础支撑平台，面向校内各角色梳理并建立各类业务服务，建立事务处理平台，并根据不同的服务，对校内现有业务流程进行改造，打通各业务部门和应用系统，形成整体的、统一的业务整合和流程整合，为校内师生提供优质、高效的信息化服务。

四是要符合学校未来信息化发展战略和趋势，完成信息化开发架构改造。基于统一平台和数据中心完成校内业务融合和数据统一，对校内的整体信息化体系架构以模块化和组件化的方式进行全面的提升和改造，打造出开放的校园信息化新生态体系，不但满足校内人员对信息化的需求，同时便于外部服务供应商的引入、外部技术和外部服务的接入，最大限度地拓展校园信息化的内涵和覆盖面。

五是要建立优质资源网络共享。需要相关行政部门充分认识到资源的重复建设造成的浪费，发挥其应有的指导作用，统筹规划教育资源，搭建公共服务平台，有计划、有步骤地组织实施，注重协作，讲求创新，统一规划职业教育资源的使用。又如立足学科发展的区域内资源共享机制，整合各院校教育资源，建立共享资源平台，通过自主开发和积极引进相结合的方式，促进重庆市高职院校教学科研人员围绕课题、专题、地方特色课程、教法等方面进行共建，区域内共享研究成果，实现规模效益等。

（3）智慧校园平台建设方面。

职业院校信息化建设是一项艰巨、复杂又富有挑战的系统工程，而智慧校园平台是其中一个庞大复杂的建设体系，必须实行严格的科学管理，形成以智慧校园平台领导小组为主体、学校相关部门协作、建设单位专业负责的项目管理机制，保证系统计划、有序组织、科学指导和有效控制。职业院校要实现数字校园到智慧校园的转变，除搭建一套相对完善的综合信息服务平台外，还需要投入大量的应用研究和实践，以及配套的制度约束和应用推广。从学校智慧校园平台总体建设来看，新一代信息化办公应用不应该局限于OA系统等单一系统上，而应从职业院校智慧校园平台建设的长远规划出发，在构建信息共享平台及整体的数据分析与决策辅助系统基础上,结合学校自身管理的特点及侧重点,规划好学校的办公应用系统功能、与其他软件平台间的数据共享策略及后期大数据分析所需的内容,在此基础上满足学校的办公应用软件需求,在整个的智慧校园平台框架下,让办公应用能更加有效地协助学校的教学与管理。

(4)网络服务方面。

建立区块链技术和职业教育网络服务指南,整合校际资源平台。借助网络区块链技术思路,学校各自成为一个网络技术上的区块,将教育主管部门设为中心平台,各个学校通过P2P的形式链接整合成重庆市区域的职业教育链式资源数据库,学校与学校之间直接链接。区块链技术在全重庆市层面,优先整合相同相似的专业资源,再扩展整合专业集群和其他专业,最后全覆盖整合,各个学校汇聚形成群体资源智慧。各个学校各自保存自己的现有资源,实现分布式数据存储和访问,强调去中心化,强调共享,强调学校群体的智慧与力量,进而实现集团化教学资源的互联互通和群体化发展。形成教学资源更新机制,确定更新时间,分批次、分需求及时更新设备,两年一小换,五年一大换。

五、研究实践

课题由重庆市职业教育学会承担,学会常务副会长兼秘书长李光旭为项目负责人。该项目集合了30所重庆职业院校参加研究,共建重庆职业教育网,聚集了有关职教、传媒的专家,有关企业高管、科研、网络技术人员,以及重庆职业教育网等研究力量。

本课题研究分为前期准备阶段、实施阶段及总结、结题阶段3个阶段。

第一阶段:2015年10月—2016年11月,为课题研究的前期准备阶段。此阶段的主要研究工作是研究团队的组建,网络建设与应用相关知识、技术的培训和储备;课题的论证,研究方案的制订和开题报告,实施方案的草拟和开题;开展对重庆职业教育网30个共建职业院校网站的基础调研。

2015年10月20日,重庆市职业教育学会在铜梁区召开共建单位负责人工作座谈会。要求以重庆职业教育网良好的平台及强大的影响力,提升校园网的服务功能,提高学校的信息技术水平,加强共建单位的协同合作,形成重庆职业教育合力,通过共建,实现共享、共融。会上确定了开展"'互联网+'背景下职业教育网络建设与应用研究"重点课题及重庆职业教育网共建单位网站建设等工作。通过座谈会,"重庆职业教育网络建设与应用研究"专项重点课题研究及重庆职业教育网共建单位网站建设工作正式启动。

2015年10月27日,重庆职业教育学会与30个共建单位、中国教育在线合作,着手进行重庆中等职业学校信息数据库建设工作。

2015年10月29日—11月1日,重庆市职业教育学会携手全国知名企业超星集团,组织部分共建单位前往南京、上海等地考察学习在大数据时代背景下职业院校信息化建设工作。考察组由重庆市职业教育学会常务副会长兼秘书长李光旭带队，主要考察对象为南京金陵中等专业学校、上海市商贸旅游学校和超星集团南京分公司等。

2015年11月11日—12月29日，重庆市职业教育学会对30个共建单位中的12个单位网站建设与应用进行了研讨。学会组织重庆市教育信息技术与装备中心、重庆职业教育网、华龙网、广州动易软件有限公司的有关专家及技术骨干对院校现有网站的版面和栏目设计、网络安全进行剖析。

2015年12月1日，重庆市职业教育学会常务副会长兼秘书长李光旭召集华龙网技术专家王建欣、广东动易软件有限公司曾繁林、重庆市教育信息技术与装备中心李丹、重庆市职业教育学会秘书处有关同志，现场改版了重庆职业教育网，去掉了一些老旧、过时的栏目，开发了微信公众号和手机网站，增加了共建单位宣传专栏，增设了视频专栏，让企业在网站的招生招聘栏目发布招聘信息，让栏目更有实用性、实效性。

2016年4月27日，重庆市职业教育学会在深圳国泰安教育技术股份有限公司重庆分公司会议室举办了重庆职业教育网30个共建单位联络员全媒体时代下的校园网站建设和智慧教学技术培训。

2016年5月16日，在重庆航天职业技术学院召开了重庆市职业教育学会课程工作委员会高职课程建设工作研讨会，对课题研究成果落地，包括重庆市职业教育优秀网络课程、教学设计、共享课程教学标准模板等做了布置。重庆航天职业学院展示了"重庆市职业教育课程管理平台"，并征集了与会各职业院校的意见。

2016年7月13日，开展了"2016年重庆市职业院校教学设计比赛"和"2016年重庆市高职优秀网络课程评选"活动，丰富重庆职业教育优质数字化教学资源。

第二阶段：2016年11月—2017年11月，为课题研究实施阶段。此阶段的主要研究工作是以30个共建职业院校的网络为试点，深入调研职业教育网络建设与应用的现状；开展对重庆职业教育网及30个共建院校网站试行《重庆职业院校网站建设运维标准（试行）》的评估；4个子课题紧紧围绕研究主题开展实质性的研究。

2016年11月9日，重庆市职业教育学会组织有关专家在华龙网会议室召开了《重庆职业院校网站建设运维标准（讨论稿）》研讨会。

2017年3月13日，运用课题成果《重庆职业院校网站建设运维标准（试行）》，开展重庆职业教育网及30个共建职业院校网站的测评工作。

2017年4月7日，在渝北职业教育中心举行课题研讨会。重庆市职业教育学会首席专家窦瑞华，重庆市社科联、重庆市教委职成教处有关领导出席会议，总课题和4个子课题主研、参研人员共计80余人参会，会议由重庆市职业教育学会常务副会长兼秘书长李光旭主持。研讨会分为两个阶段。第一阶段由4个子课题组长分别组织课题组成员，研讨和完善课题研究方案和实施方案,进一步明确和落实了研究任务。第二阶段在主会场进行,专家及子课题组长,汇报了课题研究工作的开展情况。

2017年5月8日,在竹林宾馆举行课题研讨会。重庆市职业教育学会首席专家窦瑞华、常务副会长兼秘书长李光旭、重庆市教育评估院职成教育评估所所长黄承国,以及课题组组长、副组长等20余人参加了会议。4个子课题组组长汇报了课题推进情况,介绍了下一步研究计划以及研究中存在的问题,明确了至9月应完成的研究任务。

2017年6月17日,在綦江横山德信酒店召开了30所职业院校网站建设共建单位试行《重庆职业院校网站建设运维标准(试行)》评估会。华龙网教育频道技术人员就各职业院校网站建设共建单位试行《重庆职业院校网站建设运维标准(试行)》做情况介绍;相关专家对30所职业院校网站建设共建单位试行《重庆职业院校网站建设运维标准(试行)》的工作进行了评估,并提出了整改意见。

第三阶段:2017年12月—2018年12月,为课题研究的总结、结题阶段。为了总结、完善、提炼课题研究成果,做好结题的准备工作,在这一阶段总课题组下发了10个通知,先后召开了课题阶段成果汇报会、课题结题工作研讨会、课题成果初审会、课题成果审定会和结题工作筹备会。总课题组及4个子课题组整理汇总了课题研究的所有档案资料和研究成果,形成了书面的总课题及子课题的结题材料,为课题的顺利结题做了充分的准备。

2017年12月12日,在重庆市轻工业学校召开了2016年重庆社科规划重点课题"重庆职业教育网络建设与应用研究"阶段成果汇报会。4个子课题组组长,主研、参研人员,重庆职业教育网30个共建职业院校负责人等共计70余人参加了会议,并邀请专家进行现场指导。

2018年4月4日,运用课题研究,通过重庆市职业教育课程管理平台,开展了"2018年重庆市职业院校教学设计比赛"和"2018年重庆市高职优秀网络课程评选"活动。

2018年4月13日,重庆市职业教育学会在重庆航天职业技术学院开展了重庆市职业教育学会高职院校课程建设工作研讨会,为重庆市职业教育课程管理平台征求了各参会单位的意见并进行了相关调整。

2018年5月18日,下发《重庆市职业教育学会关于课程平台资源采集的通知》,以充实完善课程平台资源。

2018年6月13日,在重庆航天职业技术学院召开了专家指导暨研讨会,会议梳理了课题调研报告的重要概念、主要框架、研究主线及对策建议等。

2018年6月25日—26日,在綦江横山德信酒店会议室,召开了市社科规划重点课题"重庆职业教育网络建设与应用研究"结题工作研讨会。根据重庆市社科联对重庆市职业教育学会承担的2016年重庆市社会科学规划重点项目的要求,此次会议是为了交流、总结各子课题的研究成果,做好课题结题的相关工作。

在课题研究的两年多时间里,课题组下发有关课题研究活动的通知24个,开展大小研究会议25次,完成课题研究工作记事34件,并在研究过程中完成了以下工作。

(一)构建了重庆职业院校校园网共建互融机制

1.制定了《重庆职业教育网络管理制度和流程(试行)》

重庆市职业教育学会组织30个共建单位,根据《中华人民共和国计算机信息系统安全保护条例》《中华人民共和国计算机信息网络国际联网管理暂行规定》《计算机信息网络国际联网安全保护管理办法》和其他有关规定,历时两年,制定了《重庆职业教育网络管理制度和流程(试行)》。对重庆市职业院校网络建设的组织与管理、IP地址使用与用户入网申请、网络机房管理、网站与上网信息管理、网络安全管理、域名管理等内容进行了梳理,具体针对院校网络信息管理领导小组、网络信息中心的功能和职责、IP地址使用与用户入网申请规范和程序、网络机房巡检的制度和内容、网络管理员的职责、院校上网信息登记审核、Web服务器管理、网络用户认证制度、服务器日志管理、域名管理等内容提出了相关参考意见。

2.搭建了重庆市职业院校交流合作平台

重庆市职业教育学会不断建设和完善重庆职业教育网,搭建了重庆职业教育网与30个共建院校的交流合作平台(图1-3)。在重庆市职业教育的专业建设、课程教材、教学方法、师资教改、教育技术、实训基地、德育心理、技能证书等多方面开展共建互融,具体通过对重庆市各职业院校在教育教学成果分享、职教活动周特色做法、职业院校产教融合经验、学生就业动态、技能大赛的开展等方面开展共建互融,依托网络平台,互通有无,更好地展示了重庆市优质职业院校好的经验和做法,更好地调动了学生的积极性,更好地推动了职业教育资源的高效利用。

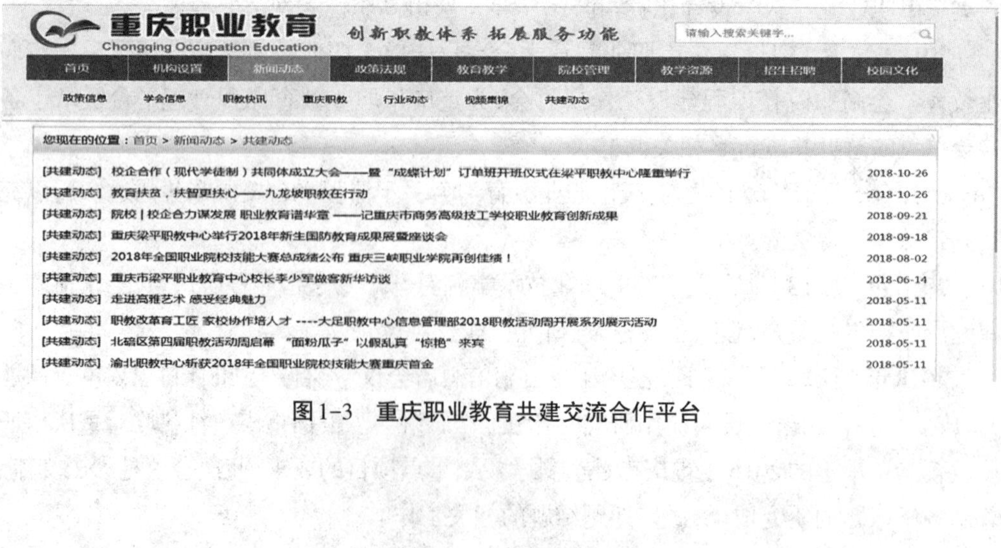

图1-3 重庆职业教育共建交流合作平台

(二)建立了"三个平台",促进职业教育网络资源建设与共享

1.重庆市职业教育课程管理平台

课题组在集成企业和院校创新思维的基础上,提出了基于云计算、创新型数字校园管理平台的建设思路。以"学校、专业、课程"为主线,以课程管理思想为指导,在各高职院校和中职学校原有的共享型专业教学资源库、网络课程平台、在线学习平台、精品课程平台的基础上,建立一个基于云计算的数字化教学资源管理与服务平台(图1-4),供院校、企业和社会共享、共用、共建,为校内外用户提供专业课程学习所需的各种资源和在线学习服务。

图1-4 重庆市职业教育课程管理平台

(1)平台建设以课程资源整合,消除信息孤岛为重点。

在专业课程教学资源建设过程中,高职院校和中职学校可以建设和管理多个专业的资源。这样,为了高职院校和中职学校使用相同的资源归属,资源的建设和管理需要以专业课程为基础,规范专业代码,各高职院校和中职学校使用统一的专业代码建设学习资源。在统一的专业代码和课程体系的基础上,各高职院校和中职学校可以为相同专业共同建设学习资源,同样,作为学习者,也可以按照专业、课程进行检索和学习。使用统一的专业代码、课程体系,可以避免学习资源检索的二义性。专业课程资源整合,消除信息孤岛是本平台项目建设的一个重点。

(2)提供数据分布和集中两种共存的方式。

平台建设将按照总平台和分平台两层架构方式进行部署。总平台在云计算基础设施上构建SAAS(多租户模式)应用系统和云存储数据中心,以满足高职院校和中职学校共建资源的需要。分平台为高职院校和中职学校单客户模式的小型应用系统,按照规模要求适当构建集群或者非集群系统。

　　为了保护现有资源，各院校企业可以继续使用原有的资源库平台；为了实现专业资源的共建共享，需要统一编制专业代码，同时提供资源规范的转换代理。学习资源的共享提供在线和离线的上传机制，将分平台的学习资源共享至总平台的云存储数据中心。总平台是平台建设的核心建设内容，一方面为学习者提供统一的访问入口，另一方面为不打算建立私有的分平台的院校、企业提供学习资源的建设和管理平台。为了实现多客户模式的应用系统，总平台采用SAAS模式进行开发，隔离各院校企业的资源建设和管理权限。另外，总平台中各院校、企业建设的资源统一存储在云存储上，可以使教育信息资源的共享更为方便和快捷。由于云计算使用的是集中存储的方式，所有数据被存储在规模庞大的数据中心。它们有先进的技术和专业团队负责数据的管理和安全工作，能够满足资源库规模扩大和数据安全的要求。同时，云计算能跨设备跨平台，具备良好的开放性和共享性，用户可以轻而易举地在各种终端之间同步获取数据，并可随时与任何人分享。各高职院校和中职学校可以利用云计算所提供的强大的协同工作能力实现教育信息资源的共建、共享，避免形成一个个资源库孤岛。总平台和分平台之间通过在线代理或者离线工具，对学习资源编目或者实体进行有选择性和分类型的同步操作，保证总平台和分平台之间共享数据的一致性。不管是总平台还是分平台上的应用系统，为了激励资源建设者的积极性，使用积分制度保证资源建设者的利益分配，同时在总平台提供排行制度，比如评价、积分、优质、考核等排行机制。

　　(3)通过技术方法实现平台共建、共享、共用。

　　为保护现有的技术投资，各高职院校和中职学校可以建立各自的分平台，而且可以继续使用现有的资源库平台作为分平台。现有资源库平台的异构，以及资源数据不规范不统一，特别是课程课件资源的五花八门，造成资源共享的障碍。因此，为了保证资源的规范和统一，需要提供相应的资源采集和转换工具，实现现有资源的共享，避免重复劳动和现有投资的浪费。

　　在系统设计上，需要提供在线和离线的转换工具或者应用代理，使资源实现透明化的无缝转换。专业课程信息资源要在各个异构的分平台以及总平台之间共享、传输和同步，必须建立在统一的资源规范标准上。目前，资源建设规范在国际上都有统一的标准可以参考，比如AICC、IMS、ADL、SCORM等。另外，作为数据交换接口技术，XML是不二的首选。

　　(4)平台包括统一门户的在线学习系统。

　　在总平台的系统中，除了提供高职院校和中职学校的专业课程学习资源的建设和管理外，还需要提供一个统一门户的在线学习系统。该学习系统位于本平台体系结构中的最上层，是建立在统一信息门户基础上的一个子门户。

　　统一信息门户平台将数字化校园的信息和应用资源有机整合成一个统一的Web页

面,用户只要拥有一个账号,就能访问到权限范围内的所有资源(公告、通知等)。同时,不同的用户可以根据自己的喜好来定制信息和服务内容,个性化设置自己的界面风格。

在线学习系统作为统一信息门户中的子门户,提供全部共享的学习资源的访问入口点。学习者通过安全登录后,可以访问自己定制或者系统共享提供的学习内容,为高职院校和中职学校的师生提供学习的途径。学习资源将按照专业课程进行分类发送,跟踪学习者的学习兴趣和爱好,智能推荐学习资料、学习伙伴、学习社区等。

截至2018年12月,重庆市职业教育课程管理平台上线新闻275条、说课资源136条、教学设计大赛作品136项、精品课程261门、人才培养方案39个、视频资源40 G、高职专业教学标准353个、中职实训教学标准21个。平台运行以来,学生积极通过本平台进行课程自主学习,平均课程点击率都在千次以上,应用效果良好(图1-5)。

图1-5　重庆市职业教育课程管理平台资源建设情况

2.重庆市职业教育学会课题协同平台

调查发现,重庆市大部分职业院校在科研课题申报、开题、研究工作的管理与信息化建设上还有不同程度的提升空间。部分院校目前已建设的科研管理平台,主要以满足项目经费、阶段节点、结题归档的业务流程管理为主要需求,缺失了团队协作研究、协同研讨等具体实施的过程管理,做不到对课题协作个人贡献度进行客观具体的判定,也未能嵌入式地提供研究参考文献、视频、数据等知识服务支撑。鉴于上述原因,重庆市职业教育学会对具有科研管理平台研发实力的多家软件供应商进行考察,在此基础上,结合重庆市职业教育学会科研工作发展需求、供应商知名度、平台先进性、各个会员单位使用量等实际情况，与同方知网(北京)技术有限公司重庆分公司进行合作，共同搭建重庆市职业教育学会课题协同平台。

(1)设立了机构知识仓库。

通过多渠道、多方式的裸数据整合，整合机构内部各种知识资源以及外部资源，其中内部资源是其核心数据，外部数据主要是CNKI知识资源库、问题知识库等。构建机构自己的知识资源池，建立各种知识资源收集、加工标引以及提交的业务流程，实现知识资源的可持续更新(图1-6)。

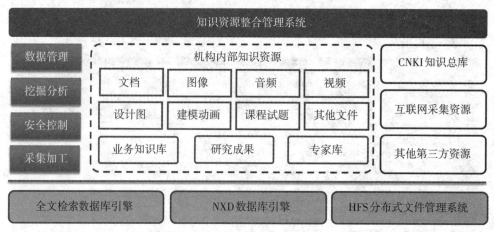

图1-6　重庆市职业教育学会课题协同平台——机构知识仓库架构

(2)开展了协同研究。

该功能面向课题研究人员和管理人员进行协同研究和创新，以课题管理的形式对研究和创新过程进行管理，针对具体课题研究问题以协同研讨为核心发挥群体智慧，将团体的思想和意见进行汇总、归纳和总结，形成具体的解决方案。在课题研究过程中综合应用各种显性知识并挖掘课题研究团队的隐性知识，提供规范化、程序化的流程，帮助课题研究团队完成课题研究和创新(图1-7)。

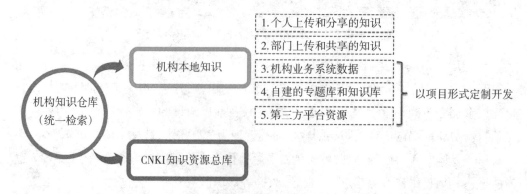

图1-7　重庆市职业教育学会课题协同平台——协同研究流程

（3）开展了协同创作。

该功能基于XML在网络上多人协同完成一个文档的撰写、研讨修订、编排以及多格式输出，不仅应用于研究报告、课题文档，还可以应用于技术资料、操作手册、文书、总结计划、文章、书稿等文档的创作编辑（图1-8）。

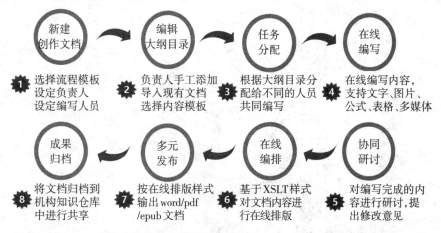

图1-8 重庆市职业教育学会课题协同平台——协同创作业务流程

（4）开展了个人知识管理。

个人知识管理中心是为重庆市职业教育学会课题协同平台内所有个人用户提供的集中工作平台，核心功能是为用户提供个人知识管理和研究学习系统，个人可以上传和管理文档、图片、音频、视频等资源，同时集成了系统消息、课题研究及协同创作的任务，一站式完成各种协同。

（5）建立了知识社区。

知识社区相当于重庆市职业教育学会课题协同平台内部的知乎或者百度知道，主要是为机构内部所有人员提供业务交流和知识分享的空间，挖掘和沉淀员工隐性知识，形成针对具体问题的知识库，通过管理员的总结管理，找到解决问题的最佳实践。知识社区经过长期沉淀成为机构业务知识库（图1-9）。

图1-9 重庆市职业教育学会课题协同平台——知识社区流程

2018年3月初，同方知网（北京）技术有限公司重庆分公司技术部完成平台所有二次开发内容，并申请进行平台测试。2018年3月中旬，经过同方知网（北京）技术有限公司重庆分公司技术部调试后，平台机构知识仓库功能开放。2018年3月底，开放平台试运行并进行了内部测试，同方知网（北京）技术有限公司重庆分公司技术部人员多次对各个功能模块进行了测试数据的业务演示，最终确定验收通过，可以进入试运行阶段。

通过建设，截至2018年7月10日，2018年的80多个课题的各个课题组成员正在发挥群体智慧全方位协同，全程记录着团队的研究过程。平台创建并开通课题项目43个（图1-10）。

用户名	Name	性别	单位	部门	职位	手机	邮箱
		女	重庆电讯职业学院	建筑工程系	系办公室主任		
		女	重庆建筑工程职业学院				
		女	重庆医药高等专科学校				
		男	重庆科创职业学院	基础教学部	教师		
			重庆旅游职业学院				
		男	重庆市南川隆化职业中学校	电子专业部	学科组长		
		女	重庆市公共交通技工学校				
		女	重庆市医药卫生学校	教研督导室	教师		
		女	重庆城市职业学院	旅游管理系	专职教师		
		女	重庆城市职业学院				
		男	重庆三峡职业学院	招生就业处	处长		
		女	重庆工业职业技术学院	化学与制药工程	教师		
		女	重庆工业职业技术学院				
		女	重庆工业职业技术学院	通识教育学院			
		男	重庆医药高等专科学校				
		男	重庆科创职业学院	经济管理学院	无		
			重庆科创职业学院				
		男	重庆旅游职业学院	艺术教育系			
		男	重庆航天职业技术学院	管理工程系	教师		
		女	重庆航天职业技术学院	管理系	专职教师		
		男	重庆市开州区职业教育中心	培训部	副主任		
		男	开州区职业教育中心	资助办			
		男	重庆市北碚职业教育中心	信息技术产业部	教师		
		男	重庆市云阳职业教育中心	行政办	主任		
		男	重庆市公共交通技工学校				
		男	巫溪县职业教育中心	教务处	教师		
		男	重庆市云阳教师进修学院	培训处	教师		
		男	重庆市巫溪县职业教育中心	教导处			
			重庆商务职业学院				
		女	重庆城市职业学院	信息工程系	教师		
		女	重庆城市职业学院	建筑工程系			
		男	重庆城市职业学院	教学工作部	副处长		
		男	重庆科创职业学院	经济与管理学院	教师		
		女	重庆城市职业学院	信息工程系	教师		
			重庆市北碚职业教育中心	教育与艺术产业部			
			重庆市云阳职业教育中心		专职教师		
		女	重庆旅游职业学院	交通工程系	教师		
			重庆工业学校				
			重庆工业职业技术学院	机械工程学院			
		女	重庆市巫山县职业教育中心				
			重庆科创职业学院	经济管理学院	教师		
		男	重庆市渝北职业教育中心				

图1-10　重庆市职业教育学会课题协同平台使用情况

截至2018年7月10日，收集并更新课题开题报告26个（部分课题处于修改过程，不计入本次统计，图1-11）。

图 1-11　重庆市职业教育学会课题协同平台使用情况

通过平台建设，完成了重庆市职业教育学会课题协同平台的初步建设，实现了重庆市职业教育学会、职业院校、科研人员的课题协同管理公平化、精细化，丰富了重庆市职业院校教育科研信息化管理手段，增强了重庆市职业教育学会的信息化服务能力。

3.重庆市职业教育智慧校园平台

针对目前重庆市职业院校的信息化发展水平不一，各自发展的重心不同的情况，智慧校园平台建设应该根据学校的实际情况进行，不应脱离实际情况，一味地追求大而全，但最终目标是整合集成的智慧校园平台，覆盖业务、管理、日常办公等常规应用。考虑到职业院校的教学及管理整体的模式大致相仿，以及后期学校信息化建设持续投入的情况，需要先根据智慧校园整体建设规划好整体的平台框架，使其易于扩展，避免后期投入无法有效兼容以前的软件平台，导致信息化建设重复投入。

课题组基于上述思路，形成了重庆市职业教育智慧校园平台，整合集成的智慧校园平台定位于高效的、灵活的、安全的、整合的、开放的、可持续提供服务的信息化平台。以适合学校的管理理论为指导，全面支撑学校招生就业管理、教务管理、课程教学管理、学生管理、人力资源管理、财务精细核算、教育教学质量管理、信息化办公相关业务，覆盖从招生到毕业的全过程，实现职业院校管理系统化、规范化、精细化、信息化，帮助学校将管理水平提升到新的高度(图 1-12)。

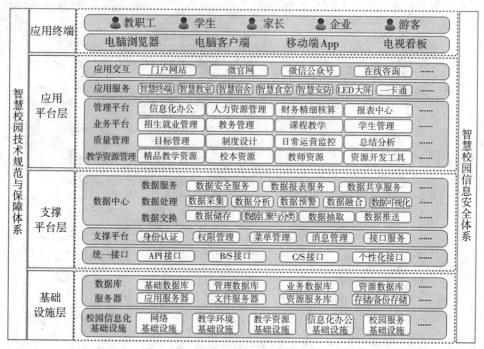

图1-12　重庆市职业教育智慧校园平台的应用架构

重庆市职业教育智慧校园平台架构包括：①基础设施层是智慧校园平台的基础设施保障，提供异构通信网络、物联感知和数据汇集存储，为平台的各种应用提供基础支持。②支撑平台层体现智慧校园平台数据服务、认证服务等服务能力，为平台各类应用服务提供支撑。③应用平台层是智慧校园平台应用与服务的内容体现，构建管理、业务、质量保障、资源等应用。④应用终端是接入访问的信息门户，满足游客及不同权限访问者随时随地的安全访问。⑤智慧校园技术规范与保障体系、智慧校园信息安全体系贯穿智慧校园平台，是整个智慧校园平台建设生命周期的各个阶段和环节的标准规范和安全保障。

课题组首先对职业院校智慧校园平台建设水平进行调研和分析，再以诺兰模型为理论依据，找到学校智慧校园平台建设现状对应的阶段，针对"薄弱点"，从短板处突破，递进式推进。职业院校应采用校企合作共建模式，应用通用智慧校园平台，根据不同学校的个性化业务需求进行单独配置，以符合并满足学校的实际业务情况。在建设过程中，企业和学校相关人员共同参与，分工合作。职业院校应将智慧校园平台建设内容体系化，可将建设内容分为业务系统、管理系统和文化系统3个部分，分析学校平台建设在各系统中的薄弱环节，从关键点着手，并完善相应配套的运维机制。

通过建设，助建了一批重庆市职业院校智慧校园平台，如重庆市渝中职业教育中心：建成集教育、教学、资产管理、办公、招生就业、人事管理等"六位一体"的智慧校园平台。重庆市酉阳职业教育中心：建设统一身份认证、统一数据中心、学生管理服务、住宿服务系统、教务管理服务系统、行政办公管理服务、人事管理服务、后勤管理服务等平台。重庆市医药学校:建成学校公共基础平台、教务管理平台、行政管理平台等。重庆市华晨医药职业培训学校:建设微讲师课堂教学系统。重庆市科能高级技工学校:建设消息管理系统、个人门户、报表中心、招生迎新管理系统、就业管理系统、校企合作管理系统、毕业离校管理系统、顶岗实习管理系统、考勤管理系统、在线备课系统等。重庆市荣昌区职业教育中心:建设后勤综合平台、网络教学平台、校务管理平台、课件制作工具等。重庆市铜梁职业教育中心:建设公共后台管理、统一信息门户、决策分析管理、行政办公平台、教务管理平台、学生管理平台、微课制作工具等。通过平台建设实践,课题组把科学管理方法论、信息化管理的内涵等理论从原理角度深入信息化平台的应用中,帮助学校运营管理团队形成信息化运营技术融入学校运营的信息化管理能力,提升学校信息化服务教育教学的能力。利用云服务、大数据等新技术,创新智慧校园平台的建设和应用模式。制定相应的应用、运维标准和规范,加快推进平台建设和教育资源的协同服务,为平台使用者提供方便快捷的服务,提升学校信息化服务支撑教育教学的能力。

(三)研制了"六个标准",规范职业教育网络建设行为

课题组在调研30所职业院校网站建设的基础上,根据《教育信息化发展十年规划(2011—2020年)》(教技〔2012〕5号)中关于加强教育信息化标准规范制定和应用推广的要求,研制了《重庆职业院校网站建设运维标准(试行)》;根据《国家中长期教育改革和发展规划纲要(2010—2020年)》《国家教育信息化"十三五"规划》(教技〔2016〕2号)、《中职数字化校园参考方案(2.0版)》等文件精神以及重庆市智慧校园建设基本指南要求,研制了《重庆职业院校网络基础建设标准(试行)》。根据《中华人民共和国网络安全法》《教育部关于进一步推进职业教育信息化发展的指导意见》(教职成〔2017〕4号),在全面摸清重庆30所职业院校信息系统(网站)底数的基础上,研制了《重庆职业教育网站网络安全标准(试行)》。为更好地推动信息技术与职业院校教育教学实践的深度融合,实现教育教学、教育管理和服务的信息化,根据教育部发布的《职业院校数字校园建设规范》、教育行业标准《教育管理信息　中职学校管理信息》和《教育管理信息　高等学校管理信息》、国家标准《智慧校园总体框架》,以及《重庆市智慧校园建设基本指南(试行)》,研制了《重庆职业院校智慧校园平台建设标准(试行)》。根据教育部印发的《职业院校数字校园建设规范》(教职成函〔2015〕1号)、《教育信息化2.0行动计划》(教技〔2018〕6号)等文件,研制了《重庆职业教育网络服务标准(试行)》。

1.研制了《重庆职业院校网站建设运维标准(试行)》

项目组在调研中发现,有7%的职业院校网站安全性较为缺失,后台管理地址暴露在外,且登录验证没有设置验证码,有被暴力破解的风险,极少数的职业院校网站服务器未按照市教委要求放置在本地。有43%的职业院校门户网站的信息量和更新速度等

方面有一定缺陷,内容不够丰富,传播不如人意,访问人次较少。部分网站能满足学校的基本要求却存在PC端界面老化、功能过于简单、网站打开速度慢、没有移动端网站、没有实现"三网合一"、没有网络安全备案、没有运维管理制度、网站优化传播力差等方面的问题。很多学校网站仍在使用Flash动画等落后技术,兼容性存在提升空间。没有手机端网站,公众号没有实名认证,自定义菜单未启用,用户只能被动接受推送,没有互动体验等。鉴于上述缺失,为了更好地促进信息技术与职业教育教学的深度融合,贯彻全国职业教育工作会议精神,落实教育部《教育信息化十年发展规划(2011—2020年)》关于"加强教育信息化标准规范制定和应用推广"的要求,规范职业院校校园网站的实施,推动职业教育信息化良性发展,重庆市职业教育学会联合重庆华龙网集团制定了《重庆职业院校网站建设运维标准(试行)》。

《重庆职业院校网站建设运维标准(试行)》针对重庆市职业院校校园网站的功能建设、运营建设、支撑功能设计了建设标准,并具体就重庆市职业院校校园网站的界面设计,包括界面的整体风格与创造性、网页布局、网站页面的层次;功能设计,包括相关链接、网站导航、移动端网站、信息的检索、"三网合一";后台管理功能设计,包括动态语言管理后台、权限管理系统、内容审核机制、内容批量操作、全站静态化、自定义表单功能、数据统计功能等;微信公众号的建立运营,包括公众号的开通、微官网、微信后台优化设置、公众号实名认证、自定义菜单设置、微信消息定期推送、权限管理划分、公众号粉丝数量;学生工作,包括学生活动、学生实训;教育资源,包括资源内容、资源共享;校务公开,包括学校概况、机构设置、学科设置、政策文件、联系方式、发展规划;学校工作,包括学校新闻、院校动态、公告公示;教师工作,包括教师风采、教学科研、教学管理;互动交流,包括信息查询、在线办事、校长信箱;网站影响力,包括网站的日均访问量、网络被链接数(反链);网站硬软件投入,包括人员资质、软硬件的管理与维护、页面的响应速度、网站的稳定性、网络的服务、信息安全与保密审查、网站备案;规章制度建设,安全制度、审核制度、应急预案、用户制度;技术指标,包括动态开发语言、前端开发标准、开发环境等评价指标,力求实现信息技术与教育教学的深度融合,学生信息化职业能力的全面提升,教师信息化教学能力与素养的增强,促进职业院校改革与发展目标的实现。

2.研制了《重庆职业教育网络基础建设标准(试行)》

针对重庆市职业教育网络基础建设落后于技术和需求的发展,网络硬件建设基础不一,数字孤岛现象突出等情况,重庆市职业教育学会联合华龙网,提出了一套适用于职业院校网络基础的整体解决方案。

方案对职业院校校园网的网络拓扑结构设计、网络接入互联网方案、网络出口边界设备——防火墙、网络出口流量控制设备、网络认证计费设备、网络核心交换机、网络骨干交换机、楼栋汇聚交换机、网络接入交换机、办公室内端口扩充交换机、无线网络设备、数据中心服务器、虚拟化软件平台、网络存储设备、网络汇聚点建设、数据中心UPS、数据中心机房设施、网络设备管理软件、网络综合布线、网络基础软件等做出了基本设计。

3.研制了《重庆职业院校网站网络安全标准(试行)》

在调研中发现,被调研职业院校校园网基础建设安全性不够,数据备份的安全性不高。部分学校机房或者服务器没有提供UPS。整个校园网没有安全防护手段,无防火墙设备。对于来自校内及校外的安全威胁欠缺解决手段。重要数据没有良好的灾备。部分院校可以实现上网审计功能,但没有专门设置上网审计系统。部分院校没有规划无线接入,笔记本电脑、手机、平板等新设备通过教师自主购买无线路由器接入校园网,存在严重的安全隐患。数据备份以人工备份方式为主,工作烦琐,人工干预程度高且数据不全面,有效性无法验证。备份方式难以适应学校持续发展的需要,随着招生就业规模的扩大,备份副本难以管理,手工无法成功备份一些数据,备份空间减少,维护工作量增大且存在着数据丢失的风险等。鉴于上述情况,重庆市职业教育学会联合华龙网制定了《重庆职业院校网站网络安全标准(试行)》。在校园网的管理制度,包括网络管理机构、管理人员的配置、ICP备案、巡查与应急预案;网络设备配备、软件配备及相关设置,包括接入终端、网络出口、电子阅览室、服务器配备、数据备份等;机房建设管理,包括机房规范化管理、日常运维等做了基本界定。

4.研制了《重庆职业教育数字化资源开发与共享标准(试行)》

在调研中发现,被调研职业院校在数字化教学资源的规划、设计、研发、评价、应用等方面研究和建设不够深入,在资源共享方面的实现程度也不够,除了少数职业院校的数字化教学资源可以共享交流以外,其他大多数职业院校的教学资源均不能共享,造成资源的浪费。鉴于上述情况,重庆市职业教育学会组织30所共建院校,合作形成了《重庆职业教育数字化资源开发与共享标准(试行)》。

《重庆职业教育数字化资源开发与共享标准(试行)》对职业教育数字化资源运行平台提出了基本要求,包括重庆市职业教育数字化资源运行平台的基本功能、性能和安全、监测数据要求;职业教育数字化教学资源建设内容规范,包括基本资源、拓展资源、资源属性、资源类型、分层建设、资源冗余等;职业教育数字化教学资源的制作技术规范,包括术语与释义、资源分类及技术要求、目录结构及文件命名规则等做了基本界定。

5.研制了《重庆职业院校智慧校园平台建设标准(试行)》

为了更好地推进职业院校规范化、信息化、现代化,引导重庆市职业院校从实际出发,破瓶颈、化难题,提升资源集约效益,重庆市职业教育学会联合依能公司开展了《重庆职业院校智慧校园平台建设标准(试行)》研究。对重庆市职业院校智慧校园平台建设规划,包括基础数据平台、招生就业平台、教务管理平台、课程教学平台、学生管理平台、财务精细核算平台、信息化办公平台;教育教学质量管理,包括职业院校的内部管理制度、质量保证体系、师资队伍培训;数字化教学资源库建设规划;智慧学习教室建设规划;日常运营与升级服务要求,包括实时在线咨询服务、数据报表与流程表单定制服务、软件平台版本升级服务;保障机制建设,包括组织架构、信息化领导力建设、资金投入、人员培训、制度建设等内容做了一定研究。

6.研制了《重庆职业教育网络服务标准(试行)》

为了更好地贯彻《教育信息化2.0行动计划》,认真落实职业教育网络服务功能的应用部署,科学推进职业学校教育信息化建设工作,重庆市职业教育学会联合共建单位开展了《重庆职业教育网络服务标准(试行)》研究。对网络服务的支撑环境,包括传输网络、网络通信设施设备、网络安全设备、设备的安全;网络服务于社会的形式,包括学校开通公众服务平台、学校开通社会培训和学历提升、建设校企合作的相关网络资源;网络服务于学校管理,包括学校办公OA管理工作、学校教务管理工作、学校科研管理工作、学校财务管理工作、学校图书管理工作、学校档案管理工作、学校资产后勤管理工作;网络服务于教学,包括网络服务教学备课、网络服务授课环节、网络服务教学评价、网络服务课后辅导作业、网络服务教学成绩管理;网络服务于学习,包括搭建多样性网络学习平台、提供网络学习的资源、学校之间学习资源共享等做了研究。

(四)形成了一批典型案例,丰富职业教育网络建设与应用的实践

课题组在研究过程中,联合30多所职业院校和企业共同参与,校校合作,校企合作。采取行动研究方法,边研究边建设,研究、建设相互促进。在研究建设中,既立足于校园网络现有状况,又着眼于未来发展,做到校园网络的建设与应用尽量不落后于现实需求。理论和实践紧密结合,形成了一批典型案例。

1.重庆市职业教育网络基础建设典型案例

在课题进行过程中,重庆市职业教育学会与华龙网、重庆市九龙坡职业教育中心、重庆市教育信息技术与装备中心、重庆市开州区职业教育中心、重庆市綦江职业教育中心、重庆市两江职业教育中心、重庆市女子职业高级中学等共建单位开展了网络基础建设,共建单位从多个层面展开了探索尝试,形成了一批典型案例。

如重庆市武隆区职业教育中心,在建设之前,其校园网由低端的交换机构成,没有层次化设计网络结构。网络管理员对网络进行整体管理很难实现,一旦出现故障,将很难做出快速排查。若中心的交换机出现故障,整个网络立刻瘫痪。在平面型的网络结构下,网络中心交换机负载所有的数据处理任务,不能够实现对数据的高速转发传输。学校通过建设,构建的统一应用系统运行硬件平台采用三层结构的结构体系,有计划地逐步按照规划对校园网络设施设备进行改造、升级,先后进行了网络中心机房改造、综合布线、UPS、防雷等。采用三层树型网络拓扑结构,即核心—汇聚—接入的架构建设方案。在学校网控中心部署两台高性能核心交换机、应用控制网关、出口千兆防火墙等设备搭建校园信息化核心基础平台。通过更换汇聚交换设备、部署高性能出口路由器和应用控制网关设备,建成一个全校范围的高效畅捷、开放共享、安全可靠、智能掌控的信息服务支撑平台(图1-13)。

重庆市武隆区职业教育中心校园网络结构拓扑图

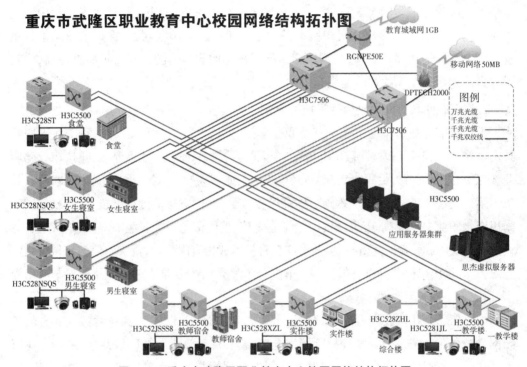

图1-13 重庆市武隆区职业教育中心校园网络结构拓扑图

又如重庆市九龙坡职业教育中心,通过开展数据中心机房建设、增设核心交换机、装备网络管理设备、开展宿舍信息化和移动网络建设、增加数据中心服务器和网络存储设备等,使校园网设备24小时不间断运行,能满足未来10年的业务应用需求,通过网络建设和应用进一步促进师生间相互交流、丰富教学模式、促进学校的行政和教务管理。

又如重庆市两江职业教育中心,项目建设之前,重庆市两江职业教育中心校园网络的核心是一个路由器和两台PC。两台各配4块网卡的PC,一块网卡接路由器,另外3块网卡分别接3个子网,利用Windows Server 2003平台,启用路由功能,实现内网和外网之间的数据交换,这种组网方式效率低下,上网如蜗牛移动,教师、学生都不想用网络。在项目建设过程中,将校园网络节点增加至一千个,采用星型拓扑结构来组建网络,并根据其实际情况,对核心层、汇聚层、接入层的网络设备进行了合理配置。通过建设,其网络稳定,信息交换能力强,师生能够使用诸多学校的资源,网络安全性进一步提高。

如重庆建筑工程职业学院,在建设之初,校园网不同运营商之间带宽存在严重瓶颈,跨线路访问延迟非常明显。这不仅影响了网站的访问量,损坏了学校的形象,更严重的是直接影响了学校 OA 系统、教务系统、邮件系统运行，甚至影响了招生就业等重要工作。为了改变这些情况，在建设过程中，重庆建筑工程职业学院通过公开招标方式采购智能 DNS 设备，解决了官方 edu 域名的智能解析、内网业务系统的域名解析、配合智能 DNS 设备+Nginx 实现业务系统外网访问、学校邮件系统的分组域名配置等问题，成功实现了重庆建筑工程职业学院的官方 edu 域名的智能解析，解决了长期以来困扰内网业务系统的域名解析及稀缺公网 IP 资源条件下的单一地址访问问题，保障了校园邮件系统顺利上线。通过项目实施，公网用户访问其校园网服务器的速度有了显著提高，为其对外宣传和招生工作的开展提供有效助力。

2. 重庆职业教育网络平台建设典型案例

重庆市职业教育学会与重庆三峡职业学院、重庆电子工程职业学院、重庆航天职业技术学院、重庆市工商学校、重庆电视台《今天教育》栏目、重庆市工业学校、重庆市北碚职业教育中心、重庆市大足职业教育中心、重庆市工业高级技工学校、重庆市轻工业学校、重庆市第二交通技工学校、重庆铁路运输高级技工学校、重庆市机械高级技工学校、重庆市南川隆化职业中学校、重庆市经贸中等专业学校、重庆市龙门浩职业中学校、重庆市教育科学研究院职成教育研究所、深圳国泰安教育技术股份有限公司、重庆昭信教育科技集团有限公司、重庆市树德科技有限公司等单位合作，开展了重庆职业教育网络建设与应用探索，形成了一批典型案例：

如重庆市南川隆化职业中学校建设了百兆到桌面、技术先进、高速、稳定、安全的校园网络及各种业务系统。学校校园网络全覆盖，实现计算机和打印机共享，配置专业服务器，部署教务管理软件、学生管理软件、图书管理等业务系统软件等。通过项目建设，有效地提升了学校教育教学的丰富性和趣味性，学生的自主学习能力也得到了提升。

如重庆航天职业技术学院在建设之初，网络缺少无线覆盖，出口带宽不足，部分设备以及线路老化，故障较多。由于部分管理设备比较老旧，对网络的管理非常不便，认证信息每个学期都要出现错误。另外，到终端的速度较低，只有 100 M，不能满足未来智慧教学的需求。软件系统建设方面也存在诸多问题，如信息孤岛，缺少部分重要业务系统，没有灵活的小程序支撑零散业务。在线课程系统非常落后，功能少，使用价值低。信息安全管理没有严格的制度，对外公开的应用系统也没有采用牢固的安全策略。在建设过程中，重庆航天职业技术学院将服务器全部采用虚拟化解决方案，集约使用计算资源；积极采用开源软件，结合自主开发，大型系统对外采购；引入第三方公司，实现校园无线全覆盖，支撑教育信息化发展；严格实施权限管理制度，保障信息安全。通过建设，使用开源软件 Seafile 建立的私有云盘为每位教师分配了 10 G 空间，为学生分配了 1 G 空间，目前已经有 1000 多名用户，存储容量超过 1 T。教师存放教学课件非常方便，学生在课堂上没有及时完成的作业也能保存，以便下课后继续完成。自行开发的考勤以及教学评价等小程序已经用于日常教学中,使用频度较高,效果较好。学校的MOOC(大型开放式网络课程)项目得到了外界的肯定,推广效果较好,目前已有3家公司利用学校的MOOC教学平台建设了职工培训课程。

如重庆市轻工业学校开展了"两全两库三平台"校园信息化建设。在建设之前,重庆市轻工业学校的网络平台存在一些问题:各管理平台使用的数据库不集中,数据相对独立,易出现多头管理、数据冲突等现象;信息化教学管理羸弱,难以真正有效地服务于教师的教和学生的学;信息化推行方法不得力,平台资源得不到充分利用;学生管理内容单一、形式老套、空间封闭,难以与家长、社会形成合力等。在建设过程中,学校以调研为基础,创新建设理念,采取开发、应用相融的建设模式。以需求为导向,创新建设内容。学校将资产管理、招生录取、教学管理、学籍管理、学生评价等各自独立的软件进行了整合,集成了教学资源库和基础数据库,解决信息"孤岛"问题;开发了OA办公软件、App移动终端和云桌面等系统。以项目为引领,创新建设方法。学校开展了教学、管理、评价三个方面的校级课题研究。以活动为载体,创新推广运用。学校针对不同类别的人员举行了平台应用竞赛活动。专任教师参加基于信息化平台的"限时备课"竞赛;行政管理人员参加OA办公系统运用竞赛;学生参加"网络摄影作品展评"和"通识网络课学习评比"等。通过信息化建设,提升了学生学习兴趣;提升了教师职业能力;教师先后荣获国家信息化大赛一等奖1项、二等奖5项、三等奖7项及市级信息化大赛一等奖7项、二等奖6项、三等奖3项,发表10余篇论文,完成国家级课题1项、市级课题3项,形成信息化制度汇编1册,提升了行政管理效率和后勤服务质量,完善了师生评价机制和质量监控机制。

3.重庆职业院校智慧校园平台建设典型案例

重庆市职业教育学会联合成都依能科技股份有限公司、重庆市机械电子高级技工学校、重庆市工艺美术学校、重庆市铜梁职业教育中心、重庆市璧山职业教育中心、重庆市渝中职业教育中心、四川仪表工业学校、重庆市医药学校、重庆市龙门浩职业中学校、重庆市工商学校、重庆市涪陵区职业教育中心、重庆市武隆区职业教育中心、重庆市渝北职业教育中心等共同开展了智慧校园建设与应用,探索了重庆市职业教育智慧校园平台建设,形成了一批典型案例。

如重庆市九龙坡职业教育中心在建设之初,初步建立了小型的无线局域网络,实现局部的物理校园网络接入拓展,但尚未形成全面的基于网络技术信息的教育教学系统。在建设过程中,重庆市九龙坡职业教育中心全线升级学校智慧校园信息化支撑平台,搭建了一个适应当前移动互联网发展,满足管理层移动办公、师生移动学习,方便获取信息及综合服务需求的智慧校园平台。通过建设,使得智慧校园平台在移动端的应用已覆盖学校的日常办公管理、教学常规管理、评教管理、成绩管理、各项通知查看等方方面面，尤其是在学校的教务管理方面应用最为广泛，助力教务管理工作更便捷、更轻松，实现教务管理精细化。

如重庆市工业学校在项目建设之初，学校考试组织周期比较长，从出题、制卷、发题、保卷、考试、评卷、登分、公布成绩等环节来看，每一个流程都比较复杂，且容易出现差错。通过建设智慧校园平台的在线考试系统，开启无纸化考试新模式，实现了从试题录入→试题管理→组卷→考试安排→阅卷→正确率统计分析等应用的一站式在线管理，有效确保了考试的客观性、公正性、实时性，提升了教师的办公效率，为"互联网+教育"时代的考试改革奠定了良好的基础。

如重庆市科能高级技工学校在项目建设之初，由于没有一整套健全的信息平台和相应的管理制度做支撑，学校无论是在内部管理还是在外部协作上都存在着一些漏洞和不足，主要表现为数据失真、滞后、重复录入、不一致；信息管理手段滞后、业务操作不规范；教学信息资源利用率低等。通过智慧校园平台建设，实现了学籍管理共享化、排课管理智能化、成绩管理自动化、评教管理无纸化、协同办公线上化等，全面支撑学校各项管理、业务及文化建设，帮助学校提升管理及教学的水平与效率。

4.重庆市职业教育网络服务（应用）典型案例

重庆市职业教育学会与重庆市渝北职业教育中心、重庆市龙门浩职业中学校、重庆市梁平职业教育中心、重庆市工贸高级技工学校、重庆市商务高级技工学校、重庆市黔江区民族职业教育中心、重庆市涪陵信息技术学校、重庆九源教育公司等单位合作开展了重庆市职业教育网络服务，形成了一批典型案例。

如重庆市梁平职业教育中心探索了微信群的合理运用，使学校微信工作群成为学校管理的重要平台，成为下情上传的快速通道；用美篇记录学校生活的点点滴滴；使班级微信群成为班级管理的重要法宝。通过微信群建设，充分实现了家校育人，促进了教育教学水平的提升。

如重庆市工贸高级技工学校校企共建数字化服装设计制作教学培训平台。建设之初，重庆市工贸高级技工学校的服装专业运用的是最传统的讲授教学，学生在学习过程中很容易感到枯燥、厌烦，且学生进入企业后有大都想继续学习，学校的硬件、软件都无法解决以上问题。在建设过程中，充分利用行业协会资源，整合行业先进技术，将行业最新资源引入学校教学实训平台，分步、分段、分层完善技术；与企业共建3D实训展示中心，引企入校，共建实体等。通过项目建设，学校多次在行业协会等交流中展示3D在服装中的应用。重庆本地多家服饰电商企业主动寻求与本专业的对接合作，要求为其设计研发服装款式。学校在市级活动中展示本专业运用3D设计完成的时装。

重庆市黔江区民族职业教育中心通过加强校园网络建设，依托学校门户网站和数字化校园平台两大载体，搭建对外宣传、家校沟通、校企合作、社会培训四大网络平台，促进学校内涵建设,质量提升,服务地方经济发展。搭建对外宣传平台,全方位宣传国家职教政策,学校办学条件、理念思路、内部管理、质量提升、就业工作、民族特色、服务贡献能力、示范辐射等。搭建家校沟通平台,教师与家长沟通学生在校、家庭和社会中涉及思想、学习、生活等方面的具体表现,争取家长对学校和教育的理解与支持。搭建校企合作平台,学校将校企合作单位简历和用人需求公布在学校门户网站上,方便学生及家长查询。同时,学校将学生实习就业情况录入平台系统,并进行跟踪服务,实时更新。搭建社会培训平台,学校将培训项目、方案、要求实时发布在学校网站,有需求人员能够第一时间通过平台查询到培训时间、培训进度,并可以通过平台直接进行注册报名。学校通过加强网络建设,育人质量稳步提升,直接或间接地为地方经济和社会发展做出了积极的贡献。每年吸引区内外3000余名初中毕业生来校就读,生源辐射8省市44个区县。

重庆市龙门浩职业中学校开展了网络服务"三朵云"建设。资源云:有计划地建设专业资源,形成了"龙门云课堂",先后建立了旅客服务系统,客舱失密模拟系统,导游讲解数字体验式教学系统,重庆本地、全国5A级旅游教学场景资源库,旅游素材库,数字媒体技术基础、3DMax三维动画制作、服装结构与立体造型等80余门课程的教学资源建设。管理云:建成集OA办公、教务管理、学籍成绩管理、招生就业管理、后勤管理、教师业务档案管理,教学过程集中控制平台以及微信企业号,服务号,QQ公众号等十多个应用业务于一体的校园"管理云"平台。实验云:建设30间智慧教室、轨道交通实训室、航空模拟舱实训室、模拟导游实训室、电商创客空间、电商O2O线下展示与体验中心、电商创业项目孵化中心、摄影实训室、电子仿真实训室、数控仿真实训室、会展实训室、摄影实训室等。通过"三朵云"建设,成功引进"中德职教"项目,首开国家重点知名大学985高校同济大学与中职学校重庆市龙门浩职业中学校联姻的历史先河,并成功举行了全国职业院校VR竞赛和学校电竞比赛。通过网络建设,有效地服务了地方经济发展。

六、研究结论

(一)加强和改进管理机制是重庆职业教育网络建设与应用有效推进的重要保障

在课题研究过程中发现,重庆各职业院校网络建设与应用程度高低不一,建设情况良莠不齐,其主要与各职业院校网络建设与应用管理机制不健全、不完善有很大关系。职业院校网络建设是一项人力、财力、物力消耗庞大的工程,只有建立健全完备的管理机制,发挥职业院校管理者和建设者的积极性、主动性,才能充分调动学校资源,推动职业教育网络建设与应用的开展。所以,加强和改进职业院校管理机制是职业院校网络建设与应用有效推进的重要保障。

(二)重庆职业教育网络建设与应用需要建立有地方特色的"重庆标准"

我国从1942年到2015年之间，一共颁布了153个与教育信息化相关的政策法规，涉及教育信息化的方方面面，特别是近年来教育部颁布的《教育信息化十年发展规划（2011—2020年）》和《教育信息化2.0行动计划》，都充分说明了教育信息化作为推进教育现代化的强大动力和教育制度变革的内生要素意义十分重大。但要落实这些政策法规，同时又与重庆这个集大城市、大农村、大库区、大山区为一体的直辖市具体情况相适应，还有许多具体问题有待研究和商讨。信息化建设重在标准，不仅仅要遵循国家标准，更重要的是要建立有地方特色的"重庆标准"，只有制定好科学可实现的建设标准，才能保证建设资源的合理开发和利用、学校网络管理的精细化和科学化，才能将影响网络建设与应用的人为因素降到最低，才能保证职业教育网络建设与应用工作不因学校领导的信息化素养、重视程度、理念偏好等改变而发生改变。

(三)加强职业教育网络建设与应用是提升重庆职业教育质量和水平的有效途径

课题研究发现，4个子课题通过加强职业院校网络软硬件建设，优化职业教育门户网站及其建设和管理队伍，完善职业教育网络建设和管理制度，搭建职业教育网络交流共享平台，开发优质数字资源，打造智慧校园平台，建设、拓宽职业教育网络服务功能，极大地推动了共建职业院校管理水平、师生信息化能力和水平及社会服务能力的提升。由此，我们认为加强职业教育网络建设与应用是促进职业院校教育教学质量提升和内涵发展，提升职业教育质量和水平的有效途径。

七、研究成效

(一)研究成果

通过课题研究，课题组取得了丰硕的成果：制定了《重庆职业教育网络管理制度和流程（试行）》，初步构建了重庆职业教育网与重庆职业院校校园网共建互融机制；建立了重庆市职业教育课程管理平台、重庆市职业教育学会课题协同平台、重庆市职业教育智慧校园平台；研制了《重庆职业院校网站建设运维标准（试行）》《重庆职业教育网络基础建设标准（试行）》《重庆职业院校网站网络安全标准（试行）》《重庆职业教育数字化资源开发与共享标准（试行）》《重庆职业院校智慧校园平台建设标准（试行）》《重庆职业教育网络服务标准（试行）》；形成了重庆市职业教育网络基础建设、重庆职业教育网络平台建设、重庆职业院校智慧校园平台建设、重庆市职业教育网络服务（应用）20个典型案例；出版专著《未来视域：重庆职业教育网络建设与应用》；公开发表论文18篇，其中核心期刊2篇，一般期刊16篇；获中华人民共和国国家版权局计算机软件著作权登记证书8个，包括智慧校园平台（软著登字第2790711号）、依能教育教学质量管理平台（软著登字第

2639762号）、依能制度设计系统V1.0(软著登字第2709893号)、依能质量报告设计系统V1.0(软著登字第2710913号)、依能教学诊改工作系统(软著登字第2711893号)、依能信息化办公平台(软著登字第2706693号)、重庆职业教育课程管理平台系统V1.0(软著登字第1754720号)、同方知网机构知识管理及协同创新平台(软著登字第1447550号)；完成了《重庆职业教育网络建设与应用研究调研报告》《重庆职业教育网络建设与应用研究咨政报告》等。

(二)研究成果的学术价值、应用价值及创新点

1.研究的学术价值

引领了重庆职业教育网络建设与应用研究的发展。本课题研究顺应时代和职业教育改革发展的需要,遵循网络技术、数字技术、智能技术和教育信息技术发展的本质规律,联合30多所重庆职业院校和有关企业,运用职业教育学、网络技术理论和管理学等理论,从网络基础建设、网络平台建设与应用、智慧校园平台建设与应用、网络服务功能与作用4个方面对重庆职业教育网络建设与应用做了较全面系统和广泛的研究,形成了《未来视域：重庆职业教育网络建设与应用》专著,其研究成果对重庆市乃至全国的职业教育网络建设与应用的理论和实践研究具有重要的参考和借鉴作用。

2.研究的应用价值

(1)研制的重庆职业教育网络建设与应用6大标准及《重庆职业教育网络管理制度和流程》为职业院校的网络建设与应用提供了较系统和规范的借鉴,开始改变职业院校网络建设管理无序、安全性能和智慧化程度低及服务教学、服务管理、服务社会能力弱的现状,促使职业院校网络建设与应用更加规范、科学和高效。

(2)重庆市职业教育课程管理平台、重庆市职业教育智慧校园平台、重庆市职业教育学会课题协同平台3个平台的建成与应用,提高了职业院校的现代教育信息化、数字化、智慧化程度,促进了职业教育网络资源的整合、优化和共享,助推了职业院校的内涵发展和人才培养质量的提升。

(3)课题研究所积累形成的丰富的实践案例,特别是一些典型的优秀案例为加强职业院校网络建设与应用提供了参考范本。

(4)课题研究形成的《重庆职业教育网络建设与应用研究咨政报告》,从制度、标准、行为等层面提出了"分层次出台网络建设实施细则""建立职业院校网络建设的'重庆标准'""设立职业院校网络建设质量评价专门机构""充分提升教师网络应用与信息化能力"及"强化网络信息平台安全等级测评"等加强重庆市职业院校网络建设与应用的5点建议,为教育行政部门的有关决策提供了参考依据。

3.研究的创新点

(1)课题研究成果中"重庆市职业教育课程管理平台""重庆市职业教育智慧校园平台"

"重庆市职业教育学会课题协同平台"在全国职业教育领域处于领先地位,获得了8项软件著作权,其权利取得方式均为"原始取得",其权利范围均为"全部权利"。

(2)课题组研制的《重庆职业院校网站建设运维标准(试行)》《重庆职业教育网络基础建设标准(试行)》《重庆职业院校网站网络安全标准(试行)》《重庆职业教育数字化资源开发与共享标准(试行)》《重庆职业院校智慧校园平台建设标准(试行)》《重庆职业教育网络服务标准(试行)》,在我国开启了结合区域特点制定地方标准的先河。

(3)形成了产教融合、校企紧密合作开展研究的重要机制。课题组主要成员中包含重庆有关中、高职院(校)长、教科研人员、网络技术人员、一线教师和成都依能科技股份有限公司、华龙网、中国知网、中国教育在线、广东动易软件有限公司等市内外多家有实力的企业人员,形成了多元多层次的研究团队。课题成果中的3个平台是分别与成都依能科技股份有限公司、中国知网重庆分公司和重庆竺韩科技有限公司3家企业紧密合作,共同开发和建设的;《重庆职业院校网站建设运维标准(试行)》《重庆职业院校网站网络安全标准(试行)》《重庆职业院校智慧校园平台建设标准(试行)》是依托华龙网和成都依能科技股份有限公司的技术力量研制的。有关企业为课题研究提供了强大的技术支撑。

(三)社会影响和效益

1.推动了重庆职业院校信息化建设"一把手"工程的实施

课题组成员大多为重庆职业教育网30所共建职业院校的院长(校长)。该课题研究提高了学校管理者对职业院校网络建设与应用的必要性与紧迫性的认识,从而推动了学校校园网络的建设与应用,促进了学校的信息化建设。

2.助推了优秀校园网站及智慧校园平台建设

助推了重庆市轻工业学校、重庆市渝中职业教育中心、重庆市龙门浩职业中学校、重庆市医药学校等一批重庆市职业院校优秀网站及智慧校园平台的建设。

重庆市渝中职业教育中心通过参与课题研究,建成了集教育、教学、资产管理、办公、招生就业、人事管理"六位一体"的智慧校园平台,通过平台建设,促进管理规范,减轻教职工工作压力,缩短沟通路径,提升教职工办公效率,深度整合集成,避免多系统间信息孤岛。重庆市医药学校建成学校公共基础平台、教务管理平台、行政管理平台等。重庆市轻工业学校通过课题研究,积极开展校园网络信息化建设与应用实践,实现了云端管理的智慧职校,其"两全两库三平台"的典型案例获中国计算机学会教学成果一等奖,其典型经验在重庆市职业教育科研骨干教师培训会及四川教委举办的信息化培训会上交流推广,产生了较大的影响。

3.提升了职业院校师生信息化能力

通过组织优秀网络课程及其教学设计比赛,鼓励教师利用信息技术创新、优化教学模式,帮助教师有效应用信息技术,更新教学观念,改进教学方法,提高教学质量;鼓励学生应用网络学习空间进行做作业、自测、拓展阅读等学习活动,促进了师生双向发展。教师信息化水平逐年增强,信息化运用范围全面普及。2015—2017年,重庆市中职教师在信息化大赛获国家级奖项43项,在市级中职学校"创新杯"教师信息化及中职学校教学设计与说课竞赛中获奖436项。

4.提高了职业院校网络建设、应用与管理队伍的素质

在两年多的课题研究过程中,课题组通过"职业院校校园网络管理教师实用技术培训",组织前往南京、上海等地考察学习大数据时代背景下职业院校信息化建设工作,召开课题研讨会等多种形式对30所职业院校的网络管理技术教师及课题组成员进行了500余人次的培训指导,使他们在职业教育网络建设与应用的研究和实践方面得到了很大的提高,提升了其信息化的规划能力、管理能力和执行能力,为重庆市职业教育网络建设与应用培养了一批高素质人才。

5.增强了职业院校校园网络服务的水平与能力,促进了教育公平

通过课题研究,重庆职业教育网与共建院校校园网在专业建设、课程教材、教学方法、师资教改、教育技术、实训基地、德育心理、技能证书等多方面深度共建互融,并建成、应用了3个资源平台,开展了覆盖全市、互联互通的数字化教学资源建设,为职业院校学生享有优质数字教育资源提供了方便快捷的服务。同时,网络教育资源服务社会有效延伸。重庆市职业教育学会与30个共建单位在项目研究与建设过程中,通过多种方式大力培育网络教育资源服务市场,探索了运用重庆职业教育网和各职业院校门户网站等网络平台,开展国家职教政策宣传、各类职业技术培训、招生就业信息查询等多种项目的社会服务,使优质教育资源在更广范围内得到了共享,扩大了职业院校优质教育资源的受益面,提升了职业网络教育资源整体利用率,促进了教育公平,为全民学习、终身学习提供了有力支撑。

八、政策建议

目前,重庆市职业院校网络建设取得了一定成效,网络基础建设全面完成,智慧校园平台硬件搭建初步完成,数字化教学资源库基本建成,网络管理机制基本理顺。但智慧校园软件建设还存在短板;部分职业院校网络建设标准化程度低,部分职业院校网络建设中缺乏统一标准,资源框架、平台功能、后台维护、网络安全等方面建设的内容、程序、应用体系建设等随意性较强,部分院校无法实现平台互联、数据互通;资源建设重复率高且使用率较低,部分职业院校存在以项目需求推进资源建设的现象等,课题组从制度、标准、行为层面提出以下几点建议:

(一)分层次出台网络建设实施细则

建议重庆市教育委员会成立教育信息化领导小组,设立教育信息化推进办公室,把职业院校网络建设纳入推进办重点工作,主管部门及时制定相关政策如条例或实施细则等文件,出台针对学校层面的专门规范,按照"一级应用、二级建设、三级互通"思路,加快市级教育资源公共服务平台建设;按照"政府引导、多方参与、共建共享"的基本思路,统筹建设全市数字教育资源,建成全市"职业教育数字教育资源超市";以"两级建设、五级应用"架构,加快教育管理公共服务平台建设,如完善职业教育学籍管理等系统建设;建设全市统一的教育宽带网,把教育城域网、教育数据资源中心、校园网接入统一的宽带网,形成覆盖重庆市职业教育的教育城域网。

学校层面,按照"三全两高一大"(全体教师、全体学生、全体学校,高应用水平、高信息素养,大平台)建设目标,完善职业院校网络建设、管理、运行的法律法规和基本制度,对学校建设网络范围、组织形式、实施主体、应用规范等做出明确规定。将平台建设作为"一把手"工程,强化建设整体规划,建立平台、技术、数据交换等标准,并逐步推进。

(二)建立职业院校网络建设的"重庆标准"

贯彻落实教育部《教育信息化十年发展规划(2011—2020年)》《教育信息化2.0行动计划》的相关要求,以成立重庆市职业院校网络建设领导组、工作组、专家组等形式,研究制定包括《重庆职业院校网站建设运维标准(试行)》《重庆职业教育网络基础建设标准(试行)》《重庆职业院校网站网络安全标准(试行)》《重庆职业教育数字化资源开发与共享标准(试行)》《重庆职业院校智慧校园平台建设标准(试行)》《重庆职业教育网络服务标准(试行)》等涉及职业院校网络建设与应用的范围、内容、组织形式、基本流程、安全防范、内控机制、监控手段等的标准体系,真正建立职业院校网络建设的"重庆标准",并逐步建立区域职业院校网络建设与应用质量督导标准,明确督导、监测的具体内容和要求。

(三)设立职业院校网络建设质量评价专门机构

设立职业院校网络建设质量评价专门机构,统筹职业院校网络建设管理与评价。成立职业院校网络建设与应用监测评价学术委员会,加强对职业院校网络建设资源的整合。建立规范化管理制度体系,从组织机构设置、内部治理制度等方面逐步建立并落实。建立规范化工作运行机制,特别是在网络建设项目立项、经费来源、组织实施、结果发布与使用、问责与反馈等重要事项上做出具体规定。建立监督运行工作机制,明确监督主体、监督方式、监督内容、监督对象等。建立评价监控结果反馈制度和机制,明确反馈主体、反馈方式、反馈内容、反馈对象等。

(四)充分提升教师网络应用与信息化能力

把教师网络应用与信息化能力放在突出位置。通过多个层次,采取线上与线下相结合、专项培训与融合培训相结合的方式,实现信息技术培训提档升级。要加强信息化专业技术队伍建设,配足配齐信息化专业技术人员。提高信息化背景下教育管理者工作水平和管理能力。积极探索学校强化应用的工作机制,转变教学和教研活动组织管理方式,鼓励、引导、要求、督促教师运用信息技术,将信息技术融入教育教学全过程。

(五)强化网络信息平台安全等级测评

强化各职业院校对网络安全的认识,切实压紧各级安全责任,分析网络安全工作形式,强化安全管控,做实隐患排查治理和风险预警双控,开展各类系统平台的信息安全等级测评工作,对网络基础设施开展定期巡查、实时预警等工作,要加强网络安全政策法规宣传学习,自觉使用正版软件,强化知识产权保护意识,加强人防、物防、技防建设,提高网络与信息安全防护水平。鼓励校企合作、产教融合等形式,整合同类学校、社会企业的硬件、网络资源,提升学校运维实力。建立完善信息安全保障机制,严防网络舆情安全事故的发生,全力确保网络安全稳定局面。

参考文献:

[1]余胜泉,王阿习."互联网+教育"的变革路径[J].中国电化教育,2016(10):1-9.

[2]王亚南,石伟平.歧途与省思:职业教育信息化建设的战略转型[J].现代教育管理,2016(4):86-92.

[3]徐国庆.中美职业教育信息化发展水平比较研究[J].教育科学,2011(2):80-84.

[4]李海云.信息化对教育的革命性影响[N].人民日报,2013-8-26.

[5]董永芳.新加坡教育信息化发展战略概述与启示[J].教学与管理,2016(2):118-121.

[6]蔡继乐.以教育信息化全面推动教育现代化——访十九大代表、教育部副部长杜占元[N].中国教育报,2017-10-23.

[7]张玮,李哲,奥林泰一郎,贾若.日本教育信息化政策分析及其对中国的启示.现代教育技术,2017(3):5-12.

[8]刘春玲,杨鹏.学籍管理信息化建设实践及经验分析——以北京联合大学为例[J].中国电力教育,2013(13):203-204.

[9]陈慧丽.在信息技术环境下用建构主义指导教学研究[J].科学之友,2006(8):76-77.

[10]任昌山.加快推进2.0,打造教育信息化升级版——《教育信息化2.0行动计划》解读之二[J].电化教育研究,2018(6):29-31.

[11]陈耀华,陈琳.互联网+教育智慧路向研究[J].中国电化教育,2016(9):80-84.

[12]石长征,武丽志.技术支持的微型教学发展研究[J].电化教育研究,2014(2):84-90.

[13]孙曙辉,刘邦奇,李鑫.面向智慧课堂的数据挖掘与学习分析框架及应用[J].中国电化教育,2018(2):59-66.

[14]司平.浅谈我国职业教育信息化建设现状及对策[J].湖北科技学院学报,2015(6):100-101.

[15]李长吉,余芳艳.课堂观察研究:进展与趋势[J].当代教育与文化,2010(6):88-93.

[16]施建国,项小仙,程莉莉.浙江省高等学校教育信息化建设现状及发展对策[J].中国电化教育,2010(4):32-35.

[17]张一春,王宇熙.高职教师信息化教学能力现状及提升对策——基于江苏省74所高职院校的调查[J].职业技术教育,2015(36):70-74.

[18]魏雪峰,李逢庆,钟靓茹.2015年度国际教育信息化发展动态及趋势分析[J].中国电化教育,2016(4):120-127.

[19]顾明远.第三次工业革命与高等教育改革[J].教育学报,2013(6):3-9.

[20]何克抗.教育信息化成败的关键在哪里——如何认识信息技术对教育发展具有革命性影响[J].中国教育科学,2013(8):209-227,208,250.

[21]李克东.数字化学习(上)——信息技术与课程整合的核心[J].电化教育研究,2001(8):46-49.

[22]李克东.数字化学习(下)——信息技术与课程整合的核心[J].电化教育研究,2001(9):18-22.

[23]Johnson L, Adams Becker S, Estrada V and Freeman A. (2015).*NMC Horizon Report: 2015 K-12 Edition*. Austin, Texas: The NewMedia Consortium.

[24]Dunleavy M, Dextert S & Heinecket W F. What added value does a 1:1 student to laptop ratio bring to technology-supported teaching and learning? *Journal of computer assiste learning*, 2007.

第二节　重庆职业教育网络建设与应用研究调研报告

一、调研背景

《国家中长期教育改革和发展规划纲要(2010—2020年)》指出"信息技术对教育发展具有革命性影响,必须予以高度重视"。2018年教育部正式提出《教育信息化2.0行动计划》,指出:教育信息化要实现从专用资源向大资源转变;从提升师生信息技术应用能力,向提升信息技术素养转变;从融合应用向创新发展转变。[1]随着重庆市"1125"教育信息化工程的推进,重庆职业教育的信息化建设工作在教育宽带网络建设、云数据中心建设、教育应用平台建设以及配套支撑计划方面都有显著提升,但重庆职业教育网络建设尚存在诸多问题,如认识和管理不足,对网站建设与应用在职业教育改革发展中的重要性认识不足;没有相关的制度保障,缺少专、兼职网管人员及技术团队;网络的规范化程度较低,职业院校还没有相对统一规范的网络建设标准;网站服务器建设在异地,百度中搜索不到学校信息,学校掌控不了舆情;网络运行太慢,网页动画太多,开通流量不够,维护清理不及时;网页设计不美观,不具特色;网站作用发挥差,用户体验差,主要宣传内容不突出,力度不够,信息更新不及时,点击率不高;优质数字教学资源缺乏;没有发挥院校网络在招生就业宣传、教育教学、管理及社会服务等方面应有的作用等。为了更好地摸清和解决重庆职业教育网络建设和应用发展过程中的问题,加速推进重庆职业教育信息化进程,重庆市职业教育学会结合自身优势与30个共建单位组成联合调研组,采取实地走访察看、召开座谈会、发放问卷等形式,对重庆职业教育网络建设现状进行了调研。

二、调研设计

(一)调研目的

通过调研工作的开展,了解国内外职业院校网络建设与应用现状,分析重庆职业教育网络建设与应用的硬件、软件、团队和建设机制的现实与问题;职业院校在网络管理、教学、服务等方面的平台及功能实现问题,为重庆职业教育网络基础建设、网络平台建设、智慧校园建设、网络服务工作的开展提供数据支持,寻找出提高重庆职业教育网络建设与应用效果的现实途径。

---

[1] 高峰,孟锐,陈秋菊.浅析高等教育信息化转段升级[J].福建电脑,2018(10):82-83.

(二)调研范围

为完成好本次调研工作,根据调研的任务要求,课题组从2016年起组织开展了前期调研工作。主要的调研对象是重庆和东部发达地区各职业院校。参加调查的单位涉及重庆市璧山职业教育中心、重庆市轻工业学校、重庆女子职业高级中学、重庆市渝北职业教育中心、重庆三峡职业学院、重庆公共运输职业学院、重庆航天职业技术学院等30所职业院校。走访了重庆市教育信息技术与装备中心、华龙网、广州动易软件有限公司、超星集团等相关企事业单位,并实地考察了南京市金陵中等专业学校、上海市商贸旅游学校等东部地区职业院校,并查阅了国内外职业教育网络建设的现状与应用经验等。

(三)调研方法

按照调研工作的要求,为完成好调研任务,主要进行了文献查阅、问卷调研、会议调研、现场调研及访谈调研等工作。

1.问卷法

针对职业教育网络建设的实际情况,专门编制发放了《共建单位校园网基础情况调查问卷》《重庆职业教育网络基础建设情况调查表》等调研表。合计发放问卷30份,回收问卷30份。

2.访谈法

从2016年开始,课题组专门到30个共建单位走访了相关分管院校长、信息中心负责人及一线教师等,针对重庆职业教育网络基础建设、平台建设、智慧校园建设和网络服务等方面开展了访谈。

3.文献法

课题组搜集整理了CNKI和维普网的大部分期刊和硕博论文中有关职业教育网络建设与应用的文章近500篇,近几年中国职业教育网络信息化发展报告等。

(四)调研内容

针对课题研究的需要,主要采集了以下几方面的内容:重庆职业教育网络基础建设与应用情况、重庆职业院校网络平台建设与应用情况、重庆职业院校智慧校园平台建设与应用情况、重庆职业院校门户网站建设及社会服务实现情况等。

三、调研结果

(一)重庆职业教育网络基础建设与应用情况

1.校园网基础建设情况分析

(1)基础链路介质建设现状:采用五类或者超五类双绞线的职业院校占比达83%,

铺设六类线实现万兆汇聚、千兆桌面的达到17%,数字广播建设比例达83%以上,视频监控设施达100%。(2)交换机建设现状:核心交换机平均为1.6台/校,智能交换机平均为30台/校;有线网络实现了全覆盖,无线校园网全校覆盖为27%左右,其中无线网覆盖率最小为0,最大为100%。(3)服务器建设现状:中心机房拥有专业服务器的学校为100%,平均为5台左右;大部分学校通过自建(自行购买服务器和存储设备)来建设学校的数据中心,少量学校尝试租用腾讯、阿里、亚马逊的IaaS云服务或者将数据中心托管在运营商机房(图1-14)。(4)在重庆自建数据中心的职业院校中,超过94%的学校采用了高可用性的云计算和虚拟化平台构建数据中心。80%的学校是终端自行下载防病毒软件,20%的学校有硬件防火墙,33%的学校有上网行为管理器。总的来说,目前重庆市职业院校网络基础设施建设已全面完成。基础链路介质正从五类、超五类向六类及全光纤升级。部分学校实现了升级改造,更换了汇聚交换机、接入交换机、无线AP、上网行为管理器等设备。

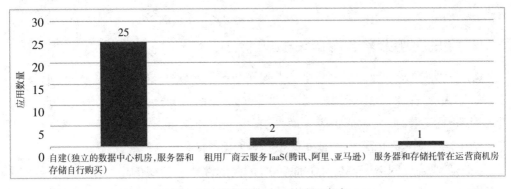

图1-14　学校数据中心的建设方式

2.团队建设情况分析

当前重庆职业院校承担信息化的建设与管理人员分为三类:第一类是在学校信息化部门的专业全职人员;第二类是行政管理部门的兼职管理人员和部分参与信息化建设的学生;第三类是合作企业或外包服务的驻校开发维护人员。[①]在被调研职业院校中,信息中心的专职管理人员最多为12人,最少为1人,大部分职业院校为3~4人,普遍是专、兼职结合,高职称、高学历的信息化管理人员不多,多数被调研职业院校高级职称人员占20%以下。在2017年的信息化费用使用中,培训费用占被调研职业院校信息化总费用最高为20%,最低为0;培训规模最大的为620人,占单位教职工比的100%,最小为0人。其中,50%以上的被调研职业院校培训经费占总经费10%以上,其余职业院校培训费用占总经费的5%及以下。

---

①胡钦太.高校信息化人才队伍建设的机制创新与实现路径研究[J].中国教育信息化,2016(13):58-62.

3.机制建设情况分析

组织机构方面，重庆职业院校网络管理机构多为网络管理中心、信息中心等，主要业务集中在建设信息门户网站和共享数据中心平台，包括管理统一身份认证、单点登录、应用集成、数据共享等。机构设置方面，73%的职业院校有单独的网络管理建设部门，27%的职业院校的信息化部门是相关职能部门（如实训中心、教务处等部门）的下属二级单位或部门。管理制度方面，82%的职业院校有成文的信息化建设规划，38%的职业院校的信息化建设规划分散于总体规划中，19%的单位无信息化建设规划，13%的职业院校单列信息化建设规划。经费管理方面，多数职业院校将经费使用分为专项建设经费和运行经费，各职能部门的信息化建设需要与信息化主管部门沟通后立项执行，需要由信息化主管部门验收、签字通过后才能报账。建设模式方面，多数职业院校采取自主投资建设模式建设多数设备，也采取融资建设模式建设少量设备，近几年也有与运营商合作，采用市场换投资模式等。运行管理模式方面，多数职业院校采取自主管理形式。

（二）重庆职业院校网络平台建设与应用情况

调研表明，重庆职业院校网络平台的建设和各平台软件主要集中用于教务管理、办公自动化、财务管理、学生管理、人事管理等方面，部分院校还用于图书信息管理、资产设备管理、档案管理、后勤服务等方面，还有少量学校单独用于德育管理、学生消费管理、学生门禁管理、站群管理、智能车牌识别等方面。

重庆职业院校网络资源建设方面，90%的高职院校和70%的中职学校使用数字化教学资源进行教学，大多使用慕课、Moodle等形式建立。通过校园网，教师可以上传课件和其他辅助资料，布置和检查作业；学生可以进行试卷练习，下载并学习多媒体课件，利用视频动画学习课程和案例，了解专业标准，上传个人作品等。在课程资源的开发和使用上，有10%的职业院校无数字化教学资源，在已有数字化教学资源的院校中，教学资源多以网络课程、教学资源库等形式存在。在建有网络课程教学资源的被调研职业院校中，国家级教学资源最多为3门，最少为0门；市级教学资源最多为19门，最少为2门；校级教学资源最多为43门，最少为1门。建有教学资源库的学校最多为8个，国家级资源库最多为1个，最少为0个；市级教学资源库最多为6个；校级教学资源库最多为26个。

在重庆职业院校网络平台的应用方面，教学管理上基本建成并投入使用的有教务管理系统、课件资源管理系统、评价管理系统、教职工工作系统、实训管理系统等（图1-15）。

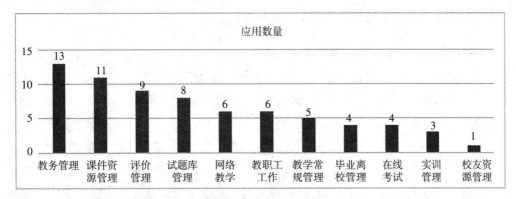

图1-15　重庆职业院校网络平台教学管理应用情况

　　学生管理上，主要集中在学籍管理、德育管理和班主任工作管理等（图1-16）。行政管理方面主要用于人事管理、教材管理、学费管理等（图1-17）。有80%的学校建设了无纸化办公OA系统并投入了应用，30%的职业院校在招生就业与顶岗实习工作上开展了信息化管理。

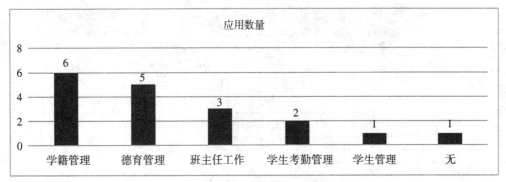

图1-16　重庆职业教育网络平台学生管理应用情况

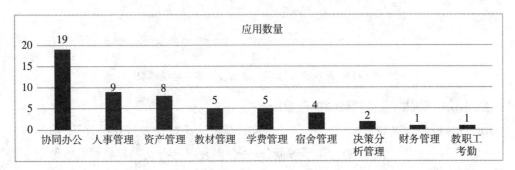

图1-17　重庆职业教育网络平台行政管理应用情况

　　在上述系统中，实现数据共享的系统多为教务管理、协同办公及学生管理系统，有部分院校的图书信息管理、资产设备管理、人事管理、档案管理、后勤管理等实现了数据共享。

(三)重庆职业院校智慧校园平台建设与应用情况

1.重庆市中职学校智慧校园平台建设情况

目前重庆市中职学校的智慧校园平台建设与应用处于诺兰模型第三阶段(控制阶段)向第四阶段(应用整合阶段)的提升过程中,主要表现为以基础设施和独立的应用系统建设为主,即硬件和软件方面的建设情况存在着较大的差异。一方面,大部分学校都基本完成了硬件及网络等基层设施的建设,形成了智慧校园平台建设的基础环境;另一方面,在这些已基本建成硬件环境的学校中又有绝大多数学校在智慧校园平台软件的建设上存在着短板,缺少统筹规划,已建设的独立系统应用功能又不能满足学校当前的发展需要。例如:有些示范性学校已建设了不少应用系统,但由于各个系统数据不规范、不统一,信息孤岛现象较为严重,并未给学校带来信息化系统的真正价值,还有一些学校因为整个信息化建设起步较晚或其他原因,学校的基础设备、网络等还正在建设中,或正处于智慧校园平台建设的规划阶段(图1-18)。

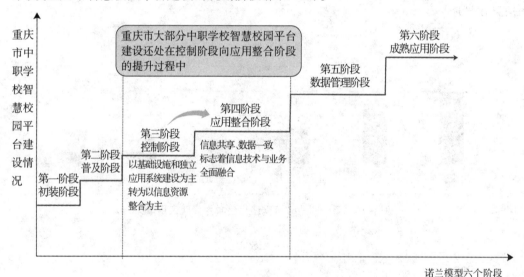

图1-18 重庆市中职学校智慧校园平台建设情况

2.重庆市高职院校智慧校园平台建设情况

通过课题组中高职院校成员对自己学校智慧校园平台建设现状的介绍,包括日常对同类学校的接触了解,并结合调研数据分析,我们发现已有大部分高职院校取得了智慧校园平台建设的阶段性成果,学校的招生迎新管理、学生学籍管理、学生德育管理、学费/经费管理、助学金管理、人事管理、档案管理、教务教学管理、网络教学管理、教育装备管理、教科研管理、总务后勤管理等方面都逐步信息化,并注意到了数据的兼容性。还有一小部分高职院校还处在使用孤立、单一的应用系统或是需要进行系统深度整合阶段。结合诺兰模型分析,目前大部分重庆市高职院校智慧校园平台建设正处在第四阶段(应用整合阶段),将信息技术与业务全面融合,实现信息共享和数据一致。极个别智慧校园平台(数字校园平台)建设起步较早的学校,已经从第四阶段(应用整合阶段)向第五阶段(数据管理阶段)迈进,积累了丰富的可用数据资源,进一步探索数据的高级利用价值,用数据支撑学校决策与分析(图1-19)。

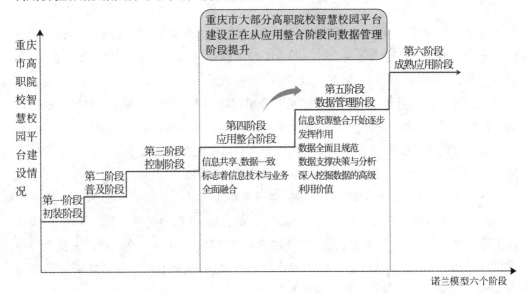

图1-19 重庆市高职院校智慧校园平台建设情况

3.重庆职业院校智慧校园平台基础硬件及网络建设情况

从本次调研情况来看,重庆市职业院校主要还是通过自建(自行购买服务器和存储设备)来建设学校的数据中心,少量学校尝试租用腾讯、阿里、亚马逊的IaaS云服务或者将数据中心托管在运营商机房。

传统的数据中心方案中,学校需要一个很大的数据中心机房,更多的UPS、精密空调和信息中心的人员来维护这些硬件,每年仅电力成本和人工成本将会增加60%。另外,为了满足学校智慧校园平台建设的需要,对服务器的数量及要求增多也会增加相应成本。智慧校园平台建设可能会应用20个甚至更多的软件系统,这些软件来自不同的软件厂商,而各个软件需要的安装环境又不一样,不得不使用单独服务器来安装特定应用系统,导致每台服务器利用率很低。这些应用系统在没有任何集群和双机热备的情况下,至少需要20台服务器。为了保证数据安全和系统持续稳定地运行,核心系统会单独使用双机热备,高并发的系统使用几台服务器做成集群,那么学校数据中心的服务器数量可能需要30台或者更多。

在学校基础办公及教学设施方面,重庆职业院校教师基本都配备有笔记本电脑或者是台式电脑,学校多媒体计算机机房电脑的数量都超过了200台,大部分学校超过60%的师生拥有移动智能终端,在行政办公区和教学区都有无线网络覆盖,无线网络全校覆盖的学校也超过了27%,为学校智慧校园平台的师生参与打下了基础。

在物联网应用方面,一卡通的主要功能还是满足学校食堂消费及校园门禁,50%的学校建设有课堂录播系统,可以实时同步录制教师上课的内容,为学校智慧校园资源库不断地积累校本资源。

(四)重庆职业院校门户网站建设及社会服务实现情况

通过对30个职业院校门户网站进行测评发现,不同类型的学校在网站、平台系统方面投入的人力、物力、财力不一。20%职业院校的网站整体美观大方,应用最新的html5前端技术,兼容性良好,视觉效果出众,搜索引擎收录情况良好。86%的职业院校有较为完善的网站管理制度,办理了ICP备案并公示在网站上。80%的职业院校网站栏目设置和布局合理,层次分明,具备网站的基础宣传功能。37%的职业院校设立了微信公众号。40%的职业院校购买了百度官网认证与实名认证。21%的职业院校设立了手机网站。3%的职业院校无门户网站,3%的职业院校门户网站无法访问。

社会服务方面,大部分职业院校的社会服务功能通过共享教学资源、联合企业开展发布招生就业信息等方式进行。在共享教学资源方面,一般通过各类精品课程、在线开放课程、优质核心课程等方式,无偿提供教学资源,供社会各界浏览。而招生就业等各类信息发布,则主要针对特定的企业和校内学生,服务范围有限。在教学资源共享方面,12%学校的教学资源平台可以对外开放,其他学校均不对外开放。

四、调研分析

(一)网络基础建设落后于技术和需求的发展

1.网络硬件建设滞后

一是核心层及汇聚层建设滞后。小部分核心交换机较老化,无论是可靠性、转发能力、端口密度还是业务特性均无法满足未来数字校园应用的承载需求。部分院校接入交换机全部为非网管型百兆交换机,管理维护困难。二是接入层建设没有扩展性。骨干网无备用光纤链路且带宽较低、芯数不足。暗线铺设的链路,因年代久远,部分链路不通,临时铺设了不规范的线路,给后期维护、更换埋下隐患。各中、高职院校教室及功能室网络信息点的布控没有考虑到数字广播、视频监控、无线网络、多媒体设备等的综合使用。网络系统和各信息系统的先进性、前瞻性和可扩展性不够。三是网络基础建设安全性不够。部分学校机房或者服务器没有提供UPS;整个校园网没有安全防护手段,无防火墙设备,对于来自校内外的安全威胁无任何解决手段;重要数据没有良好的灾备;没有上网行为审计系统,网络信息不符合公安局下发的《互联网安全保护技术措施规定》。没有规划无线接入,笔记本电脑、手机、平板等新设备通过教师自主购买无线路由器接入校园网,存在严重的安全隐患。四是硬件建设缺少规划。校园网络建设缺乏整体和统一的规划。很多职业院校网络建设是随着办学规模的扩大而逐步完善的，很多经历三次（初建、扩容、新校区建设扩容）建设，最终实现了全校的有线网络覆盖。以升级为主的校园网建设模式虽然在容量和规模上不断地适应新的变化，但无法彻底解决一些历史问题和设计缺陷，对一些新技术的引入留有一定的后患，校园网建设的整体性较差。[①]

2.院校领导层对网络建设的认识不足

各单位对职业院校网络建设的认识深入程度不一，有部分单位领导认为网络建设就是网络硬件建设和维护，对软件建设、人员培养等重视程度不够。通过调研职业院校的信息化资金使用方向发现，2016年信息化费用使用中，13%的被调研职业院校网络设备与购置费用占总费用的60%以上，最高为85%；6%的被调研职业院校2016年信息化费用使用中运行与维护费用占100%，此外全年无其他任何投入。信息化费用占同期教育总经费支出比例最高为25%，最低0，其中50%以上的被调研职业院校支出比例在10%以上。被调研职业院校中，研究经费最高占当年信息化费用的15%，最低为0，其中，17%的学校的经费使用占当年信息化费用在10%以上，其余占比在1%~5%之间。

3.安全性不够，信息孤岛现象突出

校园网基础建设安全性不够，数据备份的安全性不高。数据备份以人工备份方式为主，工作烦琐，人工干预程度高且数据不全面，有效性无法验证。备份方式难以适应学校持续发展的需要，随着招生就业规模的扩大，备份副本难以管理，手工无法成功备份一些数据，备份空间减少，维护工作量增大且存在着数据丢失的风险。[②]

信息孤岛现象突出。重庆职业院校在教学管理、人事管理、后勤管理、学生管理、财务管理、资产管理等方面具有一定的信息化基础，也有各自独立运行的数据库。各职能部门都在信息化建设方面付出了大量的人力、物力和财力成本，基本实现了日常管理的信息化。但各职业院校之间和职业院校内部各处室之间很少实现数据共享。调研发现，在各院校使用的学校管理系统中，73%的职业院校实现了教务系统数据共享，67%的职业院校实现了学生管理信息的共享，53%的职业院校实现了财务管理信息的共享，其他诸如图书信息、人事信息、设备资产信息、后勤服务信息等实现数据共享的在7%~20%之间。

各职业院校之间和院校内各部门之间各自存储、定义数据，其运行环境、数据库系统、信息编码规则、业务流程定义等都执行不同标准，信息很难及时共享，影响了各职业院校与相关政府部门之间、职业院校内部各部门之间的数据共享，相关部门的数据采集成本和局限性增加，影响快速决策。

---

① 李武，王坤，张强，余天均.职业教育信息化建设与应用现状分析[J].现代职业教育,2016(9):28-31.
② 刘泽华.高职院校网络数据的备份研究[J].信息与电脑(理论版),2017(19):151-153.

(二)网络教学资源共享性不强,规范化欠缺

部分重庆职业院校在网络教育资源的建设和使用上还存在着重开发而轻应用的倾向。各院校都相当重视资源开发和研究,投入的资金也比较多,但开发成功后,很少有人对资源使用情况进行研究。例如,有的资源拿到了很高的奖项,却苦于无人使用。许多拿到名次的优秀资源,往往是昙花一现,无人跟踪其应用情况。[①]

通过调研发现,在平台资源的开发与共享上,被调研职业院校对数字化教学资源的开发与建设都十分重视。在网络建设与应用工作中,重心多集中在数字资源与平台开发、网络基础建设等方面,其中,31%的被调研职业院校有超过40%的经费使用在数字资源与平台开发方面,19%的被调研职业院校数字资源与平台开发方面使用经费在15%—30%之间;剩余50%的被调研职业院校数字资源与平台开发经费使用占全年信息化费用的3%及以下。但在资源的规划、设计、评价、应用等方面研究和建设不够深入,在资源共享方面的实现程度也不够,除了少数职业院校的数字化教学资源可以共享交流以外,其他大多数职业院校的教学资源均不能共享。

重庆职业教育网络教学资源的规范化欠缺。目前网络教学资源内容丰富,数量庞大,但大都处于分散状态,缺乏统一的资源认证标准和评估准则。各职业院校之间资源互动交流不充分,合作与共建意识淡薄,缺乏数字化教育资源的规范化整合。

(三)门户网站安全性不强

通过调研发现,有7%的职业院校网站安全性较差,后台管理地址暴露在外,且登录验证没有设置验证码,有被暴力破解的风险,有6%的职业院校网站服务器未按照市教委要求放置在本地。门户网站建设不契合新闻传播规律。调研发现43%的职业院校门户网站的信息量和更新速度等方面有一定缺陷,内容不够丰富,传播不如人意,访问人次较少。部分网站虽能满足学校的基本要求,但存在PC端界面老化、功能过于简单、网站打开速度慢、没有移动端网站、没有实现"三网合一"、没有网络安全备案、没有运维管理制度、网站优化传播力差等方面的问题。很多学校网站仍在使用Flash动画等落后技术,兼容性有待提升。部分院校没有手机端网站;公众号没有实名认证,自定义菜单未启用,用户只能被动接受推送,没有互动体验。

(四)校园网站社会服务功能建设参差不齐

《教育信息化十年发展规划(2011—2020年)》指出,要充分整合现有资源以及利用云计算技术,形成集约化的资源配置和服务开发方式,支持优质资源共享和信息化的教

---

① 丁新.网络教育优质资源共享机制分析与思考[J].中国远程教育,2003(21):9-14.

育管理,建立全民教育的云服务模式。[①]因此,利用各职业院校的教学资源,如精品在线课程、教学资源库等对外开放和服务社会,有利于促进智能网络资源、优质的数字教育资源的共享,提升职业教育服务社会的职能的实现。这需要主动树立为社会服务的意识,通过建立教学资源共享,面向社会全体达到共享资源和教育机会,满足学生学习需求。[②]但目前各职业院校网站资源建设参差不齐,社会服务功能实现有一定难度,教育资源平台集中的资源很少对外开放,难以合理利用;教学资源的质量参差不齐;各类资源重复建设较多;各类教育资源发展远远跟不上现代技术的进步与理念的更新等,都限制了职业院校网络建设社会服务功能的开展。

五、调研结论

重庆职业院校网络建设取得了飞速的发展,网络基础建设已上台阶;校园网已实现共建共享;平台建设整体水平较好;教学资源满足教学需要;网络管理队伍基本完善。总体而言,重庆职业院校网络建设与应用做出了一定的成绩,推动了重庆职业教育的快速发展。

但重庆职业教育网络建设尚存在着诸多问题:一是统筹规划不足,整体性较差。各类职业院校在网络建设过程中,硬件、软件平台普遍存在整体性较差、前瞻性不够等现象,部分学校新建的系统与平台无法对接,已建的各个系统数据不规范、不统一,架构零散、数据孤岛现象较为严重。二是标准化程度低,随意性明显。部分职业院校在网络建设中缺乏统一标准,资源框架、平台功能、后台维护、网络安全等方面建设的内容、程序、应用体系建设等随意性较强,部分院校无法实现平台互联、数据互通。三是资源重复率高,使用率较低。部分职业院校存在以项目需求推进资源建设的现象,忽略了资源建设的供给关系,过度强调资源建设的外在需求,忽略了资源建设的质量与内在需求。同时目前的数字化教学资源尚未实现校际共享。四是安全性能不强,保障监控弱。部分职业院校存在对网络安全认识不到位、制度不健全、防护措施薄弱等问题。少量学校在尝试租用腾讯、阿里、亚马逊的IaaS云服务或者将数据中心托管在运营商机房。部分学校的网络基础设施安全漏洞较多,缺乏有效的技术运维能力。部分学校的平台在信息安全方面缺少数据安全策略。

---

① 张林静,郭标.移动互联网环境下教育教学资源共建共享协同机制研究与探索[J].安徽警官职业学院学报,2016(5):105-108.

② 黄家常.现代高校教学资源共享平台建设策略的探究[J].信息通信,2018(6):107-108.

六、对策建议

(一)加强基础设施建设,强化网络安全

1.建立重庆职业教育网络基础建设标准,强化基础设施建设

首先,鉴于各职业院校网络基础设施建设情况不一,领导重视程度和年度投入经费不一,需要研制重庆职业教育网络基础建设标准,指导各职业院校的网络基础建设。例如,本着既整合资源、节约成本,又考虑网络系统和各信息系统的安全性、先进性、前瞻性和可扩展性的原则,建设符合安全性和可扩展性的综合布线环境。如机房设计上采用梯式桥架走线,桥架宽度要求在30 cm左右,分层,一层为电源桥架,一层为数据线缆桥架,铺设线路采用阻燃铜芯导线或阻燃铜芯电缆。桥架设计为"井"字结构,方便机柜间穿线。采用比五类和超五类传输距离更长,传输损耗更小,耐磨、抗压强的六类非屏蔽双绞线。另外机房电路采用双路强电引入,配置市电总配线柜和UPS输出控制配线柜。在核心层设计上,采用虚拟化、双链路、主干全万兆的网络架构。核心设备及汇聚设备实现双机保障,使行政中心网络系统链路或网络设备故障不影响网络的正常运行。实现虚拟化、智能化、无阻塞高速交换,从而达到安全、稳定、可靠、高速的特性。除以太网基础特性加端口及链路聚合、隔离、镜像等特性外,支持交换虚拟化技术、标准OSPF V3及多版本技术、QOS技术、二三层 MPLS VPN 技术、IPv4/IPv6协议双栈支持、IPv4向IPv6的过渡技术、多路由策略、多种组播技术、访问控制列表、应用安全、应用优化,提供不间断转发、不间断升级、环网保护等多种可靠技术,支持拥塞检测、拥塞避免算法等数据中心软件特性。接入层网络建设的主要功能是连接终端用户,为用户提供传输保障。接入层网络的特性比较单一,一般要求具备多个终端连接传输链路,具备向上的千兆(万兆)复用连接链路,保障业务的可达性。

2.建立重庆职业院校网站网络安全建设标准,强化网络安全

随着重庆职业教育信息化大规模普及与飞速发展,校园网络的计算机终端接入量急剧增加,网络拓扑结构也随之变得复杂,从而产生了结构设计与网络节点之间矛盾,存在一定的不稳定因素。网络自身架构主要是保证网络系统的安全,而计算机操作系统和应用系统本身就存在着不同程度的安全漏洞及隐患。与此同时,很多计算机病毒也伴随着系统漏洞产生,使得不法分子利用系统中存在的部分漏洞入侵,这些问题都对计算机网络安全构成了巨大威胁。[1]职业院校师生对网络安全了解甚少,安全意识淡薄,U盘、移动硬盘等存贮介质随意使用;职业院校师生上网身份无法唯一识别,不能有效地规范和约束师生的非法访问行为;缺乏统一的网络出口、网络管理软件和网络监控、日志系统,使学校的网络管理混乱;缺乏对师生上网的有效监控和日志;计算机使用

---

① 丁晓璐.关于高校校园网络安全问题探究[J].网络空间安全,2016(4):15-17.

还原软件,关机后启动即恢复到初始状态,这些导致校园网形成很大的安全漏洞。有鉴于此,可以统一出台标准,就职业院校校园网安全与应用,包括学校门户网站建设与应用评估、学校校园网应用平台建设与应用(含专题网站及资源库等);学校网络设施、设备管理情况评估,包括学校网络机房管理情况评估(中心机房及子配线间)和其他网络设备管理情况(含接入终端管理);校园网网络信息安全情况测评,包括安全设施、设备情况评估(含审计系统、防火墙、杀毒软件等)、人员及安全制度管理情况提出指导性意见,支持学校开展网络安全培训及相关知识的普及工作,让师生树立网络安全意识。严格要求学校网络建设满足公安、网信办等上级部门的要求且监督其执行,并建立网络安全管理制度且加以考核。

(二)强化顶层设计,加强重庆职业院校网络平台建设

1.强化顶层设计,建立重庆职业院校网络应用平台

职业教育网络基础建设作为一项系统化的工程,不可能一蹴而就,要真正实现职业教育网络基础建设,需要丰富的教育资源平台及新兴技术做保障,必须在教育主管部门的组织协调下,共同攻关,相互协作,在统一标准的指导下,进行职业教育网络基础建设。与各大通信运营商和各大技术、资源平台合作,实现职业教育信息的充分共享,最大限度地发挥信息化的优势,从而使信息化技术真正成为职业教育大发展的助推器,为职业教育质量的提高保驾护航。[1]加强学校应用管理平台覆盖面,如教务、招生、学校管理、薪酬、绩效、财务核算、教职工培训等平台建设,发挥软件建设支撑力度,发挥系统平台的应用价值,深入推进信息化与教学、管理、服务等深度整合,支撑学校运营管理系统化、规范化、精细化。

2.重视门户网站建设,建立重庆职业院校网站运维标准

为了更好地提升重庆职业院校的自身形象,更高效、更便捷地开展新闻传播,改善各职业院校网站建设水平参差不齐的情况,需要研制重庆职业院校网站建设、网站运维的相关量化标准,促进全市职业院校"互联网+教育"工作更专业、更有针对性。第一,制定网站建设运行管理体系,强化数字校园顺利实施、平稳运行和持续发展的保障,如加强对信息化领导力、信息化组织机构、信息化政策与规范、信息化人力资源、信息化建设与应用机制、运维管理体系和安全保障体系7个方面的建设。第二,开展职业院校校园网站的技术系统标准建设,包括开展数字资源、应用服务和基础设施建设。数字资源的建设要根据自身情况突出专业特色、校企合作特色,在建设的过程中遵循兼顾社会服务、优先引入、慎重自建、边建边用、建用结合、开放共享的原则。应用服务的建设需要各院校根据自身情况选择实施,量力而行,逐步完善。基础设施的建设应充分利用网络

---

①马金强,蓝欣.我国职业教育信息化建设的现状及对策分析[J].教育与职业,2008(23):10-11.

互联和云计算技术的优势,积极借助社会力量,协同构建院校中心机房、服务器、网络、仿真实训系统环境等基础设施,将来自校外的数字化服务与校本提供的服务相结合,经济高效地为学生、教师和管理人员提供数字化服务。[1]第三,研制网站建设标准,包括功能建设指南,规范界面设计、功能设计、后台管理功能、微信公众号等;研制运营建设标准,规范学生工作、教育资源、校务公开、学校工作、教师工作、互动交流等管理行为;支撑功能标准包括规章制度建设、技术指标、软硬件投入等,从多方面推进职业院校门户网站建设工作的开展。

(三)优化重庆职业院校智慧校园平台建设

1.优化智慧校园平台数据中心建设

在数据中心的建设方式上,可以采用新建数据平台,将学校已应用的系统数据导入新的数据平台。该方式的数据录入工作量较大,对于一些信息化发展已经走得不错的学校来说不是很可取。但对于刚开始建设信息化应用平台或建设时间不长、平台数量及数据量不大的学校,可以利用技术手段建设数据中心,将各平台的数据进行分析、整理、合并,形成统一的标准数据,然后放入数据中心统一管理。在数据中心业务功能建设上,可以统一数据标准及业务规范,制定学校基础信息管理标准,加快学校管理信息化进程,促进学校管理标准化、规范化。[2]开展数据采集服务、统一数据共享服务、统一数据交换服务、数据信息支持管理决策分析等。

2.开展智慧校园平台应用系统建设

随着信息化建设持续推进,将涌现越来越多的业务模块或系统,通过开展信息化数据管理和规范服务来提高系统中关键数据的数据质量,可以使数据更有价值,最终使数据效能最大化。[3]建议不同类型学校可根据目前应用系统建设现状、建设周期、资金情况等综合评估后,选择适合学校的建设方式(图1-20)。

完全定制开发
完全根据学校需求定制开发
周期长、费用高、风险大、学校投入大

购买通用软件
基于通用软件的个性化解决方案
满足学校个性化需求
周期短、费用低、风险较小

购买通用云服务
IaaS云服务&SaaS云服务
开通即可使用
周期短、费用低、风险小

和现有系统整合集成
将学校现有各种系统与新建系统进行应用整合
周期长、费用高、风险大

购买通用软件+部分定制开发
学校个性化很强的业务采用定制开发
周期较短、费用较低、风险较小

购买云服务+部分定制开发
学校个性化很强的业务采用定制开发
周期较短、费用较低、风险较小

应用系统建设

图1-20　智慧校园平台应用系统的几种建设方式

① 程南清.智慧校园视野下的信息化基础设施建设问题及对策[J].宁波广播电视大学学报,2018(2):90-95.
② 黄光金.推进学校行政管理信息化建设的探索[J].广西教育,2018(2):83-85.
③ 郭晓明.高校信息化环境中数据质量问题探析[J].中国教育信息化,2016(15):59-62.

3.按不同应用角色的智慧校园平台业务开展需求分析

针对目前重庆职业院校的信息化发展水平不一,各自发展的重心不同的情况,智慧校园平台建设应该根据学校的实际情况进行建设,不应脱离实际情况,一味地追求大而全,但最终目标是建设整合集成的智慧校园平台,覆盖业务、管理、日常办公等常规应用。考虑到职业院校的教学及管理整体的模式大致相仿,以及到后期学校信息化建设的持续投入的情况,需要先根据智慧校园整体建设规划好整体的平台框架,使其易于扩展,避免后期投入无法有效兼容以前的软件平台,减少信息化建设重复投入。否则,不但无法建成学校的智慧校园软件平台,反而会因为重复的投入浪费资金,导致管理及教学模式发生变化(图1-21)。

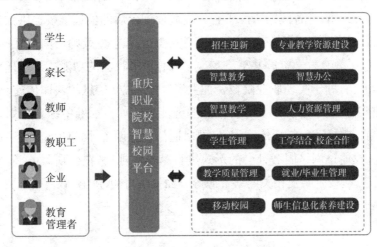

图1-21　智慧校园平台应用角色及业务需求

4.以业务为主线,完成智慧校园平台建设需求分析

智慧校园平台建设的基本思想是打破现实中的部门边界,对以往的分段的业务流程进行重组,提高流程执行的效率。[①]从软件架构的角度来说,目标是建设面向学校的教务教学、协同办公、校务管理、资源共享、数字化学习、校园文化建设、综合服务等系统,实现校级层面的综合应用。

(四)突出职业教育网络的服务性,建立优质数字资源网络共享标准

1.规范数字化教学资源的建设与应用,建立数字化教学资源开发与共享标准

调研发现,各院校都相当重视资源开发和开发研究,投入的资金也比较多;但开发出来了,很少有人研究资源使用情况。然而,网络教育资源建设往往投资较大,如果一所学校独立建设、独家使用,相对成本较高、效益较低,所以资源建设和使用必须考虑成本效益问题。规范数字化资源的规划、设计、研发、评价、应用等各项工作,是实现资源

---

① 查穹.浅谈高职院的数字化校园建设[J].电脑知识与技术(学术交流),2012(8):15-18.

的开放共享、持续建设和动态更新的必要途径。对资源库建设按照使用便捷、应用有效、共建共享的原则进行总体规划，使职业院校数字化教学资源时时处处可用，形式和组织表现能够充分体现数字资源的优势并适合信息化教学的需要，院校之间能够基于课程学习成果认证、积累和转换等，方便学生能够更高效地获得多方面资源。在资源建设与集成方面，对基本资源、拓展资源、资源冗余、资源库的分层建设、资源类型、资源属性等方面提出建设标准；对数字化资源的共享与服务，包括辅教辅学、功能拓展等方面加以规范，推动数字化教学资源的建设与发展。

2.拓展职业院校网络的服务功能，开发职业院校网络服务标准

随着移动互联网平台技术的发展，教育系统平台的应用更新，众多教育资源不断融入整体的教育云平台。各网络资源平台为资源设施落后的偏远学校提供大量的整合教育资源，使教育资源的分配打破时空限制，突破地域和学生教师之间交互的障碍，同时也进一步推动了教育教学资源共享，[1]实现了教育服务社会的功能。通过建设职业院校网络服务标准，有利于实现职业院校资源共享，实现数据信息的快速传递，提高可靠的分布式处理能力，集中管理以及综合信息服务能力。如在标准中综合规划各职业院校的网络服务的支撑环境，包括传输网络、网络通信设施设备、网络安全设备、设备的安全等，对职业院校通过网络服务社会的形式进行基本的规划，在公众服务平台、网络服务社会的可能形式、校企共建相关网络资源等方面提供可能性的建议等。

---

①张林静,郭标.移动互联网环境下教育教学资源共建共享协同机制研究与探索[J].安徽警官职业学院学报，2016(5)：105—108.

第三节　重庆职业教育网络建设与应用研究咨政报告

随着"云""物""大""智"等新兴技术在各行各业中的普及与应用,教育信息化已经成为职业院校提升教育教学管理能力、提高专业课程建设水平、推进教学改革的核心内容。以信息化、数据化、智慧化为标志的教育信息化工作迈入2.0时代。为顺应时代需求、发展现代职业教育、促进职业院校自主发展,重庆市职业教育学会开展了《重庆市职业院校网络建设与应用研究》(2016年度重庆市社科学规划重点项目,批准号:2016ZD-JY07),历时两年,在对全市职业院校网络建设情况深入调研,了解现状、分析问题的基础上,提出五点建议。

一、重庆市职业院校网络建设取得一定成效

(一)网络基础建设全面完成

职业院校网络传输介质采用五类或者超五类双绞线占比达83%、千兆桌面的达到17%,数字广播建设比例达83%以上,视频监控设施达100%,无线校园网全校覆盖27%左右,中心机房拥有专业服务器的学校达100%,平均5台左右,20%的学校有硬件防火墙,33%的学校有上网行为管理器,超过94%的学校采用了高可用性的云计算和虚拟化平台构建数据中心,校园网已实现共建共享。

各职业院校通过重庆职业教育网在专业建设、课程教材、教学方法、师资教改、教育技术、实训基地、德育心理、技能证书等多方面实现深度共建互融,提升了职业教育资源整体利用率。

(二)智慧校园系统平台初步搭建

以"学校、专业、课程"为主线,建设了基于云计算的重庆市职业教育课程管理平台,提供了各种资源和在线学习服务;开发了重庆市职业教育智慧校园平台,建成了集教育、教学、资产管理、办公、招生就业、人事管理等"六位一体"的平台;搭建了重庆市职业教育学会课题协同平台,实现了机构知识仓库、协同研究、协同创作等核心功能。

(三)数字化教学资源库基本建成

90%的高职院校和70%的中职学校使用数字化教学资源进行教学;被调研职业院校中,建有网络课程教学资源的最多为85门;所有课程资源中,国家级教学资源最多为3门,市级教学资源最多为19门,校级教学资源最多为43门;建有教学资源库的学校最多为8个,国家级教学资源库最多为1个,市级教学资源库最多为6个,校级教学资源库最多为26个。

(四)网络管理机制基本理顺

73%的职业院校有单独的网络管理建设部门,27%的职业院校由学校职能部门的下属二级单位或部门的某个工作人员负责网络管理建设。82%的职业院校有成文的信息化建设规划,38%的职业院校的信息化建设规划分散在总体规划中,19%的单位无信息化建设规划,13%的职业院校单列信息化建设规划。

二、重庆市职业院校网络建设存在五大问题

(一)智慧校园软件建设存在短板

已基本建成硬件环境的职业院校中有绝大多数学校在智慧校园平台软件的建设上存在着短板,缺少统筹规划,已建设的独立系统应用功能又不满足当前的学校发展需要,例如:有些示范性学校已建设了不少应用系统,但由于各个系统数据不规范、不统一,信息孤岛现象较为严重。

(二)部分职业院校网络建设标准化程度低

部分职业院校网络建设中缺乏统一标准,资源框架、平台功能、后台维护、网络安全等方面的内容、程序、应用体系建设等随意性较强,部分院校无法实现平台互联、数据互通。

(三)资源建设重复率高且使用率较低

部分职业院校存在以项目需求推进资源建设的现象,忽略了资源建设的供给关系;过度强调资源建设的外在需求,忽略了资源建设的质量与内在需求。同时,目前的数字化教学资源尚未实现校际共享。

(四)网络安全性能不强且保障监控弱

部分职业院校存在对网络安全认识不到位、制度不健全、防护措施薄弱等问题。少量学校在尝试租用腾讯、阿里、亚马逊的IaaS云服务或者将数据中心托管在运营商机房;部分学校的网络基础设施安全漏洞较多,缺乏有效的技术运维能力;部分学校的平台在信息安全方面缺少数据安全策略。

(五)职业院校教师网络应用与信息化教学能力偏弱

部分职业院校教师思想观念陈旧,教育信息化素养及信息教学能力偏弱。加上重庆是一个大城市带大农村二元结构非常突出的城市,相当一部分农村职业学校教师的网络应用与信息化教学能力也较弱。

三、加强重庆市职业院校网络建设与运用的建议

基于上述问题,从制度、标准、行为层面提出以下五点建议:

(一)分层次出台网络建设实施细则

建议重庆市教委成立教育信息化领导小组,设立教育信息化推进办公室(以下简称"推进办"),把职业院校网络建设纳入"推进办"重点工作,主管部门及时制定相关政策如条例或实施细则等文件,出台针对学校层面的专门规范,按照"一级应用、二级建设、三级互通"思路,加快市级教育资源公共服务平台建设;按照"政府引导、多方参与、共建共享"的基本思路,统筹建设全市数字教育资源,建成全市"职业教育数字教育资源超市";以"两级建设、五级应用"架构,加快教育管理公共服务平台建设,如完善职业教育学籍管理等系统建设;建设全市统一的教育宽带网,把教育城域网、教育数据资源中心、校园网接入统一的宽带网,形成覆盖重庆市职业教育的教育城域网。

学校层面,按照"三全两高一大"(全体教师、全体学生、全体学校,高应用水平、高信息素养,大平台)建设目标,完善职业院校网络建设、管理、运行的法律法规和基本制度,对学校建设网络范围、组织形式、实施主体、应用规范等做出明确规定。将平台建设作为"一把手"工程,强调整体规划,建立平台、技术、数据交换等标准,逐步推进重庆市职业院校网络建设与运用。

(二)建立职业院校网络建设的"重庆标准"

贯彻落实教育部《教育信息化十年发展规划(2011—2020年)》《教育信息化2.0行动计划》的相关要求,以成立重庆市职业院校网络建设领导组、工作组、专家组等形式,研究制订包括《重庆职业院校网站建设运维标准(试行)》《重庆职业教育网络基础建设标准(试行)》《重庆职业院校网站网络安全标准(试行)》《重庆职业教育数字化资源开发与共享标准(试行)》《重庆职业院校智慧校园平台建设标准(试行)》《重庆职业教育网络服务标准(试行)》等涉及职业院校网络建设与应用的范围、内容、组织形式、基本流程、安全防范、内控机制、监控手段等的标准体系,真正建立职业院校网络建设的"重庆标准",并逐步建立区域职业院校网络建设与应用质量督导标准,明确督导、监测的具体内容和要求。

(三)设立职业院校网络建设质量评价专门机构

设立职业院校网络建设质量评价专门机构,统筹职业院校网络建设管理与评价;成立职业院校网络建设与应用监测评价学术委员会,加强对职业院校网络建设资源的整合。建立规范化管理制度体系,从组织机构设置、内部治理制度等方面逐步建立并落实;建立规范化工作运行机制,特别是在网络建设项目立项、经费来源、组织实施、结果

发布与使用、问责与反馈这些重要事项上要做出具体规定；建立监督运行工作机制，明确监督主体、监督方式、监督内容、监督对象等；建立评价监控结果反馈制度和机制，明确反馈主体、反馈方式、反馈内容、反馈对象等。

(四)充分提升教师网络应用与信息化能力

把教师网络应用与信息化能力放在突出位置。通过多个层次，采取线上与线下相结合、专项培训与融合培训相结合的方式，实现信息技术培训提档升级。要加强信息化专业技术队伍建设，配足配齐信息化专业技术人员。提高信息化背景下教育管理者工作水平和管理能力。积极探索学校强化应用的工作机制，转变教学和教研活动组织管理方式，鼓励、引导、要求、督促教师运用信息技术，将信息技术融入教育教学全过程。

(五)强化网络信息平台安全等级测评

强化各职业院校对网络安全的认识，切实压紧各级安全责任，分析网络安全工作形式，强化安全管控，做实隐患排查治理和风险预警双控，开展各类系统平台的信息安全等级测评工作，对网络基础设施开展定期巡查、实时预警等工作，加强网络安全政策法规宣传学习，自觉使用正版软件，强化知识产权保护意识，加强人防、物防、技防建设，提高网络与信息安全防护水平。鼓励校企合作，以产教融合等形式整合同类学校、社会企业的硬件、网络资源，提升学校运维实力，建立完善信息安全保障机制，严防网络舆情安全事故的发生，全力确保网络安全稳定局面。

第二章

重庆职业教育网络建设与应用标准研究

SECOND

第一节　重庆职业院校网站建设运维标准(试行)

随着信息化技术的不断发展,校园网站成为各大职业院校宣传校园特色和实行校园管理的重要方法。为此,在调研30所职业院校网站建设的基础上,发现部分院校网站系统建设采用的技术软件没有统一,数据标准不统一,整体建站水平偏低。

《重庆职业院校网站建设运维标准(试行)》通过对职业院校网站发展存在的问题进行分析,并参照中山大学学报等有关文献,立足于重庆职业院校实际,从网站的建设和运行管理方面提出了完善和改进的有效措施。

一、网站建设运维的主要内容

网站运维,顾名思义就是针对某个网站策划、建站、维护使之实现市场化运作,也包括与网站的后期运作有关的维护、管理工作。网站运维主要是维护网站的正常运营和提升网站的排名。

网站运维主要包括以下几方面:

(一)网站建设实施

网站建设实施主要包括需求调研、栏目内容规划、模板实施、数据迁移、系统环境搭建、系统开发等。

(1)需求调研。了解或验证用户的现实或潜在需求的过程。

(2)栏目内容规划。根据网站特点,结合需求,对网站栏目内容进行全面梳理和规划,构建符合用户需求,科学合理的网站结构。

(3)模板实施。根据网站规划、美术页面进行模板开发,快速构建出结构完整的站点。

(4)数据迁移。网站数据通过程序和手工录入两种方式实现数据的迁移,确保数据完整可用。

(5)系统环境搭建。根据网站建设内容进行系统环境调研,搭建科学、合理的网站(群)运行环境,使其具备一定的前瞻性、扩展性。

(6)系统开发。针对需求定制开发相关业务系统。

(二)网站运维

网站运维包括日常维护、专题/子站建设、应急响应、系统维护和系统巡检等,具体内容如下。

(1)日常维护。定期对网站信息进行及时更新,如有用户互动环节,及时进行信息的收集和反馈。

(2)专题/子站建设。针对网站需求,对网站进行深度开发,如专题或子网站的内容梳理、栏目规划、美术设计、模板实施工作。

（3）应急响应。建立应急响应机制，安排技术人员值班，确保网站的正常运行。

（4）系统维护。定期对网站进行全面的系统维护，从网络层、数据层、应用层、Web层，针对服务器操作系统、各相关应用系统及网站安全进行维护工作。

（5）系统巡检。针对服务器操作系统、网站相关产品或系统及网站安全提供全面的巡检。

二、重庆职业院校网站运维状况分析

2017年11月，重庆华龙网集团有限公司、重庆市博爱教育发展研究院组织专家团队对重庆职业教育学会30家共建单位的网站建设情况进行了调查评估。大部分网站都能满足学校的基本需求，但存在PC（个人计算机）端界面老化、功能过于简单、网站打开速度慢、没有移动端网站、没有实现"三网合一"、没有网络安全备案、没有运维管理制度、网站优化传播力差等方面的问题。

很多学校网站仍在使用Flash动画等落后技术，兼容性存在提升空间，没有手机端网站，公众号没有实名认证，自定义菜单未启用，用户只能被动接受推送，没有互动体验。

因此，急需制定学校网站建设、网站运维的相关量化标准，引领和推动全市职业院校在推进"互联网+教育"工作时，更加专业，更加有针对性。

三、重庆职业院校网站建设运维标准

（一）适用范围

本规范适用于职业院校校园网站的建设运维，职业院校包括高等职业院校和中等职业学校。校园网站的建设运维应按照规划与设计、建设与部署、管理与维护、应用与推广、评价与改进的步骤进行，是一个持续优化和完善的循环过程。

（二）内涵阐释

职业院校校园网站的建设运维应秉承信息技术与教育教学深度融合的理念，注重学生信息化职业能力的全面提升，增强教师信息化教学能力与素养，促进职业院校改革与发展目标的实现。

职业院校校园网站不仅仅是信息化技术系统的建设，更重要的是突出机制创新，重视职业院校信息化组织结构与体系的构建。组织结构与体系是校园网站的有机组成部分，是数字校园顺利实施、平稳运行和持续发展的保障，包括信息化领导力、信息化组织机构、信息化政策与规范、信息化人力资源、信息化建设与应用机制、运维管理体系和安全保障体系七个方面。

职业院校校园网站的技术系统包括数字资源、应用服务和基础设施三部分。数字资源的建设要根据自身情况突出专业特色、校企合作特色，在建设的过程中遵循兼顾社会服务、优先引入、慎重自建、边建边用、建用结合、开放共享的原则。应用服务的建设需要各院校根据自身情况选择实施,量力而行,逐步完善。基础设施的建设应充分利用网络互联和云计算技术的优势,积极借助社会力量,协同构建院校中心机房、服务器、网络、仿真实训系统环境等基础设施,将来自校外的数字化服务与本校提供的服务相结合,经济高效地为学生、教师和管理人员提供数字化服务。

(三)评测标准

表2-1 重庆职业院校网站建设运维标准

一级指标	二级指标	三级指标	指标解释	评分点	分值
1.功能建设标准(40分)	1.1 界面设计(8分)	1.1.1 整体风格与创造性	有统一的色彩风格和主色调,版面设计美观、大方、清新,展现学校教育特色风采	结构合理性、色调美观程度	4
		1.1.2 网页布局	网页栏目、内容布局合理;内容层级复杂度适当,能否少于或等于三次点击即可访问该页面,页面美观、简洁、大方	分类合理性、页面层次逻辑性	2
		1.1.3 网站页面的层次	具有首页、频道页、各级栏目页、专题页、正文页等不同层级页面的全部形式	层次是否分明	2
	1.2 功能设计(10分)	1.2.1 相关链接	实现与上级单位网站的链接	链接数量,无死链、无错链	2
		1.2.2 网站导航	站内外各栏目有清晰的导航栏,提供网站地图或使用帮助;提供重要服务和栏目使用说明	清晰度	2
		1.2.3 移动端网站	支持移动端设备浏览器直接访问网站	层次是否分明、图片是否显示完整、排版是否错位	2
		1.2.4 信息的检索	在显著位置提供搜索引擎功能;提供按标题、内容的关键字检索等多样化的搜索方式;搜索结果的准确程度,支持时间/相关度排序并能突出显示重点信息	搜索便捷度、搜索准确度	2
		1.2.5 "三网合一"	数据与PC端数据同步,一个后台能够管理多个受访问的平台的内容,减少管理人员的工作量	是否采用智能模板切换或HTML5自适应、数据是否与其他平台同步	2

续表

一级指标	二级指标	三级指标	指标解释	评分点	分值
1.功能建设标准(40分)	1.3 后台管理功能(10分)	1.3.1 动态语言管理后台	采用动态语言的内容管理系统,管理内容发布、修改、删除等基本功能	是否具备动态网站管理后台	2
		1.3.2 权限管理系统	后台系统有权限管理控制功能模块	分模块自助设置权限	1
		1.3.3 内容审核机制	新闻发布与新闻审核分工明确,保障信息安全	审核功能方便易用	1
		1.3.4 内容批量操作	后台支持批量上传图片、批量审核文章发布、批量删除等功能	是否有批量操作相关功能	1
		1.3.5 全站静态化	使用静态生成或伪静态设置、优化网站访问	是否使用静态生成或伪静态	1
		1.3.6 自定义表单功能	能够在后台自定义表单操作,使网站具备一定的扩展功能	支持该功能得1分,且支持移动端得2分	2
		1.3.7 数据统计功能	使用后台自带或第三方统计插件	是否具备该功能	2
	1.4 微信公众号(12分)	1.4.1 开通公众号	开通并试用公众号	是否开通	1
		1.4.2 微官网	加挂在微信公众号上的 H5 页面,能更加详尽地了解学校的情况	层次是否分明、图片是否显示完整、排版是否错位	1
		1.4.3 微信后台优化设置	受信任域名设置、公众号头像上传、水印上传设置、简述等是否有效设置	是否已经设置	1
		1.4.4 公众号实名认证	认证公众号提升公信力,扩展公众号功能	是否已经开通	1
		1.4.5 自定义菜单设置	认证后可获得自定义菜单功能,良好的分配自定义菜单会使用户使用公众号更直接、流畅	是否已经设置	1
		1.4.6 微信消息定期推送	作为自媒体平台,微信消息定期群发,影响到微信公众号是否具备阅读价值	根据频率、文章可读性、文章排版美观等因素评分	2

续表

一级指标	二级指标	三级指标	指标解释	评分点	分值
1.功能建设标准（40分）	1.4 微信公众号（12分）	1.4.7 权限管理划分	设置所有者与运营者两种角色,运营者只有添加编辑素材的权限,群发消息时需要所有者审核通过后方能发布	是否已经设置	2
		1.4.8 公众号粉丝数量	决定了该公众号的社会影响力	根据院校的具体情况评分	3
2.运营建设标准（30分）	2.1 学生工作（4分）	2.1.1 学生活动	建有与学生学习、生活相关的栏目,如学生作品、成果、创造发明展示等	更新度、展示多样性	2
		2.1.2 学生实训	体现中等职业学校学生创新实训工作开展的情况、获得的奖励等	更新度、展示多样性	2
	2.2 教育资源（4分）	2.2.1 资源内容	资源是否能覆盖各个学科,数量是否丰富	学科丰富度	2
		2.2.2 资源共享	资源平台方便教师上传共享交流	索引规范度、资源交流与发布便捷度	2
	2.3 校务公开（6分）	2.3.1 学校概况	详尽介绍学校整体情况,包括历史沿革、校园、校舍配置、教师、学生情况等	更新度、完整性	1
		2.3.2 机构设置	学校领导介绍及分管工作,内部机构设置情况	更新度、完整性	1
		2.3.3 学科设置	学科与专业设置,课程与教学计划,实验室、仪器设备配置与图书藏量	更新度、完整性	1
		2.3.4 政策文件	发布与学校相关上级、本校非密级文件,包括转发教育主管部门文件、重大决策、重大事项等内容	更新度、完整性、数量	1
		2.3.5 联系方式	首页是否显示单位地址、邮编、电话、E-mail及网站维护部门、联系方式等	完整性	1
		2.3.6 发展规划	发布学校中长期规划、年度计划等	更新度、完整性	1
	2.4 学校工作（4分）	2.4.1 学校新闻	发布学校新闻与各部门新闻动态	更新度、内容丰富性、数量与年增长率	2
		2.4.2 院校动态	及时公布院校相关重要活动的动态信息	更新度、完整性、数量与年增长率	1
		2.4.3 公告公示	学校每年的招生计划、招生章程以及收费公示,其他重要事项的公告和公示,包括学校合作办学情况等	更新度、内容丰富性	1

续表

一级指标	二级指标	三级指标	指标解释	评分点	分值
2.运营建设标准(30分)	2.5 教师工作(6分)	2.5.1 教师风采	介绍教师队伍建设情况,如教师在师德、专业等方面的突出成果	更新度、完整性、展示形式多样性	2
		2.5.2 教学科研	教学成果、科研成果及转化等方面栏目,包括教学与科研成果评选,教育管理部门组织的教学评估结果等	更新度、内容丰富性、展示形式多样性	1
		2.5.3 教学管理	包括学校教师和其他专业技术人员数量、专业技能职务等级、岗位设置管理与聘用办法、教师争议解决办法、教育教学评估评价等	更新度、内容丰富性	1
	2.6 互动交流(4分)	2.6.1 信息查询	具有网上查询功能,方便教师、学生及时查询个人在校的相关信息,包括课程信息、成绩查询、奖学金申请、上课情况评价,并且提供学籍、学习考试成绩、年度学校招生计划、学校图书资料和情报检索等查询	更新度、内容丰富性	2
		2.6.2 在线办事	提供与本校学生有关事项网上在线办理功能及其办事流程,并提供办理状态查询,包括学籍管理、学业管理、学生申诉途径与处理程序、毕业生就业指导与服务情况等	快捷度	1
		2.6.3 校长信箱	在页面显著位置设立校(院)长信箱、意见专栏和即时通信等	问题回复的时效性、有效性	1
	2.7 网站影响力(4分)	2.7.1 网站的日均访问量	网站主页是否提供访问量统计功能,统计网站每天的平均访问量。日均点击率、日均访问的独立用户数、用户平均访问停留时间	根据院校具体情况,参考 Alexa 排名、访问量后综合评价	2
		2.7.2 网络被链接数(反链)	学校网站被其他站点链接情况	链接数量	2
3.支撑功能标准(30分)	3.1 网站硬软件投入(10分)	3.1.1 人员资质	由专业技术人员负责网站的技术维护;人员具备相关专业技术资格证书及接受过相关业务技术培训	提供电子版	2

一级指标	二级指标	三级指标	指标解释	评分点	分值
3. 支撑功能标准（30分）	3.1 网站硬软件投入（10分）	3.1.2 软硬件的管理与维护	有防止数据被侵入或破坏的软件技术措施；有灾难恢复措施；后台程序、数据库定期进行升级维护；定期进行计算机病毒防治和修复操作系统漏洞。网站数据库服务器和相关存储服务器应接入安全网关	工具软件测试	2
		3.1.3 页面的响应速度	主页或者网页的响应时间；关键搜索模块的响应时间，主页打开响应速度、搜索响应速度、数据上传及下载速度	测试分别从教育网、公共网访问网站的响应时间	2
		3.1.4 网站的稳定性	系统的稳定性好，页面浏览兼容各种主流浏览器。没有出现页面无法打开、呈现乱码等情况	是否出现页面打不开、页面错乱等情况	2
		3.1.5 网络的服务	提供网络报修、相关补丁下载等服务	便捷度、服务内容覆盖面	1
		3.1.6 信息安全与保密审查	对各类有害信息及时处理、上报；定期进行数据备份。网页是否有病毒、是否被搜索引擎收录为恶意网站、是否公开涉密信息	处理及时性、有无信息疏漏	1
	3.2 规章制度建设（10分）	3.2.1 网站备案	是否已向相关部门进行域名的备案；是否已向公安局做信息安全等级保护备案（一般主页上要做备案链接）	是否已 ICP 备案、网安备案	2
		3.2.2 安全制度	是否已制定网络安全制度、负责人明确	提供电子版	2
		3.2.3 审核制度	是否已制定信息、资源发布审核制度，负责人明确	提供电子版	2
		3.2.4 应急预案	是否已制定突发事件应急预案、负责人明确	提供电子版	2
		3.2.5 用户制度	是否已制定用户管理规章制度、负责人明确	提供电子版	2

续表

一级指标	二级指标	三级指标	指标解释	评分点	分值
3. 支撑功能标准（30分）	3.3 技术指标（10分）	3.3.1 动态开发语言	应用 ASP、PHP、JSP 等主流网站开发语言		3
		3.3.2 前端开发标准	遵循 Web2.0 以上前端开发技术指标		3
		3.3.3 开发环境	操作系统 Win2003 或 Linux，使用 IIS、Apache、Nginx 等服务器容器，数据库采用 MySQL、MsSQL、Acesse 等		3

第二节 重庆职业教育网络基础建设标准(试行)

随着网络基础建设的逐步发展与完善,根据《国家中长期教育改革和发展规划纲要(2010—2020年)》《教育信息化"十三五"规划》《中职数字化校园参考方案(2.0版)》等文件精神以及《重庆市智慧校园建设基本指南(试行)》要求,特制定《重庆职业教育网络基础建设标准(试行)》。

一、目的

本标准提出一套适用于职业学校网络基础的整体解决方案,规范并定义了中职学校网络基础建设的相关硬件和软件要求。中职学校可参照本标准建设规划设计。

二、适用范围

本标准适用于一个校区、在校生人数 3 000~15 000 人的中职学校网络基础建设。多个校区、在校生人数超过 15 000 人的中职学校可参照本标准适当提高硬件建设规模;在校生人数 1 500~3 000 人的中职学校可参照本标准适当降低硬件建设规模;在校生人数少于 1 500 人的中职学校不适用本标准。

三、网络基础建设标准

(一)网络拓扑结构设计

中职学校的校园网络,推荐使用防火墙做边界设备,流控设备进行出口流量管理,认证计费设备用于内部上网认证和互联网上网计费。数据中心采用模块化三层交换机,千兆光纤连接各办公楼和教学楼,对计算机数量超过 300 台的重要场所,如实验实训大楼,建议使用万兆光纤连接。整个校园以有线网做主干,无线网做补充,无线基站 AP 就近接入楼内交换机,并依托校园网搭建全数字式安防监控系统。数字式安防监控视频流对交换设备产生持续的视频通信,要求校园网络交换设备具备较高吞吐容量,以保证安防系统的可靠运行。

1.单校区网络拓扑设计

对于只有一个校区的学校,应建立数据中心机房,使用模块化三层交换机,千兆光纤连接各办公楼、教学楼,对于计算机数量在 300 台以上的实训大楼,使用万兆光纤连接。网络出口链路上配置认证计费系统和流控设备。采用 ASIC 架构的防火墙可保证校园网络到互联网的安全、稳定和高效。校园内部使用无线网做有线网的补充,保证整个学校没有网络接入死角,并利用校园网搭建全数字式安防监控系统。如图 2-1 所示。

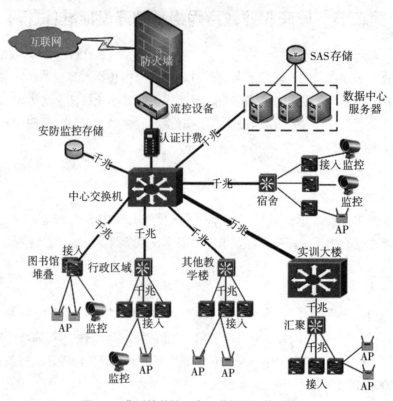

图2-1 典型的单校区中职学校网拓扑结构图

注：AP，无线网络接入点。

2.多校区网络拓扑设计——自建光纤直连

该方式适宜校区相隔较近、便于自行搭建光纤的学校，推荐分校区到主校区使用万兆连接，当校区之间光纤长度超过400 m时，须使用单模光纤。如图2-2所示。

3.多校区网络拓扑设计——租用运营商裸光纤

向运营商租用的裸光纤一般支持千兆和万兆连接，连接速度取决于两个校区的交换机端口类型，每月向运营商缴纳的费用相同，因此建议使用万兆连接。该方案的优点是光纤直接高速连接到主校区核心交换机，速度快，并且只需要在统一的互联网出口位置设置防火墙；缺点是需要和运营商协商，每月租金价格昂贵。

对于多校区光纤直连和租用运营商裸光纤的学校，建议使用视频会议系统实现远程办公，可大大节省学校的办公成本。传统视频会议系统和新一代网络会议系统都需要投入数十万元，但如果采取租用服务方式，则不需投入建设经费，每年仅需缴纳不足2万元费用即可。

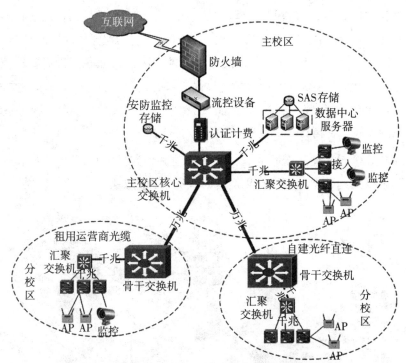

图2-2　多校区自建光纤和租用运营商裸光纤网拓扑结构图

4.多校区网络拓扑设计——各校区通过VPN(虚拟专用网络)方式互连

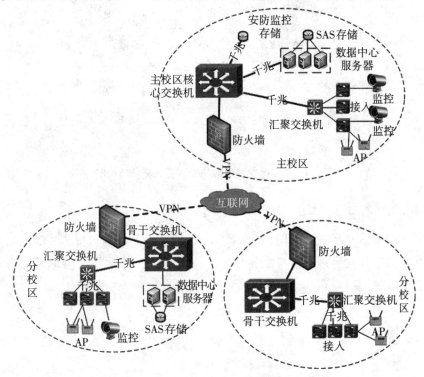

图2-3　多校区VPN方式互连拓扑结构图(多个数据中心)

对于校区之间距离较远、租用运营商裸光纤费用太高的学校，各校区可以单独接入互联网。利用各校区的出口边界设备防火墙的VPN功能实现虚拟局域网互连，如图2-3所示。但VPN的效率低、速度慢，所以该方式对各校区接入互联网带宽要求较高，校区之间应尽量减少大量视频等消耗带宽的资源的传输。各校区或部分校区往往需要单独部署数据中心机房，重复装备服务器、存储以及教务管理、教学平台等软硬件系统。

5.多校区网络拓扑设计——数据中心托管方案

如果希望几个校区使用统一的软件平台和同一个数据中心，节省建设和管理成本，可考虑将学校校园网数据中心托管到运营商机房。如图2-4所示。

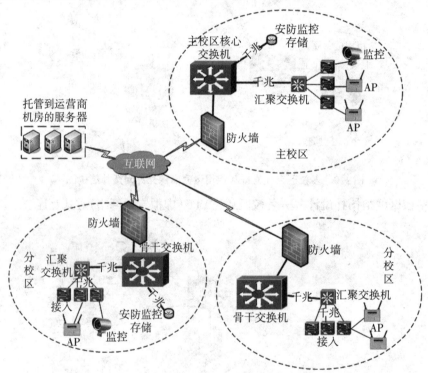

图2-4　多校区数据中心托管方案网拓扑结构图

(二)网络接入互联网方案

面对日益增多的互联网应用，中职学校到底需要多大的出口带宽才能满足学校的应用呢？我们推荐在合理流量控制的情况下，根据学校实际同时上互联网人数来估算需要的出口带宽，表2-2可作为参考。

表2-2　出口带宽要求表

同时上网人数	最低带宽要求
100	20 MB
500	100 MB
1 000	200 MB

各学校应根据本地运营商情况,选择主流网络运营商,如电信、联通或移动。地方运营商的互联网总接入带宽低,表面价格便宜但实际效果不好。不能只看学校与运营商之间的带宽数值,而应当综合评价运营商本身接入互联网的带宽、与其他运营商网络互连互通情况。有条件的学校可选择多个运营商线路同时接入,多条线路相互冗余、通信流量负载均衡,以保证网络可用性和良好的上网体验。如图2-5所示。

多链路出口几乎不增加硬件投入,但需向电信运营商缴纳较多的网络使用费,学校信息化建设发展到相当规模后方可考虑。

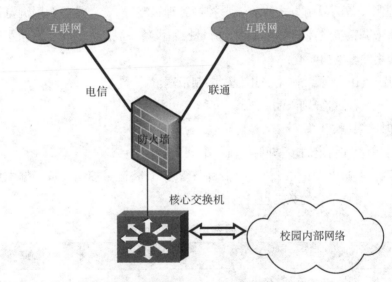

图2-5　多运营商多条线路冗余接入互联网

(三)网络出口边界设备——防火墙

常用的出口边界设备——防火墙——有基于通用CPU(中央处理器)和操作系统的X86架构和基于ASIC硬件的ASIC架构,以及综合X86和ASIC的NP架构3种类型。建议中职学校选购ASIC架构的防火墙。表面上看,ASIC架构的防火墙功能少,但其性能高、稳定性好。基于X86架构的防火墙通常集成了入侵检测IDS和入侵防护IPS功能,但在实际使用中该类防火墙极易成为整个校园网出口的处理瓶颈,浪费出口带宽,国产防火墙大多属于X86架构,不建议选择。ASIC架构防火墙可以不配置冗余电源,但X86架构防火墙必须配置冗余电源。

表2-3 校园网络出口边界设备——防火墙

技术规格及要求	参考品牌与型号	参考价格	选择理由及说明
1.4个千兆电口 2.2个千兆单模光口 3.2 Gbps吞吐量、50万并发连接，ASIC架构的防火墙	推荐品牌：Juniper、阿姆瑞特、思科；国产品牌吞吐量要求4 Gbps以上、并发连接100万以上	6万~15万	1.ASIC架构的防火墙，性能高、稳定性好 2.千兆单模光口用于连接运营商单模光纤，支持学校扩充到千兆接入互联网

(四)网络出口流量控制设备

为合理利用校园网出口带宽，保证关键应用和人员的上网带宽，实时监控校园网各种网络应用情况，实现对教职工和学生互联网上网行为的控制，在防火墙与核心交换机之间必须安装流量控制设备。没有流量控制设备来合理分配、调度互联网出口流量的校园网，无论多大的出口带宽资源也不能满足用户要求。

流量控制设备的限制方式称为流量控制管理策略，网管人员一般用浏览器访问流量控制设备来调整流量控制管理策略。流量控制设备一般同时支持上百条策略。中职学校需要使用的基本功能有：

(1)为用户(IP)、网段、网络应用程序限制带宽。

(2)按上下行流量分别限制。

(3)分时段限制。

(4)限制用户在特定时段访问某些网站。

上述几种限制因素往往组合形成上百条管理策略，流量控制设备根据配置的策略对校园网每个上行、下行的数据包进行检测控制。

表2-4 网络出口流量控制设备

技术规格及要求	参考品牌与型号	参考价格	选择理由及说明
1.明确划分流量，支持国内主流网络应用软件协议识别，支持http协议、常用协议、P2P下载、网络电视、股票证券、网络电话、网络游戏、数据库、即时消息、流媒体等协议的流量控制。能识别和控制网络中常见的、绝大多数的P2P协议 2.详细的流量统计功能：可选择所有协议或具体某个协议组、某个协议的流量统计，并提供该协议组/协议的日、周流量趋势图表；"当前速率"中可提供当前正在使用具体协议的TOP N用户，以及这些IP的流量明细、连接明细等，支持累计流量、10分钟流量、并发连接数3种饼图统计功能	一定购买国产设备，推荐品牌：青莲、深信服、天融信、网康	6万~15万	1.实时监控各种网络应用情况。包括个人、用户群和整体的应用分布、流量带宽、变化趋势等等 2.提供强大的流量整形功能。可以提供关键应用和人员的上网带宽、带宽限制和租赁带宽，实现对网络带宽的"削峰填谷""避重就轻""提高效率"的管理目的

续表

技术规格及要求	参考品牌与型号	参考价格	选择理由及说明
3.详细的上网行为日志统计,日志安全保护措施,流控支持单独生成 URL、QQ、MSN 日志 4.软件宕机、设备掉电、Bypass 设备掉电均可实现 Bypass,切换时间可控制在5秒以内 5.设备性能要求:具备2~4个千兆电口;吞吐量1~2 Gbps 6.高性能,高可用性 7.灵活的策略配置			3.实现对上网行为进行控制。可以对教职工、学生上网、炒股、玩游戏、视频聊天、下载等各种网络行为进行管理控制,比如禁止、允许或者限制等 4.国内产品在对协议识别及策略控制方式上更有优势,更加熟悉国内的网络状况

注:(1)QQ、MSN 为一种即时通信工具。URL,统一资源定位器。

　　(2)本书中的参考价格仅为院校建设经验所得,不具有指导意义。

(五)网络认证计费设备

认证计费设备用于全校出口认证和计费,一般在防火墙与核心交换机之间。设备架构为 PC 服务器安装 Linux 系统和认证计费软件,2~4个千兆以太网端口。功能为用户上网认证、上网流量统计和上网 URL 日志记录。用户上网日志保存在独立服务器上,若出现安全事件以便供学校和公安部门查询。

中职学校不推荐使用这类设备提供的地址转换 NAT 功能(NAT 由硬件防火墙承担,效率高、稳定性好),要求2~4个千兆以太网口,1~2 Gbps 吞吐量,价格5万~10万元。可根据流量、上网时长或者包月多种方式计费,使用预先充值、费用耗尽自动断网的管理策略。

表2-5　网络认证计费设备

技术规格及要求	参考品牌与型号	参考价格	选择理由及说明
1.2~4个千兆以太网口 2.吞吐容量1~2 Gbps 3.上网认证、流量统计和上网 URL 日志记录 4.上网计费,支持按流量、上网时长和包月计费	城市热点 Dr.COM、H3C、锐捷、华为	5万~10万	认证计费主要对学生和教职工上网进行计费和日志记录

(六)网络核心交换机

作为网络的核心设备,核心交换机必须使用全模块化箱式三层交换机,交换容量1~2 T,主控板不必冗余,但一定要具备冗余电源,安装在网络中心机房。交换机具备5~8个插槽(4~6个业务插槽)。中职学校一般端口配置要求:24个千兆电口连接交换机所在楼内汇聚交换机、服务器和流量控制设备,24个千兆多模光口连接各楼栋汇聚交换机,2~4个万兆单模光口连接骨干交换机,另外预留1~2个空余插槽,使端口扩充能力满足未来五年发展需要。如图2-6所示。

核心交换机是校园网络最昂贵的设备之一,不推荐中职学校配备两台核心交换机冗余备份。中职学校分校区的汇聚应选择本方案推荐的骨干交换机。

图2-6　H3C核心交换机

表2-6　网络核心交换机

技术规格及要求	参考品牌与型号	参考价格	选择理由及说明
1.机箱式路由交换机,业务插槽总数5~8个 2.配置24个千兆多模光口,24个千兆电口,2～4个万兆光口 3.交换性能:1.6 Tbps 背板、768 Gbps交换容量、大于198 Mpps包转发速率 4.电源1+1冗余备份 5.1～2个空余业务插槽 6.支持 IPv6、802.1x 认证、DHCP Snooping、环路检测 7.具有防ARP欺骗功能、可限制管理登录的IP地址	推荐品牌:H3C 7506、锐捷 RG-S8606 可考虑的品牌:华为,H3C s10500系列	与配置的端口种类和数量密切相关	1.4个万兆光口,连接高速存储、服务器或重要的骨干链路 2.24个千兆多模光口,扩展连接至其他教学楼栋,实现各接入交换机间的全千兆线速转发,解决核心数据吞吐能力的瓶颈 3.24个千兆电口,连接汇聚交换机 4.丰富的业务特性和管理策略,可有效管理网络

(七)网络骨干交换机

骨干交换机用于一个校园内重要片区网络汇聚或者分校区网络汇聚使用,要求高性能和高性价比。

单校区重要片区汇聚建议配置1U机架式三层可网管交换机,背板带宽0.5～1 T,配置4个千兆光口连接邻近楼栋,24个千兆电口连接交换机所在楼内各个接入交换机,2个万兆光口上连接网络中心核心交换机。使用光纤连接片区内各楼汇聚交换机,放置骨干交换机的楼栋可不用配置汇聚交换机,接入交换机直接连接骨干交换机。骨干交换机下连计算机少于400台时,建议使用千兆连接,超过400台应当使用万兆连接。

表2-7 单校区-校园网骨干交换机

技术规格及要求	参考品牌与型号	选择理由及说明
1. 4个千兆多模光口,24个千兆电口,2个万兆光口 2. 交换性能:256 Gbps背板、192 Gbps交换容量、大于48 Mpps包转发速率 3. 支持 IPv6、802.1x 认证、DHCP Snooping、环路检测 4. 具有防 ARP 欺骗功能、可限制管理登录的 IP 地址	推荐品牌:H3C S5600-26C、锐捷 RG-S5750-24GT/8SFP-E 可考虑的品牌:华为	1. 4个千兆多模光口扩展连接至其他教学楼栋,实现各接入交换机间的全千兆线速转发,解决核心数据吞吐能力的瓶颈 2. 24个千兆电口,连接本栋楼汇聚交换机,并预留冗余 3. 2个万兆光口,一个光口连接信息中心核心交换机,升级主干线路传输速率,另一个光口预留,链接高速存储或重要的骨干链路 4. 支持IPv4和IPv6,并且支持等值路由和策略路由。多业务支持能力

对于在同一城市内,校区之间距离10 km以内的中职学校,应优先考虑用光纤将各校区直接连接。每校区用一台骨干交换机汇聚本校区,并通过万兆单模光纤连接到邻近校区、主校区。这种情况下,各校区的汇聚交换机应选择端口丰富灵活的模块化交换机作为骨干交换机,根据校区内实际情况配置模块。推荐中职学校配置24个千兆多模光口,24个千兆电口,2个万兆光口。

表2-8 分校区-分校区校园网骨干交换机

技术规格及要求	参考品牌与型号	选择理由及说明
1.机箱式路由交换机,业务插槽总数3个 2. 24个千兆多模光口,24个千兆电口,2个万兆光口 3.交换性能:280 Gbps背板、192 Gbps交换容量、66 Mpps以上包转发速率 4.支持 IPv6、802.1x 认证、DHCP Snooping、环路检测 5.具有防 ARP 欺骗功能、可限制管理登录的 IP 地址	推荐品牌:H3C S7503、锐捷 RG-S7804 可考虑的品牌:华为	1. 24个千兆电口,连接本栋楼接入交换机 2. 24个千兆多模光口连接其他教学楼和办公区 3. 2个万兆光口,一个光口连接中心校区核心交换机,另一个连接超过400台电脑的汇聚点或者冗余 4. 支持IPv4和IPv6,并且支持等值路由和策略路由。多业务支持能力

(八)楼栋汇聚交换机

汇聚交换机用于连接所在楼内接入交换机,配置为1U机架式。端口一般配置为8~24个千兆电口连接楼内各接入交换机,1~2个千兆光口上连到网络中心核心交换机或者骨干交换机,采用二层可网管交换机。学校应根据汇聚点接入交换机数量选择汇聚交换机的端口。汇聚点少于8台接入交换机的选择8个电口和1个光口的汇聚交换机；汇聚点多于8、少于16台接入交换机的选择16电口和2个以上光口的汇聚交换机；汇聚点超过16台接入交换机的选择24电口和2个光口以上的汇聚交换机。下连计算机数量超过300台的重要楼栋应选用三层交换机，超过400台计算机的汇聚点，应当使用本方案推荐的骨干交换机。

当邻近1~2栋楼计算机数量较少时，也可以使用光纤接入汇聚。如果楼内节点数量只有25~45个、接入交换机又全部采用可网管交换机时，可考虑不用汇聚交换机，而使用两台接入交换机堆叠，如图2-7所示。

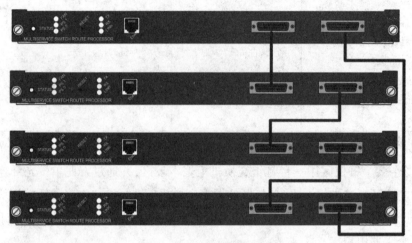

图2-7　交换机堆叠示意图

当楼内节点数量在25~70之间时，出于成本考虑，可以不用汇聚交换机，用3台非网管24口千兆接入交换机级联，但要注意连接方式，如图2-8和图2-9所示。

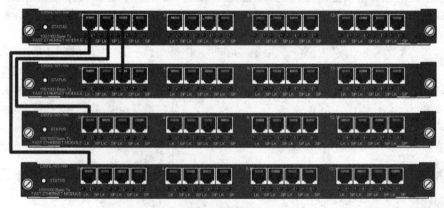

图2-8　多层次级联(合理接线方式)

图2-9 多层次级联(不合理接线方式)

表2-9 校园网三层汇聚交换机

技术规格及要求	参考品牌与型号	参考价格	选择理由及说明
1.企业级三层交换机 2.背板带宽256~512 Mbps,大于48 Mpps包转发速率 3.8~24 个 10/100/1000 M 自适应电口 4.1~2个千兆多模光口 5.支持静态路由,Rip2 6.支持IPv4、IPv6双协议	推荐品牌:H3C S5120-9P-SI、S5120-20P-SI、S5120-28P-SI,锐捷RG-S2928G-E 可考虑的品牌:华为	—	1.学校应根据汇聚点交换机数量选择汇聚交换机的端口 2.可检测病毒关闭端口,管理员远程监控管理,提高管理效率 3.高性能、高性价比

表2-10 校园网二层可网管汇聚交换机

技术规格及要求	参考品牌与型号	选择理由及说明
1.1U机架式 2.24个10/100/1000M自适应电口 3.2个千兆多模光口 4.可网管	推荐品牌:H3C S5024E、锐捷 RG-S2924G 可考虑的品牌:华为	可检测病毒关闭端口,管理员远程监控管理,提高管理效率

(九)网络接入交换机

对于接入交换机,我们建议中职学校不一定追求网管功能,采用24口千兆非网管交换机。现阶段24口非网管百兆交换机价格为350元,24口千兆交换机900元;而同样口数的网管百兆交换机则需要1 800元,千兆网管交换机则高达5 000元左右。对于确有管理要求的中职学校建议选用千兆网管交换机。无论在哪种应用场合,新购交换机应避免采用百兆设备。

表2-11　校园网接入交换机

技术规格及要求	参考品牌与型号	参考价格	选择理由及说明
1.24个全千兆电口交换机,机架式 2.非网管交换机	推荐品牌:TP-LINK、NetCore	900元	千兆接入桌面,提高用户体验

(十)办公室内端口扩充交换机

学校办公室内部端口的扩充建议使用4~8端口千兆非机架式桌面交换机,如图2-10,价格150~500元,由办公室自行购买。

图2-10　8端口千兆桌面交换机

(十一)无线网络设备

无线网络作为有线网络的补充,中职学校在建设时可考虑无线AP就近接入楼内交换机。为便于全校所有无线AP的集中管理,应配置无线控制器AC。无线控制器既有通过光纤或者双绞线接入核心交换机的独立AC设备(如图2-11所示),也有作为核心交换机的插卡设备插入核心交换机的AC业务插槽(如图2-12所示)。管理人员通过浏览器或者专用客户端访问无线控制器AC,集中管理全校的所有无线AP,如图2-13所示。

图2-11　独立AC设备

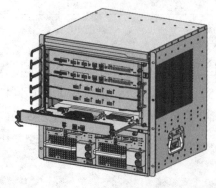

图2-12　核心交换机无线控制器AC业务插槽

图2-13　无线AP

表2-12　无线AP速率

名称	速率	传输距离
802.11A	54 Mbps	室内30 m
802.11B	11 Mbps	室内200 m,室外300 m
802.11G	54 Mbps	室内100 m
802.11N	108~600 Mbps	200 m

推荐中职学校选择802.11N的无线AP,支持POE供电标准。市场上有很多便宜的家用型无线AP,但与商用型相比性能差异很大,中职学校应选择商用型无线AP。

当接入交换机不支持POE供电时可单独购买POE供电模块,价格便宜但可靠性稍差,如图2-14所示。当一个交换机连接的供电设备超过3个时,建议购买带POE供电功能的交换机。

图2-14　POE供电模块

表2-13　无线网络设备

技术规格及要求	参考品牌与型号	参考价格	选择理由及说明
1.1个无线控制器AC 2.无线AP,支持802.11A/G/N 3.POE供电模块 4.AP支持FIT和FAT,灵活切换,在FIT模式下脱离控制器AP必须能正常工作	推荐品牌: 华为,H3C,思科	—	1.无线接入方式是有线的补充,在某些环境限制不适合布有线时采用无线 2.无线AP就近接入有线交换机

(十二)数据中心服务器

建议中职学校数据中心采用2~4台高配置、高性能PC服务器和1台独立存储设备,如图2-15所示。通过虚拟化、私有云技术,灵活配置出20~40台高可用性虚拟服务器群,作为全校各种应用的计算中心、数据中心,承担全校各部门、各种业务的计算、存储任务。本方案适用最多15 000人规模的学校使用,超过15 000人、校园网投资超过500万,建议采用刀片服务器,配置6~10个刀片,本方案不专门论述。

图2-15　2U机架式服务器

表2-14　数据中心服务器(2~4台)

技术规格及要求	参考品牌与型号	参考价格	选择理由及说明
1.2U机架式 2.每服务器2个Intel 6核Xeon X5650系列CPU 3.每服务器内存：8GB×6 共48GB DDR1333内存 4.4块600GB 10K SAS硬盘，RAID5 5.6 Gbps SAS HBA(主机总线适配器)卡连接SAS存储柜 6.冗余电源，千兆连接	推荐品牌： IBM、惠普、浪潮	8万	1.采用虚拟化技术，将业务分布式部署在多个操作系统上，互不影响 2.关键业务采用集群技术部署，有效保证业务的高稳定性、高可用性要求 3.冗余电源，RAID5组建的内部存储可以将应用系统部署在服务器内部，更好地保证了业务的连贯性和可靠性

(十三)虚拟化软件平台

很多情况下，硬件性能虽然很高，但软件却不能充分消耗硬件性能，造成硬件资源的浪费。采用VMware vSphere虚拟化平台，将一台物理机分成多台虚拟机，实现1:15或更高的整合率，如图2-16所示。虚拟化技术能将硬件利用率从5%~15%提高到80%甚至更高，而无须牺牲性能。对大多数软件来说，每台虚拟机分配4~8 G内存、2 GHz单核至强CPU就足够了，虚拟的操作系统使用时才占用资源，不使用时既不占用资源，也不耗电。

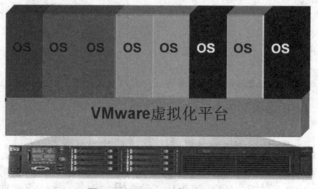

图2-16　VMware虚拟化架构

(十四)网络存储设备

采用一台2~3U机架式存储设备,作为全校数据中心数据存储。存储设备通过6 Gbps高速数据线连接服务器HBA卡。可以灵活地将一台存储设备的空间划分为许多个LUN指定给各虚拟机使用。一台存储设备主机箱一般可容纳12~24块磁盘,如图2-17所示,建议采用廉价且性能较高的3.5英寸SATA磁盘。各厂商的存储设备大多支持多个磁盘柜级联,为以后扩充存储空间提供条件。

图2-17 数据中心存储设备

表2-15 数据中心存储设备(1台)

技术规格及要求	参考品牌与型号	参考价格	选择理由及说明
1.2~3U机架式,配冗余电源 2.实际配置24~32 TB存储空间 3.采用6 Gb数据线和服务器连接 4.每个控制器2 GB ECC Flash数据保护缓存 5.支持扩展柜连接 6.支持SAS、SATA磁盘混插 7.支持32位及64位Windows、Red Hat、SuSE Linux、HP-UX、VMware	推荐品牌:IBM、惠普、浪潮,服务器与存储采用同一品牌确保兼容性	15万	校园网数据集中存储(安防监控存储需额外购买独立的设备)

(十五)网络汇聚点建设

中职学校网络汇聚点无须专用机房,放置于楼道等少尘、避雨的地方即可,无须配置空调和单独的UPS(不间断电源)。只有1~2台交换机的汇聚点,建议采用壁挂式小机柜,超过两台设备建议用1 200~1 600 mm标准机柜。安装时,机柜内设备之间保证1~2 U间距满足通风散热。机柜大小根据实际使用情况配备,满足后期少量的扩展即可。

(十六)数据中心UPS

需要根据实际用电负荷确定购买何种容量的UPS。本方案推荐的规模,建议选用20 kVA的在线式UPS,2~4小时延长时。建议品牌:艾默生、伊顿、APC等。

(十七)数据中心机房设施

机房建设位置优选地下室或一楼,一楼地面可比楼板承载重量更大的UPS电池组,并且夏季温度较低可起到很好的节能作用，但要注意防水防盗，机房面积20 ㎡就够了，但须使用独立空间，不应与网络中心办公室合用。

1.数据中心机房布线

布线采用上桥架，可以减小施工及维护难度，有效解决承重和防火问题。采用上桥架布线的机房可不用铺设防静电地板，地面美观宽绰，还节省装修支出。中心机房应该有良好的避雷措施，所有机柜应保证防雷接地。

2.数据中心机柜

机柜建议选用2 000 mm（高）×1 000 mm（深）×600 mm（宽）标准机柜，如图2-18所示。使用时应关闭机柜门，可有效防尘，机柜风扇不必打开，还可节能和降低机房噪声。机柜中设备应保证1~2U间距，便于通风散热，间距更大无必要。

图2-18　数据中心机房机柜

3.数据中心机房空调

机房空调选用2个2~3 P家用柜式空调，须有来电自动启动功能，空调温度设置为24 ℃能更加节能，建议冬天机房不开空调。

4.服务器用KVM（键盘、显示器、鼠标共享器）

在机柜内部一般配备8端口数字式KVM（键盘、显示器、鼠标共享器），最多8台服务器共享同一套键盘、显示器、鼠标，以便在现场对服务器进行配置管理。连接KVM的键盘、显示器、鼠标均宜选用尺寸较小、质量上乘的产品，显示器宜选用15寸（38.1 cm）以下液晶显示器。如图2-19所示。

图2-19　键盘、显示器、鼠标共享器（KVM）

(十八)网络设备管理软件

学校可网管交换机数量少于20台,建议安装厂商提供的客户端管理软件;超过30台,建议购买专门的第三方网管软件,而不用交换机厂商的管理软件。建议禁用各种交换机的Web管理功能以免出安全问题。

(十九)网络综合布线

中职校园楼与楼之间综合布线应使用光纤,楼内推荐使用双绞线。

应根据楼栋之间实际布线的长度,选择单模或者是多模光纤。单模与多模光纤线材和施工费差异不大,但千兆单模光纤使用的光纤模块是多模光纤的5倍。校园网一般选用4芯或6芯光纤,但多数情况下只使用了两芯。光纤外层都有金属屏蔽层,称为铠装光纤,鼠患严重地区用重铠装光纤。

楼内布线应当选择支持百兆和千兆速率的超五类双绞线,而不是价格昂贵的六类双绞线。当交换机支持POE供电或者加独立POE供电模块后,可以为支持POE供电的监控摄像头、无线AP供电。

表2-16　光纤种类及适用范围

光纤种类	适用范围
单模光纤	兼容百兆、千兆和万兆网络,一般400 m以上使用
多模光纤	兼容百兆、千兆和万兆网络,一般400 m以内使用

(二十)网络基础软件

中职学校建议使用基于J2EE平台的应用系统,J2EE平台具有丰富的开发工具和资源,技术成熟,安全性高。应用系统运行在开源免费的Linux操作系统,使用同样是开源免费的Tomcat服务器和MySQL数据库,可以实现学校低成本和高可用性的需求。

1.网络操作系统的选择

常用的服务器操作系统有Windows、Linux和Unix,都支持32位和64位运算。中职学校教务管理系统、教学平台等核心关键业务建议使用64位Linux系统,其余业务可使用64位Windows系统。

Linux是开源的操作系统,在网络服务器操作系统领域占有绝对的统治地位。其优点是:(1)Windows操作系统在个人应用领域占绝对垄断地位,用户、开发人员众多,针对Windows开发的病毒和黑客攻击也要多若干数量级;(2)Linux不像Windows那样默认加载许多服务,Linux服务器一般不开启十分消耗资源的图形界面程序,因而性能极高;(3)Linux是开源的操作系统,全世界最聪明的头脑都在为其做贡献,许多先进的技术要比封闭的Windows优秀,并且大多数先进的、高性能的、高可用性的计算支撑平台都是开源、免费的。

专业的软件厂商在为学校部署软件平台时，能够充分考虑系统的安全性、稳定性，一般不需要用户自行登录到操作系统做底层维护，只需要通过浏览器登录到应用软件、操作软件提供的管理和维护模块，即可实现对系统的维护和管理，一般不需要做底层维护管理，如果需要，应由厂商工程师来做。这与我们使用智能手机，但是大多数人都不会智能手机的命令行操作是一样的道理。但是，随着信息化应用水平的日益提升，学校可考虑培养1~2名熟悉Linux的网络管理人员。Linux培训一般需要一周以上，培训费用一般在3 000元左右。

2.Web服务器选择

Web服务器有Apache、Nginx和IIS。Apache和Nginx是免费的，微软Windows平台上的IIS性能较低，适合中小规模应用。Apache和Nginx单机性能同样有限，但是能很好地支持集群，可通过集群来提高性能和可用性，满足中职学校大规模应用。

3.中间件应用服务器

JAVA的中间件服务器有Tomcat、WebLogic和WebSphere。Tomcat是开源软件，完全免费。WebLogic和WebSphere是需要付费使用的商用软件。建议3 000~15 000学生规模的学校使用Apache或者Nginx配合Tomcat集群；超过15 000学生人数的大规模应用，学校可选择支持集群的WebLogic企业版，WebLogic标准版本不支持集群。

4.数据库服务器

常用的数据库服务器有MySQL、SQL Server和Oracle。MySQL是优秀的并且免费的数据库，少于3 000学生的中职学校可以使用单个MySQL服务器。通过MySQL集群可满足3 000~15 000学生的应用规模，实现低投入、高性能；超过15 000学生人数的大规模应用，可采购带RAC(racl application clasters，实时应用集群)集群功能的Oracle企业版。

5.网络防病毒解决方案

校园网络病毒防护分为服务器和计算机病毒防护两方面。

（1）Windows服务器病毒防护：Windows服务器操作系统一般只用于非关键应用、对性能和安全性要求不高的场合，建议为Windows 2003/2008服务器安装免费的360安全卫士，不安装其他任何杀毒软件(包括360杀毒软件)。管理人员一定要避免在服务器上经常安装、卸载软件，禁止用服务器的浏览器上互联网。服务器桌面登录、操作次数越少越好。不使用的服务必须禁掉，只打开必要的通信端口。作为重要应用服务器的Windows操作系统，必须禁止默认启用的Windows文件共享、NetBIOS协议。

（2）Linux服务器病毒防护：针对Linux系统的病毒攻击较少，Linux服务器系统的安全主要靠合理的配置来保障，而不是靠病毒防护软件来解决。专业软件厂商都对Linux系统十分了解，安装部署软件时，一般都会做严格的、系统的安全设置，只打开必须使用的端口，职业学校数字校园的数据中心Linux服务器上不需要安装任何病毒防护软件。

因为,安装病毒防护软件将极大地降低服务器性能。安全要求特别高的场合,病毒和攻击防护需要专用硬件和软件系统设计,而不是在服务器上安装杀毒软件来解决。

(3)计算机病毒防护:过去杀毒软件一直需要收费,现在永久免费的360安全卫士、360杀毒软件性能很好,职业学校所有的计算机上都可以安装免费的杀毒软件。

四、保障条件

(一)信息化管理机制

成立网络管理中心负责全校信息化建设和管理,在分管校长的领导下,负责网络整体建设、规划、开发及网络各项管理政策的制定,并负责网络各项设施管理、运行管理、安全管理、计费管理和单位用户管理的日常工作,为用户提供校园网硬件、软件应用培训及教师教育技术培训。

各部门可在校园网门户网站上发布信息,但未经审核信息,用户登录界面后不可见;信息发布审核由学校负责宣传的党办或校办负责,通过审核的信息方可展示在门户网站相应窗口。网络管理中心负责技术支持和初期的培训。

(二)网络管理人才建设

在网络规划、建设过程中安排3~5人全程参与,达到现场边施工边培训,完成网络管理中心团队组建的目的。任命对技术有一定兴趣和了解并熟悉学校管理业务的人员为网络中心主任,技术维护人员采用短聘方式(2~3年),聘请专业技术专职人员。同时技术维护人员采用以老带新、新旧交替的"2+2模式"(新员工2年学习培养,老员工2年服务教练),保障网管中心的长期稳定。

(三)网络建设机制

校园网中应用各有不同,建设思路随之也有所区别,主要通过以下方式实现网络基础设施及业务应用系统的建设,向师生收取的网络使用费用于网络日常维护:

(1)完全由学校出资,自建自管,实现核心应用系统建设。

(2)引进电信运营商负责网络线路(有线、无线)和交换机设备建设,运营商免费提供互联网出口接入。

(3)银行投资建设一卡通终端设备和系统,实现一卡通系统建设。

第三节 重庆职业院校网站网络安全标准(试行)

为进一步落实好职业院校网络安全各项工作,增强网络安全管控能力,根据《中华人民共和国网络安全法》《教育部关于进一步推进职业教育信息化发展的指导意见》,在全面摸清重庆30所职业院校信息系统(网站)底数的基础上,全面实施安全等级保护制度,制定《重庆职业院校网站网络安全标准(试行)》,旨在建立多层次网络安全技术防护体系,建好技术支撑队伍,按需配置网络安全防护设备和软件,构建责任清晰、可信、可控、可查的网络安全技术防护环境。

一、重庆职业院校网站安全研究的目的

通过本次研究活动,推进重庆职业院校校园网络信息化的科学规范管理。校园网络管理应确保网络硬件设施、设备安全、稳定、高效地运行;校园网站及教育、教学软件平台安全、实用、美观;校园网络管理人员及管理制度完善;在学校信息化建设安全的前提下,不断提升教育信息化网络设施、设备的效益,切实服务于教育教学。

二、重庆职业院校网站网络安全标准

(一)适用范围

本规范适用于职业院校校园网站的安全运维,职业院校包括高等职业院校和中等职业学校。网络安全是一项动态的、整体的系统工程,从技术上来说,网络安全由安全的操作系统、应用系统、防病毒、防火墙、入侵检测、网络监控、信息审计、通信加密、灾难恢复、安全扫描等多个安全组件组成,一个单独的组件无法确保信息网络的安全。

(二)测评范围

1.校园网站安全与应用

(1)学校门户网站建设与应用评估。

(2)学校校园网应用平台建设与应用(含专题网站及资源库等)。

2.学校网络设施、设备管理情况评估

(1)学校网络机房管理情况评估(中心机房及子配线间)。

(2)其他网络设备管理情况(含接入终端管理)。

3.校园网网络信息安全情况测评

(1)安全设施、设备情况评估(含审计系统、防火墙、杀毒软件等)。

(2)人员及安全制度管理情况评估。

（三）测评标准

表2-17 校园网站安全与应用标准及评分表

一级指标	二级指标	三级指标	指标说明	权重	自评分	备注
网站安全（30分）	制度管理（5分）	组织保障	学校主要领导分管负责	1		出现责任事故则全部扣除网络安全分数
		安全制度	网站信息安全规章制度	1		
			完整的网站信息审核制度	2		
		职责分工	有网管员并持证上岗	1		
	安全措施（12分）	技术保障	有防篡改、防攻击等技术措施	2		
		网站备案	网站有ICP备案	2		
			有"网警"标志	2		
		关键字过滤	交互栏目有关键字过滤的措施	2		
		IP地址记录	能记录发布信息用户的IP地址	2		
		网站操作日志	对网站信息发布和审核等操作有日志记录	2		
	信息安全（8分）	内容审核	有专人负责网站信息内容审核且工作到位	5		
		用户审核	对网站的登录用户及注册用户进行审核	3		
	日常维护（5分）	人员安排	专人负责网站管理和运行维护	1		
		信息更新	有信息发布与更新制度	2		
			信息更新及时有效	1		
		浏览速度	链接流畅有效，无明显延迟	1		

续表

一级指标	二级指标	三级指标	指标说明	权重	自评分	备注
网站内容（70分）	校务公开（10分）	学校简介	学校简介、办学理念、学校发展规划、联系电话、校长信箱	2		
		组织机构	岗位职责、组织框架	1		
		文件通知	政策法规、上级通知公告、招生等内容	2		
		教学资讯	学校要闻、校内外教学信息、教学交流活动等	1		
		成果展示	展示教育教学成果、教学科研工作情况，包括教师课例、学生作品等	2		
		师生风采	杰出师生风采展示，取得的成效等	2		
	网站应用系统（50分）	教学应用	教学平台功能；信息技术的应用效果和能力，应用特点鲜明	20		有基本应用得10分
			教研平台功能；校园生活服务功能	5		
			利用国家、省、市、区域教育综合服务平台的资源开展教学应用	5		
			提供教师教学及学生学习工具	3		
			网络课堂视频资料获省市级选用的	5		
			教育通信平台功能；在线互动，家校互动，利用网站开展课外答疑等活动	2		
		教学管理应用	校务管理功能，成绩管理、学籍管理、在线评测、综合评价、排课选课、考勤管理、收费管理、校产管理、宿舍管理、实验室管理、体卫管理、招生管理、图书借阅管理、档案管理	10		有基本应用得6分
	页面展示（10分）	栏目设置	按网站内容分类，能够满足网站内容展示的要求，合理清晰	1		
		网站标识	学校名称、域名、标识，清晰、明显	1		
		图文要求	图文正确显示，无变形、无错行、无错位	1		
		兼容性	所有网页和服务，兼容多种浏览器	1		
		页面效果	是否美观、大方、简洁、庄重	1		
		网站访问	提供站点访问数据统计、点击率或访问量	2		
		个性特色	具有较明显的学校特色，有个性化、创新性的设计页面、栏目或功能新颖，由评委确定	3		

表2-18　重庆市职业院校校园网站机房管理情况评分表

类别	项目	小项	权重	自评分	备注
管理制度（30分）	成立校园网网络管理机构		5		
	配置符合要求的人员担任学校网管员	有专门的校园网网络管理员	5		
		网管员相关的网络能力证书	2		
	有IP管理及用户准入控制的规定规范	固定网络有IP与使用该IP教师的对应的规范要求	8		
		无线网络有用户认证等准入控制措施的要求	3		
	学校网站做好ICP备案		2		
	网络机房建立了完善的巡查、管理制度与应急预案		5		
学校网络设备配备、软件配备及相关设置（40分）	学校所有接入终端设备均应安装好正版操作系统、做好系统更新配置、安装好防病毒软件		10		
	学校的网络出口应该安装有防火墙等安全防护设备并做好合理的配置		5		
	学校安装有带宽整形设备，能够做到可控制任意单个终端的最大流量，防止爆发性流量冲击网络的正常使用		5		
	学校配置有相关的设备或软件，能完成公安部门要求的网络审计功能		5		
	学校的电子阅览室、多媒体网络教室等学生使用网络上网的地方，学校配置有必要的设备设施，能阻断网络色情、暴力等非法不良信息内容		5		
	学校服务器配置完好，操作系统使用正版软件，安装好防病毒软件，并确保系统安装有最新的补丁程序		5		
	学校网络主要设备配置及服务器数据做好备份		5		

续表

类别	项目	小项	权重	自评分	备注
学校机房建设管理（30分）	学校建设有专门的校园网核心机房,机房建设规范化,符合《××市××区区属学校网络机房建设标准》规范要求	主机房与操作房分开	6		
		主机房面积适当,不存在面积过小情况	3		
		空调配置达标(不小于两台,能轮换工作)	3		
		配置有消防系统且工作状态正常	3		
		配置有UPS设备且工作正常	3		
		配置有监控摄像并能保存较长的录像时间	3		
	网络机房整洁、干净、明亮,无多余杂物		3		
	建立设备日常运维管理日志		3		
	建立非机房管理人员进入机房登记记录		3		

表2-19　重庆市职业院校校园网站安全评分表

类别	序号	检查内容	权重	自评分	备注
人员及制度	1	建立网络安全领导小组、确立小组负责人	10		
	2	落实组长、小组人员岗位工作职责	10		
	3	应有1~2名计算机安全员,对学校网上信息的发布、审核工作统一规划、负责	10		
	4	建议建立对全体教师安全教育培训制度,让普通教师能处理一些常见问题(升级、更新等)	10		
安全措施	1	应该定期进行网络安全漏洞检测和系统升级,对各项数据应定期备份	10		
	2	对信息发布审核、登记、保存、清除、备份和信息群发服务应具有较高的安全操作、管理意识	10		
	3	如学校有交互栏目,交互栏目应派专人定时巡查	10		
	3	审计设备正常运行,审计日志需保存90日以上	15		
	4	配备防病毒软件,及时更新,定时查毒	15		
	5	应及时做好发生案件、事故和发现计算机有害数据情况的记录	10		

第四节　重庆职业教育数字化资源开发与共享标准(试行)

重庆市职业教育数字化资源建设是落实《国务院关于加快发展现代职业教育的决定》要求,提升重庆市职业教育信息化水平的重要抓手,是"构建利用信息化手段扩大优质教育资源覆盖面的有效机制,推进职业教育资源跨区域、跨行业共建共享,逐步实现所有专业的优质数字教育资源全覆盖"的有机组成部分。

重庆市职业教育数字化资源的建设和应用,旨在切实推动职业教育在信息化背景下教与学方式的深刻变革,提高教与学的效率与效果,进而提高人才培养质量,同时服务于继续教育和终身教育,促进学习型社会建设。

为了更好地服务于重庆市职业教育数字化资源开发与应用,规范资源开发行为,统一资源技术标准,优化资源开发质量,提高资源共享效率,促进资源与其他各级各类资源开发项目的衔接互通,有力推动优质资源的广泛共建共享,重庆市职业教育学会依据《职业教育专业教学资源库建设工作手册(2018)》《国家示范性职业学校数字化资源共建共享计划资源开发技术规范》《现代远程教育资源建设技术规范》《国家级网络教育精品资源共享课建设技术要求(2012版)》,综合考察现代信息技术和在线教育发展趋势、职业教育数字化资源建设现状和已有成果、国家精品开放课程建设等国家项目的技术规范,开发了《重庆职业教育数字化资源开发与共享标准(试行)》,供重庆市职业院校在资源开发、收集、上传、集成的过程中依循和参考。

一、职业教育数字化资源运行平台基本要求

重庆市职业教育数字化资源运行平台(以下简称"运行平台")须有效支撑数字化资源"能学、辅教"的功能定位,满足"使用便捷、应用有效、共建共享"的应用要求,能够根据个性化需求优化设计。

(一)基本功能

运行平台应具备资源建设、维护、管理、教学、学习、分析等基本功能,体现以用户为中心的服务理念,支持个性化学习和个性化教学。

1.建设功能

(1)支持资源"先审后发、批量审核、分级审核",能够通过设定不同管理权限保证资源质量,资源审核责任可追溯。

(2)支持多种类型和格式的资源上传,包括文本、图片、动画、视频、音频等,能够根据文件扩展名自动分类存储和预览。支持资源的批量上传、下载、新增、转换、删除,支持资源的在线编辑、查看和预览,支持超大附件上传及断点续传等,能够对上传的资源

进行智能压缩和智能分发。支持资源批量上传时属性的自动识别、标注与继承。

（3）支持按照专业类别、课程名称、素材类型、来源等进行资源分组，支持资源的一站式智能搜索。允许用户按照资源的发布时间、更新时间、素材类型、所属课程/栏目、发布作者、学习者、发布单位、主题关键字等快速查找与统计。能够按照评价规则（如点击率、下载率、好评率等）对热门资源进行自动排名和统计。

（4）支持题库类资源建设，支持多种题型的编辑，支持试题的批量导入。支持在线编辑试题中的图片和公式。

（5）支持用户引用各级各类资源搭建和重组积件、模块、课程。

（6）支持课程门户建设。用户可以选择不同风格的显示模板，可以编辑修改课程简介、教学大纲、教师团队等内容。

（7）支持开放式资源访问功能。用户无须注册就可以访问、浏览平台资源，进行课程学习。

2.教学功能

（1）支持灵活搭建学习资源。用户能够根据资源名称、资源类型、资源属性、课程属性等不同检索项目在平台中检索资源，自由搭建积件、模块、课程。用户也可以根据需要，对已搭建的学习资源的内容进行修改、调整、重组。

（2）支持同一课程的多班同轨教学，支持不同教师并行开课、各自管理教学班。已经搭建的课程可以按学年或学期重复开课，无须重建。

（3）支持在线报名选课和开课信息发布，支持学习者通过运行平台报名选课、学习，以及选课之前的试学习。

（4）支持在线教学活动管理。教师用户能够根据教学需要，添加、删除学习者，分配开课周期、班级、小组等；添加主讲教师、辅导教师、助教等协助维护课程。运行平台能够向教师用户提供学习者整体和个体的学习统计分析，并具备打印功能。

（5）支持在线教学活动部署与实施。教师用户可以根据教学需要在运行平台组织讨论、发布通知、分组教学、开展在线指导与测评。支持多种评价方式，支持作业及考试的自动批改、人工批改、人工评阅、学习者互相点评等并能够提供完整活动记录。

（6）支持资源推送、消息推送、学习进度推送、学习报告发布等。运行平台可以根据学习行为向学习者智能推送有关学习资源、课程信息、学习进度等消息。教师用户可通过运行平台向学习者发送课程学习报告、学习成绩等信息。

3.学习功能

（1）支持学习者自主学习，对课程、教师、资源等进行收藏、评价、评论、分享，将学习心得、学习成果分享到常用社交工具。

（2）能够根据学习者的需要支持多种学习形式，如自主学习、合作学习及移动学习等。学习者在学习过程中,能够随时在线记录学习笔记,开展小组讨论,共同完成小组作业,完成投票、问卷、考试等任务。

(3)能够将学习者的课程内容浏览、讨论交流、答疑、自测、笔记等集成于一个学习界面;能够提供学习者学习过程节点的记录,便于学习者快速定位、继续进行学习。

(4)支持答疑互动。学习者可以在线提问,教师和其他学习者可以回复交流。系统能够自动检索类似问题及相关回复,供提问者参阅。

(5)支持自测和在线考试。支持针对学习模块和课程随机抽取题目进行自测或考试,并记录成绩、提供参考答案。

4.统计功能

(1)资源应用统计。支持资源数量统计、访问统计、引用统计、下载统计、用户上传统计等功能;根据资源的浏览量、引用量、下载量、回复量、访问区域分布、集中访问时段等分析资源质量和应用情况;全程记录、周期性公布或反馈分析结果;生成相应的分析报告。

(2)教学行为统计。能够提供任教课程的教学统计,从学校、专业、课程、模块等不同角度统计分析课程教学和学习的情况;全程记录、周期性反馈统计结果;生成相应的分析报告。

5.系统功能及其他

(1)用户组织管理。运行平台支持主持单位管理参与单位的建设过程。

(2)用户注册管理。鼓励用户注册后开展学习,用户注册后应通过短信或邮件验证。提供各类用户角色、权限和权限映射关系,能够分级设置管理权限。参与建设学校相关专业在籍教师和在校学生须采用"实名制"注册。运行平台内的"姓名+学号"或"姓名+教工号"与"高等职业院校人才培养工作状态数据采集与管理系统"数据一致,视为实名。

(3)用户空间管理。能够为注册用户分配个人空间,提供开课、积分、学习进度提醒、密码找回、发送短信、邮件推送等服务,提供各类活动记录和学习档案管理功能。

(4)日志管理。数据库日志定时定量归档、备份,可恢复、可追溯;系统日志存储方式合理,便于集中查询和分析处理。

(5)后台管理。能够提供对平台各层级管理功能及数据的汇总管理、敏感词过滤、系统日志、数据字典等功能。

(6)数据报送。可主动对接相关官方平台数据接口,按照监测要求,实时推送相关数据(如职业教育专业教学资源库监测平台数据接口等)。

(7)用户激励。能够提供根据用户使用时间、资源学习、参与活动、贡献资源及质量等情况给予奖励(例如:用户积分、徽章、等级等)的功能和设置。

（8）终端访问。除PC机以外,支持iOS、Android等主流操作系统的各类移动终端访问和使用,界面能够自适应。鼓励提供平台公众号、平台App客户端等访问入口。访问数据后台统一管理。

（9）扩展性。支持对接各类特色的第三方公开、免费在线资源,如虚拟仿真实训等。

（10）通用性。提供课程、资源、用户等数据批量导出到其他主流同类型平台的接口,也可以批量导入其他主流同类型平台导出的数据,支持个性化门户网站分类重组展示资源。

（二）性能和安全

平台性能测试报告和安全评估报告等相关报告应由具有国家级第三方软、硬件产品及信息系统工程质量安全与可靠性检测认证资质的机构出具。

1.性能基本要求

表2-20　运行平台性能基本要求

同时在线用户数	并发用户数	响应时间		
		业务访问	文档类资源	视频类资源
50 000人	2 500人	3 s以内	3 s以内	6 s以内

运行平台必须采用提升数据访问速度的优化技术[IDC(Internet Data canter,网络数据中心)、Cache(高速缓冲存储器)、CDN(Content Delivery Network,内容分发网络)等],保障资源的访问速度和下载效率。独立的课程运行门户网站域名等信息须进行ICP备案。支撑运行平台的服务器须设在ISP(互联网服务提供商)运营商的IDC机房或BGP(Border Gateway Protold,边界网关协议)机房,确保7×24小时不间断运行。

2.安全基本要求

运行平台在物理安全、网络安全、主机安全、应用安全、数据安全、管理要求等方面,不低于《信息安全等级保护管理办法》规定的信息系统安全等级保护(二级)基本要求。运行平台对网络(含网站外部链接)的安全负责,项目单位对上传的资源内容负责。

（三）监测数据要求

运行平台须全程、客观记录资源建设和应用的数据,主动对接项目监测平台,按要求推送有关用户行为、资源建设、资源应用等运行数据,并提供对应的数据字典。运行平台对推送数据的真实性和有效性负责,接受监测平台对Web服务器系统日志的不定期检查。

二、职业教育数字化教学资源建设内容规范

(一)基本资源

一般指涵盖专业教学标准(或专业教学基本要求)规定内容、覆盖专业所有基本知识点和岗位基本技能点,颗粒化程度较高、表现形式适当,能够支撑结构化课程的资源。结构化课程必须以专业教育内容与课程体系改革为基础系统设计。

(二)拓展资源

一般指基本资源之外针对产业发展需要和用户的个性化需求开发建设的资源。拓展资源应体现行业发展的前沿技术和最新成果,并不断提升资源建设的普适性。

(三)资源属性

资源应按照内容和性质全面详细标注属性,以便资源的检索和组织。资源形式规格应遵循行业通行的网络教育技术标准。鼓励按《中国标准关联标识符(ISLI)》标准标识资源。

(四)资源类型

资源类型一般包括文本类素材、图形(图像)类素材、音频类素材、视频类素材、动画类素材和虚拟仿真类素材等。应充分发挥信息技术优势,提高库内视频类、动画类、虚拟仿真类资源的占比。视频类素材注重叙事性和完整性,以"微课程"为主要形式,用于讲解知识点或技能点;动画类素材注重逻辑规律运动的形象表达,将抽象微观黑箱的概念可视化,用于演示抽象概念、复杂结构、复杂运动等;虚拟仿真类素材注重现场感和体验,主要用于展现"看不见、进不去、动不得、难再现"等不能开展现场教学的场景环境过程。

(五)分层建设

资源应包含素材、积件、模块和课程等不同层次。素材是最基础的、颗粒化的资源单体;积件是以知识点、技能点为单位,由多个内在关联的素材组合形成;模块以工作任务、技能训练项目等为单位,由多个知识点、技能点的积件组合形成;课程由多个工作任务、技能训练项目等组合形成,包括逻辑合理、内容完备、周期完整的标准化课程以及满足不同需要、用户自行搭建的个性化课程。

(六)资源冗余

素材、积件、模块应在数量和类型上超出标准化课程包含的内容,以更好支持用户自主搭建课程和拓展学习。

(七)其他

资源内容还应包括但不限于:专业介绍、人才培养方案、教学环境、网络课程、培训项目以及测评系统等,主要有:

(1)职业标准、技术标准、业务流程、作业规范、教学文件等。

(2)企业生产工具、生产对象、生产场景、校内教学条件等。

(3)企业生产过程、学生实训、课堂教学等。

(4)工作原理、工作过程、内部结构等。

(5)虚拟企业、虚拟场景、虚拟设备,以及虚拟实验实训实习项目等。

(6)企业案例、企业网站链接等。

(7)数字化教材、教学课件等。

(8)习题库、试题库等。

(9)与专业、课程、知识点相关的导学、助学系统。

三、职业教育数字化教学资源的制作技术规范

(一)术语与释义

定义和解释本技术规范所用专业术语及词汇。

1.文本

以字符、符号、词、短语、段落、句子、表格或者其他字符排列形成的数据,用于表达意义,其解释基本取决于读者对于某种自然语言或者人工语言的知识。(GB/T 4894—2009)

2.图像

由扫描仪、数码相机等输入设备捕捉实际的画面产生或由计算机软件产生的数字图像,由二维图像用有限数字数值像素表示,可以不同的输入设备和技术生成,例如数码相机、扫描仪、坐标测量机等,也可从任意的非图像数据合成得到,例如数学函数或者三维几何模型。通常,这些值以压缩格式传输和储存。

3.分辨率与像素

分辨率分为显示分辨率和图像分辨率两种。

(1)显示分辨率。显示分辨率是显示器在显示图像时的分辨率,用点来衡量。显示器上这个"点"即指像素(pixel)。显示分辨率的数值是指整个显示器所有可视面积上水平像素和垂直像素的数量。例如,1 280×720 分辨率,是指在整个屏幕上水平显示1 280 个像素点,垂直显示 720 个像素点。屏幕显示像素越多,说明显示设备的分辨率越高,显示的图像质量也就越高。

（2）图像分辨率。图像分辨率指组成一幅图像的像素密度度量方法。对同样大小的一幅图，如组成该图的像素数目越多，说明图像的分辨率越高，看起来就越逼真。图像分辨率常用DPI（Dots Per Inch）表示。

（3）像素。像素是显示屏上每幅画的最小构成单位。屏幕上像素的数量是由屏幕的分辨率决定，并非由屏幕大小决定。一个像素通常被视为图像的最小的完整采样。

4.音频

（1）音频、采样率、量化级。

第一，音频是人类能够听到的所有声音，包括噪声。本规范中音频指数字音频。数字音频是利用数字化技术手段对声音进行录制、存储、编辑、压缩或播放的技术。它根据一定的采样率、比特率、压缩率等量化参数，对模拟信号进行采样，最终转化为以二进制数据保存的数字文件。数字信号可被转换为模拟电信号。

采样率是指每秒钟采集多少个声音样本，通过波形采样的方法记录1 s长度的声音需要多少个数据，其计量单位是赫兹（Hz）或千赫（kHz）。

常用采样频率有四种：44.1 kHz，32.0 kHz，22.05 kHz，11.025 kHz。采样率越高，采样点之间间隔就越小，波形描述就越精确，声音品质也就越好，但其所需存储空间也会越大。

第二，量化级也称"量化数据位数"，是描述声音波形之数据位数的二进制数据，亦即每个采样点所能表示的数据范围，通用单位比特（bit）。标准CD音乐的量化级为16 bit，即CD记录声音的数据采用的是16位的二进制数。量化级常用于对模拟音频信号的幅度轴所进行的数字化，其取值大小直接决定声音的动态范围，一般而言，量化级取值越高，所采信号动态范围越大，数字化后的音频信号也就越接近数字化前的原始信号，其音质也越好，但数据量也越大，所需存储空间越大。"采样率"和"量化级"是数字化声音的两个基本要素，是衡量数字化声音品质高低的重要指标。

（2）声道数。声道是指声音录制或播放时其音频信号所经过的相互独立的空间通道，声道数就是声音录制时的采集声音的通道数量，或声音回放时所需相互独立的音频输出通道数。

双声道立体声：声音在录制过程中按照音源的实际方位被分配到两个独立声道（左、右声道），从而较好实现声音定位效果，增强聆听时的临场感。

4.1声道：双声道立体声出现后的四声道环绕技术。该技术规定前左、前右，后左、后右4个方位发音点，并增加低音箱，以加强对低频回放，称4.1声道。

5.1声道：杜比AC-3又在4.1声道的基础上增加了一中置单元，用以负责传送低于80 Hz的声音信号，主要用来加强人声，即5.1声道。

（3）比特率与码率。在数字多媒体领域，比特率是单位时间播放连续媒体的比特数量，如压缩后的音频或视频。它相当于数字带宽消耗量或吞吐量。

比特率使用"比特每秒"(bit/s 或 bps)为单位,通常国际单位制用"千"(kbit/s 或 kbps)、"兆"(Mbit/s 或 Mbps)、"吉"(Gbit/s 或 Gbps)与"太"(Tbit/s 或 Tbps)标明。

码率指数据文件在单位时间传送的数据流量,也称码流。对音频来讲,码率高低直接影响音质,码率高音质好,码率低音质差。对视频来讲,码率是视频编码中画面质量控制最重要部分,同样分辨率下,视频文件码率越大,压缩比就越小,画面质量就越好。

5.超文本标记语言第5版(HTML5)

广义 HTML5,实际指的是包括 HTML、CSS 和 JavaScript 在内的一整套技术的组合。目的是减少浏览器对需要插件来丰富网络应用的各种服务(RIA ,plug-in-based rich internet application),如 Adobe Flash、Microsoft Silverlight、Oracle JavaFX 等,并提供更多有效增强网络应用的标准集合。

HTML5 呈现两大特点:第一,强化了 Web 网页表现性能;第二,追加了本地数据库的Web应用功能。

HTML5 将取代目前使用的 HTML 4.01 和 XHTML 1.0 的 HTML 标准版本,大部分浏览器目前已支持HTML5技术,实行其功能。

(二)资源分类及技术要求

本标准中所指的数字化资源共有为9种:文本、音频、视频、图形/图像、动画、虚拟仿真、PPT 演示文稿、网页课件(HTML)和其他。

1.文本类

表2-21 文本文件格式

媒体类型	扩展名	说明
文本	*.doc	1.常见文本存储格式均可 2.建议 PDF、HTML等文档可由 Word 文件直接生成 3.电子表格文件处理与此相同
	*.docx	
	*.pdf	
	*.xls	
	*.xlsx	

表2-22　文本文件技术要求

项目	技术要求
软件版本	制作版本不低于当前主流版本,要求上下兼容(文档编辑工具建议使用Office 2010及以上版本)
Word文档	文字:"文档题目"为3号黑体加粗;"作者"为5号宋体加粗;单位名称为5号宋体加粗;"摘要""关键词"用4号黑体加粗;摘要内容为5号宋体,段落左右各缩进2字,1.15倍行距。汉字用宋体,外文用Times New Roman体; 正文5号字,1.15倍行距;汉字用宋体,外文用Times New Roman体。一级标题4号,黑体加粗;二级标题,小4号黑体加粗;三级标题,5号宋体加粗
	符号:序号、符号、公式、表格,科学、规范、统一
	排版:A4格式。标准页边距,设置页脚、页眉、页码
	文本正文应设文章标题,文章标题放在正文内第一行居中位置
	各级标题应设置正确,同一级标题使用同样式,结构清晰
	正文字体、字号、颜色、行间距等美观、统一
	文本应插入页码。文本页数在超过15页时应制作目录
	表格不超出页面,且要求使用插入表格或绘制表格功能生成,并使用相应功能加工处理,不采用在文本上描绘直线等绘图方式制作表格
	正文中图像、图形应清晰,并符合国家相关绘制的标准,尽量不使用Word绘制插图,采用插入已保存图片的方式 正文中首次出现外文缩写,须给出全文,括号内注明中文释义
	文本中在图、文混排时,选择插入方式
	文档保存时显示比例为100%、页面视图
	文件名应反映主题内容,尽量与文内标题保持一致,不使用"1.doc"这类含义不明的文件名
	文本如有对齐要求,用表格处理,不使用空格实现
	文本内容应忠实于原文献,完整有序,符合国家有关法律法规,尊重民族风俗习惯,版权不存在争议
	文中所用计量符号应符合国家相关标准
Excel表格	页面布局:纸张方向可采用纵向或横向,纸张大小可根据实际情况设置,为便于预览,建议设置为A4大小,页边距采用默认
	行高:设置为25
	字体设置:表格内容:宋体(正文);字形:常规;字号:10;表格标题:宋体(标题),字形:加粗,字号:16;表头:宋体(标题),字形:加粗,字号:10;单元格文本可自动换行
	sheet页命名:用代表表格内容的名字进行命名

表2-23　文本文件提交要求

媒体类型	提交要求
文本	文本完整,排版规范,不加密

2.图形/图像类

表2-24　图形/图像类文件格式

媒体类型	扩展名	说明
图形/图像	*.jpg	图片压缩格式文件
	*.png	可移植网络图形格式
	*.gif	图像互换格式文件

表2-25　图形/图像类文件技术要求

项目	技术要求
定义	包括图形和图像。图形是指由外部轮廓线条构成的矢量图;图像是由像素点阵构成的位图,如照片
色彩	彩色图像颜色采用真彩(24位色),图像灰度不低于256级
	图形采用彩色或单色
分辨率	屏幕分辨率1 280×720,扫描图像分辨率不低于72 dpi,彩色扫描图像的扫描分辨率不低于150 dpi
清晰度	图像内容清晰可辨,即无须借助额外设备可辨认图片资源所表达的主体内容。图像扫描后,需使用图像处理工具软件进行裁剪、校色、去污、纠偏等处理,使页面整洁、清晰
内容性	图形/图像内容符合国家法律法规,尊重民族风俗,版权不存争议

表2-26　图形/图像类文件提交要求

媒体类型	提交要求
图形/图像	图形/图像生成文件
	图形/图像原始文件
	文件名应反映主题内容,尽量与文内标题保持一致,不使用"1.jpg"这类含义不明的文件名

3.音频类

表2-27　音频类文件格式

媒体类型	扩展名	说明
音频	*.mp3	其他格式须转换为mp3格式

表2-28　音频类文件技术要求

项目	技术要求
品质要求	音乐类音频采样频率不低于44.1 kHz,语音类音频采样频率不低于22.05 kHz
	量化位数大于8位。码率不低于64~128 kbps
	声道数为双声道
配音要求	语音采用标准普通话、英语(美式或英式)配音,特殊语言学习和材料除外。采用适用教学的语调、语速
质量要求	音频播放流畅。声音清晰,噪声低,回响小,无失真
	内容符合国家法律法规,尊重民族风俗习惯,版权不存在争议

表2-29　音频类文件技术要求

媒体类型	提交要求
音频	以mp3 格式提交生成(资源素材)文件
	文件名应反映主题内容,尽量与文内标题保持一致,不使用"1.mp3"这类含义不明的文件名

4.视频类素材

表2-30　视频类文件格式

媒体类型	扩展名	说明
视频	*.mp4/flv	采用mp4/flv格式,片头/片尾文件(模板视频)统一发放,视频生成时添加

表2-31　视频类文件技术要求

项目	技术要求
品质要求	视频压缩采用 H.264(MPEG-4Part10:profile=main, level=3.0)编码方式,码率3M 以上,帧率不低于25 fps,分辨率使用 1280×720(16:9)
字幕要求	字幕清晰美观,能正确有效传达信息。字数尽可能少,驻留时间应能以常规阅读速率看清
	字幕使用符合国家标准规范字,不出现繁体字、异体字,不应有错别字;字幕字体、大小、色彩、摆放位置、驻留时间、出入屏幕方式力求与其他视频要素(画面、解说词、音乐等)配合适当,不破坏原有画面
画面要求	每帧图像颜色数不低于256 色,灰度不低于128级
	图像清晰,播放时没有明显噪点,流畅
	彩色视频每帧图像颜色为真彩色
	音频与视频图像达到同步,音频部分符合音频素材质量要求

续表

项目	技术要求
内容要求	视频内容符合国家法律法规,尊重民族风俗习惯,版权不存争议
	若包含少数民族或外国语言文字信息,应遵循其原内容完整性,使用原语言进行处理
微课视频要求	原则上,时长设置在8~12分钟
	画面文字、图形、视频清晰、稳定,色彩均衡,构图合理 语言表达规范、语调及节奏适中(广播速率),全程配有字幕
	添加片头和片尾。片头和片尾采用统一模板。片头5~7秒钟,片尾呈现资源内涵与特征的名称,作品单位及作者,或可视化的元素,或AE动态效果
	片尾2~3秒钟,含版权信息、单位、制作团队信息、联系方式等
	微课(或其他教学视频)的设计,建议采用10步框架结构法(问题引入,告知目标,回忆旧知,刺激兴趣(如视频、动画),学习指导,引发行动,提供反馈,再次行动,总结提升,作业布置)
	构成元素时间分配原则:要有教师出镜画面,出镜总时长不超1/3。图形/图像画面不少于3分钟,动态画面不少于2分钟(插入的动画元素时长30~60秒)
	视音频压缩格式H.264、码流3 000 kbp、分辨率1 280×720,帧率25帧/秒,逐行扫描、单/双声道。生成格式:MP4/flv(由MP4转换)
教学视频	视频时长原则:20~25分钟
	分辨率:1 280×720;帧率:25帧/秒,逐行扫描,单/双声道;输出格式:MP4/flv(同微课规范)
	字幕:支持中英文双字幕,字幕文件(.srt)单独制作,将与视频文件编辑合成
	片头/片尾(同微课规范)
	画面:以中景和近景为主,式样无约束
	质量:图像清晰、音频低噪(控制)、播放流畅(同微课规范)
	容量:单个视频文件应小于200 MB(建议在100 MB内)

表2-32 视频类文件提交要求

媒体类型	提交要求
视频	原始或生成视频文件
	文件名应反映主题内容,尽量与文内标题保持一致,不使用"1.mp4"这类含义不明的文件名

5.动画类素材

表2-33 动画类素材文件格式

媒体类型	扩展名	说明
Flash动画	*.swf	Macromedia Flash动画文件
网页动画	HTML5 + JavaScript	网页动画文件

表2-34　动画类素材技术要求

项目	技术要求
品质要求	动画的开始要有醒目的标题,标题要能够体现动画所表现的内容
	动画中如果有文字,文字要醒目,文字的字体、字号与内容协调,字体颜色避免与背景色相近
	动画色彩造型应和谐,画面简洁清晰,界面友好,交互设计合理,操作简单
	动画连续,节奏合适,帧与帧之间的关联性强
	如果有解说,配音应标准,无噪音,声音悦耳,音量适当,快慢适度,并提供控制解说的开关
	动画如果有背景音乐,背景音乐音量不宜过大,音乐与内容相符,并提供控制开关
	动画演播过程要流畅,静止画面时间不超过5秒钟
	一般情况下,应设置暂停与播放控制按钮,当动画时间较长时应设置进度拖动条
内容要求	动画内容符合我国法律法规,尊重各民族的风俗习惯,版权不存在争议
	若其中包含少数民族或外国语言文字信息,应遵循其原内容完整性,使用原语言系统进行处理
	有明确的版权标识信息
存储格式	采用SWF(不低于Flash6.0)或HTML存储格式

表2-35　动画类素材技术要求

媒体类型	提交要求
动画	保持每个动画素材的独立性,尽量不设置两个或多个动画文件之间的嵌套及链接关系
	所有动画数据须制作成SWF格式,或HTML5+JavaScript文件
	要求提交动画源文件、打过标识的可执行文件和预览文件

6. 虚拟现实/仿真类

表2-36　虚拟现实/仿真类素材文件格式

媒体类型	扩展名	说明
虚拟仿真	不限	可用多种开发平台,如三维Virtools、Quest3D、Vrp、Unity 3D、VRML,二维Flash等允许多种格式,并应能在浏览器环境下正常运行

表2-37　虚拟现实/仿真类素材文件格式

项目	技术要求
内容要求	应具漫游、演示、互动、考核中的一种或多种功能。无科学性错误
	内容符合国家法律法规，尊重民族风俗习惯，版权不存在争议
	包含有少数民族或外国语言文字信息时，应遵循其原文的完整性
	有明确的版权标识信息和引用说明
品质要求	画面逼真，色彩、形状、声音、位置等符合实物特征
	界面友好，交互设计合理，操作简洁
	如有解说，配音应为标准普通话，无噪声，声音悦耳，快慢适度，并提供控制解说的开关
	如有背景音乐，音量不宜过大，音乐与内容相容，并提供控制开关
其他	如有考核功能，须提供或指出后台服务器支撑的技术要求

表2-38　虚拟现实/仿真类素材文件格式

媒体类型	提交要求
虚拟仿真	除提交源文件外，还须提交单个文件呈现预览文件(演示版)

7. PPT演示文稿

表2-39　PPT演示文稿文件格式

媒体类型	扩展名	说明
PPT演示文稿	*.pptx	—

表2-40　PPT演示文稿文件格式

项目	技术要求
软件版本	建议使用Office 2010及以上版本编辑，并用编辑版本生成文件
模板应用	模板朴素、大方，颜色适宜，便于长时间观看；每类资源模板统一；适当位置标明资源名称、章/节、序号等
模板应用	背景、按钮等元素，可使用幻灯片母版实现
	恰当使用组合：插图中位置相对固定的文本框、数学公式以及图片等应采用组合方式，避免产生相对位移
	不同对象动作需同时出现时，可确定彼此时间间隔为0
	各级标题采用不同字体和颜色，一般一张幻灯片上文字颜色原则限定不超过4种，文字与背景色具有反差，能清晰辨识

续表

项目	技术要求
动画方案	不出现不必要动画效果,不使用随机效果
	动画连续,节奏适当
导航设计	文件内链接都采用相对链接,并能够正常打开
	文件中插入其他素材时,应满足本规范媒体素材的技术规范
	使用超级链接时,在目标页面设有"返回"按钮
	鼠标移至按钮上时要求显示出该按钮操作提示
	不同位置使用导航按钮保持风格一致或使用相同按钮
宏	尽可能不采用宏,播放时不出现宏脚本提示
其他	演示文稿中所采用媒体素材符合本规范媒体素材技术规范

表2-41 PPT演示文稿文件提交要求

媒体类型	提交要求
PPT演示文稿	演示文稿'粒度'大小应适应灵活构成(或重构)教学需求。建议原则上不超过40个页面
	提交文件后缀名:pptx
	若内嵌音频、视频或动画。相应目录中单独提供文件清单
	若多个演示文稿之间有链接关系,应标明首页文件。如"index.pptx"
	以单个文件上传
	文件名应反映主题内容,尽量与文内标题保持一致,不使用"1.pptx"这类含义不明的文件名

8. 网页课件

表2-42 网页课件文件格式

媒体类型	扩展名	说明
网页课件	*.html	网页源文件

表2-43 网页课件文件技术要求

项目	技术要求
网页课件	网页目录层次清晰,命名简洁、准确、合理,使用英文或拼音作为文件名
	页面上标明当前页面展示内容的标题
	每个网页内要有完整<html>、<head>、<body>标签,每个网页内<title>与</title>标签之间要写明该页的标题,并且与页面上的标题一致

续表

项目	技术要求
网页课件	网页内的所有路径写法均使用相对路径,如"images/logo.jpg"
	使用标准的网页编辑工具编辑网页,不要直接将Microsoft Word、WPS等文件内容粘入网页文件中,避免出现大量垃圾代码,在搭建网站时,可将内容排版好,利用开发平台工具生成HTML代码
	对于背景、表格、字体、字号、字体颜色等统一使用样式表(CSS)处理,除极个别情况,不要手动指定文字样式
	不同网页样式风格尽量一致,背景、色调、字体、字号不宜相差太多
	每个网页在800×600分辨率下不出现横向滚动条
	如含背景音乐,其音量不宜过大,并提供可见控制开关,控制放/停
	网页是自包含、完整的,不含有外部链接文件
	网页中所采用媒体素材符合本规范技术要求
	不含动态代码(JS除外),无须配置数据库就能完整浏览。若含数据库,另做其他资源(系统)处理
	对于一些基于静态网页的课件(如嵌入动画、虚拟仿真等),或是基于服务器解释的交互式课件,必须能够通过标准的Web浏览器正常访问
	不使用框架网页,推荐使用表格或DIV结构
	网页兼容IE、Google Chrome、Mozilla Firefox浏览器
	建议原则采用HTML5编程

表2-44　网页课件文件提交要求

媒体类型	提交要求
网页课件	提交产品完整,包括:可执行文件(可在Windows 2008及以上版本环境或解释环境下运行)、源文件(工程文件、素材、开发文档)
	上传时,如有多个文件,将压缩为Zip格式
	网页文件包为单独文件夹存放,包中所有文件及文件夹均须用非中文命名,网页包首文件名为index.html

9.其他类型

(1)非属以上8种资源的其他资源(其他素材–普通文件),可为任意格式。如:wrl(VRML运行文件)、lcs(ACT History Files)、wmf(Windows 图元文件)、dwg(CAD文件)、chm(Compiled HTML帮助文件)等。此类文件不提供网页浏览功能(默认点击列表后直接浏览),不能浏览时仅提供下载。

此类资源入库时,须同时提交预览文件(文本 pdf 格式、图片 jpg 格式、动画或视频 flv 格式),下载文件和预览文件标记标识(防伪标记)。

(2)非单个文件素材包,如 Zip、rar 等资源文件(其他素材-压缩文件),在提供下载文件的同时,须提交单个预览文件(文本 pdf 格式、图片 jpg 格式、动画或视频 flv 格式)。

(3)交互式网页课件。交互式网页课件区别于视频资源,通过浏览器进行操作互动,可按预先定义好的规则和流程,进行交互。它允许自定义每幅页面的交互内容,以生成基于互联网的可操作性资源。

制作要求:交互式课程制作需进行操作过程的截图,截图质量要求较高,截图质量要求参照"图像类素材"标准,为达到良好交互效果,制作时要考虑外观、配色及交互过程;每个交互式网页课件操作的步骤,即屏幕切换数量原则上不少于20项。

(三)目录结构及文件命名规则

1.数字化资源建设编码规则
采用三级编码方式,格式:ab-cd-ef。

(1)一级代码。

表2-45　一级代码(ab代表子项目)

代码	01	02	03	04	05	06	07	08	09	10
	建设任务	专业建设资源子库	课程资源子库	职业认证资源子库	技能竞赛资源子库	社会服务资源子库	技术研发资源子库	中高职衔接资源子库	专业拓展资源	运行平台建设	项目运行管理

(2)二级代码。二级代码cd,为具体的建设任务。如专业资源子库建设中的产业调研报告、行业技术标准等,或者课程资源子库中的具体课程名称等。

表2-46　课程资源子库下课程名称代码

代码	课程
01	C语言程序设计
02	移动互联网应用软件开发
03	Web框架整合开发

(3)三级代码。三级代码ef是最下层建设任务,一般只出现在课程资源建设项目中,代表某一项具体建设任务,如课程标准、教学方案、学习指南等。

2.资源的目录逻辑存储结构

资源目录保存按文件夹进行组织,规则如下:

(1)一级目录为子项目名称,可按[任务代码+任务名称]的方式构建。如数据备份与恢复课程资源建设,一级目录命名:02-01-数据备份与恢复课程资源建设。

(2)二级目录为任务书中所定义的子任务,按编号顺序排序。如:01课程资源规划,02子项目任务书,依此类推。

(3)三级、四级、五级目录可按"模块[章]""单元[节]""知识点"进行编排,每个目录从"01"开始按序编号,依此类推。

(4)如还需构建目录,按以上规则创建,依此类推。

目录构建示例:数据系统部署与运维课程资源,配置目录结构如下:

```
├──"02-01-数据备份与恢复课程资源"
│    ├──01_课程资源规划
│    ├──02_子项目任务书
│    ├──03_课程资源开发
│    │    ├──01_×××(模块[章])
│    │    │    ├──01_×××(单元[节])
│    │    │    │    ├──01_×××(知识点)
│    │    │    │    ├──02_×××(知识点)
│    │    │    │    ├──03_×××(知识点)
│    │    │    ├──02_×××(单元[节])
│    │    │    │    ├──01_×××(知识点)
│    │    │    │    ├──02_×××(知识点)
│    │    │    │    ├──03_×××(知识点)
│    │    │    │    ├──04_×××(知识点)
│    │    │    ├──03_×××(单元[节])
│    │    │    ├──04_×××(单元[节])
│    │    ├──02_×××(模块[章])
│    │    │    ├──01_×××(单元[节])
│    │    │    ├──02_×××(单元[节])
│    │    ├──03_×××(模块[章])
│    │    ├──……
│    ├──04_课程应用资源开发
│    ├──05_课程资源推广
│    ├──06_子项目验收
```

第五节　重庆职业院校智慧校园平台建设标准(试行)

　　为更好地推动信息技术与职业院校教育教学实践的深度融合,实现教育教学、教育管理和服务的信息化,根据学校人才培养模式和办学特色,建设符合职业院校应用的智慧校园平台,课题组依据教育部发布的《职业院校数字校园建设规范》、教育行业标准《教育管理信息 中职学校管理信息》和《教育管理信息 高等学校管理信息》、国家标准《智慧校园总体框架》,以及《重庆市智慧校园建设基本指南(试行)》《安徽省中等职业学校数字校园建设规范(试行)》,综合重庆市职业院校数字校园平台或智慧校园平台建设阶段及应用成果,开发了《重庆职业院校智慧校园平台建设标准(试行)》,供重庆市职业院校在搭建或扩建智慧校园平台软件时依循和参考。

一、指导思想

　　坚持以习近平新时代中国特色社会主义思想为引领,深入贯彻落实党的十九大精神,全面落实党中央国务院和市委市政府关于加快发展现代职业教育的有关部署和要求,坚持以服务发展为宗旨、以促进就业为导向、以提升质量为核心,坚持政府引导、行业参与、社会支持,坚持依法治校、夯实基础、规范管理,坚持产教融合、校企合作,坚持推进职业院校规范化、信息化、现代化,引导学校从实际出发,破瓶颈、化难题,提升资源集约效益,全面加强内涵建设,办出职教特色,提高办学质量,办好让人民满意的职业教育。

　　为深入贯彻国家和市教育信息化建设文件精神,认真落实职业教育信息化建设实施方案全面部署,科学推进职业院校智慧校园建设工作,特制定本规范。

二、建设原则

　　突出信息技术与教育的全面深度融合。智慧校园建设要推动信息技术与教育教学实践的深度融合,实现教育教学、教育管理和服务的信息化以及人才培养模式的创新。

　　坚持以教育信息化应用创新为核心。智慧校园建设应贯彻应用驱动的基本原则,从信息化教学与管理应用需求出发科学规划。应根据自身的条件和发展目标,突出学校在教学与管理信息化方面的应用创新,打造技术先进、设计规范、特色鲜明、适合职业教育教学需要和改革发展要求的智慧校园。

　　强调教育云服务模式的应用与推进。智慧校园建设应统筹规划,整体设计,协调运作,有序发展。同时,要充分依托国家、市等部署的教育云公共服务,提升学校信息化应用与实践能力。

三、总体目标

智慧校园是以信息技术为基础,通过对校园的基础设施、教学资源和教育活动进行数字化改造而构建的信息化环境。智慧校园具有资源丰富、多种应用系统集成、相关业务高度整合等特征,其宗旨是通过信息技术与教育教学实践的深度融合,优化教学、教研、管理和服务等过程,优化学生的学习方式,构建学习共同体,提高教育教学质量和管理水平,促进师生全面发展。

实现校园环境数字化改造。利用计算机技术、网络技术、多媒体技术等信息化手段和工具,实现从基础设施(网络、学习终端、教室、实训室等)、资源(微课、在线课堂、教材、教案、课件、图书资料等)到活动(学习、教学、评价、考试、教学研究、管理、生活服务等)的数字化。

实现信息系统互联互通。拓展现实校园的时空维度,实现各种应用系统互联互通;建设网络应用环境,实现校园宽带网络全接入、全覆盖;促进优质数字教学资源的建设、应用和共享,每个班级都可以享受到优质数字资源;打造网络学习空间,实现家庭与学校、教师与教师、教师与学生、学生与学生的网络连通。

实现学习方式和教育教学模式创新。促进信息技术与教育教学主流业务的融合,实现学习方式和教育模式的变革和创新;支持学校服务与管理流程优化与再造,提升决策水平与管理效率;优化师生交流方式,培养师生信息化生存能力,实现师生全面和谐发展。

四、职业院校智慧校园建设的内容和要求

学校以促进信息技术与教育教学深度融合,大力提高决策、管理、教学和服务的应用水平为重点,提升学校信息化基础能力,推进智慧校园建设。提升师生和管理者信息素养,建立激励机制,推进信息化教学实现普遍化和常态化。主要建设内容如下:

(一)智慧校园平台建设规划

软件应用系统的建设主要有两种模式,分别是云服务模式和自建模式。云服务模式,即基础设施和应用平台的规划、设计、开发部署和维护由上级部门负责,学校只负责应用;自建模式,即由学校负责规划、设计、建设、维护及应用,部署在学校数据中心,通过信息交换的方式与外部联通。具有通用流程、高度共享需求的系统,如资源平台、管理平台等,建议采用云服务模式;具有学校办学特色的软件、高占用带宽的平台,建议采用自建模式。应用系统设计与建设要遵循国家和行业相关标准,应用系统之间要有效集成并预留接口,以便后期扩展和实现区域数据共享。学校可根据本规范对应用服务的规定,决定采用云服务模式或自建模式。

智慧校园平台应满足学校招生就业、教务教学、师资培训、行政后勤、信息化办公、教育教学质量管理等各方面应用需求;应采用高可用性架构及部署方式,提供软件平台运行状况可视化监控、操作日志收集、数据备份与恢复、木马病毒防范等一系列安全保障措施,有效保障学校智慧校园平台的安全运行,为学校决策提供数据支持。软件平台提供开放接口,以便和学校现有平台或第三方系统整合集成。具体平台建设规划如下:

1.基础数据平台

智慧校园基础数据平台可为各个系统提供基础数据创建、维护及访问支持服务,为第三方系统接入提供数据接口服务。提供统一身份认证与单点登录入口,实现一次登录认证即可访问各子系统及已整合集成的第三方系统,保障平台可扩展、开放及安全。平台提供个人门户,即用户登录进入系统后的首页,可集中展示与用户自身相关的通知消息、待办任务、一卡通消费情况等数据,以及系统和学校的重要消息,用户可灵活定义个人经常访问的快捷菜单及首页外观等,以方便全校师生使用。

(1)统一认证与单点登录。提供统一身份认证与单点登录入口,实现一次登录认证即可访问各子系统及已整合集成的第三方系统,保障平台可扩展、开放及安全。可选择使用身份证号、手机号、学号之一作为登录账号或单独设置账号登录系统;支持忘记密码时通过手机或邮箱找回;支持验证码等强化安全措施。

(2)平台全局配置。包含但不限于:磁盘容量限制;消息发送设置(包含授权操作人、消息内容模版、消息发送方式、自动或人工激活消息发送的条件等);各业务平台基础配置;学校标识(logo)等基本信息配置;第三方系统接入配置等。

(3)用户账户与权限管理。提供系统默认用户角色及默认权限;可对角色及其权限进行更改;可限定某角色可访问的菜单及菜单页面的增删改查操作权限;可按行政机构和教学机构两种方式对机构和用户进行管理;可直观地查看和修改用户及角色的权限;可对各业务系统统一授权,也支持分级授权。

(4)个人信息门户。用户登录进入系统后的首页,集中展示与用户自身相关的通知消息、待办任务、一卡通消费情况等数据,以及系统和学校的重要消息;用户可自定义个人经常访问的快捷菜单及首页外观;以超链接方式提供系统工具下载和平台使用帮助获取等功能。

(5)基础数据管理。为各个系统提供基础数据创建、维护及访问支持服务,为第三方系统接入提供数据接口服务。数据种类包括(但不限于)部门结构、专业、楼栋、寝室、床位、教室、办公室等;对系统进行运维管理和使用情况实时统计和监控。

2.招生就业平台

实现招生计划制订、学生报名方式多样化、招生迎新工作流程化、校企合作信息维护、生产实习过程管理、毕业离校管理、就业信息统计分析等招生就业相关工作的规范化管理,让学校管理者轻松做到以就业促进招生和教学质量提升,有效提高招生就业工作质量和效率。

(1)学生就业管理。对学生就业信息进行登记、跟踪;可统计班级学生就业情况;可按多种方式(就业人数、企业性质、就业区域等)统计各专业的学生就业情况并生成图形化报表;提供就业率趋势分析。

(2)校企合作管理。用于查询统计与学校合作的企业信息、在企业实习的学生信息、委托培养信息等,实现对合作企业和实习学生的规范管理。

(3)招生迎新管理。支持招生计划制订;提供来校报名、招生点报名、统招报名、学校官网和微官网报名等多种线上线下报名方式;支持集成了身份证阅读功能的高拍仪快速录入学生身份信息;支持新生报到信息与宿舍、缴费、学生分班、班主任工作等系统之间实现同步共享;支持招生迎新工作流程化管理,支持迎新报到接待工作协同任务分配、任务完成情况在线查看、工作问题讨论与反馈等,提高招生迎新工作质量和效率。

(4)毕业离校管理。系统可灵活设置学生毕业条件,可自动判定学生毕业条件并经过逐级审核完成后给出审查判定结果;支持登记学生毕业证书发放信息;学生可在线查询自己达标情况和相应的审核信息。

(5)生产实习管理。提供学生实习安排,实习期间学生用手机App或电脑登录平台填写实习日报/周报/月报以及实习岗位等情况;提供实习成绩管理、实习任务完成统计、学生手机定位等功能,实现对学生实习过程的全程监控。

3.教务管理平台

教务管理是学校教学工作的重点,同时也是工作量最大的环节,平台可帮助学校实现专业人才培养方案管理、高效的排课调课管理、教学常规管理、评教管理、成绩与技能鉴定管理、学籍管理、教材管理。利用手机实现听课评课、考勤等,各种统计报表能满足教务管理部门、各专业系部等部门的管理和业务需要,从而提高学校的教务教学管理水平与效率。

(1)教材管理。管理教材、书商的基本信息;对教材采购订单进行审核与管理维护;对教材提供入库、发放、退还、移库、出库等操作;支持教材申报、费用代收、出入库记录查询、领取情况查询与统计。

(2)专业人才培养方案管理。可将培养方案附件上传到平台中并设置是否对学生可见;设置毕业要求学分和证书信息;设置各学期必修课、选修课、实践教学环节的计划安排;系统可根据专业人才培养方案自动判定学生毕业时的学业达标情况。

(3)排课与调课管理。系统可按照任课教师、上课教室、课程、班级来单个或批量设置每学期排课要求,通过手动与自动相结合的形式完成排课;提供客户端排课软件从平台获取数据到本地进行排课操作,排课完毕自动将结果提交到教务管理平台,提升排课操作体验和效率;支持调课申请及审批,调课结果可在课表中同步体现。

（4）技能鉴定管理。管理维护学生的技能鉴定证书信息和技能鉴定成绩；系统自动统计技能鉴定情况；班主任可查询了解班级学生技能鉴定通过率。

（5）教学常规管理。支持学期授课计划管理；提供全校统一的巡课、听课管理，支持在PC和手机App上登记录入巡课结果、听课结果；支持教案管理与统计。

（6）评教管理。支持教务处统一设置评价指标；学生可通过手机App和PC进行在线评教；系统自动计算评价结果；可对评教结果进行各种统计分析，推动教学质量提升。

（7）课表管理。完成排课后可在线预览课表，可按年级、招生类型、专业以及选择周次发布课表；支持多个维度发布查看全校课表、早晚自习课表，并支持导出和打印；各类用户角色可通过手机App和PC查看自己权限内的课表。

（8）成绩管理。支持课程成绩和学分管理；可灵活设置课程成绩构成并自动核算学生总成绩；自动统计补考名单；提供多种成绩统计方式和分析手段，帮助教务管理部门和任课教师提高工作效率。

（9）学籍管理。对学生基本信息进行维护，可使用高拍仪采集户口本、身份证、毕业证的电子附件；可在线采集或在本地批量导入学生照片；可将学生基本信息和照片导出到本地；可自定义学号生成规则；提供学生学籍异动信息的管理。

（10）学期教学任务安排。设置学年、学期教学周历；根据各专业人才培养方案统计学期开课任务清单，为每门必修课和选修课分配任课教师、指定教学场地类型；必修课和推荐选修课自动生成教学班；提供便捷查询统计功能，提高学期教学任务安排工作效率。

（11）选课管理。设置学期选课日期、选课条件和选课范围；学生可以在PC和手机App上进行选课，教师对学生网上选课结果进行审核、调整、统计；管理员可单个或批量代学生选课。

4.课程教学平台

课程教学平台应与传统课堂教学互补，全面支撑学校混合式学习教学模式的应用。平台应支撑课程教学、在线考试、课件资源管理、试题管理、在线备课等核心应用。支持教师提交学期授课计划、作业和活动任务管理、支持学生通过手机App或PC浏览器在线学习并自动记录学习情况、通过手机或PC实施课堂考勤等；能高效支撑教师将多种格式的文档、课程网站、课件、试题等资源批量上传到平台；支持试题在线编辑、试卷组装、在线答题、在线阅卷、在线考试监控、考试成绩与考试情况数据的查询统计等；支持多种格式文件在线浏览，帮助教师获取资源库中的各种资源且编辑整合后形成形式多样化的多媒体教学内容供学生课后学习或教师在课堂教学展示；支持任课教师在电脑屏幕上自由书写电子板书，配套的软件同步录制课堂教学过程，上传资源库平台，通过授权可实现校内或校外资源共享，帮助学校积极探索现代远程职业教育，发挥项目学校示范带动作用，推动优质信息资源跨区域远程共享。

(1)课程教学系统。系统支持教师提交学期授课计划；支持作业和活动任务管理；支持学生通过手机App或PC浏览器在线学习并自动记录学习情况；支持通过手机App或PC实施课堂考勤。

(2)在线考试系统。系统支持学生在线答题、教师在线阅卷；支持客观题自动阅卷、主观题辅助教师阅卷，以提高阅卷效率和质量；有在线考试监控和防作弊技术措施；提供多种方式查询统计考试成绩及考试情况数据。

(3)课件资源管理系统。使用客户端资源采集工具将多种格式的文档、课程网站、课件等资源批量上传到平台，有效提高学校资源采集效率；支持多种格式文件在线浏览，平台自动记录用户的资源使用情况。

(4)试题库管理系统。可在平台中在线编辑录入试题，提供客户端试题采集工具将Word/txt格式的试题批量导入并上传到平台进行管理，有效提高试题录入效率；平台提供自动组卷和手动组卷功能供教师自行选择，任课教师可将试卷导出为Word文档或直接用于在线考试。

(5)在线备课系统。教师可获取资源库中的各种资源，在教学平台上进行编辑整合，形成可供学生课后学习或教师在课堂教学展示的多媒体教学内容；教务管理部门可在线检查任课教师提交教案情况。

5.学生管理平台

学生的行为与安全管理是学校学生管理中的重点与难点，学校可通过平台完成对学生个人操行及班级操行量化考核，班主任可集中查看或维护学生德育、请假、期末通知书、奖惩、宿舍、成绩等信息，实现对学生的行为和安全的规范化管理；学校可按多种方式设置收费和减免标准并提供第三方支付方式在线缴费，可使用专用客户端软件管理收费信息及第三方对账信息，有效提高学生缴费管理效率。

(1)学生德育管理。对学生个人操行及班级操行进行量化考核。可灵活设置考核项及默认操行分；可在PC和手机App上录入操行分，并设置考核等级；可统计操行分情况，并生成报表，减少用户查询统计时间。

(2)期末通知书管理。可灵活设置期末通知书内容模板，包含学生成绩、学校通知、班级通知等；可一键批量打印、导出全校各个班级学生的期末通知书。

(3)班主任工作系统。班主任可集中查看或维护学生德育、请假、期末通知书、奖惩、宿舍、成绩等信息；编制班主任工作计划，填写班主任工作日志，可批量打印装订成册；学生管理部门可对班主任工作情况进行实时跟踪和考核。

(4)学生请假管理。学生可在手机App或PC上填写请假申请；审核后自动发消息通知学生；在离校放行及返校登记后自动发消息给班主任或学生家长；在离校期间对学生进行手机定位，实时掌握学生动态；可对学生请假情况进行实时统计。

（5）学生奖惩管理。可维护奖励信息和发送奖励祝贺，实时统计奖励信息；灵活设置处分类型，对学生处分信息进行查询与管理；可对奖学金/助学金信息进行管理；学生减免政策维护管理；学生个人减免情况查看统计。

（6）学生宿舍管理。支持直接手动安排床位；可预分寝室，支持学生床位调整和退寝处理；床位可按行政班、楼栋、寝室批量置空；可对学生入住、寝室预分、寝室入住、楼栋入住情况进行查询，提高宿舍的管理水平及工作效率。

（7）学生缴费管理。可按多种方式设置收费标准和减免标准；可在PC及手机端使用第三方支付方式在线缴费；可使用专用客户端软件管理收费信息及第三方对账信息；帮助学校提高学生缴费管理效率。

6.人力资源平台

根据学校师资队伍建设的目标，学校将在国家现有政策框架下，建立一套符合学校实情、科学合理的绩效激励及绩效工资分配体系、教职工能力培训考核体系，稳步推进绩效工资改革，充分调动教职工的工作积极性和主观能动性，让优秀教职工的能力得以快速复制，持续提升学校竞争力。学校将建设与之相适应的信息化支撑平台，实现岗位绩效指标体系设计、薪酬体系设计、绩效考核实施、薪酬核算与发放；教职工可在线查询个人薪酬收入及绩效考核明细，减少人事、财务部门的工作量；帮助学校构建教职工岗位胜任力模型，基于岗位胜任力模型开展培训，逐步建设一批岗位能力学习资源，通过教职工在线培训平台实现在线学习，并结合各种线下学习方式，提升教职工岗位能力培训效率、节约培训成本。

（1）绩效管理。设计绩效考核指标体系，将绩效面谈的考核结果作为绩效工资核算依据；让绩效管理与考核更加透明，持续提升个人、部门和全校的工作绩效。

（2）薪酬管理。设计学校岗位薪酬体系，支持薪酬项目的自定义；自定义与绩效有关的各种规则；可单独设置某个教职工的薪酬政策；支持一键生成工资表，教职工可在线查询个人薪酬收入明细，减少人事、财务部门的工作量。

（3）人员测评系统。提供岗位价值评估工具，为科学制订薪酬或绩效工资分配方案提供依据；提供不少于5种常见的人才（心理）测评工具，为教职工的人才选拔、培养及合理使用，提供科学的测量、分析和决策工具。

（4）岗位胜任力与教职工评聘管理。分析和定义教职工岗位胜任力模型，管理教职工岗位能力，实现基于岗位胜任力的评聘。

（5）查询与报表统计。可灵活地设置查询条件，为学校不同职务、部门和岗位级别的用户提供权限范围内的查询统计，支持生成分析统计报表，供学校管理者和职能部门的管理人员使用。

（6）教职工岗位能力培训与考核系统。支持学校基于教职工岗位能力制作成符合

SCORM(共享内容对象参考模型)标准的课程,上传至平台中供教职工学习,并提供学习结果的考评与掌握程度的考试测验,管理者可清楚了解教职工岗位能力情况。

(7)教职工考勤管理。可根据学校实际考勤要求设置考勤规则;系统自动获取已整合的一卡通考勤数据,提供多维度数据统计和分析,帮助学校把握教职工的出勤规律,为更好地提升学校工作效率提供参考依据。

(8)人事信息管理。主要用于管理教职工个人信息,可批量导入;提供多种类型的信息汇总统计并支持批量导出后打印成册。

7.财务精细核算平台

学校将进一步提升内部财务精细化核算水平,通过平台实现部门、项目、个人等多维度收支核算管理、年度预算与执行管理,支撑各类费用申请、审批及执行费用登记,支撑对贵重资产、消耗用品等各类资产分别进行管理。基于软件平台各种核算分析与统计报表,为全校教职工提供管理职权范围内或与自己相关的费用查询与统计分析工具,结合动态的数据进行预算与执行分析、各类费用核准与执行分析、资产使用率及各种统计分析,及时发现管理中的问题、总结改进,提高学校的资产使用效率和财务精细化管理水平,为学校的管理决策提供数据支持。

(1)核算分析与统计报表。基于收支管理、预算管理和费用分摊数据,为全校教职工提供管理职权范围内或与自己相关的费用查询与统计分析工具,生成各种报表,为学校管理者提供决策支持。

(2)收支管理。可导入财务会计系统的费用收支流水凭证,也可直接录入费用收支项目。提供多维度查询、统计功能,可查看费用分摊办理情况。

(3)资产管理。可对学校的贵重资产、低值资产和消耗用品三类资产进行管理,包括资产入库、领用、借用、报废、盘点等;可按资产分类、存放位置、责任部门、责任人进行统计分析;支持使用资产条形码查询资产信息;可根据固定资产借用、消耗用品领用的部门或人员,以及资产价值、折旧年限和事先定义的分摊规则,由系统实时自动核算资产使用费,提高学校的资产使用效率和财务精细化管理水平,为学校科学决策提供依据。

(4)费用申请管理。支持教职工通过PC和手机提交费用申请,上级领导对申请进行核准审批;可查询教职工各类费用的申请明细。

(5)年度预算与执行管理。可按部门、项目和费用类别进行年度收入和支出的预算;可自动统计各项费用的使用分摊数据,并与预算金额对比,实时掌控各项预算的实际发生情况,提高学校的资金控制水平和财务管理能力。

(6)费用分摊管理。将学校的各种收入和支出按部门、项目、个人和费用类别进行分摊处理,支持会计人员手工分摊,支持预先设定规则对特定类型的费用由系统自动分摊,以提高学校财务管理水平和效率。

8.信息化办公平台

在传统协同办公基础上,建设一批新一代的信息化办公工具,支撑公文与表单流程处理、项目协同工作、即时通信、教职工工作计划执行及总结管理、个人时间管理、工作报告管理、学校知识库及档案管理、视频会议及校园文化展示等应用。各级管理者能够通过手机客户端、电视等学校运营管理看板,随时查看授权范围内的学校各项工作实时图表数据,及时发现问题和处理问题,提升过程管理的效率;通过学校大屏幕电视、LED大屏、触屏等展示系统,进行招生宣传、校园文化、学校新闻、食堂窗口菜谱、招生迎新指示、大型校园活动展示等;通过知识库管理,将学校各部门、岗位相关的规章制度、岗位工作手册、工作标准、技术规范、各类模板等电子文档,纳入学校知识库统一管理、授权使用、便捷查找,同时逐渐积累学校知识资产,防止学校无形资产流失。这些应用,帮助学校极大地提升全员工作效率和管理水平。

(1)学校运营管理看板。能够通过手机客户端、电视等随时查看授权范围内的学校各项工作实时图表数据,及时发现问题和处理问题,提升过程管理的效率。

(2)展示系统。授权的部门和人员上传需展示的PPT文件,设置展示时间、展示方式和授权客户端,支持大屏幕电视、LED大屏、触屏等展示客户端,用于招生宣传、校园文化、学校新闻、食堂窗口菜谱、招生迎新指示、大型校园活动展示等。

(3)知识库管理。将学校各部门、岗位相关的规章制度、岗位工作手册、工作标准、技术规范、各类模板等电子文档,纳入学校知识库统一管理、授权使用、便捷查找,同时逐渐积累学校知识资产,防止学校无形资产流失。

(4)每周、每月工作计划与总结。按周或月填写工作计划,事先能够根据事务的重要和紧急程度做好安排,结束时还能总结检查,不断优化自我管理。

(5)事务交办。交办者可指定一个主办人、多个协办人,也可添加关注人;避免传统OA(办公自动化)系统的流程设计冗长弊端;事务交办和办理情况反馈均可通过手机快速完成操作。

(6)系统公告通知。可人工或由系统自动发送重要通知,师生员工可通过PC、手机客户端查看与自己相关的系统公告通知。

(7)云盘。能够设置学生、教职工、特殊用户的云盘容量,随时查看容量使用情况;全校共享目录维护,设置分享及共享范围权限;能设置定时清理文件,防止磁盘空间占满。

(8)视频会议系统。授权的教职工可以在即时通信的群组(如项目小组、部门成员、党员干部、班级师生等)中安排视频会议;系统自动发送消息通知群组成员按时参加会议;支持师生员工通过电脑、手机等多种方式参加会议;支持以大屏幕分会场方式直播会议。

（9）即时通信系统。用于学校内部人员即时通信、文件传输等，支持PC端、移动端同步，有效节省沟通双方的时间与经济成本；与智慧校园平台深度整合，同步用户常用快捷菜单及业务系统，有效提高日常工作效率。

（10）个人时间管理。能够进行有效的个人时间管理，帮助教职工明确每天要做的事情，排出事情的优先等级、紧急程度、重要程度等，让教职工每天都做重要且不紧急的事情，留出更多时间来思考提升教学质量的问题。

（11）项目协同工作。针对持续一段较长时间、涉及人员多的工作项目，提供项目成员管理、任务分解、进度跟踪、问题反馈、工作文档共享、项目成员交流等协同工作支持，提高工作效率。

（12）工作报告。为教职工利用该工具向上级或其他人提交工作报告，可指定关注人、上传报告附件；支持通过PC或手机App快速提交、查看批示工作报告，提高工作效率。

（13）公文与表单流程处理。将学校公文发布与流转、请假、费用、采购申请及审批等工作通过协同工作系统实现；可根据学校情况订制表单模板和流程规则；支持手机端实现大多数简易表单的申请提交和审批，从而提高日常办公和决策审批的效率。

（14）部门档案管理。学校及各部门重要的纸质文档、光盘等备份存储介质的信息索引管理。如重要文件、与其他机构签订的合同、重要设备使用手册、重要事件处理报告等，需要存入档案盒、指定责任部门和责任人、编制索引信息，纳入部门档案管理系统，方便快速检索查询，防止学校无形资产流失。

（二)教育教学质量管理

1.建立现代职业学校制度，制订学校章程，健全内部管理制度

建立和完善依法治校、自主办学、民主管理、社会参与的现代职业学校制度。依法制定学校章程，健全内部管理制度，提高规划、执行、质量监测和服务能力。

基于学校现状和问题分析形成"目标链、标准链"，制订学校五年规划，根据五年规划制订学校年度目标任务，根据年度目标任务向学校管理层下达年度目标任务，根据年度目标任务分解，落实部门负责人责任制，提升全校教职工执行力。

基于学校年度目标，从学校、专业课程、教师、学生等层面，健全、优化学校各项规章制度、各部门工作流程及标准，包括规范的招生和考试制度、严格的学籍和教育教学管理制度、健全的财务管理和资产管理制度、科学的教师考核评价制度等，并在制度中明确目标实现过程中的领导机制、组织实施、配套资源及支持、监督检查机制等。

2.建立学校质量保证体系

学校将根据国家相关政策要求，利用信息化管理手段，全面开展教学诊改工作，建立全员、全方位、全过程的学校质量保证体系，切实发挥学校的教育质量保证主体作用，改善管理工作的薄弱环节。

建设学校教学质量管理平台,以"教学诊改的指导思想、方法、要求"为核心依据,以学校人才培养质量体系为基础,以全面支撑学校质量提升为目标。平台支持从智慧校园各应用平台进行过程数据采集、预警、分析、决策的内部质量管理过程,提高学校决策、管理、教学和服务的水平。能够帮助学校实现:学校管理层在线协同完成制度设计、制度设计分工与进度管理、制度导出等,并能对制度优化设计的过程做好记录;进行"十三五"规划、专项目标及学校年度目标计划与执行管理,学校管理层可通过上传、阅读、下载学校各种目标规划及对应的过程材料,结合平台的各种数据帮助学校管理层分析后实时掌握学校现状与目标的差距并进行相应调整,最终实现学校的规划目标;按国家及市的要求进行诊改数据的采集并自动生成和导出年度质量报告;制度运行中可根据学校规章制度、流程标准、质量控制的重点和要求设置监测方式与自动预警要求,通过手机或电视看板进行实时预警与监控,保障制度执行。

3.强化管理干部与师资队伍能力提升学习

通过邀请外部专家来校培训、送出去培训等方式,对管理干部及相关人员开展诊改政策文件、质量管理理论、制度体系设计、教育教学业务、信息技术支撑等相关专题学习,培训学校干部管理水平和业务能力。

(三)数字化教学资源库建设规划

利用现代信息技术与网络技术,采用分层资源建设理念,建设专业配套的数字化教学资源库,如课程标准、富媒体教材、教案、课件、网络课程、动画、视频、实训仿真系统、试题库等。按照真实环境和真学真做的要求开展教学活动,推行项目教学、情景教学、案例教学、工作过程导向教学等教学模式。强化行业企业的指导和评价作用,吸收行业企业专家进入专业建设指导机构,参与专业数字化资源库建设、教师队伍建设和质量评价等。

(四)智慧学习教室建设规划

建设教师信息化教学和课程开发的多媒体教室,探索智慧教学创新模式。教室配备可支持远程电子板书、在线课程实录、白板高拍资料、实践操作讲解、无线麦克风等的多媒体教学设备,任课教师可在电脑屏幕上自由书写电子板书,让教师走下讲台、走进学生开展互动式授课,摆脱讲台与黑板的束缚。课堂教学中可同步录制课堂教学过程,课程成果通过学校智慧校园平台教学资源库统一管理,教师可从平台快速获取资源,进行在线备课与授课,学生可通过多终端设备在线预习复习,实现O2O混合式教学。有效提高教师的信息化教学水平及课堂教学质量与效率。通过资源库平台授权可实现校内或校外资源共享,帮助学校积极探索现代远程职业教育,发挥项目学校示范带动作用,推动优质信息资源跨区域远程共享。

(五)日常运营与升级服务要求

1.实时在线咨询服务

能够从软件平台内部一键进入在线咨询界面,具有人工在线实时咨询,同时提供在线帮助文档、即时通信工具、电话或邮件帮助服务。

2.数据报表与流程表单订制服务

系统使用过程中,随着学校业务的动态变化可能产生个性化的报表和流程表单订制需求。

3.软件平台版本升级服务

专业运维团队提供后续产品升级服务,并且支持由学校管理员自行操作软件菜单一键升级或补丁修复;升级完毕即刻可用,升级失败自动回滚到升级前版本。在后续产品使用过程中,根据学校业务需求不断优化订制更新。

五、保障机制建设

智慧校园建设离不开机制保障。本规范从组织架构、信息化领导力建设、资金投入、人员培训、制度建设等方面对保障机制进行规定。

(一)组织架构

(1)成立以校长为组长的智慧校园建设领导小组和工作小组,加强对智慧校园建设工作的领导。

(2)设立信息化主管,建立专业化技术支撑队伍,承担对学校信息化软、硬件系统维护和信息化培训等任务。

(3)建设一支专兼结合、结构合理、素质优良的智慧校园建设与应用的教师队伍。

(4)鼓励企业专家、行业指导委员会等专业组织和机构参与智慧校园建设的规划、设计和指导工作,保障智慧校园建设有序进行。

(二)信息化领导力建设

(1)学校领导应具备很强的信息化意识,把教育信息化发展当作日常工作的一部分。

(2)学校领导应具备良好的信息化决策与规划能力,能结合学校特点与条件,根据学校总体发展规划,提出学校信息化发展的总体思路与主要内容。

(3)学校领导应具备良好的信息化组织与管理能力,为教师和学生创设有利于信息化应用和发展的条件和氛围,制定有效推进智慧校园建设的保障制度。

(4)学校领导应具备良好的学校信息化评价能力,能使用多种方法对学校教育信息化建设和发展的各个方面进行评价。

(三)资金投入

(1)教育信息化基础设施和重点项目建设资金列入各级财政教育经费预算,建立从公用经费中列支运营维护经费保障机制。

(2)硬件、软件(含资源)和运维(含培训)的经费投入比例合理,不能过于关注硬件投入,要加大应用和培训方面的经费投入。

(3)经费预算中应包括每年必要的运维经费。

(四)人员培训

(1)学校应重视教师信息化应用能力提升工作,积极组织教师参与数字化教学资源开发、建设等工作,全面推进信息化教育教学改革。

(2)积极开展网络课堂、多媒体教学、信息化教学设计等竞赛活动,促进教学水平的提高。

(3)积极开展智慧校园建设与应用培训,提高教职员工的教育技术与信息化素养。

(4)依托专业领域、行业企业对信息化专业技术人员进行专业技术培训和岗位实践培训。

(五)制度建设

(1)建立完备的智慧校园管理规章,包括校园网络管理、学校网络信息及安全管理、电子教室、功能实训室、多媒体教室管理等,确保智慧校园建设与管理在良好的制度下运行。

(2)制定鼓励教师进行信息化教学设计与应用的激励政策,落实信息化教学的常规化和常态化。

(3)建立学校数字资源共建共享的机制和制度,鼓励教师、学生、管理人员携手共建优质的、个性化的校本资源库。

第六节　重庆职业教育网络服务标准(试行)

本标准依据教育部印发的《职业院校数字校园建设规范》(教职成函〔2015〕1号)、《中小学数字校园建设规范(试行)》(教技〔2018〕5号)、《教育信息化2.0行动计划》(教技〔2018〕6号)等文件,按照信息化应用主要包括了四类,分别为教育教学、教育管理、教育评价和生活服务等的内容要求编写,规范了职业教育网络服务功能的具体内容及其要求。

一、目的

由教育部印发的《教育信息化2.0行动计划》于2018年4月正式提出,是推进"互联网+教育"的具体实施计划。为深入贯彻国家教育信息化文件精神,认真落实职业教育网络服务功能的应用部署,科学推进职业学校教育信息化建设工作,特制定本标准。

二、适用范围

本标准适用于重庆市职业院校网络服务功能建设,职业院校可根据本学校的具体情况,参照本标准提供相关的网络服务,并充分考虑网络服务功能对教育教学、学校管理、学习以及社会服务所产生的变化,逐步实现资源平台、管理平台的互通,构建一体化的"互联网+教育"平台,进一步推动教学模式改革,最终提高学习效果。

三、职业教育网络服务功能标准

网络服务功能主要包括实现资源共享,实现数据信息的快速传递,提高可靠性的分布式处理能力,集中管理以及综合信息服务。

(一)网络服务的支撑环境

为了满足网络服务功能的需要,建立统一的网络支撑环境技术标准,促进网络建设的规范化和标准化;总的原则是:核心十万兆,主干达到万兆,千兆到桌面,建立无线网络全覆盖;以此提高网络服务功能的稳定性及运行效率。

(1)传输网络。楼宇和中心机房用光纤连接;桌面连接使用六类双绞线,达到千兆;无线网络全覆盖,并支持802.11、802.11ac、802.16等协议,互联网出口带宽大于100 Mbps,接入城域网学校,可共享城域网出口带宽。

(2)网络通信设施设备。核心交换采用十万兆;汇聚路由交换机达到万兆,学校根据网络规模选择交换机数量;桌面交换机达到千兆,无线网络设备支持802.11、802.11ac、802.16等协议。

(3)网络安全设备。设备千兆防火墙,同时具备防病毒以及入侵防御功能;千兆行为管理设备和审计设备。

（4）设备的安全。符合国家相关标准和要求，具备消防、安防、防雷、防盗、电源管理、温湿度监控等功能。

（二）网络服务于社会

通过网络公众服务平台的形式，让家长掌握学生在校学习和生活情况，让社会人员进行相关学习，同时了解学校。

（1）学校开通公众服务平台。学校应面向社会开通以下平台一个及以上，网站、微信公众号、微信小程序、QQ公众号、官方微博和App等，并在这些平台上发布国家重大职教政策、本校的相关信息、相关专业学习内容，以达到学习和宣传学校的目的。

（2）学校开通社会培训、学历提升相关内容。职业学校应以"面向社会，服务社会"为宗旨，竭诚为社会和企业提供最优质的服务，通过"网络+短期培训"作为就业技能指导培训形式，"网络+电大学习""网络+成人高考"作为学历提升的学习形式，通过网络开放相关培训学习资源，达到网络学习教育的目的。

（3）校企合作的相关网络资源。职业院校应根据学校的实际情况，大力开展校企合作，利用网络平台，发布校企合作建设资源，增强学校和企业之间的联系，从而加强学校的师资队伍建设，提高学生实际操作能力，从而提高人才培养质量。

（三）网络服务于学校管理

学校管理，同样面临着信息化、网络化、个性化的机遇和挑战。通过网络，学校各职能部门能进行有效沟通、紧密合作、共享数据和资源，使学校工作正常运转，提高现有工作管理流程的效率，因此网络功能对学校整体工作是不可缺少的重要组成部分。

（1）学校OA管理工作。OA系统面向学校的日常运作和管理，是员工及管理者使用频率最高的应用系统，通过网络OA平台，实现学校日常办公，包含以下内容：办公流程、工作流程、收文管理、发文管理、协办管理、工作报告、计划/总结、调查、绩效考核、意见信箱、会议室管理、车辆管理、活动管理等。

（2）学校教务管理工作。学校教学事务是促进学校教学工作不可缺少的部分，要从全局出发制订教学工作总计划，加强教学的行政管理，稳定教学秩序，其具体内容包括招生管理，编班管理，排课和调课管理，教师备课情况和工作量管理，教学过程档案管理，教学常规管理等内容。

（3）学校科研管理工作。从学校发展全局出发，抓好学校的科研工作，强化学校科研工作，学校稳步快速发展是学校科研工作的宗旨。通过网络平台，做好以下科研工作：组织好本校教育科研课题的立项、实施、阶段审议、结题验收及评奖；组织本校教育理论的学习、培训工作，提高教师的教育科学研究水平；与教务处协调，指导和管理课程改革的实施；提高科研管理方面的网络功能。

（4）学校财务管理工作。通过网络服务平台，进行资金收支与记录，采购物品结算工作，报销票据等工作，工资核算发放（包括工资明细查询方法，如App或微信方式）。

（5）学校图书管理工作。学校图书管理需要相关的管理系统，该系统包含如下几个模块：身份验证、借阅图书、归还图书、打印催还单、信息查询、系统维护、图书库存以及退出。

（6）学校档案管理工作。利用网络，一方面实现学校的档案管理、人事管理，有利于学校干部任免制度、教职工考核制度的形成；另一方面实现学生的学籍档案归档。

（7）学校资产后勤管理工作。学校的后勤管理涉及多个方面，包括基本建设的管理、总务的管理、膳食的管理、卫生保健的管理、物资的管理等，其中学校物资是办学的必要条件，物资的管理在学校后勤管理中处于十分重要的地位。物资的管理包括购买、贮存、使用、维修等，这些管理网络化后，能够更好地有序进行。

（四）网络服务于教学

在网络教学中，教师可以借助网络服务平台，在教学中融入更多的信息，且不局限于课堂时间教学；学生则可以看、听、说多种感官相结合，且课堂上未弄懂的知识点，在课后可以深入学习，提高学习效率。

（1）网络服务教学备课。教师在备课时，利用网络查阅多种教案、课件等资源，因不同的资源有各自的特色，即便是同一种资源，不同的提供者，也有差异性，教师进行比较借鉴，取众家之长，优化组合，从而在写教案、制作教学课件时达到事半功倍的效果。

（2）网络服务授课环节。网络教育资源辅助教学最大的特点是有助于形象生动地展示教学内容，特别是案例、视频资源、虚拟仿真的展示，更能突出教学重点，分散难点。一些抽象性的知识点，老师难于表达，可以借助网络服务平台来展示，便可以轻松解决问题。

（3）网络服务教学评价。教师上课根据不同的教学内容、教学目标、侧重点、班级制作相应的教学评价，让学生或听课教师在网络服务平台进行回答，网络服务平台自动对各项内容进行归纳、统计、分析，并直接展现评价结果给上课教师，达到准确、快速的反馈效果。

（4）网络服务课后辅导作业。教师利用网络服务平台有助于以学生为中心，引导、开发学生学习能力。课堂未掌握的知识，学生在课后可以随时随地地查阅，引导学生主动地进行学习。教师布置课后作业，学生通过网络服务平台提交，教师可以立即知道学生作业完成情况，并进行网上批改，从而展开"双向"互动教学。

（5）网络服务于教学成绩管理。学生的学科成绩通过网络进行发布，让学生掌握某学科的平均分、最高分、最低分、排名等，有利于激发学生的学习能动性。

（五）网络服务于学习

网络学习具有交互性，学生可根据明确的学习任务、学习内容、学习目标、时间安排以及自身特点,随时随地进行学习,突破时间、空间的限制。

(1)搭建多样性的网络学习平台。要从网络上获取学习内容,搭建网络服务系统平台是必须的,包括软件平台和硬件平台。网站、资源平台、学习空间、微博、微信公众号等服务平台,大多数职业院校都建立了自己的网站、资源平台,并通过http和ftp提供服务,实现学习空间人人通。

(2)提供网络学习的资源。资源建设是网络学习必不可缺少的条件,网络服务资源有媒体素材、题库、案例、课件、网络课程、专题学习网站等,融合了各专业、学科的信息,以声音、文本、图形、图像和动画视频的形式,利用多媒体或虚拟现实技术,提供给学生。

(3)校际学习资源共享。职业院校之间本着"优势互补、共建共享、合作创新"的理念,开放本学校的资源或提供平台的接口,供其他学校教师和学生使用;同时职业院校建立统一的资源收集链接平台,该平台包括收集各学校的资源平台简介,进入访问方式等。

四、保障条件

网络服务功能的建设离不开保障机制建设,本标准从组织机构、制度建设、资金投入、人员培训等多方面进行了规定。

(一)组织机构

(1)学校应成立以校长为组长的网络服务功能领导小组。

(2)设立网络服务主管部门,建立专业化技术支撑队伍,承担对学校网络服务软、硬件系统建设和维护等任务。

(二)制度建设

(1)建设网络化学校管理制度,包括教务管理制度、科研管理制度、财务管理制度、档案管理制度、培训制度等。

(2)建设软件应用的管理制度。鼓励教师进行网络化教学设计与应用的激励机制。

(3)建设校际资源共建共享的制度。

(三)资金投入

(1)网络硬件环境资金投入,保障网络服务功能正常运行。

(2)平台和资源建设资金投入,保障网络服务功能具有相应内容服务。

(四)人员培训

(1)学校应积极开展网络从事人员的培训工作,保障学校网络建设的技术力量。

(2)学校应开展教师信息化应用能力提升工作,积极组织教师参与数字化教学资源开发、建设等工作,全面推进信息化教育教学改革。

第三章

重庆职业教育网络基础建设研究

第一节　重庆职业教育网络基础建设研究报告

一、研究的背景与意义

近两年,重庆市职业教育网络步入迅速发展的阶段。学校的信息点、接入交换机、核心交换机及网络带宽均发生了较大的变化,为重庆市职业教育信息化应用发展奠定了基础。在信息化基础设施发展的同时,要真正实现教育的现代化和信息化,就必须在此基础上着手进行校校通、班班通、人人通以及公共管理平台与教学平台的软件系统建设。要想基于应用的业务流、数据流运行更加流畅,必须加强网络基础建设和规划。

《国家中长期教育改革和发展规划纲要(2010—2020年)》中明确提出了未来10年要加快教育信息化进程,以信息化手段促进教学、科研和管理水平提升,促进教育公平,促进教育发展。基于此要求,我们通过对重庆市职业教育网络基础建设的实际走访调研发现,职业教育网络从建设到管理、从领导到教师,均存在若干问题,成为制约职业教育信息化发展的重要因素。对此,我们进行了深入细致的研究,将对重庆市职业教育信息化的发展规划和应用建设有着重要意义。

(一)网络通信技术日新月异

目前全世界正处于第四次产业革命爆发初期,其基本特征是以新技术革命带动消费升级、经济转型和社会进步。其中互联网技术被普遍认为是第四次产业革命的基本技术之一。网络通信技术日新月异,随着不同类型的需求快速增长,除引发互联网流量持续快速增长外,网络流量的非均匀分布特性、网络服务内容多样化,均使得灵活的链路调配能力和丰富的业务适配能力成为网络发展的关键,从而引发软件定义网络(SDN)、网络功能虚拟化(NFV)以及信息中心网络(ICN)等新兴技术快速发展。IT技术融合步入加速发展期,信息网络节点具备融合感知、计算、存储及处理功能,使得网络技术和设备向"IT化""云化"和"数据中心化"演进。平台通用化成为电信领域重要的发展方向,带来网络架构演进、设备形态变化和组网运营模式变革。目前4G用户的普及率已经超过50%,处于快速发展期,5G将于2020年商用。以Wi-Fi为代表的宽带无线接入技术也在向更大带宽、更高速率方向发展,并且衍生出诸多新的应用方向,包括物联网、车联网、低延时大带宽等。

(二)"互联网+教育"对网络基础设施的需求不断提升

当前我国的"三通两平台"的建设逐渐深入,移动互联网、云计算虚拟化、大数据、社交网络、物联网这五大新业务趋势正在对教育信息化产生革命性的影响,同时对教育网络提出更高的诉求。随着大规模网络公开课、便携设备办公、手持电脑、大数据学习分析等新型信息化应用在教育领域日趋成熟,所带来的互动教学模式对网络提出更高要求,只有更加敏捷、可靠、高效、智能的网络才能有效支撑起海量信息的快速流动,从而得以实现师生之间、学生之间跨时间和跨地域的沟通与互动。

因此,开展好职业教育网络基础建设的调研工作非常必要,要通过调研工作的开展,系统地调查与分析我国职业教育网络基础建设的经验与问题,能够帮助我们进一步理清思路,完善职业教育网络基础建设方案,推动职业教育网络信息化的发展。

二、研究方法和角度

按照调研工作的要求,为完成好调研任务,本次调研我们主要采用文献调研、问卷调研、会议调研、现场调研及访谈调研等方式。文献调研收集了包括中国知网和维普网的大部分期刊和硕博论文中有关职业教育网络信息化制度建设的文章以及近几年中国职业教育网络信息化发展报告。针对职业教育网络信息化制度建设的实际情况,专门编制发放了学校调研问卷;在部分职业院校召开了调研工作会。

针对课题研究的需要,通过调研工作的开展主要了解以下几方面的内容:一是了解职业教育网络建设与应用的基本情况;二是通过文献资料调查了解发达国家职业教育网络基础建设的经验;三是实地考察学习先进地区职业教育网络基础建设的经验;四是了解关于职业教育网络基础建设如何跟上网络通信技术的发展趋势。

三、研究结果

(一)重庆职业院校网络基础建设发展及现状

校园网从1994年的启动建立到现在的20多年间,无论是网络规模、用户规模、管理策略、服务内容、技术应用都经历了一个由简至繁的发展历程。

第一阶段的校园网属于管理型网络。时间大约从1994年到2000年。这期间校园网主要服务于校园的教学管理和办公自动化,校园网的网络规模仅限于办公室和多媒体机房,用户群体主要是学校领导和教职工,业务单一且对故障的容忍性较高。

第二阶段的校园网属于运营型网络。时间大约从2001年到2010年。这期间校园网的信息服务开始涉及学校各个层面的业务,网络规模在原有基础上扩展到教学楼、办公楼、学生宿舍、家属公寓等区域,用户群体扩展到全校师生。

第三阶段的校园网属于服务型网络。时间从2011年至今。随着第二阶段运营型校园网对信息部门带来的挑战越来越大,从运营型网络到服务型网络的转型变得越来越重要。学校希望通过丰富服务内容、提升服务质量来提升校园网信息服务的整体价值,因此无线校园网成为本阶段校园网建设的热点和浪潮。但是在无线校园网的建设推动下,校园网的网络规模、用户规模、业务复杂度、技术应用的复杂度都在极速扩大,依靠信息部门当前现有的资金、人力、技术储备很难实现预期的服务目标。

目前重庆市职业院校网络基础设施建设已全面完成。基础链路介质正从五类、超五类向六类及全光纤升级。部分学校升级改造更换了汇聚交换机、接入交换机、无线AP、上网行为管理等设备,部分基本形成万兆到汇聚、千兆到桌面高速校园网,全校部分实现无线网络免费覆盖。基础网络的强壮承载了更多更复杂的业务系统,包括视频监控、数字广播、校园一卡通、教务系统、学生招生就业系统、OA系统等。数据中心打通了各部门之间的数据通道,实现基础数据共享,提升了学校在教研、科研、管理和生活服务等方面的竞争力。

(二)重庆职业院校网络基础建设发展存在的问题

1.基础设施问题

(1)核心层及汇聚层建设滞后;(2)接入层建设没有扩展性;(3)网络基础建设安全性不够;(4)硬件建设缺少规划。

2.管理维护问题

(1)网络管理缺乏常规化。学校的网络管理工作是学校各类管理中最为薄弱的环节,学校日常管理工作中,几乎没有学校能够将网络管理做到常规化。

现象一:学校中心机房、设备间的卫生问题极为严重。设备自身是吸尘的,学校的设备间封闭极为不严,从而造成灰尘进入过多,设备自身变得灰尘满身,却没有进行日常的清洁工作,学校领导、分管领导也极少过问。

现象二:若干学校的网络线路由于查找故障或日常应用调整等问题,不能理解机柜理线和跳线的真实意义,不去整理和归束线路,造成机房线路极为混乱,室内杂物乱放,机房像杂货铺,人员几乎不能进入。

现象三:学校的终端用机软件安装随意,系统处理随意,什么都是使用人员自己说了算,学校领导和管理人员没有将工作提升到学校管理层面上去对待,缺乏管理,以至于网络各类问题滋生,当出现问题后,束手无策,问题多了、原因多了没办法排解。

(2)设备使用率低。学校从分管领导到教师,从管理人员到使用人员,缺乏应有的信息化素养,思想认识不足,没有转变观念,没有真正认清教育信息化发展和应用对教育管理和教育教学的重要意义,片面看待,同时缺乏应有的网络与信息安全意识。

现象一:学校的教师办公用机配而不用,总是找诸多借口,不愿、不想让教师使用,不分配给教师使用,配备只为达标和应对上级检查。

现象二:害怕教师上网会影响到教学办公,害怕教师上网看电视、电影、玩游戏,害怕教师上网聊天,害怕教师发贴等等不健康的认识观点,从而不敢给教师配备机器,配备了也不接入网络。

现象三：害怕配备计算机后，会发生偷盗等安全事件，或害怕机器用电量过大等，从而采取一些极端手段，加定时器控制计算机用电线路或加定时器控制交换机设备用电等，忽视对设备造成的伤害和经济损失。

现象四：在网站建设等方面，仅为应付要求和检查而去建设，而不是去建设安全有效可靠的网站，去为学校的教育教学管理带来变革和提高效益。

（3）学校整体的信息化技术水平低。学校从管理人员到一般教师整体信息化技术水平不足，不能有效开展高水平管理和应用指导、培训，在安全管理上也存在若干疏漏，致使整个校园网络存在严重隐患。

现象一：学校管理人员对于校内网络设备、网络设施、UPS、光纤线路、模块、网络线路等，缺少基本的认识和操作能力，有些甚至不认识相关设备，不敢动手，不敢维护，对网络架构和布局更是没有形成完整的概念，有些知识也仅仅是停留在理论上和纸面上，经不起实践的检验。

现象二：管理人员专业培训的学习内容，不能有效在实践当中加以利用和学习提升，随着时间的延长，全部失去了意义。从而不能有效对校园网络设备设施进行维护，甚至导致许多人为故障的发生。

现象三：学校接入网络的计算机，不当、不合理使用的软件过多，甚至是严重的木马插件，没有整体的安全防御意识，在维护过程中顾此失彼，造成网络恶意应用占比70%以上，网络运行受到严重威胁。

现象四：个人安全意识不强，过多机器不加系统防护密码，个人使用账号不做日常维护变更，甚至让系统自动记住表单内容，一旦重新做系统，自己的个人账户都不知道账户和密码，或采用极为简单的密码，潜在危险严重。

四、应对策略

（一）建设符合安全性和可扩展性的综合布线环境

现有网络设备、安全设备和机房已无法满足网络系统运行的需要。本着既整合资源、节约成本，又考虑网络系统和各信息系统的安全性、先进性、前瞻性和可扩展性的原则。机房设计上走线宜采用梯式桥架，桥架宽度要求在30 cm左右（分层，一层为电源桥架，一层为数据线缆桥架），铺设线路采用阻燃铜芯导线或阻燃铜芯电缆。桥架设计成为"井"字结构，方便机柜间穿线。采用比五类和超五类传输距离更长，传输损耗更小，耐磨、抗压强的六类非屏蔽双绞线建设到网络模块。另外机房电路采用双路强电引入，配置市电总配线柜和UPS输出控制配线柜。

(二)加强基础信息网络平台建设

核心层和汇聚层网络是整体网络的最重要的核心部分,核心层的网络建设决定了整体网络的性能和扩展性,主要功能是实现骨干网络之间的优化传输,设计任务的重点通常是冗余能力、可靠性和高速的传输。核心层是所有流量的最终承受者和汇聚者,所以对核心层的设计及网络设备的要求十分严格。设计拟采用虚拟化、双链路、主干全万兆的网络架构,核心设备及汇聚设备实现双机保障,使行政中心网络系统链路或网络设备故障不影响网络的正常运行,实现虚拟化、智能化、无阻塞高速交换,从而达到安全、稳定、可靠、高速的特性。除以太网基础特性加端口及链路聚合、隔离、镜像等特性外,支持交换虚拟化技术、支持标准 OSPF(V3)及多版本技术,支持 QoS(服务质量)技术,支持二、三层 MPLS VPN 技术,支持 IPv4/IPv6 双栈协议,支持 IPv4 向 IPv6 的过渡技术,支持多路由策略,支持多种组播技术,支持访问控制列表、应用安全、应用优化,提供不间断转发、不间断升级、环网保护等多种高可靠技术,支持拥塞检测、拥塞避免算法等数据中心软件特性。接入层网络建设的主要功能是连接终端用户,为用户提供传输保障。接入层网络的特性比较单一,一般要求具备多个终端连接传输链路,具备向上的千兆(万兆)复用连接链路,保障业务的可达性。

(三)建立网络安全保障体系

"没有网络安全就没有国家安全",学校应该购置防火墙、上网行为管理等相关安全设备,建立网络安全管理制度。满足公安、网信办等上级部门的安保要求。开展网络安全培训及相关知识的普及工作,让师生树立网络安全意识。建立数据备份系统。支持将数据备份到第三方公有云平台(例如阿里云),实现基于云的异地数据灾备,可以在Web 浏览器界面查看备份系统的 CPU 和内存的资源使用情况,方便管理员随时掌握设备使用情况。

(四)建立安全、易用的无线网络

随着移动互联网的发展,移动终端迅猛发展,无线终端和无线应用的快速普及,极大地推动了无线网络的发展。在这个移动互联时代,无线已经成为终端接入的主导力量,移动办公已成大势所趋。新建无线覆盖要求 AP 零配置接入,可实现用户身份认证,全校无线覆盖,实现无缝漫游,负载均衡,保障无线网络快速、可靠及稳定。灵活的部署方式及适用于不同场景的各类 AP,满足不同条件下的各种用户需求。

(五)避免重复建设,提高设备使用率

在建设计算机网络(包括有线和无线网络)、校园监控和 IP 广播等系统的时候,既要整体规划,共建共用部分设备及线路,又要考虑维护的难度,避免重复布线与设备投入,提高设备使用率。

五、建议和展望

信息化的发展道路是循序渐进的过程，近几年，由于各类政策的拉动，我们在诸多硬件的投入上走的步子比较快，但是各类管理素养、信息素养没有及时跟上，从校领导到教师在思想上还需要一个大的转变过程。然而，随着班班通、校校通工程的开展，我们更应该在教育管理过程、课堂教学过程、教学研究过程等领域寻找突破点，通过树立典型，城乡共研，多方面拉动，能够在教育网络信息化和应用方面有所突破，教育信息化必定会为重庆市的职业教育教学带来新的生机与活力。

(一)加大基础教育公共服务平台建设

结合现有的政策导向，要迅速开展以公文流转、电子印章为主体的全市无纸化办公流程建设、信息报送建设，建立全市教师人人通系统，配制统一桌面系统，初步搭建信息报送系统、管理应用系统等多种应用，以统一应用为突破口，让学校师生真正体验到信息高速公路带来的优越性和便捷性。

(二)建设自有资源库

以全国远程教育资源、网络开源资源为扩展，结合重庆市教育实际，逐步开展区域自有资源库建设，以自有资源为主体，实现区域内优质资源的共享和发展。建立本地教育资源的开发、收集、发布、审核、共享机制，切实能发挥出其内在价值。当前部分学校缺少的是工具，是平台，是手段，而不是资源。

(三)网络管理一体化

在校园网络建设统一规划实施且安全设施到位的基础上，全面开展统一管理。培训完成全市各级各类学校的地址绑定工作，完成按照应用类型进行的分组管理工作，完成以应用类型为基础的策略管理工作和日志记录工作，在管理上实现全市一体化，为网络的稳定运行和各类应用的开展奠定基础。

(四)加强网络管理队伍建设

加强应用系统管理员、培训队伍建设，制定管理制度，将权限分配、责任落实抓实抓好，层层分解责任，并做好各级各类培训工作，达到人人能够独立应用，真正将网络和平台当成是工具而不是负担。

总之，网络基础设施建设是开展应用的基础，网络应用是实现教育信息化的根本，教育管理与教学管理是实现教育信息化的目的。我们应该结合重庆市职业教育网络建设的现状，结合重庆市职业教育的实际情况，结合我们教学实际，去深入研究，务实稳妥地开展工作，一步一个脚印，真正推动教育信息化发展，真正实现城乡教育一体化，真正向着教育均衡方向迈进。

参考文献：

[1]黄炳杰.某中等职业技术学校校园网络改造规划和设计[D].广州:华南理工大学,2015.

[2]白连红,徐澍.面向SDN平滑演进的校园网络策略研究[J].信息化研究,2015(04):54-56.

[3]胡钦太,郑凯,林南晖.教育信息化的发展转型:从"数字校园"到"智慧校园"[J].中国电化教育,2014(01):35-39.

第二节　重庆职业教育网络基础建设调研报告

一、调研背景

目前,我国已经处于大数据时代,互联网技术的快速发展、终端媒体的快速普及,以及我国大力发展职业教育的新的形势都迫切需要加强职业教育的信息化网络建设。加强职业教育的信息化网络建设,不仅是时代发展的需要,更是职业教育改革发展的需要,是助推职业院校高效运转、提升其管理水平和社会影响力的需要。职业教育的信息化网络建设是职业教育信息化建设的重要组成部分,职业教育信息化网络建设非一朝一夕便见功效,也非职业院校一己之力便可完成的重任,需要多方协作、合力推动,形成共同体。因此,在大数据和"互联网+"的背景下,加强对职业教育信息化建设中的网络建设与应用的探索,成为我们今天研究的重要课题。

二、调研设计

(一)调研目的

通过调研工作的开展,系统地了解重庆市职业教育网络基础建设的相关情况,分析重庆市职业教育网络基础建设的成功经验及存在的问题,借鉴学习先进地区及发达国家的经验,为构建适应重庆市现代职业教育发展的职业教育网络打下基础。

(二)调研范围

为完成好本次调研工作,根据调研的任务要求,我们组织开展了调研工作。主要的调研对象是重庆市的职业院校。

(三)调研方法

按照调研工作的要求,为完成好调研任务,本次调研我们主要采用文献调研、问卷调研、会议调研及现场调研等方式。

文献调研:收集了包括中国知网和维普网的大部分期刊和硕博论文中有关职业教育网络信息化制度建设的文章、近几年中国职业教育网络信息化发展报告。

问卷调研:指通过编制详细周密的问卷,要求被调查者据此进行回答以收集资料。针对职业教育网络信息化制度建设的实际情况,专门编制发放了共建单位校园网基础情况调查问卷、重庆职业教育网络基础建设情况调查表。

会议调研:指利用会议形式进行收集调查资料的方法。2015年10月在铜梁召开了第一次全体共建单位座谈会,还分别在部分职业院校召开了调研工作会。

现场调研:按调研计划到调研现场获取原始资料和收集由他人整理过的次级资料,本课题调研从2015年11月11日在渝北职业教育中心开始先后在30个共建单位召开了现场会议,现场了解各职业院校网络基础建设情况。

(四)调研内容

针对课题研究的需要,主要了解以下几方面的内容,一是了解职业教育网络建设的基本情况;二是通过文献资料调查发达国家职业教育网络基础建设的经验;三是实地考察学习先进地区职业教育网络基础建设的经验;四是职业教育网络基础建设如何跟上网络通信技术的发展趋势。

三、调研结果

(一)重庆市职业教育校园网基础情况问卷统计表

表3-1　重庆市职业教育校园网基础情况问卷统计表

学校名称	后台系统	开源代码	安全性能	网站建设模式	官网认证	管理人员	信息上传制度	微信公众号	资源库	域名的备案	安全等级保护备案
重庆市璧山职业教育中心	php	是	一般	其他	否	兼职	无	有	无	有	有
重庆市经贸中等专业学校	asp	是	好	自主开发	否	专职	有	有	有	有	无
重庆市工贸高级技工学校	asp	是	一般	自主开发	否	兼职	有	有	无	有	无
重庆航天职业技术学院	asp	是	好	自主开发	否	专职	有	有	有	有	有
重庆三峡职业学院	asp	是	一般	自主开发	是	兼职	有	有	建设中	有	有
重庆女子职业中学	php	是	一般	自主开发	是	专职	有	有	有	有	有
重庆工商学校	php	否	好	自主开发	是	专职	有	有	有	有	有
重庆市轻工业学校	php	是	一般	自主开发	否	专职	有	有	无	无	无
重庆市科能高级技工学校	.net	否	一般	其他	否	兼职	有	有	建设中	有	有
重庆市铜梁职业教育中心	php	是	好	自主开发	是	兼职	有	有	无	有	有
重庆市第二交通技工学校	asp	是	一般	其他	否	兼职	有	有	建设中	有	有

续表

学校名称	后台系统	开源代码	安全性能	网站建设模式	官网认证	管理人员	信息上传制度	微信公众号	资源库	域名的备案	安全等级保护备案
重庆市大足职业教育中心	java	是	好	自主开发	是	兼职	有	有	无	有	有
重庆市北碚职业教育中心	asp	否	一般	其他	是	专职	有	有	有	有	有
重庆市工业学校	php	是	一般	其他	否	专职	有	有	有	有	有
重庆市九龙坡职业教育中心	java	是	一般	其他	是	专职	有	有	建设中	有	无
重庆市工业高级技工学校	.net	是	一般	其他	否	专职	有	有	有	有	有
重庆机械电子高级技工学校	php	否	一般	其他	是	兼职	有	有	无	有	有
重庆市机电技工学校	asp	是	一般	其他	否	其他	无	有	建设中	有	无
重庆市涪陵信息技术学校	asp	是	一般	自主开发	否	兼职	有	有	有	无	有
重庆市南川隆化职业中学校	java	是	一般	其他	是	兼职	有	有	建设中	有	有
重庆市商务高级技工学校	asp	否	好	自主开发	是	专职	有	有	无	有	有
重庆市龙门浩职业中学	php	否	好	自主开发	是	专职	有	有	无	有	有
重庆市两江职业学校	asp	是	一般	自主开发	审核中	兼职	有	有	无	有	有
重庆市綦江职业教育中心	.net	否	一般	其他	否	专职	有	有	建设中	有	无
重庆市梁平职教中心	其他	否	差	其他	否	其他	无	有	建设中	无	无
四川仪表工业学校	.net	是	一般	其他	否	兼职	有	有	建设中	有	有
重庆市渝北职业教育中心	php	是	一般	其他	是	专职	有	有	有	有	有

注：有3所院校缺乏相关数据。

（二）重庆职业教育网络基础建设情况问卷统计表

表3-2 重庆职业教育网络基础建设情况调查统计表

序号	单位名称	网络基础建设时间年/月	教师数	教师电脑	学生数	学生机	多媒体数	服务器	核心交换机	智能交换机	Wi-Fi覆盖	主干带宽	网络防病毒系统	网络故障监测系统	入侵检测系统	信息过滤系统	信息安全测评或认证
1	重庆市梁平职业教育中心	2018/7	168	100	3600	600	70	1	1	20	是	100	是	是	否	否	否
2	重庆市经贸中等专业学校	2015/5	280	280	6000	1100	150	15	1	45	是	350	否	是	是	是	否
3	重庆市九龙坡职业教育中心	2013/4	340	300	5096	700	173	5	1	30	是	100	是	否	是	否	否
4	重庆市黔江区民族职业教育中心	2017/5	418	418	8818	1138	135	3	1	55	是	200	否	否	否	否	否
5	重庆市女子职业高级中学	2011/8	230	230	4500	510	102	10	2	36	否	50	否	否	否	否	是
6	重庆市两江职业教育中心	2017/7	112	72	1152	400	50	2	1	2	否	1000	是	是	是	否	否
7	四川仪表工业学校	2015/8	260	200	6283	670	70	3	2	10	否	1000	否	否	否	否	否
8	重庆市工业高级技工学校	2018/7	261	261	4300	1300	240	32	2	67	是	1000	是	是	是	是	是
9	重庆市南川隆化职业中学校	2018/3	300	103	4307	970	112	2	1	1	是	200	是	是	否	是	是
10	重庆铁路运输高级技工学校	2017/10	126	55	5000	262	33	11	2	0	是	1000	否	是	是	是	是
11	重庆市商务高级技工学校	2018/2	150	200	3000	600	80	1	2	1	是	1000	是	是	是	否	是
12	重庆市龙门浩职业中学校	2018/1	275	275	5900	1700	103	6	1	13	是	1000	是	否	是	否	是
13	重庆市大足职业教育中心	2017/7	243	100	3000	500	2	1	2	25	是	100	是	是	否	否	是

(三)调研基础数据

1.网络基础布线

大部分职业院校还是采用的五类或者超五类双绞线,占比达83%;铺设六类线实现万兆汇聚、千兆桌面的达到55%;数字广播建设比例达83%以上;视频监控设施建设达100%;核心交换机平均数量为1.6台/校,智能交换机平均数量为30台/校;有线网络实现了全覆盖,无线校园网全校覆盖占比27%左右,无线网主要集中在教室及办公区域。

2.数据服务器

中心机房拥有专业服务器的学校达100%,平均5台左右。

3.计算机数量

在调研的中高职院校中,除有计算机专业的学校外,计算机生机比都已经达到了8:1,开设有计算机专业的学校生机比甚至达到了3:1,学生私人电脑拥有比例大约在3%,多媒体教室配备率达100%,使用率达95%以上。

4.网络与信息安全建设

80%的学校是终端自行下载防病毒软件,20%的学校有硬件防火墙,33%的学校有上网行为管理器。

5.网络基础建设组织保障

有计算机相关专业的学校更有力度,拥有全职的信息技术支持和维护队伍的占60%,人数达5人以上的有30%。也有10%左右的学校信息化管理人员只有1人,相对薄弱,与学校规模关系很大。

四、重庆职业院校网络基础建设发展现状

(一)核心层及汇聚层建设滞后

小部分核心交换机较为老化,无论是可靠性、转发能力、端口密度还是业务特性均无法满足今后数字校园应用的承载需求。部分接入交换机全部为非网管型百兆交换机,管理维护困难,且转发能力已不满足今后数字校园应用的承载需求。

(二)接入层建设没有扩展性

骨干网无备用光纤链路且带宽较低、芯数不足。暗线铺设的链路,因年代久远,部分链路不通,临时铺设了不规范的线路,给后期维护、更换带来麻烦。各中高职院校教室及功能室网络信息点的布控没有考虑到数字广播、视频监控、无线网络、多媒体设备等的综合使用。网络系统和各信息系统的先进性、前瞻性和可扩展性不够。

(三)网络基础建设安全性不够

部分学校机房或者服务器没有提供UPS。整个校园网没有安全防护手段,无防火墙设备。对于来自校内及校外的安全威胁均无任何解决手段;重要数据没有良好的灾备;没有上网行为审计系统,网络信息不符合公安局下发的《互联网安全保护技术措施规定》。没有规划无线接入,笔记本电脑、手机、平板等新设备通过教师自主购买无线路由器接入校园网,存在严重的安全隐患。

(四)硬件建设缺少规划

校园网络建设缺乏整体和统一的规划。重庆市很多职业院校网络建设是随着办学规模的扩大而逐步完善的,很多经历三次(初建、扩容、新校区建设扩容)建设,最终实现了全校的有线网络覆盖。以升级为主的校园网建设模式虽然在容量上和规模上不断地适应新的变化,但无法彻底解决一些历史问题和设计缺陷,对一些新技术的引入留有一定的后患,校园网建设的整体性较差。

五、对策与建议

对调研中发现的问题做以下整改建议:一是建设符合安全性和可扩展性的综合布线环境;二是加强基础信息网络平台建设;三是建立网络安全保障体系;四是建立安全、易用的无线网络,整体规划。

职业教育网络基础建设作为一项系统化的工程,不可能一蹴而就,要真正实现职业教育网络基础建设为丰富的教育资源平台及新兴技术做保障,必须在教育主管部门的组织协调下,共同攻关,相互协作,完善职业教育网络基础建设,与各大通信运营商和各大技术、资源平台合作,实现职业教育信息的充分共享,最大限度地发挥信息化的优势,从而使信息化技术真正成为职业教育大发展的助推器,为职业教育质量的提高保驾护航。

参考文献:

[1]刘莹,任罡,李崇荣,吴建平.建设先进网络基础设施支撑教育信息化发展和应用[J].中国科学院院刊,2013,28(04):482-490.

[2]张少刚.办好网络教育与加强职业教育信息化建设[J].中国职业技术教育,2017(34):110-115.

[3]周智男,管韶光.以"数字校园网络"建设为基础全面推进教育信息化进程[J].河北农业大学学报(农林教育版),2012,14(05):46-49.

[4]李静,张国华,徐敬建,李绍言.基础教育信息网络设施与资源建设状况调查[J].中国教育信息化,2012(02):11-13.

第三节　重庆职业教育网络基础建设案例

一、重庆市开州区职业教育中心校园网络建设案例

(一)实施背景

《国务院关于加快发展现代职业教育的决定》《国家中长期教育改革和发展规划纲要(2010—2020年)》提出要加快教育信息化进程的战略部署,切实推进职业教育广泛、深入和有效应用信息技术,不断提升职业教育电子政务能力、数字化校园水平和人才信息素养,全面加强信息技术支撑职业教育改革发展的能力,以先进教育技术改造传统教育教学,以信息化促进职业教育现代化。

重庆市开州区职业教育中心是国家改革发展示范校、国家重点中职学校,建校40年来,为社会培养大量实用性技能型人才,但是多年来学校信息化建设相对滞后,根据重庆市信息化学校建设试点单位要求,需要加快学校信息化,提升教育教学及管理的现代化、信息化,保持学校的竞争力和可持续发展。信息技术进入校园是提升学校综合实力的必要条件,将高速网络接入校园的每幢楼房(包括学生与教师宿舍楼),为教育教学和学生管理服好务。

(二)实施前的状况

经过多年的信息化建设,目前学校已建立校园骨干网络,已经完成部分应用系统建设,这些信息化建设内容在学校取得了许多很好的实际应用效果,也为学校的信息化建设提供了良好的环境。学校信息化建设还存在以下问题:

第一,存在信息孤岛。教务处、财务处、人事处等系统数据各自独立,部门数据不能有效、及时交互,导致财务收支存在漏洞。

第二,缺乏校园信息化集中应用与展示平台。各自独立的应用系统导致缺乏协同工作能力,也缺乏为用户提供个性化信息服务的能力。重管理轻服务,为师生提供的信息服务没有良好的应用体验。

第三,单个部门的信息系统(如教务管理、图书馆管理、资产管理等)很难站在自己的信息集上,进行整个学校的全面信息查询和决策分析,各个应用系统能够发挥的效益没有更好地利用和挖掘。

(三) 建设目标及原则

1.建设目标

重庆市开州区职业教育中心校园局域网络根据系统建设目标及应用系统的特点,

采用当前计算机与网络的最新技术(目前,国内新建设的网络系统大都采用新型的接入层、汇聚层、核心层的三层模式作为其主要的体系结构)。这种模式的开放性、灵活性及安全性能够满足目前各系统的网络建设需要,便于用户安全、高效、快速地访问网络资源。建成具有开放性、安全性、稳定性、规范性、可扩展性等特点于一体的既能覆盖本地又能与外界进行网络互通、共享信息的计算机网络主干网。

2.建设原则

(1)开放性与先进性相结合原则。网络系统采用开放、标准的网络协议,网络系统要有一定的先进性,有足够的扩充能力,有利于向新技术升级。

(2)兼容性与安全性相结合。网络系统要有多种网络接口,以适合不同的通信网络;网络系统要有足够的带宽和处理能力,不造成应用系统的"瓶颈";网络系统要有一定的冗余和足够的隔离与安全机制,局部的故障不能造成系统瘫痪。

(四)工作过程

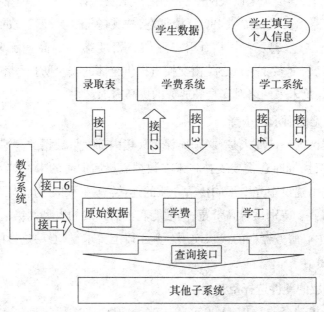

图3-1　重庆市开州区职业教育中心安全局域网拓扑结构

重庆市开州区职业教育中心安全局域网拓扑结构遵循网络的层次化、模块化的设计思想并充分考虑建设成本,学校局域网部分采用核心层、汇聚层、接入层的三级网络架构。核心骨干交换网层作为网络连接和交换平台,完成数据的高速转发,核心设备要具有极高的性能与充分的扩展能力,目前网络应用的发展趋势逐渐向万兆应用普及,因此核心设备要具有万兆扩充能力,将来可根据应用需求平滑过渡到万兆;接入层负责用户流量、业务的接入和分发,用户管理等工作,通过千兆光纤上联到核心层。

重庆市开州区职业教育中心局域网核心交换机采用一台 RG-M8600-24GT/ 12SFP

全千兆核心路由交换机,RG-M8600-24GT/ 12SFP与接入交换机通过千兆单模光纤线路进行连接,组成千兆骨干;完全满足千兆主干到局域网核心、百兆线速交换到桌面的设计,为用户提供高带宽无阻塞的可靠稳定的网络应用环境。

楼层接入交换机采用锐捷网络RG-S5750-24SFP/12GT安全智能交换机作为接入交换机。通过千兆光纤上联到核心交换机。主要工作有以下几个过程,设备的选择是重中之重。

1.网络核心层的硬件选择及建设

学校选择一台RG-M8600-24GT/ 12SFP千兆核心路由交换机作为学校局域网的核心汇聚设备,使用千兆模块/双绞电缆分别连接到楼栋接入交换机,实现全网无阻塞交换;各种应用服务器、网管平台通过千兆链路连接到核心交换机上,为各接入用户提供高速访问。

RG-M8600-24GT/ 12SFP是锐捷网络推出的全千兆平台设计的下一代高密度多业务核心路由交换机,满足未来以太网络的应用需求,支持以太网1G速率接口,提供12个千兆SFP接口。路由交换机提供48G背板带宽,并支持将来更高带宽的扩展能力,高达36 Mpps 的二/三层包转发速率可为用户提供高密度端口的高速无阻塞数据交换。RG-S5700系列高密度多业务核心路由交换机提供全面的安全防护体系,提供分布式的业务融合平台,满足未来网络对安全和业务的更高需求。

2.服务器汇聚的要求及选择

服务器汇聚区的设计要求是:必须能保证大楼内部大量数据的高速转发,也要具备高可靠性和稳定性,同时还需要支持将来在数据流量增加时的带宽扩展。汇聚层的设备要同时满足网络建设中光电不同传输介质的连接需要。同时为满足网络的弹性扩展和高带宽传输需要。特别适合高带宽、高性能和灵活扩展的大型网络汇聚层,中型网络核心,以及数据中心服务器群的接入使用。基于以上要求,核心层选择的是RG-S5750-24SFP /12GT设备。

3.网络接入层的硬件选择及开展

接入层交换机选择的是RG-S2928-G。RG-S2928-G的优势是:全线速可堆叠千兆智能交换机,提供智能的流分类和完善的服务质量以及组播管理特性,并可以实施灵活多样的ACL(访问控制列表)访问控制。可通过SNMP(简单网络管理协议)、Telnet(远程终端协议)、Web(超文本传输协议)和Console(控制台)口等多种方式提供丰富的管理。RG-S2928-G以极高的性价比为学校网络提供完善的端到端的服务、灵活丰富的安全设置和基于策略的网管,最大化满足高速、安全、智能的学校网络需求。

4.网络QoS建设

为确保用户各种关键业务的正常开展,必须采取全面而系统的QoS设计,提供端到端的 QoS 服务,保证重要的数据流在网络发生拥塞时获得有保证的吞吐量和最低的延时。为了保证端到端用户的服务质量,因此要求端到端数据流经的所有网络设备都支持所实施的 QoS 策略,核心设备是多个服务器接入的设备,并且担负着全网数据的交换,QoS 的能力影响着全网的服务质量保障能力。锐捷各款交换机都支持丰富的 QoS 功能,能确保重要业务量不受延迟或丢弃,同时又充分利用现有的带宽以保证网络的高效运行。

锐捷网络的 RG-S5750-24SFP /12GT 多业务千兆核心路由交换机支持基于 DiffServ 标准为核心的 QoS 保障系统,支持 IP TOS、SP、WRR 等完整的 QoS 策略,实现基于全网系统多业务的 QoS 逻辑,另外提供灵活的端口队列管理机制,端口多级拥塞设置;具备 MAC 流、IP 流、应用流、时间流等多层流分类和流控制能力,实现带宽控制、转发优先级等多种流策略,支持网络根据不同的应用以及不同应用所需要的服务质量特性,提供服务。通过从核心到接入设备全程对 QoS 的良好支持,全部硬件提供二到四层数据流交换,实现应用感知的功能,为多媒体应用提供透明的 QoS 保障,确保真正的端到端的 QoS 的实现。

5.网络安全建设

学校局域网络采用划分 VLAN(虚拟局域网)隔处室、办公室、机房、教室、宿舍,使其在各自的广播域内。单部门 VLAN 中病毒不会影响到其他部门。同时各部门之间要相互访问也可以核心三层交换机作 SVI 三层路由转发实现互联;对于来自内部网络和外部网络的恶意病毒攻击,在接入层交换机、核心汇聚层交换机上面均可作安全 ACL 使病毒攻击无机可乘;同时对于学校敏感信息资料在设备上面均可作 ACL 配置策略灵活指定哪些可以访问,哪些不能访问;当前 ARP 病毒相当严重,锐捷启用独有的安全地址绑定,接合 App-check 功能彻底解决 ARP 欺骗的烦恼。同时外部安全出口设备 RG-WALL1600M 防火墙可以再次提升其安全性。NAT 应用安全屏蔽内部网络结构,将病毒彻底拦在互联网之外。内部接入交换机的安全接入控制是保证网络安全最重要的核心策略之一,有效实现访问安全、OSPF 路由安全、病毒攻击防御,保护敏感信息资源。

(五)条件保障

1.组织保障

为智慧校园建设工作顺利开展,学校成立了智慧校园工作领导小组,由校长任组长,分管校领导及部门主要负责人组成工作机构(设立在信息中心),具体实施学校整体的智慧校园建设工作。

2.制度保障

制定管理规章制度,明确负责人。制定网络故障、服务器硬件故障、服务器软件故障、数据库故障、存储系统故障等应急预案,防患于未然。

3.经费保障

为确保智慧校园建设的持续开展,学校在每年经费预算中,均列出资金,用于智慧校园建设及维护工作。

4.人员保障

安排专业技术人员负责智慧校园的维护,人员具备相关专业技术资格证书及接受过相关业务技术培训。

5.技术保障

有防止数据被侵入或破坏的软件技术措施,有灾难恢复措施,有后台程序、数据库定期进行升级维护功能,定期进行服务器病毒防治和打操作系统漏洞补丁,存储数据定期备份。

(六)建设与应用后效

几年来,校园网络建设取得了一定的成效,教职工的意识得到了增强,师生使用信息化技术的能力有了显著的提高,学校整体的智慧校园环境得到了进一步完善。

1.先进的分布式三层网络架构保证核心设备的高效稳定运行

实现了校园内每栋楼的网络连接安全稳定(含学生宿舍、教师宿舍、教学楼、办公室等),学校师生能够有效地利用网络来完成办公及学习。

2.协议支持丰富

支持多种单播和组播动态路由协议,包括RIP1/2、OSPF、RIP/SAP、IGMP、DVMRP、PIM等。生成树协议802.1D、802.1w、RSTP、PVST、MVST,保证快速收敛,提高容错能力,保证网络的稳定运行。

3.实现高性能的网络安全和可靠的冗余备份

新一代的智能安全交换机RG-M8600-24GT/ 12SFP,通过硬件实现端口与MAC地址和用户IP地址的绑定。PVLAN(保护端口)隔离用户之间信息互通,端口安全,动态地址锁,用户接入认证(802.1x)(结合锐捷高速安全智能的"SAM"安全认证计费管理系统更能实现有效的端点安全接入控制计费,防止非授权用户使用网络),ACL控制等多种措施,既可以满足学校校园网加强对用户进行控制、限制非授权用户通信的需求,又可以实现屏蔽网络攻击、防止网络病毒传播的目的。核心汇聚层RG-S5750-24SFP /12GT千兆交换机提供802.1w、802.1s链路级冗余、VRRP路由级冗余以及冗余电源的冗余备份,保证网络系统的高可靠性。

(七)讨论与建议

校园网络建设,实现了校园网互联互通及网络的稳定性,但是现在黑客的技术非常厉害,经常通过路由、暴力破解等方式进行安全攻击,为了更有效地应对黑客攻击,提升网络技术员新技术的应用能力,需要不断学习,但是目前学习的途径有限,希望教育主管部门加大对网络技术人员的培训,最好是加强应用技术培训,提升他们的应用及管理水平。

二、重庆市女子职业高级中学校园网建设案例

(一)实施背景

为了认真贯彻落实《国家中长期教育改革和发展规划纲要(2010—2020年)》《教育部关于加快推进职业教育信息化发展的意见》和《重庆市教委关于加快推进职业教育信息化建设的意见》的有关精神,不断提升职业教育电子政务能力、数字化校园水平和人才信息素养,全面加强信息技术支撑职业教育改革发展的能力,以先进教育技术改造传统教育教学,以信息化促进职业教育现代化,学校将有计划、有步骤、积极稳妥地推进信息化进程,促进教育管理和教学手段的现代化,特制订学校信息化建设规划。

重庆市女子职业高级中学智慧校园定位于开放的、可扩展的、可持续提供服务的信息化平台,同时,该平台以应用为向导,基于智慧的软硬件环境,结合云计算、物联网、移动网络、大数据等先进技术为管理者、师生、家长和相关联的社会群体提供智慧的服务。平台具有一定的超前性、引领性与创新性,充分考虑信息化的实用价值,试点成功将对江北区、重庆市的智慧校园建设起到示范作用。

重庆市女子职业高级中学智慧校园建设首先是在现有"IT基础设施层"基础上,完成"应用支撑层"的搭建,通过对"业务应用"的数据整合,实现智慧校园信息资源的共享与交换,支撑应用整合与开发,实现Web门户网站、手机客户端、短信、邮件等方式的智慧校园信息的"综合服务"展现。同时,需要建设智慧校园的"信息标准和安全运维体系"。

学校"四维一体"智慧校园建设的实施要点如下。

四维之一,完善IT基础设施:通过校园网、室室通、仿真实训教室、智慧录播教室、校园一卡通工程,构建教研、教学、管理为一体的新型智能化环境。

四维之二,建设应用支撑系统:通过共享数据中心平台、数据清洗与整合平台、统一身份认证平台等应用支撑系统建设,营造统一管理、互联互通的智慧应用环境。为学校各种决策提供最基础的数据支撑。

四维之三,搭建综合管理系统:通过建设统一信息门户平台、综合信息查询系统、学生生命周期业务系统、教师管理业务系统等应用系统,为学校工作者与学生提供综合数据应用,提升工作效率。

四维之四,搭建智慧应用体系:通过支撑平台及综合管理系统的大数据积累,为分析决策提供依据,通过服务型应用为导向,打造学校智慧校园的应用体系。

"一体"是指强化信息标准建设：通过制定《学校信息化数据标准》，保证整个智慧校园建设工程统一标准、统一规划，为信息交换、资源共享提供基础性条件。

(二)实施前信息化现状和需求

1.信息化现状

经过多年的信息化建设，目前学校已建立校园骨干网络，已经完成部分应用系统建设，这些信息化建设内容在学校取得了许多很好的实际应用效果，也为学校的信息化建设提供了良好的环境。但传统的信息化建设存在以下问题：

(1)存在信息孤岛。系统数据各自独立，部门数据不能有效、及时交互，导致学校管理存在漏洞；新生数据不能及时同步到各部门，导致各部门工作难以有效开展；学籍变动、人事变动信息缺乏互通，造成管理服务漏洞。

(2)缺乏集中应用与展示平台。各自独立的应用系统导致缺乏协同工作能力，也缺乏为用户提供个性化信息服务的能力。重管理轻服务，为师生提供的信息服务没有良好的应用体验；学生在校时，各类申请服务需要填写大量的重复信息，十分繁杂；学生离校时，不清楚离校手续审批情况，仍然需要到每个业务部门排队盖章。

(3)现有应用系统效益发挥不够。单个部门的信息系统很难站在自己信息集上进行整个学校的全面信息查询和决策分析，各个应用系统能够发挥的效益没有更好地利用和挖掘；全校总体情况统计信息不全面、不及时、不准确；班主任缺少所管理班级的整体信息统计。

2.需求分析

(1)一站式服务需求。原有模式按照管理信息化系统来投资和组织实施教育信息化工程项目。"技术导向"的思维模式，在实施过程中表现出明显的"重建设、轻应用"偏向，不仅导致教育信息化投资效率不高，而且对促进教育改革、推动学习方式变革、提高教育质量影响不大。需要实现业务的整合贯通，通过信息门户，提供面向师生的一站式服务。

(2)标准化需求。在信息化建设过程中，业务系统由各个部门主导完成，缺少技术及功能的长期规划，主要解决当期的、局部的需求，没有形成统一管理，不利学校信息化的长期发展。需要通过统一的标准和体系建设，进行长远的规划。

(3)开放性需求。随着校园网上应用和资源越来越多，应用缺乏有效的组织和管理，技术升级存在风险，从而造成业务系统维护成本不断增加。需要一个开放性的平台，满足学校未来需求变化和扩展，持续改进，实现更加方便地进行系统维护。

(4)数据共享需求。由于数据缺乏标准，现有的系统无法提供相互数据交换的功能，这使得某些数据需要跨部门使用时，还依赖于手工的传递或通过电子邮件等方式半手工地传递。这种低效率的信息共享方式无法满足各部门及时获取其他部门信息的需求，同时也无法进行跨业务部门的业务流程系统建设。需要建立数据共享机制及规范，实现校园数据的共建共享，协同发展。

(三)建设目标与原则

1.建设目标

到2020年，以信息化校园建设为核心，建立科学、丰富的教育教学资源库；培养造就一支掌握现代教育理论和教育信息技术的师资队伍；建立较为完善的教育信息化管理体系；保障硬件正常安全运行，提升信息化基础设施建设、管理水平，最终实现学校的全面数字化、智慧化。

(1)实现校园内教学、科研、管理、服务的数字化、信息化、网络化，深化教育改革，提高办学质量、办学效益和科研水平。

(2)实现信息资源和信息服务的合理规划、合理分配、合理利用。

(3)提高学校管理过程和管理系统的质量、效益、效率。

(4)保证资源和服务的可靠性、安全性、科学性。

2.建设原则

(1)设计原则。在教育部和行业标准指导下，建设本校信息化校园数据标准，以数字化校园平台为框架，无缝集成学校已建和新建的业务应用系统，促进数据利用的最大化。把数据交换集成、用户管理、统一身份认证、业务数据整合、信息资源展示等都融合起来，以标准、数据、应用、用户等重点要素为主线进行规划和建设。

遵循全面规划、分步实施的原则，在充分保障学校现有投资(业务系统、服务器设备等)情况下，制定信息标准，建设基础平台，以及各系统之间的接口标准与规范，为今后业务系统的建设与整合打下基础。

第一，先进性原则。

系统设计采用先进的信息化校园理念、先进技术和先进的系统工程方法，建设一个可持续发展的、先进的、开放性的信息化校园。

第二，扩展性原则。

系统架构设计合理，适应未来的发展，充分考虑今后扩展的需求，包括与其他应用系统之间的互联以及系统的扩容能力等。在满足现有系统互联的前提下，能够很好地适应未来信息系统增长的需要。

第三，安全性原则。

在系统软设计与建设中，充分考虑系统的安全，包括数据安全、网络安全、传输安全、管理安全等。

（2）设计思路。以人为本、面向服务、信息互通、数据共享,能提供及时、准确、高效、随时随地的校园信息化服务,提供满足跨部门的业务管理、面向全校用户便捷的信息服务。"管理化+服务化"的思路帮助学校实现由传统应用系统以管理为核心,转向前端以服务为核心,实现学校各类资源的整合和配置优化,提高学校的管理水平和办学效率,使高校信息化应用达到较高水平。

（四）建设内容

1.信息化校园标准

标准建设是数字化校园建设的重点之一,对推进数字化校园建设,保证信息的交流与共享,有着重要的意义。

学校结合国家和行业标准以及学校实际要求,制定出《学校信息化数据标准》。该数据标准在全校范围内作为数据编码的依据和标准,为数据库设计提供类似数据字典的作用,为信息交换、资源共享提供基础性条件。

2.IT基础设施

重点实施五大工程。一是万兆主干千兆桌面校园网工程;二是室室通工程;三是仿真实训教室工程;四是智慧录播教室工程;五是校园一卡通工程。

3.共享数据中心平台

共享数据中心平台是统一的数据资源与交换应用服务平台系统;是对信息化校园的各种结构化数据进行统一管理的平台(数据交换平台);是实现数据共享,提供深层次数据挖掘、数据分析的重要基础。

通过共享数据中心平台能达到以下目标:建立全校性的共享数据中心,实现全校信息编码的统一;保证任何两个业务系统之间没有冗余业务数据;保证"谁产生、谁维护",所有的数据都只有唯一的维护者;保证可以提供反映整个学校的全面信息;保证可以为整个学校决策提供数据信息和数据分析。

共享数据中心平台采用教育部《教育管理信息化标准》为中心数据库设计依据,并在对各业务系统需求进行充分调研的基础上,根据学校的实际情况进行修改增减,形成最终的事实信息标准。

4.数据清洗与整合平台

数据清洗与整合平台实现共享数据中心的数据采集与分发,提供交换信息清洗、转换、装载入库等数据交换服务,即清理脏数据,完成对数据的整理,确保数据一致性、完整性和正确性。

各业务系统通过清洗与整合与共享数据中心平台进行数据交换与共享,各业务系统独立运行,互不影响,某一业务系统故障不会影响其他系统。

5.统一身份认证平台

身份认证系统将是数字化校园的重要组成部分,为各应用系统提供集中的身份认证服务,提高数字化校园应用系统的安全性。其主要功能有:建立统一的用户身份数据中心,为用户身份提供集中和统一的管理,保证用户身份的真实性、保密性、完整性。提供统一的身份认证,建立信息系统访问的身份信任关系。提供单点登录(SSO),一次认证,畅通无阻。基于 Web 界面系统管理,SSL(安全套接层)加密传输,方便安全。用户权限基于实际用户在不同系统中的权限管理,保证了应用系统的独立、安全、可靠。针对实际需求还可支持数字签名认证、卡认证等。

6.统一信息门户平台

建设面向校内外的信息服务网站(统一信息门户平台),及时发布学校各类信息,为社会公众和校内师生提供不同的信息服务和进入相应校园信息管理系统的入口。

该平台位于数字化校园体系结构中的最上层,实现数字化校园各应用系统与用户的人机交互服务平台,是数字化校园的信息集中展示的窗口。该平台主要功能有:

(1)老师门户。从教职工的角度出发,提供满足其工作、生活等的全面信息化服务。如通过统一的信息门户平台,为教职工提供一站式的信息查询:教职工个人的办公、教务、财务、科研等。

(2)学生门户。从学生角度出发,为学生提供从入校到在校学习生活再到毕业离校等各个阶段的、满足个性化需求的信息服务。如:学生关注的通知公告等校内信息,学生的成绩、学分、缴费等与学生密切相关的信息化服务。

(3)领导门户。领导需要部门相关信息时,直接通过统一信息门户平台就可以获取所需信息,不需要像以前一样到各个部门去索要。同时若需要对一些请示进行批复,同样可以在平台完成,极大地方便办公。

7.综合信息查询系统

综合信息查询系统以学校共享数据中心平台为基础,将分散在各部门的数据集中到一起,以教师、学生为主线,提供跨部门立体式的人事、教学、学生工作、科研、设备资产、财务经费等综合信息服务。支持面向主题的多维查询和个性化查询。同时通过全面的数据分析,给校领导决策提供数据支持。

领导或相关工作人员通过一个查询系统可以看到包括办公、校务、人事、学生学籍、后勤、师资、就业、财务、基础设施等各项学校日常性事务数据,大大提高办公效率和信息获取速度。

8.学生生命周期业务系统

学生生命周期业务系统是一个从招收新生到毕业离校全过程信息化管理的应用系

统。其主要功能包括:招生管理系统、迎新管理系统、宿舍管理系统、学工管理系统、教务管理系统、实习管理系统、离校管理系统和就业管理系统。

9.教师管理业务系统

教师管理业务系统主要包括:教师办公管理系统、人事管理系统、科研管理系统、评教管理系统、教材管理系统。

10.教师信息技术培训与考核

通过"走出去、请进来"的办法培养一支掌握现代信息技术和教育理论的新型师资队伍,形成覆盖各科、自觉应用现代教育技术开展教改的骨干教师群体。全校教师能够掌握基本计算机操作及在网上查找资料的能力,能进行课件制作、专题网站制作,逐步实现教师无纸化办公,熟练运用校园网管理平台、学校资源网进行教学工作与开展科研。

完善学校信息化培训、考核制度,形成每年一次的常规信息化教学大赛,形成"人人参赛、逐级竞赛"的大赛机制。

11.学生信息技术培训与应用

(1)组织各类兴趣活动小组,开展各项实践活动;(2)举办电脑绘画、电子小报制作、网页制作、动画制作等学习班;(3)开展网上信息协作学习和交流;(4)开辟网上大展台,举行学习成果展示;(5)结合上级的评比活动,鼓励学生积极制作电脑作品,并选送部分优秀的作品参评。

学校信息化建设按照"总体规划、分步实施"的原则进行项目实施。根据实际工作的需要,结合学校经费情况,分阶段、分步骤地进行智慧校园建设。

(五)保障措施

1.健全机构,夯实责任

成立以校长为组长,各处室参与的信息化工作领导小组,为信息化工作的扎实有序开展提供保障。

2.落实经费,加大投入

落实经费投入制度,规范管理使用信息技术教育经费。

3.加强信息化的培训与研究

形成教师信息化水平常规培训制度,及时关注信息技术的发展和研究,加强对师生信息化的培训,及时传达最前沿、最先进的信息化技术。

4.加大信息化考核督导,严格奖惩

学校把信息技术的学习、应用与研究工作纳入工作考核中,与部门、教师签订岗位目标任务书,定期进行检查考核。对工作成绩突出的教师,给予表彰奖励,并纳入部门、教师学期教育教学质量考核中。

(六)目前建设情况

1.基础设施逐步完善

学校已逐步建成万兆骨干、千兆桌面、无线覆盖的网络系统,由江北区教育城域网1G带宽接入互联网。信息中心配备有双核心虚拟化三层交换机、路由器、防火墙等网络设备,保证数据链路畅通。有曙光、IBM、戴尔等12台服务器及数据存储设备承载校内各类业务,通过专线公网IP映射至互联网。服务器及存储已实现虚拟化,建立有虚拟办公云桌面,还建设有校园广播系统、安防监控系统、校园一卡通系统。学校摇篮电视台配有专业的摄影摄像设备及视频剪辑设备,能进行实时网络直播。为推进信息化应用,学校投入80多万为全校教师配置了笔记本电脑,投入370多万全面实施"班班通"工程,现有"班班通"设备130套,教室内配备有投影机、实物展示台、电动屏幕以及中控。2015年投入150多万建立现代化的云桌面机房4间。2017年投入200多万建立共享云桌面机房4间,建立教室办公云桌面,实现生机6:1,师机比1:1。2018年投入65万建立智慧录播教室。

2.应用服务提档升级

一是建设有新鹏达综合系统平台,实现用户的集中化和统一管理,实现教务管理、学生管理、招生就业、综合素质评价等多个模块功能,具有电子档案管理统一服务功能,提供多口径电子档案查询、统计等服务。学生已实现期末微信自助查询成绩。二是自建有安全的校园门户网站(www.cqnzz.com),能对校内外公开信息,提供信息检索,并为各类应用提供统一入口。三是建设有一卡通应用服务,支持在线支付及门禁功能。四是利用微信企业号及第三方平台自建有办公自动化服务、日常行政事务管理功能等。

3.数字资源逐步丰富

学校是教育部、财政部数字化学习资源分中心,配置有相应的资源。通过校企合作自建有专业课程数字资源库、云课堂。重庆市中等职业教育VR数字职业体验馆目前已落户,促进了学校数字资源建设。

4.学校整体信息化水平显著提升

2016年"基于中职示范校建设的'校企共建、资源共享'数字化资源建设策略"入选重庆市信息化建设典型案例。2017年教师参加全国信息化教学大赛获得一等奖、二等奖各一个。学校网站获得江北区宣传部、网信办授予的"十佳文明网站"称号。学校官方微信荣获2017年教育十强政务微信中职组第一名,并获得重庆教育最具影响力政务微信称号。

(七)思考与建议

智慧校园建设需要领导高度重视。须举众人之力,集体行动,共同参与;须建立良好的工作机制保障建设的顺利进行和建设质量；须专家引领，统一理念，科学、合理地逐步推进建设进程。信息技术日新月异，云计算和大数据对教育的变革日渐显著，我们要在建设中逐步摸索，研制符合学校自身实际需要的智慧校园建设体系与模式。我们将在今后的持续建设过程中不断完善，软硬并举，以应用为导向，建立更有效的激励机制，激发各个层面的积极性，发挥智慧校园真正的作用。

三、武隆区职业教育中心校园网建设案例

（一）实施背景

《国家中长期教育改革和发展规划纲要（2010—2020年）》中明确指出"信息技术对教育发展具有革命性影响，必须予以高度重视"，通过教育信息化，"促进教育内容、教学手段和方法现代化"。

教育部《教育信息化十年发展规划（2011—2020年）》提出："要建立整体的教育管理、信息标准及编码规范，建立数据采集、交换共享、管理与应用的技术平台与工作机制，同时要建立教育管理信息安全保障体系，衔接各级各类的教育管理信息系统与基础数据库，实现系统互联与数据互通和共享，建设纵向贯通、横向关联的教育管理信息化整体体系。云计算能与教育信息化建设完全融合。"所谓云计算是指网格计算、分布式计算、并行计算、效用计算、网络存储、虚拟化和负载均衡等传统计算机技术和网络技术发展融合的产物。教育部发布的《关于进一步推进职业教育信息化发展的指导意见》也明确指出"以信息化促进人才培养模式改革，改造传统教育教学，支撑高素质技能型人才培养，发挥信息技术在职业教育巩固规模、提高质量、办出特色、校企合作和服务社会中的支撑作用。"

学校为国家级重点中等职业学校，是重庆市教委、市人社局、市财政局等部门确定的第二批市级改革发展示范中职学校。学校结合实际情况，提出智慧校园建设项目，通过校园网络及校园服务器把大量的数据资源集中到一个公共资源池中去，消除信息的孤岛，互通有无，共享计算资源。

（二）实施前的状况

学校的网络由低端的交换机构成一个平面型的网络结构，没有层次化设计网络结构，其存在许多缺陷。从网络拓扑结构看，网络管理员对网络进行整体管理很难实现，一旦出现故障，将很难做出快速排查。其中网络存在单点故障，一旦中心的交换机出现故障，整个网络立刻瘫痪。在平面型的网络结构下，网络中心交换机负载所有的数据处理任务，不能够实现对数据的高速转发传输。

但随着教育信息化要求的不断提升，学校的信息化发展也暴露出许多问题：第一，

信息标准不统一，缺乏前瞻性和持续性，资源分散、无法共享，缺乏统一管理。第二，业务系统还不完善，不能达到智慧校园建设的标准。第三，技术与教育相分离，重建设而轻应用，使用价值低。第四，教育模式落后，无法做到因材施教，学生学习兴趣不高。第五，培养模式落后，学习空间封闭，学生学习能力差。

(三)建设标准与应用

1.建设目标

智慧校园建设总体目标是完善校园信息化环境，逐步建成以校园网为平台，集数字教学、数字资源、数字管理于一体的信息化校园。具体目标如下：

(1)逐步建成网络全覆盖的校园。

(2)逐步建成安全、高速、稳定、可靠的数据中心。

(3)逐渐丰富数字化教学资源，转变教学模式。

(4)建成智慧校园基础支撑平台，消除信息孤岛。

(5)逐步实现智慧校园，实现高效管理。

通过构建统一身份认证体系，将教务管理、学生管理、行政管理、后勤服务、招生就业管理等平台融为一体，利用信息技术整合现有教学资源，推进教学模式、评价模式和教学方法改革，提高师生的信息化应用水平，提升学校综合办学实力。

2.建设原则

(1)先进性与实用性。在"互联网+"时代，智慧校园构建过程中要考虑技术的先进性和实用性。因此，学校要根据自身实际需求，全面规划、合理配置资源，努力提高资源使用率，避免盲目追求高大上而造成资源浪费。学校要与软件公司有效沟通，让其开发、修改、完善智慧校园系统，充分考虑设备在网络中运行的稳定性，选择成熟的产品来保证整个网络正常运行，以满足学校教育教学的实际需求。

(2)开放性与标准性。为了适应学校信息化的发展，所选用的技术和设备要具有协同运行能力，应充分考虑今后扩展和升级要求，保证系统的开放性和标准性。因此，在智慧校园构建过程中，要充分考虑系统的扩容能力，并减少对某一产品的依赖。如新增应用与其他应用如何互联等。

(3)可靠性与安全性。在智慧校园构建中，还应保证系统的可靠性和安全性。可靠性是保证整个智慧校园稳定运行的前提，安全性是保障智慧校园的信息不被泄露或干扰。如建立防火墙、用户认证系统等组成的一体化安全防护体系，为智慧校园提供安全支持。

(4)兼容性与易维护性。信息化在学校起步较晚，整体规划与规范程度不高，但在智慧校园的建设过程中要充分考虑兼容性与易维护性。兼容性要有效利用已建好的功能，进行教学、教研、管理、服务等多方面测试，若发现问题，能及时整改。易维护性指智慧校园建成后运行成本低，充分体现资金的高利用率。

(四)工作过程

1.智慧校园建设规划,分步实施

智慧校园的建设以突出应用为目的,因此,在智慧校园建设的规划上,克服了"重建设、轻应用;重硬件、轻软件"的建设思想,从应用入手加强智慧校园建设规划工作。

首先,通过对学校现有教学及管理等方面的实际内容进行收集整理,归纳出智慧校园建设的框架,提交学校各部门进行讨论,从而确定智慧校园建设的初步内容;然后,邀请相关企业及兄弟学校的专家对智慧校园建设规划进行论证,最终确定智慧校园建设规划。构建的统一应用系统运行硬件平台采用三层结构体系。

其次,在实施过程中,根据实际工作的需要,结合学校经费情况,分阶段、分步骤地进行智慧校园建设,真正做到统一规划、分步实施。本着从应用入手,先硬件后软件,伴随应用需要,不断升级完善智慧校园的软件环境。

2.智慧校园硬件环境建设,为软件平台铺路筑桥

硬件是软件运行的基础,智慧校园是数据交流与共享的高速公路,计算机和信息终端是师生运用信息资源的桥梁。

随着信息技术的快速发展,以及中职示范校建设工作需要,学校校园网、计算机教学等设备相对陈旧,配置不高,与智慧校园建设产生了一定的差距。学校领导班子注意到信息技术高速发展的形势,注意到智慧校园建设新的需求。有计划地逐步按照规划对智慧校园设施设备进行改造、升级,先后投入500多万元进行了网络中心机房改造、综合布线、UPS、防雷建设。采用三层树型网络拓扑结构,即核心–汇聚–接入的架构建设方案。在学校网控中心部署两台高性能核心交换机、应用控制网关、出口千兆防火墙等设备作为搭建校园信息化核心基础平台,通过更换汇聚交换设备、部署高性能出口路由器和应用控制网关设备,建成一个全校范围的高效畅捷、开放共享、安全可靠、智能掌控的信息服务支撑平台。另外建成了7间标准计算机房、1间硬件维护与数据恢复实训室、1间网络实验室、1间虚拟桌面实训室和1间汽车仿真实训室。

3.服务器虚拟化,简化系统维护

学校经过调研兄弟学校发现,学校物理服务器也越来越多,但同时也带来了一些问题:一是物理服务器硬件资源浪费严重,许多性能没有充分利用;二是给管理带来了巨大压力,要管好这么多服务器非常不容易;三是运营成本不断增加,尤其是降温、能耗、监控等方面的支出不断增加。这与信息化校园建设产生了一定的差距。学校注意到信息技术高速发展的形势,注意到智慧校园建设新的需求。有计划地对资源平台、多元立体评价系统、汽车仿真实训室、平安校园、SAM计费系统等服务器进行虚拟化,这样可以减少物理服务器的部署,提高现有服务器的资源利用率,有效节省资金,减少服务器的管理难度,系统的运行维护也更简单。

4.初步搭建软件平台,构建信息化管理环境

软件是硬件的灵魂,搭建智慧校园软件平台,构建智慧校园教学与管理环境,为教育教学和管理服务,是智慧校园建设的最终目的。改造学校门户网站,经过全面改造和更新后,成为学校发布信息和服务师生的平台,门户网站具备了学校基本信息展示、学校公告、通知发布、新闻报道、公共文件下载、公共信息查询、统一身份认证等功能,集成了学生作业管理系统,能够实现学生作业收发。

5.多元立体评价系统,实现对学生综合评价

"多元"主要是指在综合素质评价中体现评价主体、评价方法和评价内容三方面的多元性,通过综合素质评价中的评价工具和评价软件系统设计与使用来体现。

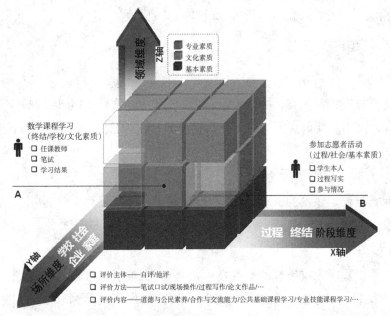

图3-2 多元立体评价系统

(1)评价主体。评价主体包括自评、他评。他评包括同学互评、班主任评价、任课教师评价、学校管理人员评价、企业指导教师评价、企业管理人员评价、学生家长评价和社会有关人员评价。

(2)评价方法。评价方法包括课程学习评价采用的笔试、口试、现场操作、作业、论文、报告、作品等方法;活动表现评价采用过程写实、照片视频、论文作品、证书证明等方法。

(3)评价内容。评价内容包括学生的道德与公民素养、学习与创新能力、合作与交流能力、运动与健康、审美与表现、公共基础课程学习、公共拓展课程学习、专业核心课程学习、专业方向课程学习、专业拓展课程学习以及顶岗实习等。

"立体"主要是指综合评价学生在不同阶段、不同场所和不同领域中的素质表现,通过综合素质评价标准和学生在中等职业教育学习成长期间的素质表现来体现。

（1）不同阶段评价。不同阶段评价是评价学生在中等职业教育学习成长全过程中的素质表现。

（2）不同场所评价。不同场所评价是指学生在学校、企业、家庭、社会等场所的素质表现。

（3）不同领域评价。不同领域评价是指学生在基本素质、文化素质、专业素质领域的表现情况。

6. 校企协作开发教学资源，初具规模

教学资源库建设初具规模，通过市级示范校重点专业建设与企业签订数字资源共建共享协议，建设数字资源920 GB。开发了《网络设备配置与管理》《旅游服务礼仪》《德育》等5门精品课程的数字化教学资源、课件库、试题库等。

（五）条件保障

1. 组织保障

为了智慧校园建设工作，学校成立了智慧校园工作领导小组，由校长亲自任组长，分管校领导及部门主要负责人组成工作机构，同时成立信息中心，具体实施学校整体的智慧校园建设工作。

2. 经费保障

为确保智慧校园建设的持续开展，学校在每年的经费预算中，均列出资金，用于智慧校园建设及维护工作。

3. 技术保障

有防止数据被侵入或破坏的软件技术措施，有灾难恢复措施，后台程序、数据库定期进行升级维护，定期进行服务器病毒防治和打操作系统漏洞补丁，存储数据定期备份。

4. 制度保障

制定管理规章制度，明确负责人。制定网络故障、服务器硬件故障、服务器软件故障、数据库故障、存储系统故障等应急预案，防患于未然。

5. 人员保障

安排专业技术人员负责智慧校园的维护，人员具备相关专业技术资格证书及接受过相关业务技术培训。

（六）建设与应用后效

几年来智慧校园建设取得了一定的成效，教职工的信息化意识得到了增强，师生使用信息化技术的能力有了显著的提高，学校整体的信息化环境得到了进一步完善。

第一,所建网络能保障学校日常工作不间断运行,满足学校未来5~8年的业务应用需求,为学校数字化教学资源管理平台提供技术支撑。

第二,网络实现安全部署,能防范外部黑客、蠕虫病毒的攻击,还能有效对用户的上网行为进行监管,优化网络带宽,确保校园正常秩序稳定运行。

第三,部署了统一认证管理平台,提供内部应用安全,流量管理实现可控、有序的目标。

第四,建设后的智慧校园具备简单化、统一的管理,真正做到"精细IT、智能掌控",方便网络管理人员了解网络运行状况、快速定位相关故障,达到及时排除故障的目的。

第五,服务器硬件及相关服务器应备份产品需求,其服务硬件需保证知名品牌,并能提供多种备份策略以确保服务器数据安全。

第六,学校门户网站具备了上级主管部门及学校文件的上传下达,多元立体评价系统实现了对在校生和毕业生的综合评价,数字化教学资源库建设初具规模。

(七)讨论与建议

1.智慧校园建设需要领导高度的重视

智慧校园建设需要一把手亲自抓,需要学校领导的高度重视,需要全体成员的共同参与。

2.智慧校园建设须与解决实际问题结合

要避免一直单纯进行建设,或只注重硬件的投入,而忽视了应用。只有建立在应用基础上的智慧校园建设,才能真正符合中职学校的需要。

3.智慧校园建设需要不断地进行经费投入

数字校园通过自身发展不断完善,已经向智慧校园迈进。因此,要不断地进行经费投入,力争早日实现学校智慧化管理。

4.智慧校园建设要逐步完善数字化教学资源

实现学生时时、处处学习,老师实现随时随地指导。

5.智慧校园建设要有配套的激励措施

多样化的激励措施可以调动全体教师参与智慧校园建设的积极性。

四、重庆市九龙坡职业教育中心网络建设应用案例

(一)实施背景

数字化校园作为21世纪校园的发展方向,可实现资源全球化、教学网络化、管理智能化、环境虚拟化等。数字化校园建设不仅为现代化教学提供了新的理念和方式,同时

也不断改变着学校的管理、教学和发展模式,对提升学校核心竞争力和加快高职院校人才培养的多元化、个性化、开放性具有重大作用。因此学校在示范校建设中明确提出数字化校园建设项目,通过数字校园建设将学校的办公、教学、学生管理、后勤服务、招生就业等业务统一到一个公共管理平台中,从而解决信息孤岛,实现数据共享。

(二)实施前的状况

学校于2010年建成覆盖全校教学和实训区域的校园网,在布局设计上采用三层结构体系,核心交换机与每幢建筑物的汇聚交换机相连,每楼层接入交换机与汇聚交换机相连,但使用三层交换机作为核心交换机,严重影响网络传输的性能,管理人员对网络故障不能快速地排查解决。

(三)建设与应用的标准

1.建设目标

数字化校园建设总体目标是完善校园信息化环境,加大网络基础设施建设力度,升级改造校园主干网,进一步优化行政综合管理、德育综合管理、教学管理及质量评估、招生就业管理等信息化服务平台,实现学校管理、教学、后勤、招生就业等业务互联互通。到2020年,完善信息媒体设备和功能室建设,全面建成集学习终端、教学管理为一体的,能全面开展信息化工作的智慧化环境。具体目标如下:

(1)一网多用、弹性网络。

(2)多业务承载、泛在品质。

(3)泛在接入、泛在安全。

(4)智能运维、统一管理。

(5)精细运营、智慧管理。

2.建设原则

(1)分步实施的原则。数字化校园建设的各个环节相互关联,在建设的过程中,有计划、有步骤地实施,需要根据学校各个部门的需求和业务流程的特点,制订合理的分步实施规划。

(2)协调发展的原则。数字化校园建设的各个环节相互依赖,任何一个环节的建设都离不开其他环节。因此,数字化校园建设规划将根据信息基础设施建设、信息资源建设、公共应用平台、应用系统建设、支撑体系建设等内容内在的逻辑关系,制订合理的分步实施规划,以确保各项内容的协调发展。

(3)完善基础的原则。数字化校园的建设应重视公共支撑平台:如共享数据平台、身份管理平台、信息门户平台等数字化校园基础平台的建设。这些平台建设完成后,符合一定信息标准和技术标准的应用系统可方便地实现与数字化校园的集成。

(4)突出应用的原则。应用是数字化校园的灵魂,数字化校园的魅力只有在丰富多彩的应用中才能体现出来。因此,应用系统和服务的建设是数字化校园建设的核心内容。在制订数字化校园建设规划的过程中,可选择能在短期内实现的应用系统和服务作为试点工程,组织力量重点突破,争取早日见效并带动全局。

(5)实用发展的原则。数字化校园的建设规划从学校的特点和需求出发,做到够用、能用即可,切不可一味地追求大而全,也不可一味地追求技术的先进性。与此同时,数字化校园建设的技术和应用都是不断发展的,具有一定的不确定性。所以,数字化校园的建设规划必须满足建设过程中的可扩展、可兼容和可转向。

(四)工作过程

1.数据中心机房建设

为保证网络设备有一个稳定、安全的工作环境,选择一间独立、通风、便于防水防盗的房间作为数据中心机房,采用上桥架布线的方式,安装大功率空调、环境监控系统和UPS系统,建设防尘、防静电、防雷、恒温、恒湿的数据中心机房。

2.增设核心交换机

目前,学校采用千兆口三层交换机作为核心交换机,限制了整个网络的速度,不利于以后数字化教学资源和应用系统的大规模使用。因此,本次建设增加一台万兆口的核心交换机,提高数据交换速度,为教学数字化和管理智能化提供一个高速的平台。

3.装备网络管理设备

装备完善的网络管理设备,保障数据访问的安全有序。配备防火墙,过滤掉不安全服务和非法用户,控制对特殊站点的访问,监视Internet安全和预警,构建校园网络的安全防线。安装流量控制网关为用户网段、网络应用程序限制带宽,按上下行流量和时段限制带宽,限制用户在特定时段访问某些网站,保证关键应用和人员的上网带宽,实时监控校园网各种网络应用情况,实现对教职工和学生上网行为的控制。在防火墙与核心交换机之间安装认证和计费系统,限制用户对网络的访问。通过这些设备,根据学校网络使用情况,灵活对网络逻辑结构进行合理规划和改造,保证日常管理和教学能正常进行。

4.宿舍信息化和移动网络建设

目前网络综合布线的信息点部署到了每一幢宿舍,在未来的两年中,在宿舍内安装无线AP,使无线网络覆盖宿舍中的每一间寝室。另外,在室外部署无线AP阵列、反馈系统和无线控制器,实现校园所有区域覆盖在无线局域网的范围之内。通过无线网络的扩展,学生可以在校园内的任何区域使用网络教学资源进行学习,完成作业、测试,与老师和其他同学进行交流。

5.管理人员培训

在项目建设过程中,采用边培训边上岗的方式,培养项目带头人2名,管理人员8名,并聘请4位知名专家到学校就数字校园建设和应用对全校教师进行全方位培训。项目带头人能把握数字校园的全局结构,提出教学和管理对数字校园的新要求,进行总括的规划,指导管理人员开展工作。管理人员能在网络、硬件和软件方面独立开展管理和维护工作,保证网络、硬件和软件能正常运行,使教学和管理工作顺利开展。

6.数据中心服务器

采用5台高配置、高性能PC服务器,通过虚拟化、私有云技术,灵活配置出多台高可用性虚拟服务器群,作为全校各种应用的计算中心、数据中心。承担全校各部门、各种业务的计算、存储任务。学校OA系统、网络教学平台等重要应用及它们的数据库管理系统运行于这些服务器中。

7.网络存储设备

采用一台2U机架式存储设备,作为全校数据中心的数据存储设备。存储设备通过6 Gbps高速数据线连接服务器HBA卡。灵活地将一台存储设备的空间划分为许多个LUN指定给各虚拟机使用。在一台存储设备主机箱放置多块廉价且性能较高的3.5英寸(8.89 cm)SATA磁盘,实现大容量的高速网络存储。存储设备支持多个磁盘柜级联,为以后扩充存储空间提供条件。学校的数字化教学资源和管理数据全部存放在网络存储设备中。

(五)条件保障

1.组织保障

成立了以校长为组长的数字校园建设领导小组,对数字校园项目建设工作进行整体设计。成立了由8名骨干教师组成的数字校园建设教师团队,负责推进数字校园具体建设项目。成立了数字校园建设指导委员会,聘请了数字校园建设方面的专家,对建设方案和建设过程进行指导,保证了项目建设的科学性和有效性。

2.制度保障

为确保项目建设顺利完成,学校制定并完善了《网络管理制度》《中心机房管理制度》《多媒体设备管理制度》等8个管理制度。在管理工作中切实执行规章制度,责任到人,保障硬件、软件、网络和资源的有效运行。

3.资金保障

为确保数字校园建设的持续开展,学校每年需安排专项经费用于数字校园建设及维护。

(五)建设与应用后效

经过三年的数字化校园建设,师生在教学、科研、管理、技术服务、生活服务等方面的信息化技术能力有了显著的提高,数字化校园建设得到了进一步完善。

(1)设备24小时不间断运行,能满足未来10年的业务应用需求。

(2)统一身份认证管理平台能有效对用户的上网行为进行监管、优化网络带宽,安全防范设备能防范非法入侵,确保校园网络的正常稳定运行。

(3)数字化校园平台为广大教师整理和链接了大量的、丰富多彩的教学资源,教师可根据学科特点、课堂需要以及自身发展的需求,进行资料的筛选和加工。

(4)数字化校园促进了师生间相互交流,丰富了教学模式,改善了学校的行政和教务管理。

(六)讨论与建议

在数字化校园建设项目中有以下几方面的建议:一是项目建设技术方案要先行,技术方案一定要通过科学的论证,确定科学、优化的项目建设技术方案;二是安全责任要落实,必须制订好施工方案,落实施工责任和项目建设施工的各个环节,保障安全,做到施工安全有序,保障项目建设质量;三是反复调试,认真验收,一定要把质量问题解决在验收之前。

五、重庆市两江职业教育中心校园网络基础建设典型案例

(一)实施背景

在智能化时代,数字化校园建设是中国未来校园的发展方向。职业学校的发展必须紧跟时代发展的脉搏,将数字化校园建设视为提升学校核心竞争力和加快具有多元化、个性化和开放性人才的基本保障。因此学校明确提出数字化校园建设项目,通过数字校园建设为现代化教学提供新的理念和方式,同时也不断改变着学校的管理、教学和发展模式。

(二)实施前的状况

2011年以前,重庆市两江职业教育中心校园网络的核心是一个路由器和两台PC。两台各配四块网卡的PC,一块网卡接路由器,另外三块网卡分别接三个子网,利用Windows server 2003平台,启用路由功能,实现内网和外网之间的数据交换,这种组网方

式效率低下,上网如蜗牛移动,老师、学生都不想用网络。为了改变这种状况,以高效、通畅、稳定为目标,我们对校园网络进行了重新规划。在2011年7月后,校园网络节点增加至一千个,采用星型拓扑结构来组建网络。根据本校的实际情况,我们对核心层、汇聚层、接入层的网络设备进行了合理配置。

(三)建设与应用标准

以促进学校教学的现代化、信息化,办公的自动化、无纸化为目标,建设稳定、高效的数字化网络平台,最大程度上实现教学、办公资源共享。

1.高效的计算机网络系统保障数字化校园的实现

(1)星型结构方式组织网络的优势是控制简单。任何一站点只和中央节点相连接,因而介质访问控制方法简单,致使访问协议也十分简单,易于网络监控和管理,故障诊断和隔离容易。中央节点对连接线路可以逐一隔离进行故障检测和定位,单个连接点的故障只影响一个设备,不会影响全网。该网络畅通的关键就是核心交换机的背板带宽要足够大,交换数据包的能力强,帧转发的速度快,并且交换机性能稳定,24小时全天工作,系统不崩溃,不重启。因此我们选择的核心交换机型号是H3C的7506E系列,汇聚层交换机型号选择H3C的5500系列,接入层交换机型号选择的是H3C的1800系列。外网出口上放置的是锐捷1600防火墙。学校校园网络拓扑结构如图3-3所示。

(2)学校师生使用的计算机接近1 000台,避免网内的广播风暴对校园网络的冲击,故划分了20个子网,校园内的核心服务器单独1个子网,教师办公群3个子网,学生机房15个子网。如图3-4所示。

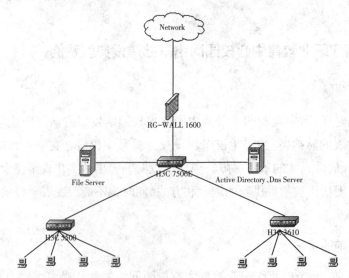

图3-3　重庆市两江职业教育中心校园网络拓扑结构图

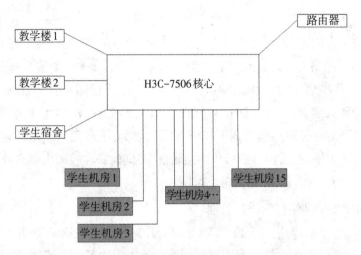

图3-4　校园网络子网分布

2.教学平台保障师生工作、学习

(1)通过信息化平台,提升教师应用信息技术的能力,扩展教师的视野,完善教师的知识结构,丰富教师的学习经验,充实教师的学习心得。

(2)在校园内,循序渐进地推进高效的现代化、信息化、无纸化办公。

(3)加强学生上网行为管理,提高学生信息化技术应用的能力,培养目的明确的自主学习意识,提高学生学习和探究的能力。

(四)实施过程

根据《职业教育数字化校园建设规范》,学校的数字化校园建设经历了立项、调研、最终方案确定、方案实施、工程验收、交付使用等过程,从交付使用至今,学校网络信息平台运行良好,达到了当初的设计要求。

(五)成果成效、推广应用

1.网络稳定,信息交换能力强

由于校园网的网络核心层设备是H3C-7506E型交换机,网络汇聚层设备是H3C-5500型交换机,因而网络稳定,信息交换能力强,24小时工作不死机、不重启。

2.师生能够使用诸多学校的资源

校园网内,我们在学校的核心服务器上配置了微软的活动目录(AD)+DNS+DHCP服务,对学生使用的计算机进行管理,对教师手机上网也进行管理,让学生和教师有条件地使用学校的文件服务器、FTP服务器、视频点播服务器、图书馆系统、校内评测系统等资源。

3.网络安全性提高

在网络安全方面,在核心交换机上启用了DHCP侦听功能,办公室内的计算机和教师的手机在使用网络时,设备获取的IP地址,只能由学校的DHCP服务器分配,教师办公室的无线路由器禁止使用DHCP功能,将办公室的无线路由器当成无线交换机使用。在外接的防火墙上,启用了防止冲击波的策略,禁止TCP/UDP协议中端口号在135至139区间的报文通过防火墙的内网口。在防火墙上,不启用网络地址转换(NAT)功能。定时登录防火墙,查看内外网接口的包转发率,同时关注校园内哪台计算机的上传和下载数据量过大,随时提醒教师和同学注意。

4.便于对学生的网络行为进行管理

学校对学生上网行为进行日常管理,学校的计算机节点数较多,因此不能让所有的计算机都同时上网,因此学校在校园网的网络设备中添加了防火墙,在防火墙上,网络管理人员根据需要,写下由防火墙到核心交换机上各个子网或者某个节点的路由,让这些子网和节点设备上互联网。教师上互联网必须认证,而学生机房的网段在城域网的行为管理器上是开放的,因此学校学生使用计算机的IP地址是静态的,学生上网必须在任课教师的监管下进行,而且学生在机房内的座位是上课教师根据学生的学号安排好的,若出现问题,便于追查。

(六)体会与思考

1.必须要有制度的保障

完善的规章制度是数字化校园运行的基础,信息技术工作人员与任课教师的积极配合是数字化校园安全运行的关键。

2.必须加强对信息技术人员的培训

随着信息资源的扩充,网络安全需要,平台功能的增多,要求学校对校园网络维护的经费要保证,对信息技术人员的业务培训要加强,对人员的管理要到位。

3.信息平台要服务于师生

对信息平台的应用是本项工作的核心,前期的投入,人员配备,使用期间的维护,都为它服务。校方应对平台管理人员的合理化建议应当重视,根据实际情况应予采纳,以便更好地为教师和学生服务。

六、重庆建筑工程职业学院智能DNS应用案例

(一)实施背景

目前,中国网络运营商有电信、联通、移动,以及教育网(中国教育和科研计算机网)。不同运营商之间带宽存在严重瓶颈,跨线路访问延迟非常明显。例如,电信用户

访问电信服务器非常快,访问联通或教育网的服务器却非常慢,甚至根本无法访问。这种现象不仅影响了网站的访问量,损坏了学校的形象,更严重的是直接影响了我们正常的业务,如学校的 OA 系统、教务系统、邮件系统,甚至是招生就业等重要工作。虽然行业主管部门已经在规划互通计划,但是今后相当长的一段时间内,互访问题还会存在。

近年来,国内各高校为了提高访问公网资源的速度,在接入中国教育和科研计算机网(CERNET)的基础上,纷纷接入了中国电信或中国联通等其他互联网服务提供商(Internet Service Provider, ISP),实现了校园网的多出口访问,从而解决了从校园网访问互联网速度慢的问题。但同时又出现了新的问题,由于国内各 ISP 直接的互联互通存在带宽瓶颈,导致不同 ISP 直接互访资源时速度不佳。例如,接入中国电信或中国联通的网络用户访问位于 CERNET 的高校教育资源时速度就变得很慢,这阻碍了区域优质教育资源共享的进程,降低了现代远程教育的质量和效益,使得大量优质的教育教学资源的受众范围大大缩小,在很大程度上影响了高校教育信息化成果的推广应用,也与学校信息化建设的目标严重抵触。

(二)实施前的状况

1.校园网运行现状

学校现有中国电信、中国移动、中国教育和科研计算机网三处互联网出口,其中中国电信出口链路作为 Web 服务专用线路,保障学校门户网站网络通信。现有校园网络系统拓扑结构如图 3-5 所示,校园网各区域通过网线就近接入楼层的接入交换机,通过光纤或网线汇聚到楼栋的汇聚交换机后,由单模光纤传输到信息化技术中心机房的核心交换机,形成校园网基础网络。

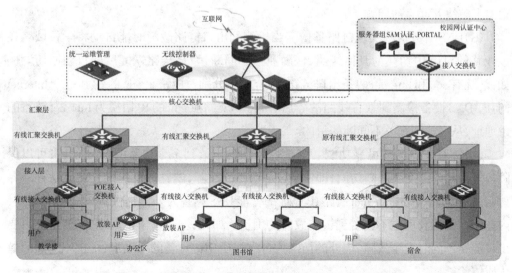

图3-5 重庆建筑工程职业学院校园网络系统拓扑结构图

2.业务系统建设现状

学校自开展信息化建设以来，陆续上线OA系统、教务系统、一卡通系统、学工系统、离校系统、迎新系统、后勤资产管理系统等业务系统，由于学校没有专用DNS设备，用户多采用IP形式进行内网访问，如有外网访问需求的一般使用NAT方式将资源映射到外网，通过公网IP+端口形式进行访问，给师生使用造成了极大不便，严重影响了各信息系统的推广使用。

(三)建设标准

1.建设目标

(1)实现出口负载。通过智能DNS设备，除实现外网对内网服务器访问的权威解析外，还提供内网对外网访问的递归解析，使用基于域名为目标的迭代查询条件指定一个DNS服务器IP，通过该功能实现指定运营商DNS进行递归查询地址列表中的域名，并返回指定运营商IP，实现负载。例如，监控发现网页视频流量占比较大，并且主链路电信链路已严重拥塞，而联通链路尚有较多剩余带宽，我们就将主流具有网页视频的网站域名解析转发给联通DNS，让其为这些域名进行递归查询，对方将会根据来源IP(联通)返回服务器对应的联通地址，根据路由表，内网用户访问这些视频网站就通过联通链路，从而达到出口负载均衡效果，缓解主链路压力，保障关键业务，提供高效服务。

(2)实现智能DNS解析。智能DNS设备根据来访用户线路的不同，通过把学校域名解析到不同线路对应的IP地址，有效控制用户来访所走的线路，达到电信用户通过电信来访，联通用户通过联通来访的效果，内网用户直接解析得到内网IP地址，在内部访问。通过这种方式，有效避免了不同运营商之间的瓶颈问题，充分利用多出口优势，从根本上解决互联互通问题。

(3)DNS断链检测实现链路备份。当检测到出口链路故障时能自动将学校域名在该线路的对应IP切换为其他线路，保障业务不间断运行，链路恢复后会自动回切。例如：学院有edu和Internet两条出口链路，www站点分别对应一个edu的IP和一个Internet的IP，DNS设备检测到教育线路故障后，可将www站点edu的IP切换为Internet链路的IP地址，从而达到服务不间断的目的。

(4)针对DNS的高可靠功能。当学校为DNS申请到多个线路的IP地址后，可以保障内外用户的透明不间断访问，即使学校教育链路故障，配置教育IP的DNS无法被外界访问，依然可以通过Internet线路IP地址的智能DNS设备为外界提供解析服务。同理，内部用户访问公网也不会受到链路故障的困扰。如此，增强了学校网络的健壮性，只要出口链路不同时发生故障，内外的访问均可在智能DNS设备的帮助下，提供不间断的最优质体验。

2. 建设原则

为了使方案更适合学校的需要和实际网络环境，方案设计遵循以下原则：

（1）高可靠性。智能DNS设备作为网络核心设备，系统是否可靠，直接关系到网络的稳定运行。智能DNS设备需具备HA功能，用双机热备保证网络服务的不间断运行，满足学校日益成长的需要。

（2）高性价比。考虑到学校的现状及未来的发展，在选用产品时，在可扩展性原则的基础上，充分考虑产品的性价比，在产品性能、产品功能和学校的需求达到平衡。

（3）产品安全性。产品的安全性是网络系统设计的基本指标，本方案所使用产品安全可靠，并有大量的客户使用案例。

（四）实施内容

结合学校网络的实际情况，经多方调研、比选，决定通过公开招标方式采购智能DNS设备。在项目实施阶段，我们利用智能DNS设备主要解决了如下问题：

1. 官方edu域名的智能解析

记录列表

选择	主机记录	TTL	IN	类型	优先级	记录值	线路
☐	www	3600	IN	A	0	172.16.251.1	内网
☐	www	3600	IN	A	0	61.128.158.235	默认记录
☐	www	3600	IN	A	0	180.84.87.1	中国教育网

图3-6　通过设备配置edu域名多线路智能解析

利用智能DNS设备实现我校官方域名www.cqjzc.edu.cn的多线路智能解析，通过上述设置，实现了利用智能DNS的智能解析功能达到互联网用户通过电信链路进行访问的目的，教育网用户通过教育网链路进行访问，内网用户使用校园网进行访问，达到最佳访问速度。如果某条线路中断，系统也会自动更换DNS解析结果，保证连接访问不中断。验证效果如下：

nslookup www.cqjzc.edu.cn 61.128.128.68

服务器：68.128.128.61.cq.cq.cta.net.cn

Address：61.128.128.68

名称:www.cqjzc.edu.cn

Address：61.128.158.235（重庆电信DNS解析结果）

nslookup www.cqjzc.edu.cn dns-a.tsinghua.edu.cn

服务器：dns-a.tsinghua.edu.cn

Address：166.111.8.28

名称:www.cqjzc.edu.cn

Address：180.84.87.1（教育网DNS解析结果）

nslookupwww.cqjzc.edu.cn 172.16.2.33

服务器：UnKnown

Address: 172.16.2.33

名称:www.cqjzc.edu.cn

Address: 172.16.251.1(内网DNS解析结果)

2.内网业务系统的域名解析

目前我校已上线多个业务,在没有智能DNS设备之初,用户多采取直接使用内网IP的方式进行访问,由于IP地址不便记忆,给用户使用造成了很大不便。如果需要将私网IP绑定到对应二级域名上,只能借助域名提供商的公共DNS解析系统将私网IP暴露到互联网中,同时用户端设备需保持与外部公共DNS的连接,存在一定安全隐患。借助DNS智能设备,我们可以利用设备的内网解析功能将需要绑定域名的IP进行绑定操作,同时配合DHCP在内网中下发DNS记录,实现纯内网环境下的内部DNS解析。

nslookup jw.cqjzc.edu.cn 172.16.2.33

服务器：UnKnown

Address: 172.16.2.33

名称:jw.cqjzc.edu.cn

Address: 172.16.249.2

(内网环境下的教务系统域名解析)

nslookup jw.cqjzc.edu.cn

*** Can't find server name for address 100.100.2.138: Non-existent domain

Server: UnKnown

Address: 100.100.2.138

*** UnKnown can't find jw.cqjzc.edu.cn: Non-existent domain

(外网环境下的教务系统域名直接无法解析,保证了内网IP不泄露)

3.配合智能DNS设备+Nginx实现业务系统外网访问

因业务需要,学校部分业务系统需要对外开放访问,但由于学校公网IP资源有限,传统方式只能通过NAT端口映射的方式实现,由此存在一个内网URL和一个外网URL的现象,用户体验较差。通过智能DNS设备和Nginx反向代理的结合,我们可以达成在公网IP资源有限的情况下使用单一域名内外网只能解析的目标。

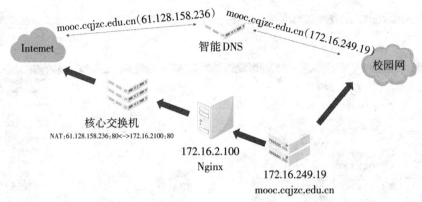

图3-7　智能DNS设备+Nginx实现稀缺公网IP条件下的内外网单一地址访问示意图

```
server {
        listen 80;
        server_name mooc.cqjzc.edu.cn;
        location / {
                proxy_pass http://172.16.249.19;
                proxy_set_header Host $host;
                proxy_redirect off;
                proxy_set_header X-Real-IP $remote_addr;
                proxy_set_header  X- Forwarded- For  $proxy_add_x_forward-
ed_for;

                proxy_connect_timeout 60;
                proxy_read_timeout 600;
                proxy_send_timeout 600;
        }
}
```
（Nginx配置文档）

4.学校邮件系统的分组域名配置

学校于2017年9月购买了第三方企业邮箱服务,计划为全校师生提供校园邮箱服务。为了便于管理,我们利用智能DNS的域名管理功能在原有cqjzc.edu.cn域名下新增stu. cqjzc.edu.cn子域,配合域名解析的MX记录,实现教职工邮箱和学生邮箱分开管理的目的。

选择	域名						状态	参部DNS	批量设置
☐	cqjzc.edu.cn						42	启用	
☐	stu.cqjzc.edu.cn						10	启用	

记录列表

选择	主机记录	TTL	IN	类型	优先级	记录值
☐	@	3600	IN	TXT	0	v=spf1 include:spf.163.con
☐	_dmarc	3600	IN	TXT	0	v=DMARC1; p=none; fo=1
☐	@	3600	IN	NS	0	dns.cqjzc.edu.cn.
☐	@	3600	IN	MX	5	hzmx01.mxmail.netease.co
☐	@	3600	IN	MX	10	hzmx02.mxmail.netease.co
☐	imap	3600	IN	CNAME	0	imaphm.qiye.163.com.
☐	mail	3600	IN	CNAME	0	mailedu.qiye.163.com.
☐	pop	3600	IN	CNAME	0	pophm.qiye.163.com.
☐	pop3	3600	IN	CNAME	0	pophm.qiye.163.com.
☐	smtp	3600	IN	CNAME	0	smtphm.qiye.163.com.

图3-8 域名分组

图3-9 校园邮件系统

(五)条件保障

为了保证学校智能DNS项目工作持续、健康、有序、有效地开展,学校做好相应组织保障、制度保障、资金保障、管理保障、人才保障、技术保障、安全保障方面工作的落实,以确保整个建设计划全面顺利地实施和推进。

(六)实施后效

通过本项目的实施,成功实现了学校官方edu域名的智能解析,解决了长期以来困扰学校的内网业务系统的域名解析及稀缺公网IP资源条件下的单一地址访问问题,保障了学校校园邮件系统顺利上线。本项目实施后,公网用户对学校校园网服务器的访问速度有了显著提高,为学校对外宣传和招生工作的开展助力。

(七)讨论与建议

在实施部署时,除了部署位置及部署方式上的考虑外,还应考虑的其他因素有:

(1)DNS的解析能力:同其他设备一样,智能DNS系统也具有自身处理能力的上限,包括并发数、同时在线用户数等等,因此在链路上部署智能DNS系统时,应考虑上述参数对设备性能的影响。

(2)单点故障:选择双机部署,一旦发现其中一台发生故障,另一台要能够保障处理故障这段时间正常业务的进行。

(3)此外还要考虑智能DNS系统发生失效时,对网络的总体影响。

第四节　重庆职业教育网络基础建设研究论文

网络技术在职业院校教学与管理中的应用研究

赵小冬

（重庆三峡职业学院信息中心）

【摘要】在"互联网+"和大数据背景下，网络技术已广泛应用到人们学习、生活、工作等各个领域。作为与社会经济紧密联系的职业院校已在教育信息化应用方面取得了很多经验。本文在此基础上探讨了网络技术在职业院校中的具体应用，分析了职业院校在网络建设方面存在的问题，并提出了对策。

【关键词】网络技术；职业院校；应用研究

当今世界，信息技术日新月异，以数字化、网络化、智能化为特征的信息化浪潮蓬勃兴起。随着"互联网+"被纳入国家战略，互联网正以前所未有的速度改造着各行各业，教育行业也不例外。互联网打破了权威对知识的垄断，让学校教育从封闭走向开放，使学生可以随时随事随地都能获取想要的学习资源。教育现代化的进程，变成为用现代信息技术持续不断改造教育的过程。作为与社会经济紧密结合的职业院校，应抓住机遇，重视信息化建设，注重"互联网+教育"的深度融合，不断运用信息技术提升人才培养的质量，提高办学水平，完成职业院校教育现代化。

一、职业院校网络建设现状

党的十八大以来，我国职业院校教育信息化建设取得了较大成绩，实现了"宽带网络校校通、优质资源班班通、网络学习空间人人通"，建设了教育资源公共服务平台和教育管理公共服务平台。各种网络技术和教育信息化产品广泛应用于教育教学管理中。教师信息技术应用能力得到明显提升，学校信息化技术水平得到了显著提高，教学方式更加多样，学生满意度进一步提高。校园网络建设与应用快速推进，为新时代教育信息化的进一步发展奠定了坚实的基础。

二、网络技术在职业院校中广泛应用

（一）网络技术在教育教学中的广泛应用

随着计算机网络技术在校园中的广泛应用，网上教学这种新教学方式如今已成为职业院校重要的教学手段。网络平台可为教师提供教学空间，为学生提供学习空间。

平台配合教学资源库,可以存放教学资源,可以让学生自由进行课程学习。平台提供题库,可按教学知识点对学生进行在线测试,检查学习效果。平台还提供讨论区,可以方便师生进行互动教学和在线答疑,也可让学生之间进行学习讨论。

平台大多可同时支持台式电脑,也可支持手机、平板等移动终端,让学生在不同场景都能够方便使用,这有利于学生充分利用碎片化时间进行泛在学习。

(二)网络技术在学生管理中的广泛应用

随着网络信息技术高速发展,许多职业院校都针对学生的管理陆续建立起了许多业务系统,如数字迎新系统、学生管理系统、离校管理系统、校友管理系统。学生从入学到离校成为校友全过程的管理都采用信息化方式。

网络信息技术的深度应用极大地方便了师生,不但大大提高了学生管理的效率,也提高了管理的科学性。针对近年来大学生心理问题增多的情况,许多高校还建立起了大学生心理教育信息化系统,开展学生心理健康测评,开展网上心理咨询预约和心理健康辅导,有针对性地对有心理问题的学生进行及时干预和疏导。

(三)网络技术在行政办公中的广泛应用

目前,许多职业院校都建立有学校的门户网站、官方微博和微信公众号。通过这些平台对外展示学校形象,发布权威信息,开展宣传教育,提供线上服务。师生利用电脑、手机等终端设备可以随时随地进行信息查询、业务咨询和意见反馈。

在职业院校行政管理中,有很多业务事项都需要审批才能实施。采用传统的纸质流程审批费时费力,师生意见较大。现在,借助网络信息技术建立协同办公系统,师生通过平台流程操作可以足不出户即可办理业务。部门工作人员也可通过手机随时进行审批,大大提高工作效率。协同工作平台的使用,真正实现了"让数据多跑路,让人少跑腿"的效果,受到师生的欢迎。

(四)网络技术在校园生活中的广泛应用

随着智慧校园建设的不断深入,大多职业院校无线网络实现了全覆盖,师生可以在校园各个场地方便地进行网上冲浪。校园一卡通功能也得到进一步增强,将学生证、借书证、出入证、消费卡、银行卡的功能集于一身,实现一卡在手校内畅游。学生寝室还建立了智能水表和智能电表管理系统,新增自助洗衣机、自助热水、自助证明文件打印等多种方便学生的服务。

三、网络技术在职业院校应用中存在诸多问题

(一)重硬件建设轻软件应用的现象较为突出

近年来，随着对信息化工作的重视，许多职业院校都制订了信息化建设规划并正在分步骤实施。从目前大多职业院校的信息化建设成果来看，多数还停留在硬件层面，主要体现在校园无线网络建设，智慧教室、智能安防、云桌面实训机房建设上，在信息化教学平台、在线开放课程、大数据应用分析、虚拟仿真应用上还建设得不够。

(二)信息安全建设不够

2017年6月1日起开始实施的《网络安全法》已对各单位网络信息安全建设提出了具体的要求。职业院校对自己开办的门户网站和信息系统负有安全管理的责任。然而我们很多职业院校的网络信息安全建设严重滞后于业务系统的建设，校园网络和信息系统存在很多安全漏洞，存在较多信息安全隐患。如部分学校数据中心没有UPS电源，无法应对突发停电保障系统的不间断运行，没有部署防火墙，无法应对外部的安全威胁，没有灾备系统，无法保证信息系统的数据安全。

(三)教师信息化应用能力有待提升

先进的信息化教学设施要在师生使用过程中才能发挥其作用。相对传统的教学方式，信息化方式教学要求教师除了要加强学习，还要投入更多的精力进行教学改革思考和教学资源准备，工作量增加极大。但很多职业院校没有相应激励制度和政策，导致教师对采用信息化手段进行教学改革的热情不高，信息化教学普及阻力较大。

四、网络技术在职业院校有效应用的改进策略

(一)加强信息化应用建设

以服务学生为宗旨，以"互联网+教育"深度融合为重点，不断加强教育信息化内涵建设，着力开发优质信息化教学资源，积极探索慕课、微课、翻转课堂等新型的教学形式，开发移动端应用程序，利用手机开展泛在学习，实现师生互动和在线辅导，让教师可以了解每个学生，指导每个学生，提升学生的学习体验和学习效果。

(二)加强制度建设和信息安全建设

要加强职业院校网络信息安全制度建设，建立校园网管理制度、用户管理制度、设备管理制度、信息发布制度、安全值班制度等一系列制度。进一步落实网络信息安全技术防护的设备和措施。开展信息系统等级保护测评，找出学校信息系统的安全隐患，让信息安全公司指导学校有针对性地进行信息安全建设。加强信息安全知识教育，利用

课堂、班团活动、班会、宣传栏、网站、微信微博公众号等多种渠道进行信息安全知识宣传,增强全校师生的网络安全意识,提高师生网络安全防范能力。

(三)强化教师培训,提升教师信息技术应用能力

具有高水平信息化应用能力的教师队伍是发展"互联网+教育"的基本保障。职业院校应通过制度要求和政策激励等多种措施,积极引导和支持教师运用信息化手段开展教育教学活动。在不断打造先进的信息化教学环境的基础上,要多渠道开展教师培训,要依据教师自身的发展和学校教育信息化环境实际,拓展和丰富教师培训内容,拓展教师培训方式,引导教师主动将互联网与教育教学相融合,通过专题培训、教研活动、集中培训、信息化教学大赛、案例分析等方式开展以教学实践能力为导向的教师培训,从而有针对性地提升教师的信息技术应用能力。

党的十九大做出中国特色社会主义进入新时代的重大判断,开启了加快教育现代化、建设教育强国的新征程。站在新的历史起点,我们要不断学习研究最新的网络信息技术,将其与职业院校的需求结合起来,不断改善校园的信息化环境,丰富信息化教学手段,提升服务师生能力,提高学校人才培养质量。

参考文献:

[1]陆健,白文翔.网络技术对高校行政管理的影响研究[J].吉林省教育学院学报,2017,33(01):68-70.

[2]孙艳雪.现代信息技术在职业教育教学中应用研究[J].现代交际(学术版),2017(05):145-146.

[3]韩国新.大数据技术在职业院校教学管理中的应用研究[J].信息与电脑,2017(11):163-167.

重庆职业教育网络队伍建设现状调查研究

姜正友　李先宇　伍美玲　廖伟　郭功举　许艳　王云飞

（开州区职业教育中心）

【摘要】为了解重庆职业教育网络队伍建设现状，通过对网络队伍人员专业素养、机构领导力、工作负荷、培训发展及综合意见评价5个方面进行问卷设计与调查分析，找到问题并寻求对策，达到对重庆职业教育网络队伍建设的全方位了解。

【关键词】职业教育；网络队伍；现状调查

《国家信息化发展战略纲要》（2016年）将"优化人才队伍，提升信息技能"作为"大力增强信息化发展能力"的重要组成部分，而网络队伍的可持续发展更是教育信息化乃至教育现代化的重要驱动保障。然而，目前职业教育网络队伍的发展还面临许多困境，比如人才数量缺口大、人员结构不合理等，这与各级各类学校信息化发展的需求不相适应，与教育现代化宏伟目标的要求相比尚有较大差距。为此，我们对重庆市职业教育学校的网络队伍建设情况进行了抽样调查和研究，提出一系列配套政策建议，以期加快推进学校网络人才队伍建设，为教育信息化的发展提供有力保障。

一、调研设计

（一）调研范围及对象

本调查是针对重庆市职业教育网络队伍建设情况所进行的全面调查，笔者在重庆市内根据区域及学校发展情况共选取了重庆市女子职业高级中学、渝北职业教育中心、黔江区民族职业教育中心、云阳职业教育中心、开州区职业教育中心这5所中职学校进行调研。调研对象主要为校级网络建设分管领导、网络管理中心教师，以及部分辅助网络管理工作人员。

（二）调研方法

1.问卷调查

为掌握职业教育网络队伍建设最新鲜最有说服力的现实情况，笔者运用问卷调查方法对重庆市5所中等职业学校进行调研。调查共发放问卷200份，每所学校发放问卷40份，有效回收176份，回收率为88%。通过对有效数据的收集和整理，来综合分析重庆市职业教育网络队伍的建设现状。

2.个别访谈

为了解职业教育网络队伍建设的详细情况，对各校管理者和网络管理人员进行了个别访谈,现场对访谈内容进行笔录,并及时进行整理,访谈对象包括分管领导2名、网络管理中心教师3名。

(三)问卷内容和设计

本次调研内容涉及领导和教师对学校网络队伍建设评价、建设参与情况以及人员的培训发展情况,问卷主要围绕当前中职学校网络队伍建设的基本情况进行设问,主要包含网络队伍人员专业素养、网络队伍机构领导力、网络队伍人员工作负荷、网络队伍人员培训发展和网络队伍建设意见及评价5个维度。

经过对已有文献的大量查阅发现,目前国内外还没有标准的针对职业教育网络队伍建设的相关问卷,又由于此项建设与学校的实际情况紧密联系,具有很强的校本性,因此,本研究采用了自编的《重庆市职业教育网络队伍建设调查问卷》。由于本研究主要是针对重庆市职业教育网络队伍建设的定性调查,并未涉及量化指标的测定,因此未对问卷做信度和效度分析。但为尽量确保问卷内容的针对性和科学性,笔者事先随机抽取了一个学校进行预测,并根据结果对问卷进行了修订。

本调查问卷的问题设计是采取开放式问题与封闭式问题相结合的方式,共15题。其中单选题9道,多选题2道,填空题3道,最后一题为开放性文字题。封闭式问题主要针对网络队伍建设情况的直接评价来设计,开放式问题主要围绕调研对象对本校网络队伍建设的评价及建议,比如针对网络管理人员在哪些方面需要加强,该类题多为不定项的多选题。

(四)访谈内容和设计

本次访谈内容主要围绕各学校网络队伍建设情况进行记录,和分管领导的访谈内容主要包括建设理念、建设现状及发展预期。和专任教师的访谈内容主要包括工作现状、工作负荷、工作评价等内容。

二、调研过程

(一)问卷调研流程

确定问卷调研对象→问卷发放→问卷回收→问卷整理与分析

(二)访谈调研流程

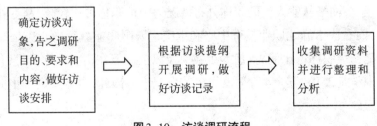

图3-10　访谈调研流程

三、调查结果分析

（一）网络队伍人员专业素养

表3-3 学历及专业调查

学校	大专及以下	本科	硕士及以上	网络信息及相关专业
重庆市女子职业高级中学	8%	82%	10%	75%
重庆市渝北职业教育中心	10%	84%	6%	84%
重庆市黔江区民族职业教育中心	22%	76%	2%	66%
重庆市开州区职业教育中心	16%	81%	3%	70%
重庆市云阳职业教育中心	20%	79%	1%	62%

在网络队伍建设专业素养程度中，两个重要因素就是学历和专业。虽然学历并非个人智力和能力的决定因素，但在一定程度上能反映其基本素质和学术修养。而在专业化程度方面，对口的专业更容易让事情做得专业化。在本次调研中，从调查数据显示来看，各学校绝大多数从业人员为本科学历、硕士及以上学历人数较少，学历水平较为一般。在专业方面，重庆市女子职业高级中学与重庆市渝北职业教育中心两所学校占比较高，为75%和84%。而另外3所学校都在70%及以下，这也进一步说明网络队伍人员有很大一部分由非专业人员兼任，专业化程度不高。

表3-4 网络队伍人员职称分布调查

学校	初级	中级	高级
重庆市女子职业高级中学	23%	52%	25%
重庆市渝北职业教育中心	24%	66%	10%
重庆市黔江区民族职业教育中心	31%	51%	18%
重庆市开州区职业教育中心	28%	56%	16%
重庆市云阳职业教育中心	21%	64%	15%

职称也是衡量教育行业的一个重要指标，在本次网络队伍人员专业素养职称方面的调研发现，学校网络从业人员的职称分布情况为中级职称占比较高，基本处于50%及以上的状态，而重庆市渝北职业教育中心和重庆市云阳职业教育中心更是处于66%和64%。其次是初级职称占比偏高，基本在20%及以上。但在高级职称上，只有重庆市女子职业高级中学是25%，其余4所学校都在20%以下。因此，也需要进一步促使网络队伍职称的均匀分布。

（二）网络队伍机构"领导力"

表3-5　机构"领导力"建设情况

学校	具有网络队伍管理机构	具有网络队伍领导小组
重庆市女子职业高级中学	有	有
重庆市渝北职业教育中心	有	有
重庆市黔江区民族职业教育中心	无	有
重庆市开州区职业教育中心	无	有
重庆市云阳职业教育中心	无	有

网络队伍管理机构是学校网络队伍建设工作得以推进和落实的基础保障，而有力的领导小组更是促使机构得以发展的重要航标。通过对5所学校调查显示，其中有2所学校具有专门的网络队伍管理机构，也具有对应的网络队伍领导小组，并且都来自主城学校。而另外3所来自区县的学校呈现的情况是都没有专门管理机构，但有网络队伍领导小组，因此也需要进一步加强网络队伍管理机构及领导的建设。

（三）网络队伍人员工作负荷

表3-6　网络队伍人员工作负荷调查

学校	比较轻松	比较饱和	负荷较重
重庆市女子职业高级中学	7%	79%	14%
重庆市渝北职业教育中心	4%	83%	13%
重庆市黔江民族职业教育中心	13%	75%	12%
重庆市开州区职业教育中心	12%	83%	15%
重庆市云阳职业教育中心	8%	84%	8%

尽管各学校网络队伍在职能定位、分工协同方面各有不同，但网络队伍岗位的设置和职责要求具有相同性，而普遍的现象是网络建设从业人员的工作负荷较高，加班、24小时应急保障等成为工作常态。根据问卷调查结果显示，5所学校网络建设从业人员的工作负荷大约80%处于比较饱和状态，还有接近10%及以上处于负荷较重状态。

表3-7　网络队伍人员工作报酬调查

学校	高	一般	低
重庆市女子职业高级中学	17%	72%	11%
重庆市渝北职业教育中心	18%	75%	7%
重庆市黔江民族职业教育中心	10%	78%	12%
重庆市开州区职业教育中心	8%	82%	10%
重庆市云阳业教育中心	13%	79%	8%

工作负荷与工作报酬是网络队伍建设两项极为重要的指标，在付出与回报的相对关系下，有利的报酬可有效减轻工作负荷的心理压力，较低的报酬也会在一定程度上增加工作负荷。通过调查显示，5所学校的工作人员均享受工作报酬，但70%以上人员认为报酬一般，10%左右的人员认为报酬较低，认为报酬较高的人员不到20%。

（四）网络队伍人员培训发展

表3-8　网络队伍人员培训调查

学校	年平均培训次数	年平均培训时间	培训层次	
			市级及以下	市级以上
重庆市女子职业高级中学	4次	17天	3次	1次
重庆市渝北职业教育中心	4次	18天	3次	1次
重庆市黔江民族职业教育中心	3次	14天	2次	1次
重庆市开州区职业教育中心	3次	14天	2次	1次
重庆市云阳职业教育中心	3次	12天	2次	1次

尽管从学校网络队伍人员个体出发，"提升经济收入"是个人职业发展最希望的改变，但是基于对学校薪酬政策的消极判断，"培训发展机制"仍是他们最期待的单位改革方向。根据调查显示，这5所学校年平均培训次数为3~4次，培训时间在12~17天，市级及以下的培训2~3次，市级以上培训1次。通过调研发现较多学校参与培训的次数及时间并不多，而且培训层次、级别也不高。

（五）网络队伍建设意见及评价

通过对开放性文字试题及访谈内容综合归纳，较多学校网络分管领导也深刻认识到现阶段学校网络队伍建设的问题，也在逐步尝试解决人员专业化、人员管理、人员收支等内容，有一定的发展规划及预期。对于较多网络管理教师和辅助管理人员而言，对现阶段网络队伍建设满意度一般，也希望从上至下能够给予相应的关注与支持。

四、网络队伍建设问题分析

（一）网络队伍专业素养不足

调查显示，从各学校网络队伍建设情况来看，普遍存在队伍专业化程度不高的问题，具体表现在学历水平一般、专业对口率不足、职称等级不高等方面。通过相关访谈内容，较多网络管理人员都是半路出家，对专业知识一知半解，只是摸着石头过河的状态。

(二)网络队伍机构"领导力"缺乏

据访谈,在领导力方面,5所学校只有2所设立专门的机构和领导。在绩效考评上,5所学校没有一所针对网络教育工作制定统一的量化指标和评价标准,致使无法对网络教育工作任务的完成情况、职责履行程度进行综合性评价。在管理方法上,5所学校大多采用常规管理的方法,缺少行政方法、经济方法、制度方法等。

(三)网络队伍人员工作负荷较大

通过相关访谈及调研,学校较多从事网络工作的教师皆身兼多职,因为教师职称晋级与教学成绩紧密相关,教师必须一方面从事正常的教学工作,另一方面又得兼顾学校网络运营,因此工作负荷较大。与此同时,强大的工作压力与不对等的收支回报也进一步深化网络队伍人员的工作负荷。

(四)网络队伍人员培养机制不够完备

就职业教育网络队伍建设的培训而言,参培人员应掌握现代网络教育工作手段。但目前较多培训内容脱离学校实际和现实需求,且商业气息过浓,大多停留在理论素养方面,缺乏对实践操作能力的培训。在培训形式上,一般采用半脱产短期培训形式,很少专门进行长期系统的培训,在培训人员选择上也具有很大的随机性。在培训次数上,也较少,而且培训级别并不高。

五、网络队伍建设对策与建议

基于上述调研结果及聚焦分析,要切实推进学校网络队伍建设,需要从思维意识、创新机制、注重培训、经费投入等多维度予以协同推进。

(一)从思维意识上提升对网络及队伍建设重要性的认识

学校信息化工作的规划与实施需要加强顶层设计,进行校级的统筹协调。目前尽管多数学校已成立了校级信息化领导小组之类的机构组织,但多数缺乏实际的工作机制,难以发挥实效。一些学校领导和师生用户对于网络工作和网络队伍仍存在种种误解,职能定位也往往相对模糊。这些因素不仅影响了学校信息化和网络队伍的发展,也使得一些网络从业者对自身价值产生了怀疑甚至自我否定。为此,有必要加强学校信息化及学校网络人才队伍建设的宣传和研究,将网络人才发展纳入学校总体发展战略规划中,营造关心、支持和参与学校信息化人才队伍建设的良好氛围,让更多的人真正地了解信息化、重视信息化,同时增强网络从业人员的职业认同感。

(二)从机制创新方面完善从业岗位标准和职称评聘标准

由于各校网络队伍的功能和职责不尽相同,对于教育信息化岗位的类型、结构、配备比例、职责任务和任职条件等,也无统一的规范要求,很多学校的网络队伍建设还处在探索或者不被重视的尴尬境地,有的学校甚至没有配备专职网络人员。对此,需要建立健全教育网络岗位设置标准,让学校在定编定岗时具有更加可量化的操作依据,同时,对现有从业人员工作职责进一步明确,使其工作目标更明确、负荷更合理。网络从业人员普遍比专职教师晋升更加困难,许多从业人员在获得中级职称或者科级职级以后即进入职业倦怠期。制定、完善适用于网络人才队伍的职称评定和岗位聘任体系,以吸引有专业特长的优秀人才,推动信息化队伍整体水平的提升显得尤为紧迫。对网络从业人员的职称评定须注重对实事、实效、实绩的考查,并且可以结合行业特色,将专业技术资格或技能认证、软件著作权等纳入评定指标体系。

(三)从业务上加强从业人员的专业技能培训

学校网络队伍的专业性要求很高,在许多学校也是将其主体定位为专业技术人员。而根据调查反映的情况,目前学校教育网络从业人员的学历还有待提升,有必要通过对教育信息化专职或兼职的校级领导、中层管理人员等进行教育技术能力和信息化领导力方面的定期培训,提升领导层的信息化规划能力、管理能力和执行能力;有必要建立健全相应的专业技能和职业素养培训机制,为学校网络人员提供形式多样的培训,使团队战斗力的提升与个人发展同步。

(四)从经费投入方面保障人才队伍良性发展

学校网络从业人员的薪资待遇与信息技术行业的整体水平相比存在较大差距,特别是对于具备一定工作经验的从业人员,在学校的薪酬体制内"后劲不足"。由于职业岗位的要求,他们面临着人手紧张、任务繁重、工作时长偏长、应急响应要求高等诸多工作压力。叠加作用之下,导致学校信息化部门留人难、进人难,吸引高水平的人才更难。这不利于学校网络人员队伍的良性发展,也将对学校信息化当前和今后的发展造成不利影响。

基于科学合理的岗位、薪酬、绩效、激励政策体系,建议各级单位要加大网络人才队伍建设经费的投入,构建科学的薪资结构,使学校信息化人才的薪资水平在一定程度上与市场接轨。有条件的主管机构或学校可探索信息化人才队伍建设专项经费与教育信息化经费的比例关系,形成学校信息化人才队伍建设经费投入保障机制。

总之,基于目前重庆市职业教育网络队伍建设的现状,建议从思维意识、机制创新、注重培训、经费投入等多维度予以协同推进,以提升重庆市职业教育网络队伍整体水平,提升重庆市教育信息化整体水平,为实现教育的现代化提供人才保障。

参考文献:

[1]胡锦涛.以创新精神加强网络文化建设和管理满足人民群众日益增长的精神文化需要[N].人民日报,2007-1-25(1).

[2]教育部、共青团中央关于进一步加强高等学校校园网络管理工作的意见(教社政[2004]17号文件).

[3]中共中央办公厅、国务院办公厅《关于进一步加强互联网管理工作的意见》(中办发〔2004〕32号).

[4]宋元林,陈春萍,等.网络文化与大学生思想政治教育[M].长沙:湖南人民出版社,2006.

[5]谢海光.互联网与思想政治工作概论[M].上海:复旦大学出版社,2000.

[6]孙观佑.网络评论员队伍建设与工作思考[J].现代商贸工业,2012(18):156-157.

[7]李志文,徐桂忠.网络评论员队伍现状与建设对策分析[J].农业网络信息,2009(6):64-65.

重庆职业教育网络安全管理的现状与对策研究

彭发明

（重庆华龙网集团有限公司）

【摘要】网络安全管理涉及技术、硬件的管理,更多地涉及人员岗位职责安排、安全管理制度、安全评估制度等。任何方面的疏漏都会使发生网络安全事件的可能性增大。本文从重庆市30所职业院校网络安全的现状分析入手,总结了其成绩与不足,并对其发展动因和存在问题做了分析和思考。

【关键词】网络安全;网络管理;网络安全管理;现状

网络安全,从狭义的角度看,主要是指计算机以及相应的网络系统和信息资源不会受到各种自然因素或者人为因素的危害,也就是说要保证计算机实体本身、网络系统软硬件以及网络中的数据不会受到各种形式的威胁,不会因为有意或者无意的原因而遭受到可能的更改、删除、泄露等,以确保网络系统能够正常安全运转。而从广义角度来看,凡是涉及计算机网络的软硬件及信息的机密性、完整性、真实性、可用性和可控性的各种理论和技术都属于计算机网络安全的范畴。

一、目前网络安全管理存在的问题

(一)忽视对网络安全技术人员的培训

很多院校对网络和安全设备等有形资产舍得投资,但对网络安全技术人员的培训等方面的投资却不够重视。好的设备需要掌握相关技能的人员操作管理才能充分发挥其功能,由缺乏技能的人员管理安全设备常常并不能起到安全保护作用。配置不当的网络和安全设备本身也有可能成为攻击对象,例如,使用telnet、http等非安全方式登录管理设备,未限制或关闭设备本身的Finger服务、TFTP服务等。

(二)网络安全管理制度建设缺乏持续性

网络安全管理是一个动态的系统工程。网络安全管理制度需要根据网络安全技术的发展、业务系统的发展而更新改进。网络安全管理制度既体现网络安全管理者对团体成员的行为标准的要求,又建立了一个保证安全策略及时下发实施的上传下达的通道,保证重大紧急事件的及时处理。例如,安全事故处理流程既要规定各级管理人员能够自行处理的事件的级别,又要规定事故汇报请示流程,保证领导层能够掌握重要安全事件处理进度,及时做出决策。

(三)在网络安全评估量化方面存在困难

现在存在很多以量化指标衡量网络系统安全程度的方法,如以网络系统中各个分量的重要程度、被入侵的概率等作为权重来计算整个系统的安全量化指标,或者以系统从受到攻击到入侵成功所需时间来衡量其安全程度。这些方法对于网络安全系统的建设和评估具有重要指导意义,但是由于现实中网络安全涉及的不可控因素太多,这些衡量方法的使用效果并不总是令人满意。网络安全服从"木桶理论",一个系统中的安全短板决定着这个系统整体的安全程度。不当的安全评估量化方法无法准确评估一个系统的安全程度,无法给领导层和网络安全管理人员以正确的回馈。

二、网络安全管理建议

(一)细化网络安全管理

第一,根据业务特点和安全要求,对整体网络进行物理和逻辑安全分区,在安全区域边界设置访问控制措施,防止越权访问资源。对于不同安全需求,可以采用单独组网、网闸隔离、防火墙等安全设备隔离、静态和动态 VLAN 逻辑隔离和 ACL 访问控制等方式。在服务器等重要区域可以增设 IPS 或 IDS、Web 防护设备、网页防篡改系统等,增强保护力度。

第二,加强对 IP 地址和接入端口的管理。在条件允许的情况下,对于平时位置和配置固定的服务器和 PC 机,采用用户名/密码/MAC 地址结合网络接入设备端口的身份验证策略,强制用户使用分配的 IP 地址和接入端口,不允许其随意修改。对于暂时不用的交换机端口应该予以关闭,避免外来计算机随意接入内部网络。

第三,网络安全管理人员的管理权限、管理范围必须界定清楚,网络安全设备的操作日志必须保存好。网络和安全管理人员的管理权限和范围根据各人的职责分工、管理能力进行划分,保证每位管理人员必要的操作管理权限,同时防止设备管理混乱。网络安全设备操作日志应详细记录每个操作人员的操作,需要时应该可以追踪到所有操作人员的操作过程。

第四,以统一的安全管理策略利用安全设备和安全软件进行监管,减少人为干扰产生的例外情况。安全策略部署中的例外情况日后往往会成为安全隐患。例如,一些人员以各种借口拒绝在其工作用机上实施安全策略,或者需要开通特殊网络服务等。对于无法避免的例外情况应该指定专人负责记录、提醒、监督相关管理人员及时更改和恢复。

(二)合理安排岗位职责

在一个大中型局域网中,网络管理人员不但需要保证重要服务器、存储设备、门户网站等的网络畅通,而且常常需要担负IP地址规划、员工机器网络故障处理、网络系统升级改造、设备维保管理、机房环境管理、最新网络和安全技术跟进、新型网络和安全设备测试等诸多事项,所以一般无法做到单人单岗,人员的职责划分难免出现重叠区域。对于这种情况,应该按照重要程度对各岗位职责进行等级划分,把关系全局、实时性要求高的应用系统、数据存储系统等关键网络应用系统的网络安全保障作为关键工作,指定2~3人重点负责,并且把关键工作的维护人员之间的分工合作方式以制度的形式确定下来。

(三)管理层的重视和支持

首先,网络安全问题的暴露都具有滞后性,安全管理缺位造成的影响短期内并不一定能够显现出来,但是长期持续下去必然导致安全问题的发生。领导层应该对网络安全建设常抓不懈,并以制度的方式予以保证。

其次,网络安全基本数据、各部门对安全的需求等基础信息收集工作的开展常需要管理层的支持和协调,网络和安全管理策略的实施更是离不开管理层支持。目前网络安全很多威胁不是来自外部,而是源自内部安全知识的缺乏和对安全制度、措施的漠视。例如,个别内部机器不按要求安装主机安全软件、私自下载安装来源不明软件等。所以应该指定领导专门负责网络安全的实施和监督,配合网络安全部门技术人员完成安全措施的部署落实,做好网络安全的定期检查工作。

(四)强化报警和应急机制建设

美国ISS公司提出的动态安全模型P2DR(Policy,Protection,Detection,Response)认为,安全就是及时检测和响应,及时检测和恢复。对于需要保护的目标系统,保证其安全就是要满足防护时间大于检测时间加上响应时间,在入侵者危害安全目标之前就能被检测到并及时处理,安全目标系统的暴露时间越小系统就越安全。要提高系统安全程度,就要提高系统的防护时间,减少攻击检测时间,提高应急响应速度。

三、重庆职业教育网络安全现状

(一)计算机网络自身所存在的问题

随着重庆职业教育信息化大规模普及与飞速发展,使得校园网络的计算机终端接入量急剧增加,网络拓扑结构也随之变得复杂,从而产生了结构设计与网络节点之间的矛盾,存在一定的不稳定因素。网络自身架构主要是保证网络系统的安全,而计算机操作系统和应用系统本身就存在着不同程度的安全漏洞及隐患。与此同时,很多计算机病毒也伴随着系统漏洞产生,使得不法分子利用系统中所存在的部分漏洞进行入侵,这些问题都对计算机网络安全构成了巨大威胁。

(二)缺乏自主的计算机软硬件核心技术

我国的计算机网络所使用的各种软件、硬件基本上都是进口产品,尤其是核心关键设备和软件,比如多的交换机、操作系统等都属于舶来品,我国未能自主掌握这些核心技术,必然造成计算机网络成为很容易遭受打击的玻璃网络。

(三)安全意识淡薄

职业院校师生对网络安全知识了解甚少,安全意识淡薄,U盘、移动硬盘等存储介质随意使用;职业院校师生上网身份无法唯一识别,不能有效地规范和约束师生的非法访问行为;缺乏统一的网络出口、网络管理软件和网络监控、日志系统,使学校的网络管理混乱;缺乏师生上网的有效监控和日志;计算机使用还原软件,关机后启动即恢复到初始状态,这些导致校园网形成很大的安全漏洞。

(四)网络病毒攻击

网络病毒是指病毒突破网络的安全性,传播到网络服务器,进而在整个网络上感染,危害极大。感染计算机病毒、蠕虫和木马程序是最突出的网络安全情况,遭到端口扫描、黑客攻击、网页篡改或垃圾邮件次之。校园网中教师和学生对文件下载、电子邮件、QQ的广泛使用,使得校园网内病毒泛滥。计算机病毒是一种人为编制的程序,它具有传染性、隐蔽性、激发性、复制性、破坏性等特点。它的破坏性是巨大的,一旦学校网络中的一台电脑感染,病毒就很可能在短短几分钟中内蔓延到整个校园网络,只要网络中有几台电脑中毒,就会造成网络瘫痪。

四、应对网络安全问题的有效对策

(一)完善网络安全机制

一是身份认证机制,这是包括访问控制在内的各种安全机制的基础,任何用户在登录系统或者访问不同等级信息资源时,必须验证用户身份的合法性和真实性,在计算机网络中必须要综合考虑主机身份认证、节点身份认证和用户身份认证。

二是访问控制机制,依据具体策略或权限进行不同的访问授权,分为自主访问控制和强制访问控制两种。前者基于主体来限制对客体的访问,也就是让资源拥有者设定资源可以由哪些主体访问到,后者需要事先分配给所有主客体不同的安全级别,在访问时比较主客体的安全级别来决定是否允许访问。

三是审计追踪,将计算机网络上的各种情况都以日志的形式加以记录和管理,当出现安全问题时就可以及时追查问题的源头。

四是数字签名,用于证明消息的完整性、不可否认性。

五是密钥管理,要定期地更换密钥,加强密钥产生、分配和传递的安全性。

（二）加强系统访问控制措施

一是入网访问控制，为网络提供第一层访问控制，只有合法的且有权限的用户可以登录网络服务器，并可以进一步细化到控制入网的时间和地点等。

二是网络服务器的安全控制，让服务器设定为所有软件必须从系统目录上才能得到安装，其他位置都被禁止，而只有网络的管理人员才能够访问系统目录。同时要安装和配置必要的网络防病毒软件，不仅针对关键的服务器，还要控制电子邮件等传输信息的安全，并保持与最新病毒库的一致性。

三是强化防火墙功能，建立双层防火墙机制，外层用于实现包过滤等安全功能，而内层防火墙用于阻隔内部网络，并在内部与外部网络之间形成一个特殊的单独区域，外部网络也只能访问这个单独区域，而无法威胁内部网络。

四是目录安全控制机制，也就是详细设定每个目录或文件，以及子目录的权限控制，比如是否允许打开、修改或删除等，这样既能有效提高用户工作效率，还能有效控制非法用户的活动，加强计算机网络的安全性。

五是实施必要的数据加密，以保护各种敏感信息，使得即使非法用户获取到信息，也无法获得原文。

六是入侵检测，对计算机网络中存在或出现的各种可疑的行为或者行动结果，做出必要的、及时的响应，并进行记录和通知有关系统。

七是控制好网络端口，将网络服务器的端口都配置静默调制解调和自动回呼等，以加密和认证的方式来识别网络节点，并防止来自远端的自动拨号程序攻击。

（三）提高网络安全专业技术性

面对日益复杂的网络安全问题，院校对于专业的计算机安全管理技术人员的储备和引进是必不可少的，同时也应该重视提高现有网络管理人员的专业技能。参加定期网络技术培训、职业院校之间的网络管理互动交流等都能够不断提高管理人员整体技术能力，进而能更好地保障高校网络运行的环境安全。同时，校园网络管理部门应逐步健全网络安全管理制度，明确管理人员的分工职责，促使其能够更好地做好本职工作，提升网络管理人员操作的标准性和规范性。网络安全管理工作要变被动为主动，定期对校园内部的网络环境进行清理，对师生反映的问题及时进行处理，并做好后续维护工作，从而保证校园网络能够正常高效地运行。

（四）网络攻击防御策略

面对日益猖獗的计算机网络攻击，目前网络安全的技术主要包括计算机操作系统的安全配置、访问控制与数据加密技术、过滤器和防火墙技术、入侵检测技术等。对于校园网络来说，主要采取几项防御策略。

一是服务器操作系统必须及时更新修复漏洞,杀毒软件病毒库也需要及时同步更新;系统密码设置要有一定安全合理的访问策略和复杂程度,并更改文件共享的默认权限;服务器端口开放要严格控制,远程管理端口及系统密码要不定期变更,同时需要有相应的监控记录。除此之外,系统需要把重要的用户数据或文件存放到另外的文件服务器中,并经常备份。

二是访问控制是网络安全防范和保护的主要策略,主要是保证网络资源不被非法使用和访问。主要包括入网访问控制、网络权限控制、目录级控制以及属性控制等方法。数据加密是将系统的所有重要数据信息进行加密处理,将其真实信息隐藏屏蔽,防止信息数据被监听或窃取,从而达到保护网络数据安全的目的。

三是目前职业院校网络信息量非常丰富,也存在着一定的不良信息,校园用户有可能会无意中打开这些信息的链接在校园网上传播,造成恶劣影响。针对这种情况需要采用过滤器技术,对网络上的不良信息或网站进行拦截屏蔽。防火墙就是一道位于计算机与其连接网络之间的屏障,能够对计算机流入流出的所有网络通信进行扫描,从而过滤掉某些网络攻击,严格禁止来自外部网络对校园内部网络的不必要的、非法的访问。通过防火墙的控制设置,可以制定多种防御策略,保证网络服务的正常运行,不受未经授权的第三方侵入。

四是入侵检测技术是对防火墙的合理补充,使用入侵检测系统对网络进行监测,帮助系统对付网络攻击。它能够从校园网络系统中的若干关键点收集信息并进行分析,查看网络中是否有违反安全策略的行为和遭到攻击的迹象。入侵检测系统在发现网络被入侵之后会及时做出响应,包括切断网络连接、记录事件和报警等。由此看见,入侵检测是继防火墙之后的第二道安全闸门,在不影响网络性能的情况下能对网络进行监测,从而对内部攻击、外部攻击和误操作实时保护。

总而言之,加强校园网的安全管理是长期的、艰巨的任务,需要我们在思想上重视、管理体制上健全、安全管理上增大投入、技术上不断提高,对于校园网络的管理人员来讲,一定要提高网络安全意识,加强网络安全技术的掌握,注重对学生教工的网络安全知识培训,而且更需要制定一套完整的规章制度来规范上网人员的行为,充分发挥校园网络的管理与服务的作用。

参考文献:

[1]武法提.网络教育应用[M].第2版.北京:高等教育出版社,2011.

[2]姜闽虹.环境网络下北京高校教师教学状况研究[M].北京:北京理工大学出版社2009.

智慧校园平台信息安全体系研究

李俊　苟氏杰

（四川仪表工业学校　依能管理科学研究院）

【摘要】随着互联网的发展，信息化技术的不断推进，在各大职业院校中，对智慧校园平台的建设日趋强烈，然而系统的建设和意识的不足，为智慧校园平台安全埋下了巨大的隐患。本文尝试对智慧校园平台的主要安全问题，从事前预防、事中防御和事后应急处理几个方面进行安全体系的介绍。

【关键词】职业院校；智慧校园平台；安全体系建设

随着职业院校信息化建设步伐的加快和学校信息安全人才的缺乏，产生了日益严重的信息安全问题，而从应用软件信息安全的角度来讲，首先是要保障智慧校园平台的安全。目前智慧校园平台建设企业众多，在安全意识和防范手段上的差异很大，然而在一个开放式的校园环境内，智慧校园平台很容易成为黑客攻击的目标，给学校数据安全带来不可估量的损失。攻击者可以采用窃取用户的口令和数据库的信息，篡改数据库内容、伪造用户身份，还可以删除数据库内容、摧毁平台节点、释放计算机病毒等手段侵入学校网络和系统，影响整个校园的日常运作和教学活动。因此，我们必须采取有效的安全策略与技术手段来保护平台安全。

一、智慧校园平台的安全挑战

智慧校园平台与学校应用的其他系统平台相比，由于其自身的技术特点和使用特性使得智慧校园平台的安全管理较为复杂，具体体现在以下几个方面。

（一）平台应用人群规模较大

智慧校园平台是一个用户群体较大的软件，其使用人员分布较为密集。除校外的移动应用外，平台的大多使用场景都通过学校校园网络进行登录和操作，很容易被不法分子利用网络宣传或引导不适信息，引发群体事件，导致严重的社会问题。

（二）学校安全防范意识不足

由于学校的主要工作是教学和教研，这样的工作特点决定了学校的主要精力都投入在人才培养和科学研究中，忽视了对校园信息安全的重视。从目前大部分职业院校的网络和软件管理来看，虽然建立了专门的管理运维部门，但其管理还较为宽松，缺少安全防范意识和统一的安全防范制度进行规范和约束。平台在宽松的运行环境下，蕴藏着巨大的安全风险，必然会给安全管理带来难度。

(三)安全方面人才储备不足

学校信息中心(或信息化管理部门)都配备有专人对学校网络、设备、应用软件等进行统一管理与维护。但由于职业院校的师资较为紧张,很多信息中心管理维护老师都不是专职,还需要配合学校从事其他教学活动,造成信息中心人才缺乏,加之学校没有相关的安全制度规范,让智慧校园平台的安全保障更为艰难。

(四)学生安全防范能力有限

学生是最活跃的网络用户,对网络和信息化新技术充满好奇,勇于尝试。如果没有意识到后果的严重性,有意识和无意识地使用一些软件,如流光、冰河等黑客软件,就可能对网络造成一定的影响和破坏。

(五)学校安全防范能力有限

职业院校的许多教职工对电脑只有最基础的了解,因此对互联网上出现的病毒毫无警惕。如今的网络病毒传染力越来越强,反计算机病毒技术虽然也在不断更新换代,但总是比较滞后,每次病毒的大规模泛滥总使得人们疲于应付。如果职业院校的网络受到攻击,不仅会严重影响校园网的性能,甚至还会造成科研教学的损失。

二、智慧校园信息安全系统架构

智慧校园安全体系面对的威胁众多,在未知的情况下随时都有可能发生,它们有的来自内部,有的来自外部。所以,职业院校只有同时建立起内部安全体系和外部安全体系,培养人员的安全防范意识,加强学校网络及信息化应用系统的安全防范级别,才能提前有效规避潜在安全风险。

(一)内部安全

内部安全是学校整个安全体系的核心,是安全防范的重点,主要包括:管理流程、人员意识培养和安全运维体系的建立。这一切的目的,是保障学校资产的安全,保障智慧校园系统平台安全、网络安全、主机安全、物理安全及数据安全。

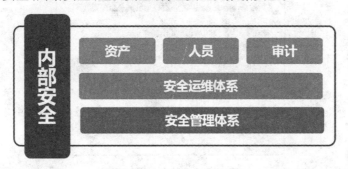

图3-11 内部安全体系图

（1）资产：包括应用系统安全、网络安全、主机安全、物理安全、数据安全、容灾备份及恢复等。

（2）人员：对技术人员、管理人员、教职工及学生进行必要的安全知识培训。

图3-12　人员安全培训

（3）审计：包括人员安全审核和资产安全审计。

（4）安全运维体系：包括安全事件监控、事件响应、事件审计等。其中对安全事件的监控需要完善安全事件标准化应对机制，以及做到日常设备和软件的日志监控。

（5）安全管理体系：包括信息安全管理、信息安全策略管理、信息安全风险管理。

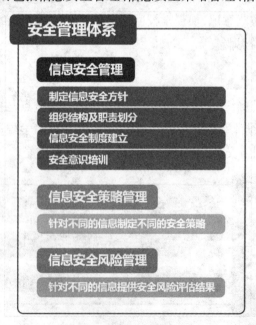

图3-13　安全管理体系图

(二)外部安全

外部安全隐患的来源复杂,具有不易防范、破坏力大等特点,所以,在所有的安全防范中,外部安全遵循"有规范、重防范、可追溯"的原则。外部安全隐患主要来自黑客攻击和外部系统及接口。

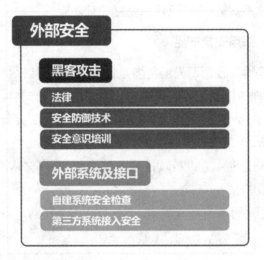

图3-14　外部安全防范图

三、智慧校园平台安全防范

面对上述安全隐患,必须采取有效的安全措施,通过一定的技术手段、安全策略来保护学校智慧校园平台的安全。下面我们从事前防御、事中处理、事后分析3个方面进行安全防范分析。

(一)事前预防,提升安全意识

第一,设置智慧校园平台安全标准,制定防篡改、防木马安全规范,提出监测和处理机制,本着"预防大于治疗"的方针,在事前充分准备,才可能在遇到安全问题的时候从容应对。

第二,辅助自动化检测工具,定期开展检查工作,采用自动运维平台,进行定期木马病毒检测和扫描,自动更新病毒库,提升病毒处理能力,在发现我们学校的资产受到威胁的时候,自动提示并且告警。

第三,平台防火墙针对非法和反动的内容进行过滤和屏蔽,防止SQL注入,渗透测试,查找操作系统和应用漏洞,是否挂木马,及时升级更新。

第四,文件防篡改。对智慧校园平台的系统文件进行签名保护,如果文件的数字签名发生变化,表示系统文件可能被篡改,通过平台安全管理中心,收集数据进行统计、分析,定期形成系统安全态势分析报告。

第五,请求平台所有访问日志,包括:来源IP、请求地址、浏览器类型和请求时间等,对访问日志进行归类和索引建立,通过安全管理中心,进行数据统计分析,形成安全态势报告。

第六,关键数据即时备份,做好云端备份、异地备份,让学校多年积累的信息资产在受到攻击之后,数据不被破坏,可以快速恢复并且还原。

(二)事中防御,采用安全产品

第一,计算机病毒在校园网内的传播是惊人的,破坏性也是巨大的,面对这种威胁,我们可以利用硬件防火墙访问控制列表,关闭135、139、445、4444等端口,预防"冲击波"等"勒索病毒"事件的发生,防止Ping Flood的出现。安全防火墙可以有效阻止病毒的攻击,也需要定期升级、更新安全库。

第二,平台安全管理中心进行攻击的预警控制,发现突然流量或者异常登录,平台自动告警或者限制访问。

第三,智慧校园平台本身带有WAF(网站应用级入侵防范系统)防火墙功能,对平台本身的工具具有一定的防范,比如:CC攻击、SQL注入等。

(三)事后应急处理,快速恢复

智慧校园网络结构日益复杂且日益开放,在信息安全能力建设到一定成熟度阶段后,通过业务安全态势感知监控预警平台建设,梳理基础设施安全基线,获取网络、主机、安全设备、应用支撑系统等安全态势。基于日常流量、威胁情报、日志、用户行为等数据,结合业务现状及特性,梳理业务应用的角色权限,测试业务应用可用性,发现应用漏洞,绘制并监测业务拓扑,实现业务安全态势的感知。多维度感知数据分布情况,梳理数据的操作角色与权限,监测APT(高级持续性威胁)、数据泄露等攻击威胁,发现数据库漏洞,实现对数据的安全态势的感知,保障数据完整性,防止数据泄露、丢失、篡改等。

在平台被攻击之后,能够快速自动恢复平台,保障数据不丢失,系统不受影,有效恢复智慧校园平台是对智慧校园平台的重要安全保障,在平台安全管理中,我们还要注意日志的收集,当出现安全事故时,如果有交换机等设备的日志信息,就可以通过查看日志、分析日志,找到攻击的来源,从而堵塞漏洞,将损失降到最低。

网络安全问题是一个全球普遍问题,安全防护设备和软件投入越多,安全也就越有保障。智慧校园平台的安全需要在建设时就要充分考虑,要规划设计安全方案和策略。再出现安全管理需要一定的计算机资源,既要做到网络安全可靠,又要不浪费资源和财力,保持网络畅通,系统运行正常。

参考文献:

［1］[美]Mark Stamp.信息安全原理与实践[M].张戈,译.第2版.北京:清华大学出版社,2013.

［2］张建标,赖英旭,侍伟敏.信息安全体系结构[M].北京:北京工业大学出版社,2013.

［3］吴晓平,魏国珩,陈泽茂,等.信息对抗理论与方法[M].武汉:武汉大学出版社,2008.

第四章

重庆职业教育网络平台建设与应用研究

第一节　重庆职业教育网络平台建设与应用研究报告

随着信息技术在教育领域的广泛应用,重庆各职业院校的信息化水平得到较大的发展。在信息化管理方面,许多院校都建立了教务系统、学生管理系统、人事管理系统、资产管理系统、办公系统等一系列管理平台。在信息化教学方面,多数院校都建立了教学资源库,建立了精品课程、网络课程、在线开放课程等一系列的课程平台、学习平台、交流平台。这些平台的使用,大大提升了职业院校的信息化水平,为学校的教育教学和管理服务做出了重要贡献。但平台由于建设标准各不相同,没有相应的管理接口,数据资源不能共享,极大地阻碍了职业院校之间的交流。子课题组在重庆市职业教育学会的领导下,总结30所共建院校信息化平台的建设经验,研究探索网络平台互联互通机制,运用最新的网络信息技术,搭建一个供全市职业院校共同使用的网络教学管理和交流平台,实现资源的共建共享。

一、研究目标

利用最新的网络信息技术,实现"互联网+职业教育"的深度融合,促进重庆市职业院校的信息化建设,实现优质职业教育网络资源共建共享,教育信息交流互通,重构学生的学习过程和体验。具体来说,一是探索优质职业教育网络资源共建共享机制;二是探索如何推进职业教育四个平台(网络资源平台、网络教学平台、网络管理平台、网络互动平台)建设,搭建满足重庆职业教育院校需求的网络课程平台,指导职业院校建设适应信息化发展的校园广播站、校园电视台。

二、核心概念界定

(一)职业教育

职业教育是指对受教育者实施从事某种职业或生产劳动所必需的职业知识、技能和职业道德的教育。

(二)网络

网络是由节点和连线构成,表示诸对象及其相互联系,是信息传输、接收、共享的虚拟平台,通过它把各个点、面、体的信息联系到一起,从而实现这些资源的共享。网络,简单来说,就是用物理链路将各个孤立的工作站或主机相连在一起,组成数据链路,从而达到资源共享和通信的目的。

(三)网络平台

网络平台涵盖内容较为广泛。本课题研究的网络平台是指利用计算机网络信息技术为职业教育教学管理提供服务的场所和条件,主要包括网络资源平台、网络教学平台、网络管理平台和网络互动平台。

三、研究的主要内容

(1)重庆职业教育优质数字化教学资源开发与共建共享研究。

(2)重庆职业教育网络平台建设与应用案例研究。

(3)网络技术在课程、教学管理中的应用研究。

(4)职业院校校园广播站、校园电视台建设与应用研究。

四、研究方法

本课题研究的主要方法是文献研究法、调查研究法、行动研究和案例研究法,即通过会议、专访、问卷调查及查阅资料等手段, 掌握了市内30所职业院校网络平台的建设与使用情况。

(一)文献研究法

通过查阅,搜集国内外关于教育网络平台建设与应用的研究成果及经验,为本课题的研究提供借鉴和参考。

(二)调查研究法

通过对30所职业院校的网络平台建设与应用现状进行调研,剖析重庆职业教育网络平台建设与应用中存在的问题,提出加强重庆职业教育网络平台建设与应用的对策。

(三)行动研究法

本课题以30所职业院校校园网的实际工作者为研究主体,以国家对职业教育信息化建设的要求为依据,以网络平台建设与应用实际需求为导向,根据总课题的研究目标,结合子课题研究的专题内容,按照"计划—研究—应用—反思—再修正研究—总结提炼"的行动研究模式进行研究,以解决职业教育网络平台建设与应用实际工作中的问题。

(四)案例研究法

选择重庆市职业院校,特别是30所共建单位中在网络平台建设与应用方面的典型案例进行持续观察、跟踪、分析和提炼,为课题研究提供典型个案,同时也为建设与应用一流职业院校网络平台奠定基础。

五、国内外研究情况

在线教学平台是开展网络教学活动的基础。经过近几年的发展,在线教学平台在理论和系统开发方面都取得了较多成果。

当前国外较为成熟和应用较多的在线教学系统有 Blackboard 系统和 WebCT 系统。Blackboard 系统几乎涵盖了在线教学所需的全部功能,且具有较强的扩展性,可以根据需求的变化以插件的形式增加系统功能;对于教学内容的管理采用与操作系统类似的文件夹管理模式,较符合用户的日常操作习惯,因此用户数较多。WebCT 系统开发较早,经过多年的开发,该系统的教学过程管理和教学资源制作发布等功能得到较大提升,市场占有率名列前茅。

近年来国内不少软件公司与院校合作,共同开发了多种在线教学平台,其中较为常用的包括北京校际通、江苏科建、清华网络学堂、vClass教学互动平台(北京师范大学)等。这些平台在功能上与国外的同类软件区别不大,但在性能、扩展性、友好度等方面还是存在较大差距。多数系统没有对学生的学习过程进行监控管理的功能,不能对学生的学习数据进行智能判断。

六、调研分析

2016—2017年,子课题组对重庆市30所职业院校,采用问卷和访谈的形式开展了网络教学平台应用现状的调研。

调研情况显示,在国家大力推进教育信息化改革的今天,职业院校对"互联网+职业教育"的理解日益深刻。学校逐步将教学、管理和服务的方方面面与信息技术进行结合,一大批信息系统被广泛应用于校园中。

在教学平台建设方面,90%职业院校建设有网络教学平台或教学资源库,主要采用慕课、微课、精品课程、课堂教学视频等形式展示课程。通过网络教学平台,教师可进行网上备课、上传教学资源,学生可进行课程学习、学习资源下载、在线测试、作业提交等。

在教学平台使用方面,几乎所有老师都认为网络教学平台应该建,有利于教学改革。但在平台的实际使用过程中,师生认可程度却不高,教师参与网络课程建设的少,平台整体使用情况并不好。具体原因有以下两种情况:一是一些学校在平台规划建设时没有充分考虑专业教师的需求,缺乏整体设计,导致建好的平台功能不完善,不能满足教师实际教学的需要。很多平台只是单纯的资源展示,只有信息发布和课程统计等简单功能,缺乏师生互动交流等设计,平台对学生的吸引力不强。二是部分学校在网络教学平台的建设上,重平台轻管理:平台建成后没有推广使用和后续的政策支持;有的学校师生就平台使用培训不够,部分师生不会使用;有的学校缺失配套的激励制度,教师对开发网络课程和教学资源的积极性不高,主动利用平台进行教学改革的动力不够。

七、研究成果

(一)建设了一个平台

经过一年多的研究、实践、反思及再实践，课题组在各中高职学校原有的共享型专业教学资源库、网络课程平台、在线学习平台、精品课程平台的基础上，建立了一个基于云计算的数字化教学资源管理与服务平台——重庆市职业院校课程管理平台。该平台由重庆航天职业技术学院副院长罗能牵头完成，已取得软件著作权登记证书，目前已投入使用，为职业院校师生提供专业课程学习所需的各种资源和在线学习服务，供院校、企业、社会，共建、共享、共用。

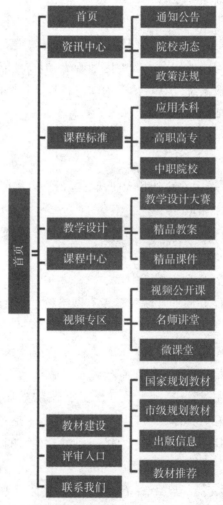

图4-1　重庆市职业院校课程管理平台框架示意图

(二)编写了一个指导方案

编写了《重庆职业院校校园广播站、校园电视台建设指导方案》,用于指导职业院校校园广播站和校园电视台的建设。

(三)形成一份案例选

在广泛调研的基础之上,征集完成了《重庆职业教育网络建设与应用典型案例选》的编写。

案例一:重庆市职业教育学会课题协同平台案例。通过重庆市职业教育学会课题协同平台,构建职业教育课题研究"资源+技术+服务"的整体知识服务解决方案。实现将知识管理初步融入科研和项目管理,面向研究全过程提供知识及成果管理、知识服务及协同工作环境,针对具体的研究任务提供场景化的知识服务,实现了职教学会、职业院校、科研人员的课题协同管理公平化、精细化。丰富了重庆市职业院校教育科研信息化管理手段,增强了重庆市职业教育学会的信息化服务能力。

案例二:重庆航天职业技术学院的信息化发展道路案例。介绍重庆航天职业技术学院信息化建设的实施背景、发展现状、建设标准和原则,重点介绍了服务器硬件、教学软件、校园网络基础设施建设,分享了信息安全和保障措施方面的一些做法,为其他学校建设提出了建议。

案例三:重庆市轻工业学校"两全两库三平台"校园信息化建设典型案例。介绍了该校进行示范校建设两年来,学校按照总体规划、分步实施、适度超前的原则,从校园信息化建设入手,创新探求"云端管理"职教运行机制,建成具有全时段、全方位移动终端的使用,完善的教学资源库和基础数据库,教学平台、管理平台和综合评价平台有效使用,高度整合的校园软件系统和集教学、管理、评价于一体的"智慧职校",实现师生间有效互动,促进职校办学质量提高,推动职校信息化发展。

案例四:重庆市南川隆化职业中学校信息化建设典型案例。介绍了该校建设校园网络及各种业务系统的过程。学校校园网络全覆盖,实现了计算机和打印机共享,配置了专业服务器,部署有教务管理软件、学生管理软件、图书管理等业务系统软件。

案例五:重庆市经贸中等专业学校打造"智慧校园"案例。介绍了重庆市经贸中等专业学校智慧校园建设的背景、建设目标和原则,重点介绍了建设实施过程,分享了信息安全和保障措施方面的一些做法,总结了取得的主要成果和经验。

案例六:重庆工业职业技术学院校园网建设案例。介绍了重庆工业职业技术学院校园网建设的背景、信息化现状和需求、建设目标与原则,具体的进度安排和条件保障,对建设后的效果进行了总结。

（四）五篇论文

一是《网络技术在职业院校教学与管理中的应用研究》，由重庆三峡职业学院赵小冬撰写。论文探讨了职业院校网络建设现状，对网络技术在职业院校教育教学、学生管理、行政办公、校园生活等多个方面的应用进行了深入研究，分析了网络技术在应用中存在的问题，并提出了改进的措施。

二是《网络教学平台在高职教学中实际应用分析》，由重庆航天职业技术学院杜柏村、罗能撰写。文章分析了网络教学平台在高职教学的应用。

三是《优质数字化教学资源的开发与共建共享研究》，由重庆工商学校杨宗武、李祖平撰写。文章从认识数字化优质资源入手，分析了优质数字化资源的优势，并对优质数字资源的开发、利用、共享进行了深入的研究，对数字化优质资源的优化设计进行了深入的思考。

四是《大数据时代中职学生管理工作模式探究》，由重庆市工业高级技工学校陶管霞、彭林撰写。文章从大数据时代背景特征及关键技术、传统的中职学生管理工作存在的问题以及大数据时代中职学生管理工作模式探究三方面进行论述，提出大数据时代中职学生管理的工作模式要实现从静态到动态的转变、从应急到预防的转变、从单向到双向的转变、从分散到协作的转变、从粗放到精细的转变。

五是《高职院校信息化建设中基于DBMS的"数据同步平台"的研究与设计》，由重庆航天职业技术学院罗少甫、朱丽佳和谢娜娜撰写。文章通过设计一个基于数据集中的数据同步平台来解决各应用系统之间的数据同步、数据安全及大数据分析等问题，解决了当前因平台的增加给信息化建设带来的数据管理和数据保存方面的困难。

八、平台建设中存在的问题

（一）平台数字孤岛现象严重

重庆市职业院校在教学管理、人事管理、后勤管理、学生管理、财务管理、资产管理等方面具有一定的信息化基础，也有各自独立运行的数据库。各职能部门都在信息化建设方面付出了大量的人力、物力和财力成本，基本实现了日常管理的信息化。但各职业院校之间和职业院校内部各处室之间基本未实现数据共享，各业务系统处于数据孤岛状态。由于各职业院校和院校内部各部门之间数据各自存储、各自定义，其运行环境、数据库系统、信息编码规则、业务流程定义等都执行不同标准，信息很难及时共享，影响了各职业院校之间、职业院校内部各部门之间的配合，相关部门数据采集成本和局限性增加，影响快速及时决策。

(二)平台安全性堪忧

校园网基础建设安全性不够,数据备份的安全性不高。部分学校机房或者服务器没有提供 UPS。整个校园网没有安全防护手段,无防火墙设备,对于来自校内及校外的安全威胁均无任何解决手段;重要数据没有良好的灾备。部分院校可以实现上网审计功能,但没有专门设置上网审计系统。部分院校没有规划无线接入,笔记本电脑、手机、平板电脑等新设备通过教师自主购买的无线路由器接入校园网,存在严重的安全隐患。数据备份以人工备份方式为主,工作烦琐,人工干预程度高且数据备份不全面,备份的有效性无法验证。备份方式难以适应学校持续发展的需要;随着招生规模的扩大,备份副本难以管理,人工无法成功备份一些数据,备份空间减少,维护工作量增大且存在着数据丢失的风险。

(三)平台管理能力不强,使用率不高

目前,重庆市职业院校普遍在网络教育资源的建设和使用上存在着重开发而轻应用的倾向。各院校都相当重视资源开发,投入的资金也比较多;但开发出来后,却很少有人研究资源的使用情况。例如,有的资源拿到了很高的奖项,却苦于无人使用。许多拿到名次的优秀资源,往往是昙花一现,其应用情况如何无人跟踪。又如很多院校都乐于开发自己的资源和使用自己的资源,常常把这作为树立学校形象、打造品牌的重要途径。

九、平台建设对策建议

(一)强化顶层设计

职业教育网络基础建设作为一项系统工程,不可能一蹴而就。要真正实现职业教育网络基础建设对教育资源平台及新兴技术的技术基础保障作用,必须在教育主管部门的组织协调下,共同攻关,相互协作,与各大通信运营商和各大技术、资源平台合作,实现职业教育信息的充分共享,最大限度地发挥信息化的优势,从而使信息化技术真正成为职业教育大发展的助推器,为职业教育质量的提高保驾护航。各职业院校在建设计算机网络(包括有线和无线网络)、校园监控和 IP 广播系统等时,既要整体规划共建共用部分设备及线路,又要考虑维护的难度,避免重复布线与设备投入,提高设备使用率。

(二)构建校内各类基础支撑平台,为建设优质数据中心打基础

建立可持续发展的、符合大数据需要的信息化建设标准。建设包括数据、身份、门户在内的基础支撑平台,通过顶层设计整合校内业务系统,形成一体化的信息化整体架构。优先解决信息系统由于分别建立而带来的数据孤岛和流程割裂问题,打通各部门

的信息壁垒。形成数据的共享互通、身份的统一认证、服务的统筹规划管理、信息的集中展示。

(三)以流程为依托,以服务为核心,建设校级业务流程中心和网上事务中心

在这个层级,基于基础支撑平台,面向校内各角色梳理并建立各类业务服务,建立事务处理平台,并根据不同的服务,对校内现有业务流程进行改造,打通各业务部门和应用系统,形成整体的、统一的业务整合和流程整合。为校内师生提供优质、高效的信息化服务。

(四)支撑学校未来信息化发展战略和趋势,完成信息化开发架构改造

基于统一平台和数据中心完成了校内业务融合和数据统一的建设,对校内整体信息化体系架构以模块化和组件化的方式进行全面的提升和改造,打造出开放的校园信息化新生态体系,不但能够满足校内人员对信息化的需求,而且便于外部服务供应商的导入、外部技术和外部服务的接入,最大限度地拓展校园信息化的内涵和覆盖面。

(五)建立优质资源网络共享

网络教育资源建设往往投入较大。如果一所学校独立建设、独家使用,成本相对较高,效益也较低,所以资源建设和使用必须考虑成本效益问题。因此相关行政部门应充分认识到资源重复建设造成的浪费,发挥其应有的指导作用,统筹规划教育资源,搭建统一的公共服务平台,有计划、有步骤地组织实施,注重协作、讲求创新,并统一规划职业教育资源的使用。又如立足学科发展的区域内资源共享机制,整合各院校教育资源,建立共享资源平台,通过自主开发和积极引进相结合的方式,促进重庆市职业院校教学与科研人员围绕课题、专题、地方特色课程、教法等方面进行共建,区域内共享研究成果,实现规模效益等。

重庆职业教育学会牵头承担了重庆职业教育网建设,开发了重庆市职业教育课程管理平台,集合了应用本科、高职高专、中职院校的人才培养方案、教学设计、优质网络课程、教材建设等教学资源,有效促进了区域研究成果的共建共享。

十、研究中存在的问题及努力方向

(一)平台对移动设备的支持还不够

随着网络信息技术和智能终端设备的快速发展,智能移动设备以其特有的高性能、便利性受到大家的欢迎。学生采用智能终端进行学习和娱乐的越来越多。国内外学者纷纷开展对移动学习理论、技术和应用的研究:将各种管理系统和教学资源平台针对智能终端进行了改造,增加了对多种手机和平板电脑的支持,方便系统跨平台跨终端使

用,支持学生利用碎片化时间进行学习,使教师和学生能通过平台进行课堂交互活动、课后交流。本次课题研究我们针对移动学习模式和移动学习平台的设计开发技术研究还不够深入,搭建的平台在移动设备和多系统支持方面还有待提高,这为我们下一步的研究工作指明了方向。

(二)校园广播站、校园电视台的建设与应用研究不足

根据调研情况,30所职业院校都建有校园广播站,而建有校园电视台并正常开展节目制作的不多。一方面是经费不够,校园电视台的日常运行费用较高;另一方面是人员配备不够,校园电视台除配备管理人员外,还应配齐采编、播音、设备维护人员,对他们技术要求也较高。由于学校对这块儿的建设投入不足,可供我们课题研究的案例也不够。课题组撰写的校园电视台建设指导方案,没有用于指导学校建设实践。

(三)典型案例征集数量不够,典型性有待提炼

课题研究人员来自调研学校。很多研究人员在单位的工作任务原本就很繁杂,课题研究工作的组织协调难度又较大。许多学校在信息化平台等网络建设管理方面已经有很好的应用,也取得了很多实际效果,但由于相关学校的研究人员没有时间和精力加以总结提炼,很多优秀的应用案例不能形成成果加以展示推广。课题研究指导实践应用的作用没有得到最大的发挥。下一步,我们要进一步加大校际交流的力度,落实专人负责案例征集编撰,提升案例的典型示范效应。

参考文献:

[1]沈劲松.面向自主学习的在线学习平台设计与开发[D].苏州:苏州大学,2016.

[2]赵彦敏.基于学校网站的高校师生互动平台研究[D].长春:东北师范大学,2010.

[3]徐静洁.新媒体环境下河北高校校园媒体整合发展研究[D].石家庄:河北经贸大学,2014.

[4]冯彦武.网络时代高校媒体资源的整合研究[D].广州:华南理工大学,2012.

[5]石宁.基于流媒体校园网络电视的设计与实现[D].长春:吉林大学,2011.

第二节　重庆职业教育网络平台建设与应用调研报告

近年来,随着各行业信息化步伐不断加快,社会整体信息化程度不断加深,云计算、大数据、物联网、移动计算等新技术被广泛应用。教育部印发的《教育信息化"十三五"规划》中提出,学校信息化教学日渐普及,全国6 000万师生已通过'网络学习空间'探索网络条件下的新型教学、学习与教研模式,从2011—2020年,高等院校要整合优质教学资源,积极利用先进网络和信息技术,推进开放大学建设,探索开放的教学平台,为学生提供更为"方便、灵活、个性化的信息化学习环境"。在重庆地区,信息化手段运用到教育教学的势头也发展得十分迅猛。截至2016年5月,100%的高等学校建成了校园网,建设了2万节网络课程、300余门国家级精品课程,学生的个性化教育需求得到较好的满足。未来重庆将力求形成覆盖全市高等教育、职业教育、基础教育和其他教育机构的教育城域网,实现全市教育部门、各级各类学校网络互联互通;启动建设市级统筹的高校大规模公开在线课程平台,实现各高校校际优质资源共建共享等。努力为每位学习者提供个性化学习、终身学习的信息化环境和服务。在这种背景下,建立网络教学平台,实现教学资源的开放共享,越来越成为一种行之有效的教学手段。

网络教学平台是指具有组织、跟踪、评估、发送、呈现、管理学习内容与学习活动,促进学习者之间交互等一系列功能的计算机网络系统。目前,国内外都有许多软件支持网络教学平台建设,国外如Moodle、Sakai、Blackboard等,国内如课程中心、天空教室、清华教育在线等。这些软件都是通用型的网络教学平台,从对教学过程的全面支持,到教学管理,再到网络教学资源库及其管理系统的整合,集成了网络教学需要的主要子系统,形成了一个相对完整的网络教学支撑系统。[①]

为了进一步推动网络教学平台在职业院校教育教学中的运用,课题组对重庆市30所职业院校的网络教学平台建设和应用情况做了调查研究。

一、调研目的

通过调研工作的开展,系统地了解重庆市职业院校网络教学平台的应用现状,分析了重庆市职业院校网络教学平台建设经验及存在的问题。

二、调研设计

(一)调研方法

本次调研我们主要进行了文献调研、问卷调研、会议调研、现场调研及访谈调研工

[①] 曲宏毅,韩锡斌,张明,等.网络教学平台的研究进展[J].中国远程教育,2006(5):55-59.

作。文献调研搜集了包括CNKI和维普网的大部分期刊和硕博论文中有关职业院校网络教学平台的文章等。

(二)调研对象

本次调研的对象是重庆市职业院校,共有30所职业院校参与了调研。

(三)调研内容

针对课题研究的需要,主要了解了以下几方面的内容:一是重庆市职业院校网络教学平台的功能与应用;二是重庆市职业院校网络教学平台的使用情况;三是重庆市职业院校网络教学平台的使用效果;四是阻碍重庆市职业院校网络教学平台使用的因素。

三、调研的过程

为完成好本次调研工作,根据调研的任务要求,2016—2017年课题组组织开展了调研工作。针对重庆市30所职业院校,采用问卷和访谈的形式,对其师生展开了关于网络教学平台建设与应用的调研工作。

四、调研结果

(一)重庆市职业院校网络教学平台的功能与应用情况

图4-2　重庆市职业院校网络教学平台部署情况

调研表明,90%的职业院校都建有教学网络平台,大多采用慕课、Moodle等形式。平台主要用于网络课程的上传和使用,一般包含各级精品课程、在线开放课程、优质核心课程、学校推荐课程、各类教学资源、学校通知公告等。其中也有少部分学校以教学资源库等形式代替网络教学平台。通过网络教学平台,学生可以进行试卷练习、下载,并学习多媒体课件,包括视频动画、学习课程案例、专业标准,还可以上传学生个人作品和学习网络课程等。有大概20%的教师针对该门课程或专业又自行开发了小型的网络教学平台,并链接在院系主页上,主要包括课件学习、作业布置和完成、资料上传等功能。大部分功能网络教学平台在信息交互方面的优势不突出，主要应用公告板、信息统计等基础功能。

(二)重庆市职业院校网络教学平台的使用情况

1.教师对网络教学平台的接受度

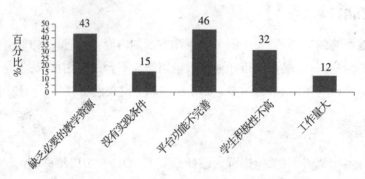

图4-3　网络教学平台使用中的问题

调研表明，所有教师都认为：建立网络教学平台促进教育教学改革的良好手段，是一种非常方便、直观的教学方式；平台建设是教育教学改革的良好途径和正确方向，非常值得推广。但同时也有60%的教师认为，使用网络教学平台有种种困难，如缺乏必要的教学资源、没有实践条件、平台功能不完善、学生积极性不高、工作量比较大难以负荷等，现阶段要高效地利用网络教学平台相当困难。

2.学校对网络教学平台的使用度

在使用网络教学平台时，有相当一部分学校缺乏整体利用和合理规划。调研表明，大概50%的学校对网络教学平台的利用率不高，平台上的网络课程不多，有些学校只有4~5门网络课程，平台并未完全建立起来，更加谈不上合理利用。

(三)重庆市职业院校网络教学平台的使用效果

1.网络教学平台提升学习的丰富性和趣味性

网络教学平台引入了生动活泼的教学形象，将抽象的内容形象化，有利于调动学生的积极性和趣味性，帮助其理解和掌握抽象知识。同时，有些学校建立试卷资源库，进行在线测试、在线答疑等，极大地丰富了教师和同学的沟通手段，畅通了沟通渠道，更新了学习观念和学习方法，促进了教学的开展。

2.学生的自主学习能力得到提升

通过使用网络教学平台，极大地增强了学生自主学习的能力。学生作为学习活动的主体，自发通过网络教学平台开展探索和合作交流，逐渐由"要我学"转变成"我要学",并在不断学习和寻找答案的过程中,发现问题、分析问题和解决问题,极大地丰富了自身的学习能力。

五、问题分析

(一)部分网络教学平台的设计不合理

在重庆市职业院校建设的网络教学平台中,相当一部分学校的网络教学平台访问和注册人数较少,甚至个别学校网络教学平台的注册人数只有3人,访问量也比较少。调研表明,50%的同学偶尔浏览网络教学平台,只有10%的同学经常登录网络教学平台。学生在课外时间获取网络资料的积极性不高。原因如下:一是有些学校的网络教学平台设计比较粗糙,板块、功能划分十分不合理,平台建设没有形成规模,基于网络的教学并没有真正意义上在师生之间开展;二是有些学校网络教学平台仅仅在课堂教学时使用,并没有与学分、职业资格证书等挂钩,这是学生缺乏使用动力的重要原因之一。

(二)部分网络教学平台的资源缺乏吸引力

通过调查发现,网络教学平台的资源数量相当多,但质量存在良莠不齐的情况。大概60%的资源来自书本,内容缺乏合理的规划、设计和建设。各个学校的资源没有统一布局,资源重复建设,未形成有效的资源共享。鉴于这些问题,网络教学平台对学生的学习的有效性帮助不大。

(三)部分网络教学平台的内容缺乏职业性

很多学校把网络教学平台的资源、视频内容做得十分精美,但在突出职业院校的特色上还考虑不足。一是部分网络教学平台的资源仅仅局限于精美视频、图案对学生感官带来的冲击力,但如何切实运用动手能力开展实践的问题没有解决。二是有些职业院校是对外购买或委托其他专业公司开发网络教学平台,这些平台很大部分是根据国内著名高校的教学管理模式设计的,对职业院校的特殊性没有考虑,这就造成了有些功能多余而有些功能又欠缺的情况,影响了平台的使用。

六、调研结论

(一)使用网络教学平台有助于推进教育网络信息化

使用网络教学平台开放共享的数字资源,有助于实现教学活动的多媒体化、资源的全球化、教学的个性化和学习的自主化,切实提升教师的现代化教育理念,有利于充分利用网络优质资源。通过网络技术,给学生学习提供全方位的支持,创新传统教学模式,推进信息化教育进程。

(二)深入开展产教融合有助于增强网络教学平台的实用性

调研表明，相当部分职业院校的网络教学平台处于相对初级的阶段，平台的利用率不高，其主要原因在于网络教学平台仅仅是学校内部建立的网络平台，社会力量参与和认可较少，学生使用平台的必要性不足。世界上很多发达国家在帮助学生学习时都使用了网络教学平台，如在英国，诸多大学选择使用Blackboard，大部分职业院校使用Moodle等。这些平台的利用率都相当高，其原因在于这些平台除了包含相应的视频、音频、测验、实验、参考资料等学习资料以外，还加入了相当多的职业资格证书的内容，将平台建设与行业发展、企业要求等结合起来，故而受到学习者的青睐。我国可以借鉴类似做法，平台资源除了考虑包含理论性知识以外，还应深入开展校企合作、产教融合，让教学内容紧随行业发展和社会要求。

(三)突出职业教育特点有助于增强网络教学平台的使用效果

从职业教育的角度出发，更加需要设计出突出职教特点的网络教学平台，如职业教育强调对岗位流程的学习，教学多以项目教学为主，强调动手能力等。在开发和设计网络教学平台时，职业院校应该多考虑这些方面，合理设计栏目和模块，体现职业教育基于工作过程的课程设计特点。另外在资金充裕的情况下，还可以加入虚拟仿真设备等，帮助学生从平面到立体学习，从只能用眼睛看到可以动手操作，进一步增强学生的实践技能。

七、对策建议

(一)注重平台标准化建设

为了避免各个学校在网络教学平台建设中各自为政，教育主管部门应加强平台建设的规划和指导，制订职业教育网络教学平台的建设标准、教学资源的建设标准，协调各方面的力量，形成教学资源共建共享的良好机制。网络教学平台可由教育主管部门或一所学校牵头搭建，各职业院校在平台上建设本校教学空间，共建课程资源。建立平台管理维护和资源建设使用的制度和激励机制，保障平台管理维护的人员队伍稳定和经费充足，积极引导师生来共同建设平台、使用平台，激励教师积极进行教学资源的建设和更新，使教学平台能够可持续发展。

(二)加强校企合作建设平台

平台的建设要以人为本，服务师生，重在使用。打造一个教师需要、学生喜爱的网络教学平台，需要教育主管部门发挥好桥梁作用，积极协调职业院校、行业企业、软件开发公司、数字资源出版企业等多方共同参与。要充分发挥参与各方的优势，采用市场机制,开展线上线下深度的校企合作,要站在师生角度上思考问题,让教师的教学思路和现代化的信息手段完美地结合在一起,让平台资源对学生具有较大的吸引力,最终形成资源生产和使用良性发展的生态环境,让网络教学平台更好地服务于广大师生。

(三)加大平台对移动应用支持

随着移动互联技术的飞速发展和手机的普及应用,职业院校学生越来越喜欢移动学习应用。在丰富网络教学平台功能的基础上,我们要积极开发网络教学平台在手机、平板电脑等移动端的应用程序。让学生能够方便地在手机上进行学习,与教师、同学进行无障碍交流,接受老师的在线辅导。同时移动平台也能方便教师进行课堂互动、随堂测试,能够更好地了解每个学生的学习情况。

第三节　重庆职业教育网络平台建设与应用案例

一、重庆市职业教育学会课题协同平台建设应用案例

(一)实施背景

教育科研是衡量一个国家教育发展水平的重要指标。重视教育科研已经成为当今世界教育改革与发展的潮流。20世纪80年代,随着国际政治、经济竞争的加剧,教育改革以前所未有的广度和深度在全球兴起,许多国家都越来越重视利用教育科研成果指导本国的教育改革。教育改革与决策必须依靠教育科研,教育科研必须为教育改革与决策服务,这已经逐渐成为世界各国的共识。教育科研在整个教育事业发展中的重要地位是由其本身的本质属性决定的。科学技术是第一生产力。科学技术不仅包括自然科学和工程技术,也包括社会科学和各种应用技术。教育科学也属第一生产力的范畴,教育科研在教育事业发展的过程中占据着"第一生产力"的位置。随着教育改革的不断深入,"向教育科研要质量,靠教育科研上水平"已经成为越来越多教育工作者的共识。教育事业要发展,教育科研需先行。教育科研对于推动教育改革与发展具有不可替代的重要作用。

《国家中长期教育改革和发展规划纲要(2010—2020年)》中明确指出"信息技术对教育发展具有革命性影响,必须予以高度重视,通过教育信息化促进教育内容、教学手段和方法现代化。

(二)实施前的状况

调查发现,重庆市大部分职业院校在科研课题申报、开题、研究工作的管理与信息化建设上存在不同程度的提升空间。

部分院校目前已建设的科研管理平台,主要以满足项目经费、阶段节点、结题归档的业务流程管理需求,缺失了对团队协作研究、协同研讨等具体实施过程的管理,不能对课题协作个人贡献度进行客观具体的判定,也未能嵌入式地提供参考文献查阅、视频观看、数据查阅等知识服务。

(三) 建设与应用的标准

1.建设目标

学会通过对具有科研管理平台研发实力的多家软件供应商进行考察,基本掌握了目前市场上同类平台的功能等信息。在此基础上,学会结合重庆市职业教育学会发展需求、供应商知名度、平台先进性、各个会员单位使用量等实际情况,最终决定与同方知

网(北京)技术有限公司重庆分公司进行合作,共同搭建重庆市职业教育学会课题协同平台。通过此次重庆市职业教育学会课题协同平台建设,以期提升教师课题研究能力,具体如下:

(1)平台支持教师网络研修,提供在线培训,教师足不出校即可远程进修,开展终身学习,保证教师的专业能力与双师素质的可持续发展;

(2)平台支持在线课题研究,提高研究效率,加速科技创新的步伐,提升职业院校自主创新的能力;

(3)构建在线协同机制,支持职业院校与政府以及其他院校进行课题研究协同创新,促进产学研一体化。

2.建设原则

重庆市职业教育学会课题协同平台建设要做到"两结合一兼顾"。

首先是技术先进性与成熟性相结合,既要保持一定时期内技术领先性,又要实现系统运行的稳定性。其次是应用需求和客观条件相结合,设计低成本高效用的建设方案,同时兼顾系统的可扩展性、可靠性、安全性等。重庆市职业教育学会课题协同平台建设的基本原则:

(1)实用性与可行性。重庆市职业教育学会课题协同平台,既要最大限度地满足业务上的各项功能要求,又要确保实用性,具有较高的性价比。

(2)先进性。采用先进、成熟、实用的技术,既要实现目前需要的功能,又要确保在未来几年内其技术仍能满足应用发展的需求。

(3)均衡负载。采用分布式计算模式,以每台服务器为工作任务处理子中心,以线程为最小工作任务单元,高效利用计算机系统资源,尽可能地减少重庆市职业教育学会课题协同平台的任务计算瓶颈。采用新技术,将整个重庆市职业教育学会课题协同平台的计算任务维持在一个均衡高效的指标之下。

(4)开放性。采用的各种设备(软、硬件)均应符合通用标准,符合开放设计原则;使用的技术要与技术发展的潮流吻合,具有良好的开放性、延伸性、亲合性,要充分考虑工程的需要。建设的局域网拓扑结构要灵活,扩展余地充分,能够满足业务不断增长的需求。

(5)安全性。保证重庆市职业教育学会课题协同平台和数据的高安全性,必须从设备和技术上采取必要的防范措施(物理隔离、防火墙和防毒墙技术),使平台在受到有意、无意的非法侵入时,被破坏的可能性降到最低。

(6)可靠性和容错性。在设计中要考虑整体平台运行的可靠性,根据设备的功能、重要性等分别采用冗余、容错等技术,以保证局部的错误不影响整体运行。

(7)可伸缩性。支持多种硬件平台以及不断发展的业务和用户需求。

(8)灵活性。易于修改,并可在软件、协议、服务和传输方面提供更多选择,使用模块化设计方案,可根据需求变动适当取舍。

(9)可管理性。能够实时地管理平台运行,动态配置资源,构成高效安全的运行环境,监视系统中的错误,及时排除故障,使整个平台能够长时间无故障运行。

(10)易维护性。重庆市职业教育学会课题协同平台的管理、维护和维修应具有简易性和可行性。

3.具体建设目标

(1)初步构建职业教育课题研究"资源+技术+服务"的知识生态服务体系。通过重庆市职业教育学会课题协同平台,构建职业教育课题研究"资源+技术+服务"的整体知识服务解决方案。

重庆市职业教育学会搭建出一套贯穿课题研究全过程,集多源异构知识资源整合管理、教师协同研究、实时协同研讨、基于XML(可扩展标记语言)多人网络实时创作于一体的在线协同研究平台,依托互联网与大数据技术,有利于职业院校之间的教育科研信息资源共享和分工协作的云平台——重庆市职业教育学会课题协同平台。

(2)利用信息化技术共建优质课题资源。通过重庆市职业教育学会课题协同平台,建设和开发具有行业特色的专业课题研究资源库,建设"互联网+"时代要求的数字化课题研究和信息化管理平台,与行业合作共同建设和开发重点课题项目,实现校际开放共享。

(3)打造专兼结合、行业认可的教育科研团队。教师是教育科研实施的设计者和组织者,是提高人才培养质量的根本保障。学校教师与行业开展深入合作,邀请行业、企业技术专家作为实践指导教师参与人才培养的全过程,与专业带头人共同研讨、研究,提升教师的课题研究水平,打造一支以专业带头人为核心、专业骨干教师为主体,融合行业技术人员的高专业素养、高技能水平、年龄搭配合理的优秀教育科研团队。

(4)进一步创新课题研究模式,探索探究式、混合式课题研究。应用现代信息技术改造传统课题研究模式,利用重庆市职业教育学会课题协同平台,以小组协作的形式,利用优质课题研究资源库和模块化课题研究体系,就相关话题展开讨论、共享资源,激发和引导小组成员对课题研究的兴趣,提高课题研究效率和学习效果。

4.总体建设思路

(1)构建大科学时代的大协同课题研究平台。随着新科技革命加速推进,我们所处的时代,已不再是万能科学家的"手工作坊式研究"时代,而是一个讲求多方合作、协同创新的大科学时代。大科学是以解决人类社会发展面临的重大问题为导向,以多学科的交叉为特征,由科学家群和技术人员群共同进行协作攻关的一种科学研究方式。

(2)建立"问题导向、知识多元、协同创新"的研究活动基本范式。科学研究从提出问题到解决问题,其研究过程明确且可分离,并可转化为针对具体问题的研究。在此过程中,各研究机构和研究人员根据擅长领域有目标、有组织、有计划地面向问题发挥集体智慧进行研究,通过个体创新能力的提升最终实现团体乃至社会创新能力的进步。

(3)解决开放式协同研究和创新面临的合作机制、版权等系列问题。开放式创新时代多作者、跨学科、跨机构、协同创新成为常态。这需要打破组织机构边界,进行内外部创新资源的整合,包括人和知识,需要创新组织、创新团队之间多人大规模协同,发挥群体智慧,需要创意、知识、方案共享,但这其中面临合作机制、成果归属等一系列的问题。

第一,创新成果产权认定及合作机制问题。

如何客观公正地记载、注册、发布、评价、认可每个人在合作中的创新贡献?包括各种不同的思路、问题、观点、意见、建议,以及完成的微成果、部分成果和最终成果,保证人们的合作积极性。

第二,研究和创新的效率问题。

分散庞大的研究个体如何高效组织管理,如何保证集体讨论的发散思维能够快速收敛、形成共识?这是实现创新的关键,需要将研究方法和制度流程(研究过程管理)结合,为研究和创新提供规范化的程式,保障研究工作的高效和思维收敛。

(4)有效地将文献服务和知识服务深入学习和科研当中去。新形势下,出版业发挥专业优势,大规模集成和整合知识资源,积极、主动、深入地服务于科学研究和创新,为知识创新提供关键信息服务,为创新管理提供有力支撑。从文献服务到知识服务,深入到教育科研的过程中去。

引领创新,需要面向特定对象、特定项目、特定目标、特定活动提供系统化、智能化并且面向决策和创新的情报和知识服务,以最大限度激发创新主体的潜能,促进知识创新。无论是原创还是二次创新都是基于对现有知识和技术进行深刻理解的基础之上,不仅需要创新者发挥自身的智慧还需要参考大量的技术资料、理论方法以及案例经验等知识,才能够将知识应用于教育科研的创新和决策。

(四)实施过程

1.应用标准

《重庆职业教育网络基础建设标准(试行)》。

《重庆职业院校网站网络安全标准(试行)》。

《重庆职业院校智慧校园平台建设标准(试行)》。

《重庆职业教育数字化教学资源开发与共享标准(试行)》。

《重庆职业教育网络服务标准(试行)》。

2.流程架构

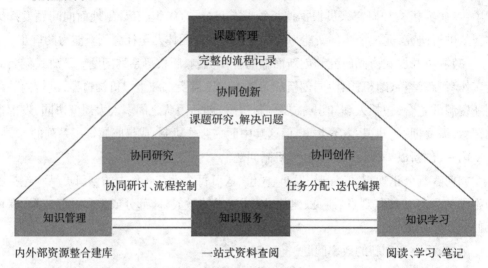

图4-4　重庆市职业教育学会课题协同平台流程架构

3.设计理念——标准先行,平台化设计开发

重庆市职业教育学会课题协同平台建设应当采取"制订规范—搭建框架—业务开发—系统集成"的模式。具体的开发模式如图4-5所示。

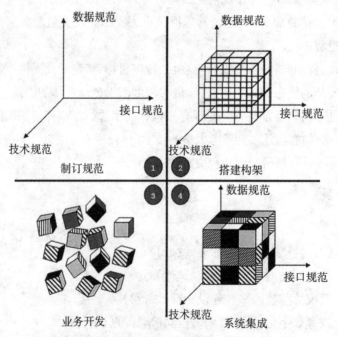

图4-5　重庆市职业教育学会课题协同平台开发模式

采用这种模式是出于以下几点考虑:

(1)在设计和建设过程中,必须加强标准化建设,发挥标准化的指导、协调和优化作

用,少走弯路,提高效率,确保系统运行安全,发挥预期效能。

(2)平台建设任务重、业务专业性强,要想高效地完成实施,必然要并行展开,分步实施。为此,需要首先搭建整体框架。各个子系统的实施必须在整体框架中进行。

(3)平台项目面临集成问题,包括新建的各个业务子系统的集成、系统数据和系统的集成、与本工程其他平台系统的集成和数据交换等。为此,采用首先搭建框架,在框架解决集成接口的问题,各个业务系统也通过框架接口与其他业务系统交互,从而统一了要集成系统与平台系统的交互界面,简化了平台系统的接口工作。

(4)平台建设是个不断发展完善的过程,功能将会不断修改、扩充,一个好的框架可以确保系统在修改、扩充时,影响范围最小。

(五)建设内容

1.机构知识仓库

通过多渠道、多方式的裸数据整合,整合机构内部各种知识资源以及外部资源。其中内部资源是其核心数据,外部数据主要是CNKI知识资源库、问题知识库等。构建机构自己的知识资源池,建立各种知识资源收集、加工以及提交的业务流程,实现知识资源的可持续更新。

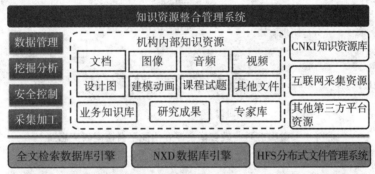

图4-6 重庆市职业教育学会课题协同平台——机构知识仓库架构

同时平台实现了知识仓库中各种知识资源与CNKI知识资源的统一检索、混合排序服务,为协同研究和协同创作提供知识资源支撑。

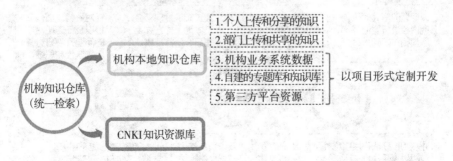

图4-7 重庆市职业教育学会课题协同平台——机构知识仓库统一检索内容

机构知识仓库实现了知识资源池建设,在统一存储和管理的基础上提供了统一知识服务，因此核心功能包括三大块：

第一，知识资源整合。能够将机构自有知识、个人知识、业务系统知识、CNKI知识、第三方平台知识、互联网资源等通过多种方式进行整合，建成统一集中的知识大仓库。

第二，知识资源管理。采用数据中心云存储架构对集成整合的知识仓库进行统一存储和管理，包括数据导入、更新、同步、导出、备份以及数据交换等。

第三，知识资源统一服务。通过统一检索服务提供知识资源检索、浏览、阅读和下载服务。具体包括一框式检索、高级检索、大文本检索等功能，结合在线阅读为用户提供阅读笔记功能，方便用户在本平台上进行文献资料的学习和研读。

2. 协同研究

该功能主要是面向课题研究人员和管理人员，便于其进行协同研究和创新。该功能以课题管理的形式对研究和创新过程进行管理，针对具体课题研究问题以协同研讨为核心发挥群体智慧，将团体的思想和意见进行汇总、归纳和总结，形成具体的解决方案。在课题研究过程中综合应用各种显性知识并挖掘课题研究团队的隐性知识，提供规范化、程序化的流程，帮助团队完成课题研究和创新。

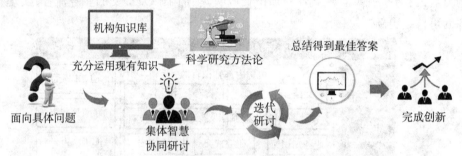

图4-8　重庆市职业教育学会课题协同平台协同研究思路

（1）业务流程。

图4-9　重庆市职业教育学会课题协同平台协同研究业务流程

（2）主要功能。

课题研究资料查询收集：根据具体课题研究的问题，针对问题在知识发现平台上进行资源查询和收集，支持第三方资源和本地上传。

协同研讨：针对具体的问题、文档以及观点，所有课题研究人员在线协同讨论和研究，由负责人主持和管理，支持多次迭代及研讨内容的总结。

协同创作：根据课题研究的问题和研讨结果可进行成果报告、方案文档等的协同创作，与协同创作平台进行对接。

课题研究过程管理：针对不同的研究课题提供流程管理配置功能，并能对整个课题研究过程进行管理。

决策管理：为领导者和决策人员提供过程监督、透明化管理、全过程查看功能，以及可信的决策依据。

沟通交流：提供各种交流互动的模块，包括留言、评论、在线交流、多人讨论等，支持文字、图片、音频、视频等形式。

3.协同创作

该功能是基于XML，在网络上多人协同完成一个文档的撰写、研讨修订、编排以及多格式输出，不仅适用于研究报告、课题文档，还可以应用于技术资料、操作手册、文书、总结计划、书稿等文档的创作编辑。

（1）业务流程。

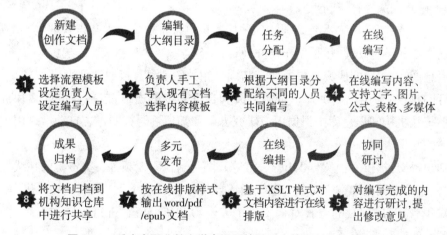

图4-10　重庆市职业教育学会课题协同平台协同创作业务流程

（2）主要功能。

大纲管理：创作文档的大纲目录，支持三种管理方式：自由编辑、模板导入、成品文档导入。同时可以从文档成果库中选择结构化文档进行二次编辑，操作向导指导用户进行操作。

任务分配：随时添加参与文档编写的人员，按章节分配编写任务。

在线编写：编写人员登录以后根据分配到的章节任务在线编写文档内容，支持文字、表格、公式、图片、音频、视频等媒体内容编辑，多人协同完成文档内容编写。

内容审核研讨：管理人员、专家及编写人员共同对完成的文档内容进行研讨和审核，支持批注、修订功能。审核不通过可驳回进行二次编辑修改。

在线编排：文档内容和样式分离，在文档内容完成以后可在线通过样式设置以所见即所得的方式对文档进行在线编排，包括大纲目录、正文、图、表、图注等的发布样式，支持样式模板套用。

多元输出：根据编排样式和模板通过多元发布引擎，自动输出多种文档格式，包括Word、pdf、epub等。

流程管理：用户根据业务应用需求配置符合本单位业务的文档创作流程，主要是大纲审核和内容审核流程，可以配置多级审核流程并指定不同的审核操作人员。

模板管理：模板管理包括内容模板和样式模板。内容模板根据文档种类提供标准化的文档目录及简要内容模板，如公文、调研报告、研究成果报告、技术资料文档等。样式模板为用户提供丰富的发布导出模板，支持用户自定义添加。

4.个人知识管理

个人知识管理中心是为重庆市职业教育学会课题协同平台内所有个人用户提供的集中工作平台。其核心功能是为用户提供个人知识管理和研究学习系统，个人可以上传和管理文档、图片、音频、视频等资源，同时集成了系统消息、课题研究及协同创作的功能，一站式完成各种协同。

待办任务：当前用户需要处理的各种任务被直接推送到个人知识管理中心，方便用户直接查看并进行处理，包括创作任务、研讨任务等。

消息通知：将协同研究平台上所有与用户相关的消息直接通知到用户。

订阅推送：为用户提供知识资源订阅和自动获取的通道，包括自主订阅和自动推送。系统从机构知识仓库中根据用户研究方向和知识资源查阅日志自动推送用户可能感兴趣的知识资源。

知识提交：提供文档（Word、PPT、pdf等）、图片、音频、视频等各类资源的在线提交功能，包括基本元数据和数字对象。系统能够自动对文档进行全文抽取和碎片化。

知识管理：以网盘的方式对提交的个人学习和研究资料进行存储和管理，提供查询、浏览、阅读和下载功能。

5.知识社区

知识社区相当于重庆市职业教育学会课题协同平台内部的知乎或者百度知道，主要是为机构内部所有人员提供业务交流和知识分享的空间，挖掘和沉淀员工隐性知识，形成针对具体问题的知识库，通过管理员的总结管理，找到解决问题的最佳实践。其经过长期沉淀成为机构业务知识库。

图4-11　重庆市职业教育学会课题协同平台知识社区流程

知识提问:机构员工根据自己的业务需要以发帖的形式进行业务知识提问,别人可针对问题进行回复。

知识分享:员工可将自己的业务知识和实践经验在机构业务板块分类下以帖子的形式进行分享。

知识总结:提问者可根据回复人员的答案和自己的验证结果以及其他人员的评价进行最佳答案总结。

智能问答:通过智能信息挖掘,将问题和已有的业务知识库进行智能匹配,找到类似问题及最佳答案。

(六)建设阶段

1.前期调研

2017年7月—9月,对学会课题项目各个阶段的管理现状进行需求调研,主要完成以下几方面工作。

(1)统计分析学会近5年内各年度项目数量,进行项目质量预评估,对结题及时率、结题成果层次等数据进行初步整理。

(2)统计分析各个会员单位、各个工作小组所参与和负责的课题数量、课题所处阶段、结题数量等数据。

(3)统计整理、分析学会近5年内课题项目研究方向、研究层次、经费情况等数据。

(4)统计分析学会近5年内各个课题项目参与人员信息,包括单位、职称、职务、专业方向等数据。

(5)统计分析学会近5年内各个课题项目,并进一步抽取重点课题高层次研究人员信息,初步形成专家库。

2.文档梳理

2017年9月—10月,对学会课题项目各个阶段的管理文档进行梳理,主要针对课题管理文档格式完成了以下几点工作。

(1)课题申请阶段的文档格式梳理:对课题申请通知、申请材料格式、申请材料内容要求等文档进行了格式的优化分析,初步形成统一的归档格式模板。

(2)课题开题阶段的文档格式梳理:对课题开题报告等文档进行了格式的优化分析,初步形成统一的归档格式模板。

(3)课题阶段报告的文档格式梳理:对课题研究、实验、小结、总结等实施过程中产生的记录表格、图片、讨论记录、会议纪要等文档进行了格式的优化分析,初步形成统一的归档格式模板。

(4)课题结题报告的文档格式梳理:对课题结题报告、专家评审意见、成果报告、成果发表文献、会议纪要等结题过程文档进行了格式的优化分析,初步形成统一的归档格式模板。

3.个性开发

2017年10月—2018年3月,在同方知网(北京)技术有限公司现有的OKMS平台基础上,完成了以下几点个性化开发工作的确定。

(1)委托同方知网(北京)技术有限公司重庆分公司技术部对平台首页面进行了首页美工优化、登录界面优化等工作。

(2)针对重庆市职业教育学会教育科研资源的需求,确定并挑选CNKI的相关电子文献资源,由同方知网(北京)技术有限公司搭建基础机构知识仓库。学科包含了基础科学、医药卫生科学、哲学与人文科学、社会科学、经济与管理科学;资源种类包含了期刊、博士论文、硕士论文、会议论文、报纸。

(3)确定了平台组织机构设置,即一级部门为重庆市职业教育学会,各个会员单位为二级部门,各个会员单位的系、处(科)室为三级部门。

(4)确定了平台课题研究人员权限划分规则。

(5)确定了课题项目阶段、任务、研讨、实验、总结等相关模块的界面个性化调整策略,并委托同方知网(北京)技术有限公司重庆分公司技术部对平台首页面进行了二次开发。

(6)初步确定了课题项目各个阶段相关文档(文档、表格、图片、视频等)的电子数据格式的标准模板,并委托同方知网(北京)技术有限公司重庆分公司技术部对平台首页面进行了二次开发;

(7)初步确定了平台统计分析数据的图表、内容要求,并委托同方知网(北京)技术有限公司重庆分公司技术部对平台首页面进行了二次开发。

4.平台资源配属、测试及验收

2018年3月初,同方知网(北京)技术有限公司重庆分公司技术部完成平台所有二次开发内容,并申请进行平台测试。

2018年3月中旬,经过同方知网(北京)技术有限公司重庆分公司技术部调试后,平台机构知识仓库功能开放,配属资源包含CNKI中国期刊全文数据库、CNKI中国博士学位论文全文数据库、CNKI中国优秀硕士学位论文全文数据库、CNKI中国重要会议论文全文数据库、CNKI中国重要报纸全文数据库。

其中CNKI中国学术期刊网络出版全文数据库中期刊总类多达10 000种,可检索文献总量多达3 500万篇;同时有优先出版文献、独家收录期刊文献;提供可检索的国内学术期刊种数多达9 000种;提供可检索的国内核心期刊收录量多达1 200种(以北大中文核心期刊要目总览2014年版为准)。

2018年3月底,开放平台试运行并进行了内部测试。其间同方知网(北京)技术有限公司重庆分公司技术部人员多次对各个功能模块进行了测试数据的业务演示,最终确定验收通过,可以进入试运行阶段。

图4-12 重庆市职业教育学会课题协同平台基本信息管理页面

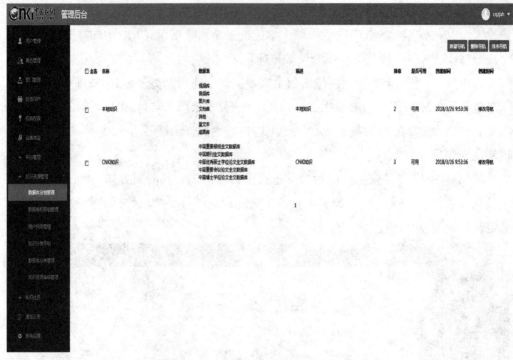

图4-13　重庆市职业教育学会课题协同平台数据库分类管理页面

图4-14　重庆市职业教育学会课题协同平台机构知识仓库首页

(七)应用阶段

1.平台的启动推行

2017年11月3日上午9时,由重庆市职业教育学会和中国知网主办、同方知网(北京)技术有限公司重庆分公司和《中国学术期刊》电子杂志社承办的"知识服务及应用助推职业教育内涵发展"座谈会在重庆中悦酒店如期举行。

会议中,主持人黄欣总经理邀请学会领导窦瑞华主席与李光旭副会长、同方知网总公司副总经理薛德军博士与同方知网联教职工事业部匡惠华总经理、重庆市职业教育学会重要课题负责人代表重庆市经贸中等专业学校何仁聘校长、重庆市云阳职业教育中心刘红校长、重庆市北碚职业教育中心林安全副校长上台触摸启动球,共同启动重庆市职业教育学会课题协同平台。

2.平台操作与应用的培训交流

2018年3月23日—25日,职业教育科研骨干教师市级培训在重庆航天职业技术学院二教学楼学术报告厅举行。全市76所职业院校共计280多人科研骨干教师参加了培训。中国知网讲师杨智涵做了"重庆市职业教育学会课题协同平台的应用与操作"的专题交流。

公布平台地址:重庆市职业教育学会课题协同平台。

网址:okms.cnki.net。

机构代码:sycqzjxh。

图4-15　重庆市职业教育学会课题协同平台试运行页面

3.机构设置

截至2018年7月10日,完成全部相关职业院校的机构设置。

图4-16　重庆市职业教育学会课题协同平台部门管理界面

4.账号分发

截至2018年7月10日，共有个人用户237名，涵盖重庆市职业教育学会2018年度88个课题相关负责人、参与人员。

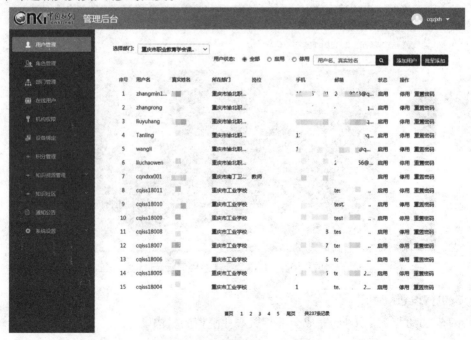

图4-17　重庆市职业教育学会课题协同平台用户管理界面

5.开通项目

截至2018年7月10日,平台创建并开通课题项目43个。

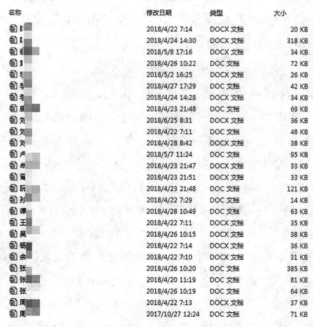

图4-18　重庆市职业教育学会课题协同平台课题项目列表

6.开题报告

截至2018年7月10日,收集并更新课题开题报告26个(部分课题处于修改过程,不计入本次统计)。

名称	修改日期	类型	大小
	2018/4/22 7:14	DOCX 文档	20 KB
	2018/4/24 14:30	DOCX 文档	318 KB
	2018/5/8 17:16	DOCX 文档	34 KB
	2018/4/26 10:22	DOC 文档	72 KB
	2018/5/2 16:25	DOCX 文档	26 KB
	2018/4/27 17:29	DOC 文档	42 KB
	2018/4/24 14:28	DOCX 文档	34 KB
	2018/4/23 21:48	DOC 文档	69 KB
	2018/6/25 8:31	DOCX 文档	36 KB
	2018/4/22 7:11	DOC 文档	48 KB
	2018/4/28 8:42	DOC 文档	38 KB
	2018/5/7 11:24	DOC 文档	95 KB
	2018/4/23 21:47	DOCX 文档	33 KB
	2018/4/23 21:51	DOCX 文档	33 KB
	2018/4/23 21:48	DOC 文档	121 KB
	2018/4/22 7:29	DOC 文档	14 KB
	2018/4/22 10:49	DOC 文档	63 KB
	2018/4/22 7:11	DOCX 文档	35 KB
	2018/4/26 10:15	DOCX 文档	38 KB
	2018/4/22 7:14	DOCX 文档	36 KB
	2018/4/22 7:10	DOCX 文档	31 KB
	2018/4/26 10:20	DOC 文档	385 KB
	2018/4/20 11:19	DOC 文档	81 KB
	2018/4/26 10:19	DOC 文档	64 KB
	2018/4/22 7:13	DOCX 文档	37 KB
	2017/10/27 12:24	DOC 文档	71 KB

图4-19　重庆市职业教育学会课题协同平台开题报告列表

(八)成果成效与推广应用

1.成果成效

(1)完成了重庆市职业教育学会课题协同平台的初步建设。通过半年的平台定制化调试、二次开发、资源配置、账号分发以及课题资料归档等工作,重庆市职业教育学会课题协同平台将知识管理初步融入科研和项目管理,面向研究全过程提供知识及成果管理、知识服务及协同工作环境,针对具体的研究任务提供场景化的知识服务。目前,80多个课题组的成员正在发挥群体智慧,平台全方位协同并全程记录着团队的研究过程。

(2)实现了职教学会、职业院校、科研人员的课题协同管理公平化、精细化。重庆市职业教育学会课题协同平台可实现研究资料共享、问题研讨、方案及成果撰写、实验过程管理以及最终成果的归档共享等功能。项目负责人可以灵活定制研究过程,将具体项目划分为若干阶段和任务,分别指定不同的人员协同完成,并深入到研究过程进行精细化管理。通过全过程记录对研究人员的贡献进行客观、公正的统计和评价。

(3)丰富了重庆市职业院校教育科研信息化管理手段。重庆市职业教育学会课题协同平台针对具体研究问题提供了网络化协同研讨工具,可在项目组内对技术文档、参考资料和成果报告迭代研讨。成员通过计算机、手机、平板电脑等终端在原始文档上发表文字、图像、语音等形式的研讨意见,负责人可对意见进行采纳和总结。系统详细记录每个成员的意见、研讨过程以及被采纳情况。

(4)增强了重庆市职业教育学会的信息化服务能力。重庆市职业教育学会课题协同平台提供了视频研讨和网络直播。课题组成员可在异地通过视频+文档的形式进行远程研讨。平台支持视频会议、桌面直播、在线讲座等多种直播模式。研讨视频及研讨意见自动保存和归档,方便负责人总结回顾。

2.推广应用

(1)知识管理及协同创新平台的应用情况。据同方知网(北京)技术有限公司提供的数据,目前该公司推广的OKMS(重庆市职业教育学会课题协同平台的基础核心平台)产品,已经在全国各部委、各省市、各高校拥有不少于30家典型案例。主要衍生平台有:国家级智库(2022冬奥会大数据应用协同创新平台)、行业知识协同平台(中石化管道储运有限公司知识管理与协同创新平台)、省市协同平台(中新天津生态城法制局机构知识管理协同创新服务平台)、高校协同创新智库平台(河北经贸大学京津冀协同发展创新平台)。

(2)针对重庆市高职院校的教育科研电子资源及平台的深入推广应用。目前,重庆市大部分高职院校为同方知网(北京)技术有限公司CNKI数据库产品使用单位。据统计,年均总使用量(登录量、检索量、浏览量、下载量的总和)不少于800万次,且主要使用群体为科研教师。

近一年的时间里,重庆市职业教育学会及同方知网(北京)技术有限公司重庆分公司市场部门人员对各个高职院校的领导、管理干部、科研管理部门、科研骨干教师开展了不少于20次以科研平台使用、电子文献深入利用等为主题的小范围、点对点的示范、演讲、参观、学习培训活动,充分发挥了重庆市职业教育学会在行业内的引领服务作用。

同时,针对有条件且较成熟的高职院校科研管理部门,重庆市职业教育学会和同方知网(北京)技术有限公司重庆分公司市场部门人员进行了平台建设思路的分享,以方便其在对口各层级、各单位的课题项目时,能充分享受信息化科研管理建设带来的好处,以大数据、协同的观念带动并加快高职院校教育信息化建设的步伐。

(3)针对重庆市中职学校的教育科研电子资源及平台的深入推广应用。重庆市大部分中职学校由于种种原因未能采购类似CNKI这类较权威的电子资源数据库,因此学校科研骨干教师不能方便、快捷地下载专业文献全文电子资源。

近一年的时间里,学会及同方知网(北京)技术有限公司重庆分公司市场部门人员通过上门拜访、打电话、网络联系等方式为各个中职学校的领导、管理干部、科研管理部门、科研骨干教师开展了不少于50次以科研平台使用、电子文献深入利用等为主题的小范围、点对点的示范、演讲、参观、学习培训活动,同时平台免费提供了大量的专业文献全文电子资源,及时地满足了科研骨干教师的基本需求,充分发挥了重庆市职业教育学会在行业内的引领服务作用。

(九)体会与反思

通过近一年的平台建设与实施,课题协同研究及管理网络信息化建设已经初具成效。但由于时间较短,平台目前仅处于试运行阶段,针对该平台应用与操作的管理体系还不够完善,下一步将进一步优化平台的利用率,全面实现学会课题管理无纸化。

在条件允许的情况下,学会将进一步进行课题项目专家库、成果库的建设。日新月异的科技创新使职业教育信息化建设永远在路上,学会将继续大力推进职业教育信息化建设。

二、重庆航天职业技术学院的信息化发展道路

(一)实施背景

2012年3月,教育部发布了《教育信息化十年发展规划(2011—2020年)》,对2020年以前我国的教育信息化建设提出了总体要求和指导意见。随着全国院校信息化建设的不断深入,各类业务系统数量在不断增加。重庆航天职业技术学院的信息化建设也在逐步推进,各部门的信息化需求不断增加。在不断实践中,学院根据实际情况逐渐探索出一条适合自己的信息化发展道路。

(二)实施前的状况

学院缺少无线网络覆盖,出口带宽不足,部分设备以及线路老化,故障较多。由于部分管理设备比较老旧,网络管理非常不便,认证信息每个学期都要出现几次错误。另外,网络到终端的速度较低,只有100 M左右,不能满足未来智慧教学的需求。

软件系统建设方面也存在诸多问题,如信息孤岛,缺少部分重要业务系统,没有灵活的小程序支撑零散业务。在线课程系统非常落后,功能少,使用价值低。

信息安全管理相对混乱,没有严格的制度,对外公开的应用系统也没有采用可靠的安全策略。

(三)建设标准与应用

1.建设目标

重庆航天职业技术学院属于行业办学,上级财政支持较少,资金紧张,其中信息化建设资金尤其拮据。为此,学院根据实际情况,在信息化建设中实行统一规划,按照项目的紧迫性与困难度分步实施。在具体立项与建设中,确定了如下的建设目标:

(1)以服务师生为原则,提升学院信息化建设价值;

(2)以流程优化为契机,加速学院管理职能改革;

(3)以人为本、智慧服务;

(4)沉淀数据、智能决策;

(5)落地"互联网+职业教育"。

2.建设原则

在建设过程中坚持的总体原则如下:

整合计算资源,降低总体开支;

提高工作效率,保证业务可靠;

引入外部力量,建设基础设施;

助力师生教学,培养专业能力;

注重信息安全,保证师生隐私。

(四)工作过程

1.服务器全部采用虚拟化解决方案,集约使用资源

学院服务器以及大部分网络设备统一运行在学校服务器机房内,由实训信息中心统一管理,而由各系部以及学院其他部门购置的部分服务器也托管在学校服务器机房,各种不同品牌、不同型号、不同操作系统的服务器给工作人员的日常管理维护工作带来了巨大难度。这些服务器通常都只运行一个业务系统或者教学软件来保证系统的相对独立,较低的利用率也造成了服务器资源的大量闲置和浪费。随着学院信息化建设工

作的不断推进,诸如办公自动化系统、人事管理系统、资产管理系统等一批新的业务系统被购置来支持学院的日常工作,如果按照传统的服务器管理模式,需要购置大量的物理服务器来运行新的业务系统;学院各类课程网站不断增加,各类科研项目也不断提出服务器需求。此外,学校早期购置的服务器过于陈旧,早已无法满足日常的工作需要,而现有服务器又有很多没有得到充分利用。如果继续购进新的服务器不仅在电力和制冷系统等方面需要大量资金投入,而且必然增加了工作人员管理维护的难度。实训信息中心对兄弟院校以及相关企业进行了多次调研和学习,决定采用服务器虚拟化技术,对现有服务器资源进行重新整合,减少服务器的硬件数量,实现学校服务器资源的统一管理。

随着虚拟机的不断增加,更多的业务系统从物理服务器中迁移出来,既满足了业务需求,又腾出了更多闲置服务器可以用于其他用途。另外,对于机房电力和制冷系统的需求也没有改变,降低了日常的运营成本。

2.积极采用开源软件,结合自主开发,大型系统对外采购

学院本着"统一规划、分步实施、平台先行、应用一体、面向服务"的建设思路,提出了校园信息化建设的总体方案。其中统一认证与授权平台提供了用户集中管理功能,集中授权和联邦式多认证系统的解决方案;统一数据交换平台通过 DB 和 Web Service 等多种方式解决了异构系统的数据集成问题;在建设过程中,由于资金不足,通过多次调研论证,学院采用了开源软件来构建平台。

学院在开源软件的选用上,遵循的原则是"以我为主",也就是从需求到技术,而不是找到了软件后才决定怎么做;开源软件应该"为我所用",而不是以开源软件为中心,因此需求与开源软件之间的关联性和可用性的评估就显得非常重要。

通过多方调研,以及在企业和其他兄弟院校的帮助下,学院使用 OpenLDAP 系统,实现账号的统一管理。学院的用户信息来自不同的应用系统,通过建立用户中心系统将分散的用户资源整合成权威、可信的用户资源信息库。在全院范围内达到集中的用户管理,避免用户信息的过于分散和不一致。因此,设计具有十万用户规模的用户数据库,并提供给20余个大小不一的应用系统认证服务。另外使用 YaleCAS 实现单点登录,采用 Kettle 实现数据交换。

在教学软件上,实训信息中心和教务处联合调研,采用开源的 Moodle 建立了数十个课程系统和专项系统。利用这些系统,教师能够开展在线教学、布置任务、批改作业及在线答疑等工作,学生能够线上学习、提交作业及在线交流。

另外,学院还和公司合作开发了众多小程序,实现了在线考勤、在线评价等功能。

通过使用开源方案,解决了资金不足问题,也确保了隐私安全。

3.引入第三方公司，实现校园无线网络全覆盖，支撑教育信息化发展

《教育信息化十年发展规划(2011—2020年)》中提出以教育信息化带动教育现代化，教育信息化是高等教育的战略选择。学院也将教育信息化摆在支撑引领学院发展的战略地位。教育信息化的第一步是要有完善的有线和无线网络。学院早期和移动公司签署了运维协议，这些年在网络建设中受到诸多制约。为此，学院通过多方调研，引入第三方投资公司建设网络，通过其对接运营商。如图4-20所示，通过引入第三方公司，既解决了资金问题，也避免了学院和运营商直接合作过程中产生的种种弊病。

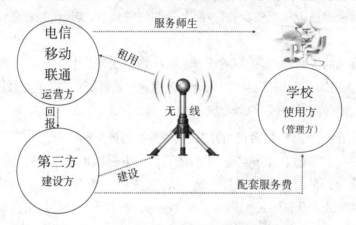

图4-20　引入第三方公司建设学院无线网络

第三方公司负责网络建设，实现全校三个校区无线网络全覆盖：有线网络维持现有物理接连和上网方式，实现无线、有线冗余备份；同时在办公教学区域、学生宿舍新增楼宇交换机。在网络建设完善的基础上，实训信息中心与第三方公司共同推进有线、无线一体化，实现有线、无线网络身份认证平台统一和办公、宿舍出口整合，简化网络架构，全面整合两网。同时学院还建设了运营支撑平台、智能运维支撑平台、校园网大数据基础平台三个支撑平台。

4.严格实施权限管理制度，保障信息安全

随着信息系统越来越多，信息安全也越来越重要。信息安全的投入也越来越大。由于学院隶属中国航天科技集团，对安全要求较高，在经费不足的情况下，学院通过技术手段和严格的信息安全制度，确保"正确的人在正确的地方访问正确的服务"。具体主要采取以下几种办法。

第一，包含学院领导在内所有用户全部实名连接网络，教师账号只有3个终端可以使用，学生账号1个终端，避免出现账号乱用行为。同时认证设备还将账号、IP以及Mac地址关联，从而实现跟踪到人。

第二，细分学院各个区域并划分不同网段。通过设置小网段，可以将账号访问权限进行更好的限制。比如教师账号只能在教学区使用。

第三,防火墙设置严格限制策略,对所有服务器设置了访问白名单。如为了保证学院官方网站的安全,限定每个部门只有专人专IP可以访问部门站点后台。

第四,学院建立了健全的信息安全保密管理制度,实现信息安全保密责任制。严格按照"谁主管、谁负责""谁主办、谁负责"的原则,落实责任制,明确责任人和职责,细化工作措施和流程,建立和完善管理制度和实施办法,确保使用网络和提供信息服务的安全。网站信息内容更新全部由网站工作人员完成。网站所有信息发布之前都经部门领导审核批准。主站内容还需要由党宣部门审核。

(五)条件保障

为了保持学院信息化建设的健康可持续性,学院建立了一套长效的信息化运营机制,主要围绕四个层面。

1.人员保障机制

院领导挂帅成立学校信息化建设领导小组,站在学校全局去规划信息化的建设。同时,注重信息化人才的培养,建立多层次、多形式、重实效的信息化人才培养制度。

2.预算保障机制

建立了长效、完善的信息化建设年度专项预算及分配制度(包括基础条件投入、建设资金投入、常规运行维护经费投入等),保证建设经费得到统一的归口管理与保障。

3.软件运营机制

信息化建设的平台必须具备开放性、兼容性和可拓展性,让使用者参与信息与资源的建设,形成可持续发展的运营机制。

4.软件开发机制

通过持续的培养,学院拥有一定的二次开发及独立开发能力,具备独立的校内跨部门流程梳理、业务分析、需求开发能力,以保障学校信息化建设的可持续发展。

(六)建设与应用后效

经过一段时间的建设,一些成果已经得到了校内不少师生的认可。

(1)使用开源软件Seafile建立的私有云盘为每位教师分配了10 G空间,为学生分配了1 G空间。目前已经有1 000多位用户,存储容量超过1 T。教师存放教学课件非常方便,学生在课堂上没有及时完成的作业也能保存,以便下课后继续完成。

(2)开源的Moodle系统目前在校内使用的效果也比较好。很多教师使用Moodle创建课程站点。部分专业还将整个课程都迁移上来,将其建设为专业课程平台。目前校内使用Moodle创建的课程超过100门。另外学院通过二次开发,将Moodle应用于各类项目的评审中,节约了大量人力与物力。

（3）自行开发的在线考勤以及教学评价等小程序已经用于日常教学中，使用频率较高，效果较好。

（4）学院的MOOC项目得到了外界的肯定。目前已有3家公司利用学院的MOOC教学平台建设了职工培训课程。

（七）讨论与建议

校园信息化建设是一项系统工程，也是一项没有终点的工程。经过几年建设，学院信息化建设有了一定的基础，但是由于资金问题，还有很多重要内容没有建设，学院下一步将逐步补齐这些短板。学院在建设过程中遇到的最大问题是整体信息化素养不足，很多工作得不到响应与认同。信息化管理部门如何提升学院其他部门以及学院领导的信息化意识是我们亟须思考和探索的内容。这里就此抛砖引玉提出两个想法：（1）多邀请外校专家举办相关讲座；（2）企业来校宣传项目时，邀请相关部门一起参加。

三、经贸中等专业学校打造"智慧校园"案例

（一）实施背景

《中等职业教育改革创新行动计划（2010—2012年）》明确提出，要充分发挥现代信息技术的优势，促进现代信息技术与职业教育的深度结合，提高教育、教学、管理、决策和科研的信息技术应用水平，逐步建成服务决策、服务战线和服务社会的中等职业教育数字化公共信息资源服务体系，以信息化带动中等职业教育现代化。

教育部在《教育信息化十年发展规划（2011—2020年）》提出，以教育信息化带动教育现代化，破解制约我国教育发展的难题，促进教育的创新与变革，是加快从教育大国向教育强国迈进的重大战略抉择。教育信息化充分发挥现代信息技术优势，注重信息技术与教育的全面深度融合，在促进教育公平和实现优质教育资源广泛共享、提高教育质量和建设学习型社会、推动教育理念变革和培养具有国际竞争力的创新人才等方面具有独特的重要作用，是实现我国教育现代化宏伟目标不可或缺的动力与支撑。

重庆市教育委员会《重庆市智慧校园建设基本指南（试行）》（渝教科发〔2016〕47号），为重庆各级各类学校构建智慧化的教育教学、教育管理和校园生活提供了标准、方向和目标。该指南强调以学校网络及信息化基础设施建设为基础，以数据与资源、业务支撑和智慧应用建设为重点，以教育教学智慧应用为核心，以组织、机制和网络空间安全建设为保障，以智慧化应用带动新一代信息技术与教育过程的深度整合，推动教育信息化实现跨越式发展为目的，大力推进教育信息化，构建城乡教育一体化机制和服务社会的终身教育体系，为实现重庆市教育现代化奠定基础。

由此可见，建设智慧校园，实现教育信息化，强化各项管理，提升综合实力，是各中等职业学校的一项紧迫任务。

(二)实施前的状况

以前的校园网是一种平面型的网络结构设计。校园网存在许多缺点:结构简单,难以适应网络扩展需要;故障频发,网络环境发生变化会影响整个网络;所有的系统都处于相同广播域,易发生广播风暴;多数或所有的设备会处在相同带宽域中,会出现带宽瓶颈问题。因此网络管理员对网络进行整体管理很难实现。校园网络一旦出现故障,将很难快速排除故障。同时随着教育信息化要求的不断提升,学校的信息化发展也暴露出许多问题:(1)基础条件差,信息标准不统一,缺乏前瞻性和持续性,资源分散、无法共享、缺乏统一管理;(2)学校业务系统还不完善,不能达到智慧校园建设的标准;(3)信息技术应用与教育教学相分离,重建设而轻应用,使用价值低;(4)教职工信息化水平较低,还有待进一步提升。

(三)建设与应用标准

1.建设目标

学校的智慧校园建设将以完善校园网络基础设施为基础,以拓展信息化服务平台和应用平台为出发点,以建设优质教学资源为中心,以优化信息化管理为突破口,全面提升智慧校园的综合服务能力。

(1)完善基础设施建设,提高校园网络的高速稳定性和安全可靠性。

(2)优化资源管理,整合教学资源,实现资源共享。

(3)完善教学平台,实现教育教学智慧化。

(4)建立以智慧应用为中心的信息管理服务系统,实现校园管理数字化、生活数字化和一站式数字化服务。

(5)提升教师信息化素养。

2.建设原则

(1)先进性与实用性。在"互联网+"时代,构建智慧校园要充分考虑技术的先进性和实用性。学校根据自身实际需求,全面规划、合理配置资源,考虑设备在网络中运行的稳定性,保证整个网络正常运行,提高资源使用率,以满足学校教育教学的实际需求。

(2)开放性与标准性。为了适应学校信息化的发展,所选用的技术和设备要具有协同运行能力,应充分考虑今后扩展和升级要求,保证系统的开放性和标准性。学校在构建智慧校园时,要充分考虑系统的扩容能力,并减少对某一产品的依赖,如新增应用与其他应用如何互联等。

(3)可靠性与安全性。安全性、可靠性是保证整个智慧校园稳定运行的前提。安全性保障智慧校园的信息不被泄露或干扰。学校网站建立一体化安全防护体系,为智慧校园提供安全支持。

（4）兼容性与易维护性。在建设智慧校园时要充分考虑兼容性与易维护性。兼容性是指能否有效利用已建好的功能，进行教育教学、教研、管理、服务等多方面测试，发现问题，及时整改。易维护性是指智慧校园建成后运行成本低，能充分体现资金的利用率。

（四）实施过程

1.实施思路

采用先进成熟的计算机技术、网络技术、数据库技术和多媒体技术，对教学、管理、校园生活等信息资源进行全面数字化。按照"精心规划、统筹安排，强化基础、注重应用，整合资源、共享数据"的建设思路，构建一个以校园网为依托的技术先进、高效稳定、安全可靠、完整统一、可扩展、易维护、全覆盖的高质量智慧校园系统。

2.实施方法

根据学校现有专业特色和未来发展规划，通过打造核心万兆、骨干千兆、可拓展的基础校园网，建设多应用整合的智慧校园平台，完善多种教育教学资源库，全方位为学校教育教学创造育人数字环境。

3.实施程序

学校成立智慧校园项目建设领导小组，由分管副校长任项目负责人，具体负责项目建设的工作。根据项目建设计划书，从以下几个方面进行建设。

（1）基础建设。

一是进行中心机房的选址、装修，实现机房内恒温恒湿自动记录，并根据安全等级3级的等保（信息安全等级保护，以下简称"等保"）要求安装消防设施，做到全方位自动报警。

二是使用戴尔刀片服务器和机架式服务器等，实施虚拟化。

三是使用华为 USG6650 系列防火墙、S12700 系列核心交换机，搭建万兆核心层。

四是用深信服科技股份有限公司的上网行为管理软件记录学校上网行为，并能防代理。

五是建设校园 Wi-Fi，实现校园 Wi-Fi 全覆盖。

六是建设数字广播系统，实现校园主要楼栋分区广播。

七是将模拟监控改成数字监控，实现校园监控无死角。

八是建设爱数安全文档云存储系统，实现教师数据存储安全方便。

九是用深澜计费系统与核心交换机无缝接入，实现校园实名认证计费管理。

十是建设校园电视台，丰富校园文化生活。

十一是建设高清全自动录播教室。

十二是建设校园一卡通系统。

(2)应用服务平台建设。学校与成都点威科技有限公司合作,建设智慧校园综合管理平台。同时与重庆中国建设银行永川支行合作,建设校园一卡通系统。目前校园办公能够实现一键登录,如图4-21所示。

教师一体化平台

学工管理平台

基础平台

综合教务平台

实训科研

数字校园

网络教学

行政办公平台

辅助决策 总务后勤

图4-21 校园网应用平台

(3)教育教学课程资源建设。学校通过多条途径建设教育教学课程资源:一是通过共建共享方式领衔开发、参与开发优质专业精品课程资源;二是组织建设了以四个重点专业为主的通用主题素材校本教学资源,购买电子商务、建筑等专业实用的实验实训软件资源;三是加盟国家数字化学习资源中心,学校拥有了其赠送的数字资源;四是学校购买了15万册的电子图书;五是与高校专线连接开展深度合作,可以使用高校海量的电子期刊。

(4)信息化师资队伍建设。构建了以信息技术中心为主体、任课教师参与、各部门协作配合的智慧校园建设管理网络。制定安全管理、设备管理、培训考核、资源开发和使用等方面的制度,保证了信息化系统安全、高效运行。通过校企合作,培训信息教学资源开发团队人员和网络管理人员,并对全体教职工开展智慧校园应用技术培训。

(5)制度建设。

通过制定《智慧校园建设项目实施管理办法》《重庆市经贸中等专业学校智慧校园建设管理办法》等相关规章制度,建立切实有效的智慧校园运行机制,确保智慧校园项目建设顺利推进,确保项目完成后充分发挥作用。

(五)条件保障

为了确保智慧校园建设顺利实施,学校按照"组织是基础,制度是前提,经费是核心"的原则有条不紊推进项目顺利实施。

1.组织保障

学校专门成立了智慧校园建设领导小组,以校长任组长,分管校长任副组长,各科室和系部为责任部门,成立信息化领导小组,由学校信息技术中心负责智慧校园具体建设工作,同时由学校信息技术人员和聘请的校外专家组成专家委员会,共同参与智慧校园建设。

2.机制保障

首先,学校专家委员会对学校信息化建设情况进行调研,制订智慧校园建设计划和明确一系列相关管理制度,并对信息化管理队伍、技术队伍和全校师生进行信息化培训。其次是资金支持保障方面,学校争取市供销总社和市财政专项资金支持,加上学校配套资金共500余万元。

3.网络空间安全保障

学校成立指导和管理信息安全工作领导小组,由校长任组长,书记任副组长,由信息技术中心具体负责信息安全管理工作。2017年6月,学校发布了安全管理办法,其中包含有网络与信息安全管理办法和应急预案,同时通过标语、横幅、网站等多种途径宣传网络信息安全。另外,通过技术手段加强校园内外网络信息安全管理;一是进行网络和网站安全保护测评,通过整改达到公安局的等保要求;二是实行校园网上网实名认证;三是使用软件对信息系统、网络和设备进行实时监测;四是加强数据安全管理和备份。

(六)主要成效

1.网络基础建设日臻完善

学校从网络基础建设着手,购买防火墙、核心交换机、刀片服务器、存储阵列等,构建了有线与无线融合的骨干千兆、核心万兆高速泛在网络,新建数字录播和点播系统1套、校园电视台系统1套,改造数字网络广播系统1套。学校成为教育部数字化学习资源中心命名的全国数字化学习资源分中心。

2.应用服务软件平台助推学校管理的高效

学校在加强网络基础建设的基础上,通过购买应用服务软件平台,实现环境数字化、管理数字化、教学数字化、产学研数字化、学习数字化、生活数字化的"六个数字化",为全校师生的教学、生活提供信息化服务,学校管理水平得到了进一步提升。

3.教育教学课程资源不断拓展丰富

学校通过各种途径不断丰富教育教学资源。一方面鼓励优秀班主任和教师使用高清自动录播教室制作教育教学课程资源,学校教师领衔开发6门,参与开发28门,共计开发了34门优质专业精品课程资源;另一方面与其他中职学校通过共建共享方式获取教育教学课程资源;同时学校还拥有1.5 T数字资源,购买了15万册电子图书,并与高校专线连接合作,可以使用高校海量的电子期刊。学校成为国家数字化学习中心后,每年都得到大量课程资源,构建爱数安全文档存储云系统,方便资料管理、交流和共享。

4.信息技术促进了教育教学的提高

学校教师积极参加校内外信息技术与学科融合应用的学习和培训,已经具有一定的信息化教育教学水平,在课件制作、说课、信息化教学等方面能力进一步提高。自2014年以来,学校教师参加全国、重庆市中等职业学校信息化教学大赛获奖人数20多人次。学生参加全国职业院校技能大赛获一等奖5个,二等奖14个,三等奖15个;参加全国职业院校学生技能大赛成果展获一等奖1个,二等奖1个;参加全国茶叶流通协会举办的手工制茶技能大赛获特等奖2个,一等奖8个,二等奖3个,三等奖7个。学校荣获全国职业教育先进集体,全国第五届黄炎培职业教育奖优秀学校奖等多项荣誉。

(七)总结思考

智慧校园建设需要举全校之力才能确保顺利建设、运行稳定、成效显著。首先要学校领导高度重视,与时俱进,在使用智慧校园各种应用系统基础上自上而下不断完善各种应用系统。其次要进一步加强信息化师资队伍建设,加强应用系统培训,使全体教职工改变传统办公、教育教学模式的转换,积极使用甚至主动要求使用智慧校园进行信息化教育教学。

四、重庆市轻工业学校"两全两库三平台"校园信息化建设案例

(一)实施背景

《国家中长期教育改革和发展规划纲要(2010—2020年)》明确要强化信息技术应用,提高教师信息技术应用水平,更新教学观念,改进教学方法,提高教学效果。鼓励学生利用信息手段主动学习、自主学习,增强运用信息技术分析问题、解决问题的能力。

《教育信息化十年发展规划(2011—2020年)》明确全面提升职业院校信息化水平,主要维度为:宽带网络接入、数字化技能教室等数字化环境、场所覆盖面;职业教育数字资源数量与质量满意度及网络教学平台覆盖面;职业院校工学结合、校企合作等信息化支撑平台的应用情况。《教育信息化"十三五"规划》:到2020年,基本建成"人人皆学、处处能学、时时可学"。

《构建利用信息化手段扩大优质教育资源覆盖面有效机制的实施方案》提出:实现宽带网络全覆盖与网络教学环境全覆盖,优质数字教育资源服务基本满足信息化教学需求和个性化学习需求,实现"一生一空间、生生有特色"。信息技术在教学、管理中为广大师生、管理者深度应用,信息技术与教育教学融合进一步深入,教师信息化教学能力、学生信息素养显著提升,形成一批有针对性的信息化教学、管理创新模式。

《职业院校数字校园建设规范》指出:在数字时代,职业教育的教学理念、教学内容和教学方式将发生革命性变革,信息技术改变了人类的工作和学习方式。因此,职业发展是学生借助智慧校园发展自身的信息化职业能力;教师职业能力的发展是职业院校教师需要借助智慧校园持续提升自身的信息化职业能力。

根据教育部、市委办公厅、市人民政府、市教委、市经信委、市科委文件精神,基于学校示范校特色项目信息化建设以及重庆市职业教育学会信息化课题研究的基础上,通过"两全两库三平台"校园信息化建设和应用的研究,在借鉴市内外职业学校校园信息化应用的基础上,结合重庆市中高职学校信息化的使用,探索、总结出信息化校园应用的新经验,具有在职业学校推广使用的价值,为重庆市中职学校走"内涵发展"之路做出应有的贡献。

(二)实施前的状况

调查发现,广大职业学校在现代化管理建设上存在不同程度的问题,主要表现如下:(1)由于职业学校发展参差不齐,规模大小不一,信息化管理手段不全面,有些管理仅停留在手工操作、纸质管理;(2)各管理平台使用的数据库不集中,数据相对独立,易出现多头管理、数据冲突等现象;(3)信息化教学管理羸弱,难以真正有效地服务于教师的教和学生的学;(4)信息化推行方法不得力,平台资源得不到充分利用;(5)学生管理内容单一、形式老套、空间封闭,难以与家长、社会形成合力。

图4-22 智慧职校运行机制

示范校建设两年来,学校按照总体规划、分步实施、适度超前的原则,从校园信息化建设入手,创新探求云端管理职教运行机制,建成具有全时段、全方位移动终端的应用,完善的教学资源库和基础数据库,教学平台、管理平台和综合评价平台有效使用,高度整合的校园软件系统和集教学、管理、评价于一体的"智慧职校"(如图4-22所示),实现师生间有效互动,促进职校办学质量提高,推动职校信息化发展。

(三)建设与应用的标准

1.建设目标

(1)精准定位需求,发挥多方智慧共建云管理平台。

(2)整合新增系统,完善校园云端管理的系统架构。

(3)串联三大系统,互通学生管理、教学管理和行政管理。

(4)设计教学云平台,教学管理现代化助推智慧教学。

(5)实现云端评价,实现一体化、开放式学生管理。

2.建设原则

(1)时代性与时效性。随着"互联网+"的步伐加快,学校在智慧校园建设规划中要避免建成即落后的情况。学校与软硬件公司沟通掌握新时代技术的更新情况,结合本校经济现状等实际情况,总体规划、分步实施,以此保证技术的时代性和时效性。

(2)兼容性与标准性。智慧校园软硬件的兼容性是学校后续信息化扩展和升级所必需的,因此学校所选用的技术和设备要具有协同运行能力和扩容能力,以此保证系统的兼容性和标准性。

(3)实用性与安全性。智慧校园构建是为学校的教育教学和管理信息化服务,应具备实用性,做到方便、快捷、好用,同时需要系统提供统一身份认证、防火墙等应用,以此保证系统的实用性和安全性。

(四)工作过程

1.协同校企专家,聚集多方智慧共建校园云管理平台

一方面,学校对市内外6所中职、高职、大学的校园信息化建设情况进行深入调研;另一方面,对提供校园信息化基础设施的16家软硬件供应商进行考察,基本掌握目前市场上同类硬件、软件的功能等信息。在此基础上,学校结合本校信息化发展需求、师生信息化使用量、经费预算等实际情况,与重庆银拓信息技术有限责任公司合作,建设中心机房;与中国联合网络通信有限公司重庆市北碚区分公司合体,对学校现有无线网进行升级改造;与重庆万星彤泰科技有限公司合作,建成数字广播系统;重庆联众实业有限公司承建多媒体教学及数字监控系统;与上海鹏达计算机系统开发有限公司合作,实现统一身份认证,建成9个管理平台、2个教学平台、1个评价平台,架构云端管理系统,为"智慧职校"提供基础保证。

2.整合新旧系统,统筹基础数据完善云端管理系统架构

在建设云管理平台的基础之上,进一步完善校园云端管理的系统架构(如图4-23所示),学校对软件系统进行整合和新增。

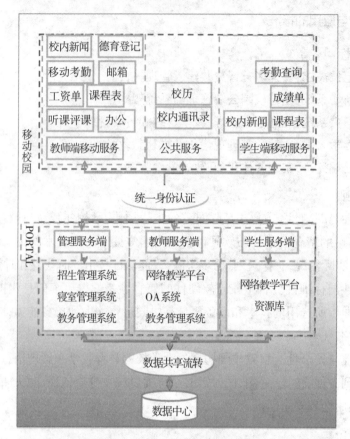

图4-23 校园云端管理的系统架构

首先,学校整合已有软件系统包括招生迎新系统、教务管理系统、实习就业系统、财务收费系统、人事信息系统,避免各软件系统的数据不统一。各软件系统使用一个数据库,保证各软件系统的数据更新一致、统一、联动,实现已有软件系统使用统一数据库。

其次,学校新增管理系统包括移动后台系统、OA系统、德育管理系统、寝室管理系统。这些系统目前已投入使用,并融入学校行政管理、教学管理和学生管理工作中。

最后,学校将新增系统与已有软件系统全面整合,统一基础数据库和教学资源库,实现统一身份认证,确保一个学校一个数据出口。

3.串联软件系统,依靠集成平台互通学生、教学和行政管理

首先,学校搭建智慧校园,系统软件共用一个基础数据库,基础数据库将各软件系统有机地结合起来,实现管理、教学、评价系统的数据统一性、一致性。

其次,软件公司通过研发对接学校已有软件,开发适合学校需求、紧缺的软件系统,集成各软件平台,为打造云端管理提供平台支撑。

再次,借助基础数据库。由于班级学生的人数是唯一的,不管是学生部门、教务科、招生、就业、财务等部门得到数据是一致的,从而互通学生管理、教学管理、行政管理。

最后,通过统一基础数据库的使用,实现数据共享流转,实现学生管理、教学管理和行政管理的信息互通,数据不脱节。

4.实施"互联网+教学管理",助推师生开展智慧教学

教学管理是学校管理的核心内容。学校要充分发挥现代信息技术的优势,努力打造"互联网+教学管理"模式,助推师生开展智慧教学。

其一,学校与上海鹏达计算机系统开发有限公司合作开发网络教学平台;北京超星尔雅教育科技有限公司协助学校建成公共课和专业课集成的泛雅教学平台和学习通系统。网络教学平台、泛雅教学平台、学习通系统初步为学校搭建起了教学云管理平台的框架。

其二,打造优质的教学资源是教学管理的重要工作。学校借力云管理平台,以知识点为导向,将教学资源进行重新筛选、处理、建构,再进行分类整理、贴数字标签和上传云端,并对教学资源进行后期维护,实现教学资源统一管理。在此基础上,实现所有师生共享教学资源,大幅度提高教学资源的使用率。

其三,学校联合企业开发支持移动终端使用的教学管理应用,最大程度盘活教学资源的使用,实现课程教学、教学巡堂、教师听课/评课、课堂考勤、学生评价(课堂纪律、作业等上传)、课表查询等功能。

5.基于多主体多维度,打造综合评价平台,实现云端学生管理

学生管理是职业学校管理的又一重点。传统的学生管理在管理主体上主要是学校,在管理内容上主要是学习成绩。这种封闭式的学生管理模式不仅效能低下,更重要的是无法真正评价学生的综合发展水平。为了解决这一问题,学校与企业共同研发了学生综合评价平台,探索云端学生管理模式,提高学生管理效能,如图4-24所示。

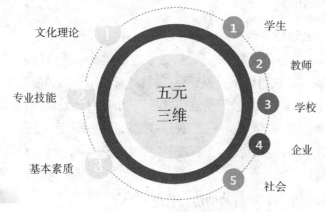

图4-24 云端学生管理模式

学生综合评价平台集成了移动终端App的学生考勤、课堂纪律、作业等要素,实现了PC端阶段性的成绩登记功能,融合了教务系统的平时成绩、期中成绩、期末成绩记

录,最终形成学生的学业成绩;平台还包含考证机构的考评、学生科和团委的德育评价,以及各类技能比赛、顶岗实习、职业素质等等情况的记录,可以进行不同时期的综合评定,全面、综合地反映学生的学习和生活情况。

学生综合评价平台实现学校与家庭近距离沟通。学校借助学生综合评价平台移动终端App将学生的学习情况、出勤情况、课堂情况、德育情况、寝室情况以及学校的通知、新闻等信息第一时间告知家长,使广大学生家长能够翔实掌握学校的教育成果,并与孩子共同感受教育活动中的快乐与收获,有利于家长、学校、社会的共同协作。

(五)条件保障

1.组织保障

学校成立了由校长任组长,教务科、学生科、后勤科、办公室、各专业系主要参与的工作小组,各职能部门结合本部门工作责任,开展信息化的使用和推广。

2.制度保障

学校为了保证云端管理落到实处,修改原有考核制度,信息化的使用与绩效考核挂钩。

3.工作机制保障

每周星期二定期召开中层以上干部例会,各部门结合本部门的实际情况和推行进度召开专项主题会,及时沟通交流,解决存在的问题。

4.信息交流与资源共享机制

召开信息化使用交流会、碰头会等,建立QQ、微信专项群,互相讨论、沟通,及时、有效地保证使用过程中的信息畅通、资源共享。

(六)建设与应用后效

1.完成了校园云管理平台的初步建设

数据爆炸时代,信息化发展突飞猛进,为了避免建成即落后的窘境,校园信息化初期设计要适度超前。认真组织学习招投标、项目经费使用等相关制度,严格按操作规范进行信息化建设。经过两年的校园信息化建设,总结项目建设流程:建设方案和任务的拟定—调研—专家论证—方案确定—招投标—跟踪、反馈—项目完工—专家评审—验收;项目取得的暂时性成果:整合新建9个管理平台,新增2个教学平台,开发1个学生评价平台,建成云管理平台。

2.实现了学校学生、教学、行政的协同管理

学校与软件公司重新梳理已有软件系统及平台,形成集管理、教学、评价为一体的系统架构,实现学生管理、教学管理、行政管理共用一个基础数据库,构建云管理平台,摸索云端管理途径,实现云端管理模式,从而打造"智慧职校"。

3.丰富了学校教育教学资源

云端管理极大丰富了学校的教育教学资源,尤其是数字化教育教学资源。两年来,学校在建设云端管理模式的过程中开发43门网络教学课程,共享137门公共课和75门专业课、26 000本电子图书、10个课程实验系统、100种期刊和400集学术视频,建设73堂微课、61个教学视频、26集动画、402个课件、378个电子教案、47门课程标准,数据总量近13 T。

4.提升了教师和学生教与学的质量

云教学管理模式将教师从传统的备课模式中解脱出来。电子备课使教学设计与教学课件统一存放在教学资源库,实现共享,通过对鸿合I学系统、教学资源库和泛雅教学平台的综合运用,为教师搭建了一个备课授课、教学资源与移动学习三位一体的教学环境,极大提高了教师的教学质量。另外,云教学管理模式拓展了学生的学习空间,使课前自主学习、课中互动探究、课后巩固提升有机结合,不仅极大改变了学生的学习方式,而且调动了学生的学习积极性,从而提升了教师和学生的信息化意识和信息化素养。

5.增强了学校的社会服务能力

近两年,学校为武汉市供销商业学校、重庆市工业学校、重庆市巴南职业教育中心、重庆市忠县职业教育中心、重庆市石柱土家族自治县职业教育中心、重庆市荣昌区职业教育中心、重庆市彭水职业教育中心等中职学校的领导、管理干部开展软件使用、硬件建设等内容的示范、演讲、参观、学习培训活动,为北碚区社会培训人员提供网络教学资源和师资队伍,充分发挥了校园信息化服务地方经济发展的作用。

(七)讨论与建议

(1)虚拟应用需要加强。虚拟应用现仅应用于局域网,应加大经费的投入,扩大应用范围。

(2)软件的功能还需要不断完善。结合学校实际教育教学的需要,与软件公司技术人员沟通,不断完善软件功能,规范工作流程。

(3)关注日新月异的科技更新。大力推进校园信息化建设和应用,学校校园信息化建设永远在路上。

五、重庆市南川隆化职业中学校数字化校园建设案例

(一)实施背景

随着信息技术的迅猛发展,加强信息化、网络化建设已成为世界经济和社会发展的必然趋势。国家提出"科教兴国""教育为本",努力推进教育事业蓬勃发展,以保证国家可持续发展的战略。

数字化校园是以数字化信息为基础，以计算机技术、网络系统、通信技术为依托，支持学校教学和管理信息流，实现教育、教学、科研、管理、技术服务等校园信息的收集、处理、整合、存储、传输、应用，使教学资源数字化，并能够得到充分优化利用的一种虚拟教育环境。其核心是指用全数字化的信息获取、存储、传输及处理技术，去控制和操纵整个学校的事务，包括教学、科研、管理及技术服务。其基本框架应该包括校园网络建设、数字图书馆建设、管理信息系统建设和远程教育等方面。

(二)实施前的状况

1.校园网络需要增容

目前，学校的网络改造工作基本完成。所有交换机(学生机房、教师机房、保卫科、行政办公楼)都进行了更换，为教师配备了笔记本电脑，改善了办公条件，升级了学校网站系统。但随着信息化建设的加速和提档，校园网络现有容量明显满足不了学校教学与管理的需要。

2.专业教学资源库建设需要提档

学校专业教学资源库的素材分三部分：一是学校教师自行开发的教学软件，主要是多媒体课件和网络课件；二是学校购买的教学软件；三是示范校建设期间共享的与教材配套的课件。随着中国制造、智能制造的深化，学校专业教学资源库明显满足不了专业教学的需要。

3.信息化技术管理能力需要提升

学校虽然建立了网格化管理模式，但信息技术的使用和管理手段没有跟上，有的部门和教师不能很快地适应信息化教学管理。

4.信息化技术建设与使用分离

班班通、全覆盖的信息化建设基本完善，但在教学和管理过程中使用价值没有充分体现，重建设而轻应用，使用价值低。

(三)建设目标

1.提档增容

学校将继续扩大信息化覆盖程度，提档增容，满足学生机房、教师机房、保卫科、行政办公楼的信息化教学管理需求。

2.完善专业教学资源库建设

将信息化技术应用于教学管理，充分发挥网络优势，完善学校教育教学平台，建设具有校本特色的专业教学资源平库。规范备课、教案、课件、题库等管理，使教师之间、教师与学生之间、学生之间交流的网络化变为现实，提高教育教学质量。

3.提高使用价值

提高教师对信息化技术与资源的应用能力,让每一个教师都能熟练有效地运用信息技术,80%的教师能较好地运用信息化教学手段。

4.提高信息化教学管理能力

进一步完善数字校园建设,完善资源应用体系,整合教育教学资源,形成教学和管理应用平台,提高信息化教学管理能力。

(四)实施过程

1.加强领导,把信息化教育放在优先发展的地位

为增强学校信息化工作的推进力度,学校及时构建了推进教育信息化工作的三个层面的管理体制。

(1)领导层面:由校长、分管副校长、专职教师等组成领导小组,负责整体规划协调,并制订相关制度。

(2)管理层面:教导处、教科室和总务处等部门按各自职能,突出抓好教育信息化的推动工作。学校还专门设立了"信息技术处"这一中层职能部门,配备精干力量,以加强管理。

(3)参与层面:全体师生努力学习,掌握现代信息技术,成为学校信息化建设的积极参与者。

2.提高校园网络数字化硬件系统

(1)教学及校务管理系统。各部门配备公用办公计算机,并在部分部门配置打印机,充分利用校园网络—这平台将各部门的信息进行有效的管理。

(2)数字化图书馆建设。加强电子图书、文献资源库建设,学校购置数字化电子图书馆一套,计130万册图书,并接入校园网络,使全校师生在工作学习之余,能够通过校园网络浏览阅读;全面升级图书馆现有硬件设备;完备电子阅览室的使用及管理;增加馆藏电子图书、电子期刊;举办各种文化艺术活动,形成校园电子图书文化。

(3)公共资源服务平台建设。搭建教学资源共享平台,建立强大的课程教学资源库,内容包括教学课件、教案、教学方法指导、论文等,并将寿光市教育网教学资源在网上公开,实现优质资源共享。构建学生自主学习环境,实现网上授课、网上辅导、网上答疑。学校充分利用FTP服务器方便宜操作的优势,增大教学资源库容量,以便学生能更方便和全面进行网上学习。通过光纤与互联网相连,实现了教育资源的共享,形成了地面教育资源网。

(4)多媒体应用平台建设。学校购置高性能计算机,建立功能强大的视频服务器、音频服务器、文件服务器等,内容涵盖学校管理、网络资源、电子图书、信息发布、知识资

源及电子图书等内容,为学校管理、师生的学习和交流提供了强大的平台。

(5)数字化校园建设的技术支持。学校将建成百兆到桌面、技术先进、高速、稳定、安全的校园网络。学校各教室、办公室全部设有网络端口,提供一台公用计算机和打印机,并设置专业服务器,安装教务管理软件、学生管理软件、图书管理等软件等。

(6)电子实验室建设。在原有设备基础上,2011年9月,学校新购置高档品牌计算机多台、组装服务器一台、教学用机一台,保证了计算机教室高效运行。

学校设有高标准多媒体会议室、公用多媒体教学教室和多媒体教学班共80个,配备教学用机、投影设备各一套,并接入校园网。

3.数字化校园软件建设

(1)加强对数字化信息化教育教学模式的研究,提高教学质量。在教学中,为了真正发挥数字化手段优势,提高课堂教学效率,学校注重教师对数字化教学手段的研究。一线教师人人掌握了现代教育教学手段,熟练运用计算机多媒体技术于办公和教学。

(2)培养适应信息化教育的师资队伍。随着教育网的开通,远程教育资源和网络资源丰富多彩。信息传递速度快,教师之间的交流与讨论不受时间、空间的限制,教学和教研提供了便利的条件和丰富的资源。校园网上建有教师备课系统和教研论坛,教师可以高度共享信息资源,利用便利的备课系统和教研论坛开展教学教研工作。教育信息化开阔了教师的视野,丰富了教师的知识,方便了教学教研工作,提高了教师教学教研效率和水平。

为了提高教师利用数字化手段教学的水平,充分发挥数字化设备优势,在教学培训时采取集中培训、自主培训、技能大比武、网课评选等形式,同时在教师中开展"以多媒体计算机辅助教学"和"信息技术与课程整合"为主的现代教育技术培训。通过推荐和介绍运用信息技术的优秀教学范例,展示信息技术的魅力,激发教师对信息技术的浓厚兴趣。有计划地安排学习内容,按照由易到难、由点到面的程序进行有重点、有层次的培训。每个阶段结束时都进行了相应的认知水平和操作技能检测,活学活用,务实求新,保证了培训效果。建立与推广等信息技术相适应的教学常规管理制度,鼓励教师学以致用,把应用信息技术的过程作为学习信息技术的过程,在实践中提高自己。同时把信息技术的学习与新教育理念的学习结合起来,通过技术手段的更新来带动教育观念的更新,促进教学方法的更新和人才培养模式的更新。

(3)开足开全课程,加强学生信息技术知识的掌握。学校安排充足的信息技术课程。学校保证每周1节信息技术课,且学生上机操作时间保证在80%以上,以此加深学生对信息技术的认识,树立信息意识,提高计算机、网络操作能力。在教学中,学生通过课堂讲解和上机实践掌握常用软件的使用,并在教师指导下学习健康上网,增强对网络文化的认识能力和利用能力,体会作为一个社会人在网络上享有的权利和义务,最终达到提高信息素养的目的。

(五)建设与应用后效

1.扩幅增容,为教学管理提供有效支持

结合学校情况,为各教研组和教师提供了资源共享平台。学校组织骨干教师编制教案等教学资源并共享到资源平台,同时教师将自己上课时用的资源、课件、视频等分享到平台。资源共享平台与学校自建的资源库、电子图书馆形成了有效教学资源支持平台,为教师的备课、教研和教学提供了有力的支持。

学校还建立了自己的在线备课、授课系统。系统的设计目标是建立一个高效的、易操作的在线学习和课程管理系统,系统特别强调合作性学习活动的管理。课廊包括在线课程管理、学员管理、课程讨论、作业、小组学习、测试评估、进度状态跟踪等几乎所有在线学习与课程管理系统的典型功能。课廊设计最初的目标就是建立一个合作性学习系统,所以系统安排了学习小组、班级、协作资源等内容,为合作性学习奠定了非常坚实的基础。课廊相比其他几个课程管理系统,最大的特色在于"学习路径"。它可以根据学生的实际情况和教师的实际情况,把素材按照不同的顺序组织成不同的路径,不同层次的学生可以按照不同的路径进行学习,从而达到因材施教的目的。系统操作简单、构架合理、运行速度快,并且是一个自由软件可以免费获得。操作时,教师利用账号登录系统后,在面板中单击"新建课程"按钮,在创建课程页面输入新课程的相关信息。确认后,一个拥有计划安排、讲义材料、课程论坛、聊天答疑等管理功能的新网站就建成了。登录后,就可以按照需要添加先前准备好的课程素材了,如课程简介、课程计划、课程讲义、练习、作业等。还可以建立"学习路径",它本身没有任何题目和教学内容,它只是把课程讲义、课程练习和作业里的内容按一定的顺序连接起来,让学生按照一定的顺序去学习,比如必须先学完"文字的设置"后,才能去做"字体的练习",最后才能去学"超链接"。这对于循序渐进的学习很重要:一方面可以让学生了解知识间的联系;另一方面还可以做到"边学边练",从而避免了学生被埋在素材堆里不知所措的情况。相对于传统教学,我们还可以利用学习讨论、学习小组、聊天答疑、协作资源等功能,充分体现网络的合作性优势。除了教学活动,利用本平台也可完成网络备课活动。

2.满足了教学与管理的需要

学校坚持以平台为依托,以培训为先导,使教师对各种应用平台由了解到熟悉,由熟悉到应用,不断提高信息技术在日常教学中的应用水平。各种应用培训是提升教师信息技术应用水平的基础。信息技术培训从计算机等级考试、英特尔未来教育等专业培训,到学校组织的各种软件和教学平台的专项培训,平均每学期进行一次全员的信息技术方面的培训,有效地提高了教师的信息技术素养,调动了广大教师技术应用的积极性。

3.拓展数字服务，丰富资源支撑

利用网络的优势和便利，展示优秀教师风采。为了突出优秀教师的带头引领作用，系统将其教学经验、管理经验、教案、学案、课件、检测题、课堂视频等优质教学资源上传至个人空间与广大师生分享。

学校充分利用网络通信便利，建立了学校、年级部和部分学科QQ群，便于信息沟通与联系。班主任都加入了学校的微信平台，及时地传递学校的管理信息，促进了学校管理。

为丰富教学资源，学校定制了校外资源网站，极大地丰富了学校的教学资源，方便教师的教科研工作。

学校大力推进数字化教育应用服务平台的应用。为此，学校组织全校教师进行了专门的培训，使教师能够积极参与平台的建设和使用。学校通过建立网上教育资源库的共建共享机制，实现了人人参与、人人享用，使每个年级、每个学科、每个章节都有可供教师参考利用的资源，让教师从低层次、低效率的备课中解脱出来，将更多的时间、精力用于教学设计的改进和教学方法的创新。

今后将继续推动教师在课堂教学和日常工作中有效应用信息技术，促进信息技术与教育教学的融合；探索在信息技术条件下的有效教学模式，为学生提供多样化的学习环境，真正使优质网络教育资源助力教学效率提高，减轻学生学业负担，均衡教育发展，提高学校教育信息化水平。

(六)讨论与建议

在建设过程中，学校加大数字化校园管理应用平台建设力度，逐步形成了信息化教学管理理念。学校从整个建设过程得到几点启发。

1.加强培训

人员培训是数字化校园能否正常运行和发挥使用效益的关键。根据教育技术培训安排，合理拟订本级培训方案和计划，制订培训考核测评办法，分对象、分层次开展培训。加强校长、网络管理员和学科教师的培训。积极选派教师参加各级教育主管部门组织的各种教育技术培训、观摩和研讨，逐步完成对学校教职工教育技术能力培训。学校要积极开展信息技术、网络知识、新课程改革等内容的校本培训。通过培训使广大教师成为学校信息技术管理和应用的领航者。

2.加强应用研究

学校要鼓励广大教师充分利用好校本资源和校园网络设施设备，将其应用到日常教学活动中，尤其要加强应用班班通设施于教学研究。确保每一位教师都会使用数字化设备和教学资源进行教学。

3.明确职责,加强领导

市级电教部门是数字化校园的主要业务管理部门,负责全市数字化校园建设的统筹指导、组织和管理工作,组织开展市级示范创建、评估和交流展示等活动,组织专家做好相关评价标准制订、技术指导和咨询服务工作。

4.筹措资金,加大投入

学校要有一定的专项经费保证平台日常运行、维护、管理和活动开展等工作需要,确保有公用经费用于信息技术教育设备运行维护、教学软件资源添置。

5.完善制度,建立考评机制

学校要进一步完善网络设施、终端设备的管理、维护以及教育教学资源的下载、使用、评价等制度。要健全责任制度、工作细则、培训制度、网络信息发布制度、教学资源收集整理和审查入库制度、教师使用奖励制度、网络安全运行维护制度等。要把教师了解和掌握信息技术的程度以及在实际工作中的运用情况,作为评优的重要依据。

六、重庆工业职业技术学院校园网建设案例

(一)实施背景

随着重庆工业职业技术学院信息化建设的发展,已使用多年的校园网无论从技术上还是管理上都已经不能满足教育现代化的需要,学院决定本着实用、稳定可靠、成熟度高、安全可控、方便运营、精细管理、方便扩展、能够满足学院事业发展需要的原则开展学校的校园网升级改造。改造的主要内容有:全校的有线无线网络一体化,统一管理多运营商互联网出口,落实校内网络用户实名制,加强网络边界的安全防护,完成校园网络的安全加固,同时增强校园网运维管理、认证管理、大数据应用等,满足未来信息化应用、管理和运维需求。

(二)实施前信息化现状和需求

1.信息化现状

经过多年的信息化建设,学校通过与运营商合作或者自建等方式,建立了一套基本满足信息化要求的网络基础平台,由于建设周期长、改造次数多,校园网基础平台存在如下问题:

(1)网络结构复杂。学校网络建设多次扩容,网络架构复杂,线路老化严重,用户体验较差,已经无法满足接入设备和用户的规模增长,设备管理和用户管理难度越来越大。随着移动终端的普及,现有有线网络无法完全满足信息化应用需求。

(2)运营商合作问题突出。学校前期校园网络建设与运营商进行合作,合作存在排他性,导致学生用户对于网络服务商的选择单一,服务质量得不到有效保证,学生意见

非常大，单一的运营商合作模式已经无法满足校园网信息化的要求。

(3)网络安全风险和政策风险越来越大。原有校园网络建设对于安全的建设缺乏统一规划，安全薄弱。随着网络安全法等法律法规的出台，现有安全建设与实际安全需求存在较大差距。

(4)学生网络使用管理力度差。运营商负责校园网络的建设和运营，导致学校对于学生网络行为的规范缺乏有效的技术手段，后期大数据应用缺乏数据支撑。

(5)移动应用推广难。由于校园网络缺少无线覆盖，部分移动应用的推广受阻，不利于信息化建设和应用创新。

2.需求分析

(1)基础网络架构升级。学校校园网络从以前小型局域网发展到了现在以运营、服务为目的的大型网络。随着接入设备和用户的规模增长，设备管理和用户管理难度越来越大，为适应学校未来的发展，需要推进学校的管理运营模式向扁平化发展。通过扁平化简化设备和用户管理，同时简化出口建设，为未来多运营商引入提供技术支撑平台。同时为保证校内用户实名制和未来运营商的运营收入，需要进行用户并机代理等功能建设，确保未来校园用户真正实名并对公共区域进行无线网络全覆盖，完善网络管理体系建设。

(2)多运营商竞争引入。基础平台通过升级建设，能提供多运营商接入的技术支持。引入多家运营商提供网络接入服务，增强运营商之间的竞争，提升网络服务质量。

(3)安全平台建设。随着信息化的发展，安全风险越来越大，数据中心安全和互联网出口安全将是建设的重点，这既是信息化的基本要求也是法律法规的强制要求，安全平台建设将是信息化建设的重要组成部分。

(4)学生行为大数据分析。在完成信息化基础平台建设后，需要充分利用网络基础平台及安全平台产生的数据，规范和分析学生用户的网络行为，通过大数据分析得出数据供学校使用。

(三) 建设目标与原则

1.建设目标

建成后的校园网络除需要满足现有与未来10年的发展之外，还需根据有线、无线网络自身的特点，建成一个"有线无线一体化、准入准出一体化、高带宽、无缝覆盖、安全可信"的下一代校园网络。

(1)高带宽大容量的有线网络。保证学校内包括教学楼、办公室及宿舍区内的每个用户具有流畅上网的用户体验，有线和无线统一出口，具有多运营商网络出口。本着"科学设计、合理部署、降低安装工作量与维护点"的原则，在每个区域通过部署合适质量与数量的设备,优化后的有线网络实现万兆骨干、出口,万兆到楼栋、千兆到桌面的铺设方式。

(2)高带宽无缝覆盖的无线校园网络。保证师生在校内任意地点都可接入无线校园网络,实现无线网络的无缝覆盖和无缝漫游。校内不同的场景(包括室外区域、宿舍区、办公室和高密度高并发的会议室、报告厅),都能够保证师生能真正随时随地地接入无线校园网络享受流畅地在线办公、教学、查阅档案、下载资料和视频点播。

(3)有线、无线统一身份认证。一体化的有线、无线校园网络建设完成之后,给每一位师生配置唯一的身份认证的账号和密码(特殊区域可以选择性开放)。无线认证方面可实现无感知认证,当用户成功认证通过后,后续无须再进行二次认证,保证师生的用户体验。通过专业厂商的计费管理软件,学校可以统一开户、查看上网、批量管理,同时通过网关防代理的形式保证用户实名制上网和网络安全。

(4)精准的计费策略和多运营商接入。在针对不同用户(领导、教师、学生)、不同区域(办公区、教工宿舍区、学生宿舍区)实现不同的限速策略、计费策略、收费模式(包月、包时长、包流量),以达到精准计费、全面流量管理的目标。同时考虑引入至少两家运营商,实现用户自由选择互联网出口、自愿选择运营商套餐。

(5)安全可信的校园网络。对校内网络和外网进行有效隔离,对网络流量实现IPS、AV等安全访问控制功能以实现4~7层的有效防护;对出口链路实现智能的负载均衡,以实现多链路出口的流量平衡;通过VPN功能实现学校工作人员可在校外安全接入校园网络进行办公的目标;对校内用户实现全方位的上网行为管理,以实现安全可信的校园网络。

(6)良好的服务支撑体系。随着信息化水平的不断提升,师生用户对信息化的服务体验要求越来越高,建一个可控、可管、高质量的校园网络的同时,也需要考虑良好服务支撑。建立完善的运维支撑体系以保证师生用户的良好使用体验。

2.建设原则

本项目设计遵循"技术先进、功能较齐全、性能稳定、节约成本"的原则,并综合考虑施工、维护及操作因素,为今后的发展、扩建等留有余地。本项目设计内容是系统的、完整的、全面的;设计方案具有科学性、合理性、可操作性。本项目具有以下原则:

(1)先进性和适用性。采用科学的、主流的、符合发展方向的技术、设备和理念,系统集成化、模块化程度高。设计合理,架构简洁,功能完备,切合实际,能有效控制和提高工作效率,满足动态监控和业务工作的实际需求。系统的技术性能和质量指标达到国际领先水平。同时系统的安装调试、软件操作简便易行,容易掌握,适合中国国情和该行业的特点。该项目应体现当前计算机网络技术的最新发展水平,适应时代发展的要求。

(2)经济性和实用性。在先进、可靠和充分满足系统功能的前提下,体现高性价比。采用经济实用的技术和设备，充分利用现有资源，综合考虑系统的设计、建设、升级和维护。充分考虑用户实际需要和信息技术发展趋势，根据现场环境，设计和选用功能适合现场情况、符合要求的系统配置方案，通过严密、有机的组合，实现最佳的性价比，以便节约工程成本。

（3）可靠性和安全性。方案采用成熟、稳定、完善的技术设备，使系统具有一致性、升级能力，能够保证全天候长期稳定运行。在系统故障或事故造成中断后，能确保数据的准确性、完整性和一致性，并具备迅速恢复的功能，同时各系统具有一套完整的系统管理策略，可以保证系统的运行安全。

（4）可扩充性。方案设计中考虑到今后技术的发展和使用的需要，具有更新、扩充和升级的可能，系统规模和功能具有易扩充能力。同时，本方案在设计中留有冗余，以满足今后的发展要求。

（四）工作过程

表4-1　工作过程

时间	任务	主要工作内容
2017年2月—2017年3月	完成前期项目立项工作	完成资金申请，项目申报
2017年3月—2017年8月	确定项目方案	完成信息化建设考察、方案制订、专家论证等准备工作
2017年8月—2017年10月	完成招投标工作	完成招标方案并开展招标工作
2017年12月至今	完成项目实施并进入使用阶段	监管项目实施，检验项目建设效果

（五）条件保障

（1）组织架构保障。学校领导高度重视学校教育信息化建设工作，为保障工作落到实处，特别成立了学校层面的教育信息化领导小组。由学校党委书记担任小组组长，分管信息化建设工作的副院长为副组长，小组成员包括党政办公室、党委宣传部、党委学工部、人事处、教务处、科研处、资产管理处、后勤处和所有二级学院的负责人。教育信息化建设过程中，由校级领导带头亲自推动，积极带动了校内其他人员的主观意识。校级领导的参与解决了教育信息化建设在推行中遇到的各种阻力。

（2）资金保障。学校每年都规划出一定数额的信息化建设资金，专款专用，保证了学校教育信息化建设时的资金投入，同时积极开展银（银行）校合作，获得信息化资金。

（3）技术实力保障。本次信息化改造，学校通过招聘专业技术人员负责信息化建设和规划，确保了项目建设的先进性和标准化。

(六)建设与应用后效

1.完成校园网络扁平化及认证计费平台建设

(1)通过新增2套扁平化数据交换及认证网关模块,实现有线和无线扁平化改造,实现有线和无线用户网关集中认证,便于管理和维护网络。同时扁平化网关自身具备对Web认证报文进行降噪功能,确保Web认证的高速可靠性。

(2)通过新增一台高性能多功能出口网关,提供高性能NAT功能,实现互联网/教育网数据转发,满足校园网络对网络出口设备高性能转发要求高的特点,并避免数据在网络出口处形成拥塞,导致数据不能正常转发形成性能瓶颈;提供多链路智能选路,避免出现部分区域不能正常上网的情况,实现链路的自动备份,提升网络整体稳定性;配合学校现有互联网加速系统,提升上网的体验,放大带宽减轻出口压力;实现流量计费功能,可为每位用户设置免费流量;通过与AAA系统软件联动,实现基于用户的带宽控制以及支持多运营商选路功能。

(3)通过在现有AAA系统上进行功能定制化,与新增多功能出口模块、扁平化数据交换及认证网关模块、实名制认证检测模块、日志等功能模块进行联动,实现了高效的实名制运营平台。通过多运营商接入功能开发,可在一套物理网络上实现多运营商的运营接入,避免运营商各自为政的网络建设问题。

(4)建设一套智能DHCP(Dynamic Host Configuration Protocot,动态主机设置协议)系统,用于全网地址管理,并实现终端智能识别功能、MAC地址防伪冒功能、三层无感知功能,与AAA平台对接实现精细化认证计费管理;实现终端识别及基于终端指纹的IP分配策略,支持路由器不分IP地址,若终端网线拔掉插到笔记本上,不分配IP地址,特定无线网仅允许移动设备接入;实现精准计费,实现一个用户可登录两个终端,一个Windows终端一个移动终端。识别终端类型由智能DHCP系统实现并同步给AAA系统。

(5)在扁平化网关旁路部署一套实名制认证检测模块。通过实名制认证检测模块与AAA系统的联动,实现了基于用户身份的防代理控制管理,对用户的流量进行审计。当发现用户有代理并机的行为时,能够与AAA系统联动,通知AAA系统进行用户下线或弹送警告信息等。

(6)通过对现有日志系统定制升级,实现了对出口设备的NAT/URL等日志管理,管理规模从原有的六千人升级到两万人。

项目建设逻辑架构图如图4-25所示。

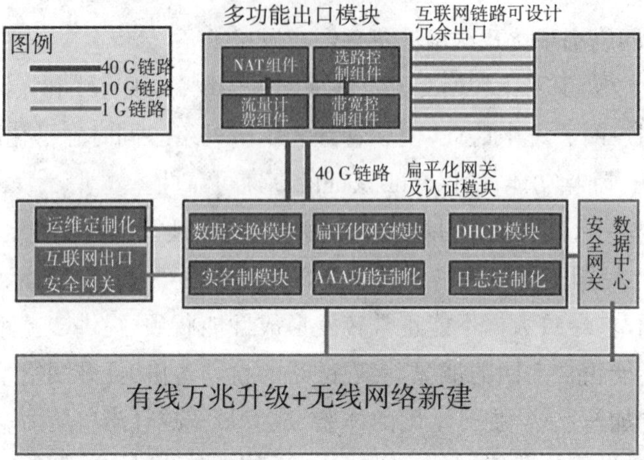

图4-25　重庆工业职业技术学院校园网络扁平化改造
及移动教学支撑平台建设项目逻辑示意图

2.完成移动教学支撑平台建设

本次建设实现了校园网络主要区域的无线全覆盖,无线AP支持802.11ac,打造出千兆到桌面的无线网络,与有线网络形成空地互联、千兆到桌面冗余备份网络;根据学生宿舍、办公区、教室、食堂、室外区域等不同场景选择不同的无线AP,满足了学校无线无缝覆盖和性能要求。通过建设无线平台,为未来的移动教学提供支撑平台。本次项目建了一套无线网络优化系统,确保建设后无线的精细化优化管理,同时部署了一个大数据分析平台,实现对学生行为的分析,如校园贷、学生失联等关联分析。

3.完成综合业务运维平台建设

通过在现有综合运维平台上进行业务定制化,满足学院有线和无线一体化管理,并对现有校园网服务器虚拟化等系统进行统一管理;同时配置一套运维审计系统,负责整个网络关键设备的运维审计。

4.完成校园网汇聚平台建设

通过在原有的汇聚交换机上进行万兆端口和电源扩容,提升链路带宽及设备的稳定可靠性。

5.完成数据中心安全平台建设

本平台实现了学院数据中心的综合整体安全防护。平台建设完成后应实现的功能包括数据中心防火墙功能、入侵防御功能、Web应用防护功能、漏洞扫描功能、运维审计等;数据中心安全网关设备(含安全业务控制网关、防火墙模块、入侵防御模块、漏洞扫描和Web应用防火墙模块)的相关功能在同一个系统中实现,而不是多个系统的组合,实现统一管理。

6.完成互联网出口安全平台建设

本平台实现了学院校园网–互联网出口安全防护,建设完成后实现的功能包括校园网防火墙功能和上网行为审计功能。互联网出口安全网关(含安全业务控制网关、防火墙模块、上网行为审计模块)的相关功能在同一个系统中实现,而不是多个系统的组合,实现统一管理。

7.完成校园网综合布线系统建设

本次项目进行了全校骨干光缆网络升级,将光缆重新布放,满足了全校本次万兆双链路骨干升级要求,并提供足够的光纤冗余。

(七)讨论与建议

校园网建设需要统一规划,可根据"急用先行"原则进行分步实施,切忌规划不按需部署,导致校园网基础网络平台架构复杂,可管理性差。方案建设前期需要开展调研摸底,充分了解行业趋势和学习业界先进的建设经验,听取行业专家意见和建议,完善建设方案,同时项目负责人必须为具有信息化建设经验和专业知识的专业人才。

第四节 重庆职业教育网络平台建设与应用研究论文

大数据时代中职学生管理工作模式探究

陶管霞　彭林

（重庆市工业高级技工学校）

【摘要】在大数据时代,传统的学生管理工作模式已不能满足现代学生的成长需要,为了更好地服务于学生,满足学生的个性化发展,学生管理工作模式的转变势在必行。本文将从大数据时代背景、特征及关键技术,传统的中职学生管理工作存在的问题以及大数据时代中职学生管理工作模式探究三方面进行论述,提出大数据时代中职学生管理的工作模式要实现从静态到动态的转变、从应急到预防的转变、从单向到双向的转变、从分散到协作的转变、从粗放到精细的转变。

【关键词】大数据;中职学生;学生管理;工作模式

随着科学技术水平的日益提高,网络信息技术的迅猛发展,人类迈步进入了大数据时代。2015年6月的国务院常务会议上,李克强总理强调:我们正在推进简政放权,放管结合、优化服务,而大数据手段的运用十分重要。运用大数据,加强对市场主体的服务和监管,这是转变政府职能的重要手段。

中职教育作为现代国民教育体系的重要组成部分,在整个教育体系中发挥着重要作用。学生管理工作又是中职教育的重中之重,涉及学生的日常管理、安全教育、心理辅导、综合评定等方面,事情烦琐冗杂,依靠传统的学生管理工作模式,工作效率低下,不可预测性太高。在大数据时代下,如何改变学生管理工作模式,使学生管理工作者能科学、高效、可预测性地开展相关工作是我们必须重点探究的问题。

一、大数据时代背景、特征及关键技术

(一)大数据时代背景

早几年人们把大规模数据称为"海量数据",而"大数据"这个概念早在2008年就已被提出。最早应用大数据的麦肯锡公司指出:数据已经渗透到当今社会的各个行业和领域,海量数据的挖掘和运用预示着新一波浪潮的到来。

百度目前的总数据量已超过1 000 PB,每天需要处理的网页数据达到10～100 PB;淘宝累计的交易数据量高达100 PB;新浪微博每天发帖量达到8 000多万条;Twitter每天发布超过2亿条消息;中国移动一个省的电话通联记录数据每月为0.5～1 PB;一个省

会城市公安局道路车辆监控数据三年可达200亿条、总量可达120 TB。根据IDC(International Data Corporation,国际数据公司)报告,2019年全球大数据市场规模将达到1 250亿美元,中国在全球大数据市场占比将超过 8%(超过650亿人民币)。

(二)大数据的特征

IBM公司提出了大数据的"5V"特征:第一,大数据具有大体量特征,从采集、存储到计算的数据量都很大,可以达到ZB(10亿个T)甚至更大规模;第二,大数据具有多样性特征,其包括各种格式和形态的数据,如文字、图片、音频、视频、地理位置信息、网络日志等;第三,大数据具有时效性特征,数据的增长和处理速度都非常快,如搜索引擎要求新闻发布几分钟后就能够被用户搜索到,所以大数据需要及时得到处理;第四,大数据具有高准确性特征,数据要有可信赖度,即要保证数据处理结果的准确性;第五,大数据具有大价值性特征,互联网、物联网的应用越来越广泛,数据获取量越来越庞大,结合云计算可挖掘出很多有深度、有价值的数据。

(三)大数据的关键技术

大数据技术就是从大量繁杂的数据中提取出有价值的信息的技术,主要包括虚拟化技术、云计算平台技术、海量数据存储技术、数据预处理技术、新型数据挖掘和分析技术、大数据信息安全技术、大数据关键设备技术七个方面。同时,大数据领域也涌现出了 Hadoop、Python、OpenStack 等大量新的技术,它们为大数据采集、存储、处理和呈现提供了强力保障。Hadoop 作为大数据技术代表,起源于 Apache Nutch 项目,通过获取数据—清洗数据—存储数据—分析数据,实现数据—信息—知识的转变。Hadoop 包含了底层的分布式文件系统 HDFS、元数据 Hcatalog、列储存 Hbase,并行处理框架 Mapreduce,数据管理 HMS 和数据协同 Zookeeper 等,如图 4-26 所示。

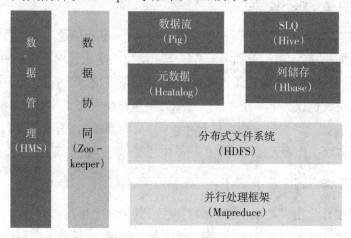

图4-26　大数据技术 Hadoop

就学生在学校上网的行为举个例子:一个学校每天有 5 000 人上网,如何分析上网学生的性别、年龄、浏览的网站、发布的帖子、玩的哪些游戏等? 学生上网都会留下相关的痕迹文件,自动记录在日志中,这些文件积累起来就很大,如何存储这么大的文件? 一个学生可能对应的特性就有上千条,如何在数据库里存大表? 如何分析学生特性? HDFS将学生每天上网产生的大文件拆分存储在这个集群内,Zookeeper监控这些文件系统是否正常在线,Mapreduce执行分析计算的基本框架,Hbase将分析后的数据保存在整个分布式集群内,以供其他应用进行进一步的分析展示。

二、传统的中职学生管理工作存在的问题

中职学生普遍缺乏自信,行为较散漫,甚至部分学生存在心理上的偏差,系列问题使中职学生管理工作具有一定的特殊性以及一定的难度。传统的中职学生管理工作存在如下问题:

(一)学生管理工作模式僵化,方式单一

中职学校学生管理工作的方式较为单一,且经常处于被动状态。大部分学生管理工作者在进行学生日常管理时,以说教和处罚为主要手段,导致师生之间的氛围不太融洽,甚至使部分学生对老师产生害怕、抵触等不良情绪,这不利于学生在学校的成长。

(二)管理人员数量不足,任务繁重

国家大力发展职业教育,中职学校学生日益增多,学校师资较为紧张,学生管理队伍也存在人员数量不足的情况。学生管理工作者普遍认为工作任务繁重,工作压力巨大,这就导致了学生管理工作者没有精力将工作做精、做细。

(三)管理队伍专业不强,定位不准

学生管理工作是一个系统工程,涉及的方面众多,事务烦琐,学生管理工作者更是学生管理工作的指导者、组织者和实施者。中职学校的学生管理工作者中,有些是从校外聘请,有些是教学部门人员兼任。调查发现,从事学生管理工作的人员中经过专业培训和教育的人员比例仅为10%左右。这意味着从事学生管理工作的大部分人员专业性不强、素质不高,甚至对自己工作定位都不准确,从而导致学生管理工作者长期局限于开展表面的事务性工作而无法深层次地与学生进行思想上的交流,达到心灵上的共鸣。

(四)管理工作协调性差,沟通不够

学生管理工作是由学校学生管理部门主导,其他多个部门协同参与。但学生管理工作在实际开展中严重缺乏系统性,部门之间缺乏沟通、协调性差,导致工作没有连续性,只能按"消防式"的模式开展工作,即哪儿出了问题就处理哪儿,致使学生管理工作

长期被动开展,只能解决一些表面的、局部的问题,无法更科学合理地开展工作以适应社会发展。

(五)学生心理问题凸显,自制力差

中职学生年龄大多处于15~19岁,身心都处于成长发育阶段。他们当中有部分是在单亲家庭中成长,也有部分是留守学生,他们普遍存在性格偏激、适应力差、不擅交流、自制力差等心理问题,当遇上学习、生活、情感、就业方面的压力时,就容易胡思乱想、烦躁不安,甚至以自残的错误方式来缓解压力。采用传统的学生管理工作模式,这一系列问题和倾向并不容易被提前发现,经常是事情已经发生,学生管理工作者才开始注意和重视。

三、大数据时代中职学生管理工作模式探究

(一)学生管理工作模式从静态到动态的转变

传统的中职学校学生管理工作模式以静态管理为主,就是学生管理工作者根据办学和教育规律确定一套相对不变的工作程序,形成固定的规章制度。学生在校期间的学习、生活等表现主要通过学生操行评分表、成绩记载表、各类荣誉证书、毕业生登记表等进行记载。这些资料也只是发挥了一个记载功能,没有与学生日常学习和生活中的行为数据相结合,没有进行动态分析,没有完全发挥出学生管理的作用。学生的思想、行为是动态的,一成不变的学生管理工作模式是不合理的。学生管理工作者要根据学生所处的不同环境、不同阶段随机应变,大数据为学生管理工作的动态化提供了可能。利用可视化分析、预测性分析、数据质量管理等方法进行数据深度挖掘,形成学生成长的动态轨迹,学生管理做到精准制导,实现学生管理工作模式从静态到动态的转变。

(二)学生管理工作模式从应急到预防的转变

随着中职教育发展日趋成熟,学生管理工作基本构建起了一套较为完善的应急机制,以对突发事件和危机事件进行干预和处理。在传统的学生管理工作模式中,学生管理工作者一般都是通过学生的报告、与教师的交流和校园安保人员的巡查反馈等途径来发现并处理危机事件,这就可能造成人为疏漏或处理滞后。现在,学校建设逐渐完善,学生使用移动智能终端的频率非常高。学生网络访问记录、校园监控记录、校园卡刷卡记录等产生了大量学生行为数据,学校通过对这些数据的分析处理能够提前预测出学生行为发展可能的趋势,便于学生管理工作者积极采取预防措施,提前干预,做到防患于未然,实现学生管理工作模式从应急到预防的转变。

(三)学生管理工作模式从单向到双向的转变

中职学校经过数十年发展，基本形成了一套固有的单向管理模式。学生管理工作者在工作中常常按部就班，单向地向学生灌输政策制度，要求学生哪些能做，哪些不能做，将学生的安全稳定放在第一位，忽略了学生的主观能动性，没有发挥和调动学生对事务的参与性，工作开展缺少创造性，导致工作停滞不前，没有亮点。受社会多元化影响，学生的主体意识逐渐觉醒，话语意识也在不断增强，现在的学生个性张扬、渴求表达，期待在学习、生活中更多参与和互动，这就要求学生管理工作要从传统的单向管理模式走向双向管理模式。大数据平台可以让师生间实现双向沟通交流，学生可以实时了解并有效参与到学校的相关管理工作中来；学校通过大数据分析学生的参与情况和相关数据记录也能够更加清楚地掌握学生的动态和了解学生的需求，更全面地开展工作，积极探索学生管理的新思路、新途径。

(四)学生管理工作模式从分散到协作的转变

学生管理工作繁杂、贯穿始终。学生工作应该是全校各部门的工作、全校教师的工作，但长期以来，在开展学生管理工作时各部门常常各自为政，党政、教务、学保、团委等部门各自构建管理考核制度，独立搭建日常运行平台，资源不能及时共享工作，部门间沟通协调不足，缺乏统筹协作精神，导致工作开展困难重重。通过大数据平台的搭建，以及基于大数据的全数分析，学生管理工作将克服思维简单化、分析碎片化，消除"数字鸿沟"和"信息孤岛"，形成多渠道信息集成和有效连接，打破各自为政的格局，实现部门间统一协作，实现学生管理工作模式从分散到协作的转变。

(五)学生管理工作模式从粗放到精细的转变

传统的学生管理工作模式不能充分地了解每一位学生的个性需求，不能完全尊重学生的差异性发展，没有针对不同学生采取不同的管理方法、评价方式和激励机制，不能较好地调动学生的积极性和自主性。中职学校学生管理工作者通常是采取粗放的模式开展工作。随着社会发展，要求学生管理工作者充分了解每一个学生的家庭情况、个人性格、兴趣爱好等，再根据其个性特点，正确地进行引导和教育，尊重他们的独特性和差异性，帮助其认识到自身的价值，树立良好的自信心。大数据时代下，对学生学习、生活过程进行记录，在此基础上开展数据挖掘、分析和处理工作，构建数据模型，对学生学习的内容、过程和结果等变量进行关系分析，这样一方面能够全方位、全过程地跟踪和掌握每位学生的发展动态，个性化定制科学管理策略；另一方面可以根据每位学生的效果反馈，完善工作方式方法，为学生个性化管理提供更精细的服务。实现学生管理工作模式从粗放到精细的转变。

大数据作为当下社会的新兴技术和先进理念,已经渗透到工作的各个方面,极大地提高了办事效率,改善了办事模式。为了让大数据更好地服务于我们,我们仍需注意如下几个方面:(1)改善思想观念,加强对大数据的认识;(2)培养专业技术人员,努力搭建大数据平台中心;(3)加大数据的整合力度,做到整体规划,协调统一;(4)强化数据信息安全,注重隐私保护。

目前,中职学校还有很多领域未应用大数据技术,还有很多方面的应用仍处在初步探索阶段。在目前的良好态势下,新一轮的大数据应用将更好地促进中职学校学生管理工作效率的提升,使学生在成长过程中彰显个性化。

参考文献:

[1]孔欣欣.基于大数据时代分析高校学生管理模式的创新[J].高教学刊,2017(10):116-117.

[2]熊发政,李育强,陈英齐.浅析大数据技术在高校学生教育管理工作中的应用路径[J].才智,2016(23):74-75,77.

[3]付新,包伟,王耕.大数据在高校学生管理与服务中的应用研究[J].广西青年干部学院学报,2015,25(04):19-22.

[4]姜强,赵蔚,王朋娇,等.基于大数据的个性化自适应在线学习分析模型及实现[J].中国电化教育,2015(01):85-92.

[5]邬贺铨.大数据时代的机遇与挑战[J].求是,2013(04):47-49.

高职院校信息化建设中基于DBMS的数据同步平台的研究与设计

罗少甫　朱丽佳　谢娜娜

（重庆航天职业技术学院）

【摘要】随着高校信息化建设的不断推进，日益增多的应用系统给高校信息化管理也带来了诸多的不便。为了解决当前因平台的增加给信息化建设带来的数据管理和数据保存方面的困难，本文设计了一个基于数据集中的数据同步平台来解决各应用系统之间的数据同步、数据安全及大数据分析等问题。

【关键词】信息化；数据同步；数据库；管理系统

高职院校在信息化建设中，大多数都建立了自己的校园统一资源平台。随着校园统一资源平台的建立，教师和学生认识到统一资源平台管理的方便性，更多的教学、管理工作也依靠统一资源平台实现。然而随着平台逐渐趋于成熟，更多的应用数据平台不断接入到统一资源平台。当前高职院校普遍使用的校园信息化平台，其数据库平台方案解决商往往仅针对具体的一到两个数据库进行数据库的对接，没有形成一个规范、灵活的解决方案和方法，使用扩展性很差。

一、高职院校信息化建设中平台存在的问题

以重庆航天职业技术学院为例，学院信息化建设从2000年就开始起步，也经历了十多年的发展。但由于观念落后、管理体制不够科学、信息技术手段缺乏等原因，学校在信息化建设过程中面临缺乏时信息资源统一规划、信息资源标准不一致等诸多问题。学院信息化建设经过若干年发展，信息中心及各部门所使用的信息系统已经有几十个。这些信息系统呈现较大的多样性：既有单机版，也有网络版；建立在不同的硬件和操作系统上，例如Linux系统、Windows系统；或者使用不同的语言或开发工具开发出来的，例如有用Oracle的，也有用SQL Server的；数据结构不一致，比如同样名称的字段，在不同的数据库中定义方式可能会不同。多样性的存在造成了很多业务管理的难处，如当某种业务需要从不同的系统中提取同样内容的数据时，就会遇到如何进行数据转换的问题。这既为实现同一业务系统不同模块之间的信息共享带来了困难，也为不同业务系统之间的信息共享带来了困难。本论文研究"数据同步技术"的目的是把原先分散在不同平台和数据库中的信息资源集中，使之相互关联和有序排列。从而优化资源，实现共享，有助决策。

二、基于DBMS的数据同步平台的作用

(一)解决高校信息孤岛问题

在数据同步平台建设之前,由于各个子系统相对独立,各个子系统要获取其他子系统的数据非常困难。数据同步平台建设之后,各个子系统都将各自原始基础公共数据同步于数据同步平台上,当需要时可直接同步平台数据即可获取其他子系统的相关公共基础数据。这将有效地改善当前高校信息化建设中的信息孤岛问题,也可以缓解因为子系统的增加带来的数据紊乱问题。

(二)有效保证数据安全

各类应用子系统由于购买年限和性能存在一定差异,在具体工作过程中难免发生设备损坏或者数据丢失等问题,从而给本部门或者其他部门工作带来诸多影响。数据同步平台采用公共数据统一整理、管理模式。这种模式可以最大限度地减少因为设备损坏或数据丢失造成的影响。

(三)为高职院校大数据分析提供技术支持

数据同步平台对基础数据同步的过程本质上是一个对基础数据进行收集、整理、统计的过程。数据同步平台收集的基础数据可以帮助高校对各项工作做出正确的决策分析。例如高校判定学生能否毕业,在数据同步平台建设之前通常首先需要通过财务部门数据查看其是否缴费完毕,再通过教务系统查看其考试是否全部合格,最后还要通过学工系统查看其是否受过处分,一个简单的事情至少要通过三个系统的确认才能完成,浪费大量的人力、物力。运用数据同步平台可以直接调用所有该决策涉及的应用系统数据,而不需要各个系统分别确认,充分节约了成本。

三、数据同步平台的设计思路及实施方案

(一)数据同步平台基础逻辑结构设计

基于DBMS(Database Management System,数据库管理系统)的数据同步平台在设计时采用类似计算机网络体系结构中经典的OSI分层结构的概念,设计出一个基于DBMS的数据交换中间层。在这个基于DBMS的数据交换中间层中定义数据的采集和发布标准,实现其处理、关联、存储,明确在多系统的复杂环境下数据交换的方法。最终把它以数据同步平台的形式展现出来。

数据处理:主要面对的是学校正在使用的、性能良好的、业务部门满意的,但数据的规范和主流系统有差异的系统。通过把采集到的数据按照全局规范进行一次初始化操作,使其可以被所有系统直接使用。

数据关联：处理业务逻辑问题。将各种离散数据进行组合，形成各种主题数据集，满足各类数据需求。此过程中，保证对数据源头理论上零干扰。

数据存储：存放完成关联的数据，并保证其可用。

平台整个运行环境力求高效、简洁、开源，所以选择 Windows Server2016 作为操作系统，IIS10 作为 Web 服务器，MySQL 作为数据库，采用 C#.NET 作为编程语言，NET Core 1.1 作为服务器运行环境来搭配服务器。平台运行逻辑结构图如图4-27所示。

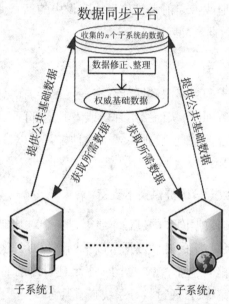

图4-27　平台运行逻辑结构图

数据同步平台系统中，各个子系统通过开放的接口为数据同步平台提供公共的基础数据。数据同步平台收集各个子系统的数据，通过对数据整理、统计、修正形成权威基础数据，各个子系统根据各自需求在权威基础数据库中获取所需数据。

数据同步平台可以简化所有接入系统的对接工作，使数据流向更加清晰。所有的子系统都不用再关心总体业务逻辑层面的问题，甚至可以忽略一些小的数据规范，把精力完全放在满足业务部门的功能需求和子系统内的业务逻辑上，按照规定的标准提供和采集数据即可。数据同步平台的存在，可以大大扩大业务系统的选择范围，在不影响全局协作的基础上，真正把系统选择权交还给业务部门。

(二)数据同步平台设计实施案例

高职院校迎新工作往往涉及学校多个部门。运用数据同步平台可极大简化各业务部门之间的人工交互。现以高职院校迎新工作中各个系统之间的数据同步过程为例初步阐述数据同步平台的关键作用。数据同步平台在高职院校迎新工作中应用基本流程如图4-28所示。

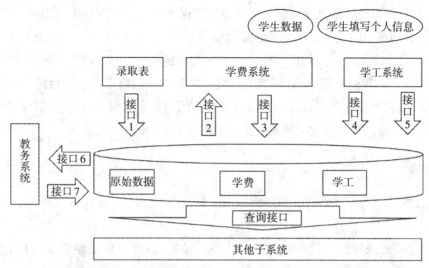

图4-28　数据同步平台在高职院校迎新工作中应用基本流程

1. 新生报到基础数据收集及准备

新生招录基础数据及缴费情况获取：招录子系统调用数据同步平台接口1，以新生学号、姓名、身份证号、专业等为参数，把招录新生基础数据信息推送给平台。财务子系统调用平台接口2，获取新生基本信息及学生缴费基础数据，一旦学生在财务子系统缴费，财务子系统访问平台接口3，推送已缴费学生信息和状态。平台即时更新缴费数据库。

2. 新生基础数据修正、整理及确认

学工子系统数据录入与确认：新生在所属院系学工子系统下录入个人基础信息，如学号、姓名、身份证号等。子系统调用平台接口4将学生录入信息与招生原始信息进行比对，不符合返回"错误"；符合则查询平台缴费数据库，获取缴费完成情况，并在学工子系统注册。注册完成后学工子系统调用平台接口5，添加或修改学工表，注明报到状态。

3. 数据同步平台提供公共基础数据

教务子系统根据同步平台数据生成学籍表：平台调用教务子系统接口6，再根据学工系统传入的学号，查询招生原始数据，推送单条新生记录，提取生成学籍所需的学生基础数据推送给教务临时表。教务子系统可实时调用平台接口7，查询所有可注册学籍学生的主索引。教务子系统根据业务需要，可自定义规则，从临时表中提取数据进入正式学籍表。

这样就生成了一套完整的新生入学数据同步平台，其他子系统根据各自业务需求同步相关数据。运用数据同步平台，可以最大限度地同步高职院校现有各业务应用系统的数据库和信息资源数据库，形成公共数据资源共享池，并实现数据库同步更新，解决了不同数据库之间的互通、不同Web Service之间的互通、数据库与Web Service之间

的互通,最终解决高校信息化建设过程中不同数据库、不同接口规范的数据共享问题。

传统高职院校的统一资源平台通常简单地把各个系统放置于统一管理的 Web 页面上,以供学生和教职工进行访问和使用。本文提出的基于DBMS的数据同步平台,除了能使使用者更直观地访问平台外,进一步具备同步、整理、修正各个平台的基础公共数据等功能,使用数据同步平台可以非常方便地访问到各个应用系统的基础公共数据,让高校用户从烦琐的数据搜索中解放出来,大量节约人力和物力成本。

参考文献:

[1]白坤娟,高宝.基于SOA的异构数据库数据同步方法研究[J].微计算机信息,2010(30):146-148.

[2]崔英志,张绪玉,高博.Web2.0时代的网站架构 [J].重庆工学院学报(自然科学版),2008(05):118-111.

网络教学平台在高职教学中的实际应用分析

杜柏村　罗能

（重庆航天职业技术学院）

【摘要】随着社会对于技术应用型人才需求的增加,高职院校的教学体系必须要不断完善,才能不断提升教学质量,提高学校就业率。网络教学平台在高职教学中的应用,是高职教学体系变革的要求,促进了高职教育的信息化建设,能够有效整合网络教育资源,使得高职教学资源和教学形式趋于多样化,课堂教学效率大大提升。网络教学平台的构建与合理应用,非一朝一夕能实现。高职院校应该注重教学资源的有效整合,加强网络平台管理,并合理应用平台资源,提高学生学习积极性,同时不断完善现有的教学体系,推动高职教育的信息化建设。

【关键词】网络教学平台;高职教学;实际应用

高职院校,以专科教育为主,而且与高校教育培养学术性研究型人才的目的不同,其教育目的是为社会提供具备专业理论知识和实践技能的应用型人才,为中国特色社会主义建设添砖加瓦。随着计算机的普及和网络通信技术的发展,高职教学体系建设趋于信息化。网络教学平台的建设,促进了全国各地优秀教学资源的整合,使得教学内容和教学形式趋于多样化,为学生创造出了一个具有多种选择性的教学环境,学生能够根据自己的兴趣爱好选择合适的学习方式。可以说,网络教学平台在高职教学中的应用,推动了高职教学的信息化建设,促进了其教学质量的提升。

一、网络教学平台在高职教学中的应用价值

(一)促使课堂效率趋于高效化

在传统的高职教学课堂上,教师所拥有的教学工具,不过一本书、一块黑板、一支粉笔,要想将自己所学所思全部传授给学生,难度比较大,课堂效率比较低,可能一个概念、一个思维,需要通过多次举例、多次解释学生才能理解。网络教学平台的应用,可以让教师将自己想表达的内容以图片、视频等方式直接展现在学生的面前,简单明了。通过教师课堂设计,让学生通过多种形式理解所学知识点,这样能大大降低其教师的教学负担,同时提升课堂教学效率。

(二)推进高职教育趋于信息化

多媒体的普及,是教学趋于科学化的一种体现,也是教育信息化建设的要求,网络教学平台的使用也是同样的。21世纪是信息时代,各个领域的建设都趋于信息化,高职

院校作为技术应用型人才培养的摇篮，合理利用网络教学平台，实现信息化、网络化教学，是现阶段教学改革的策略之一。网络教学平台的应用，使得高职院校的教学技术、教学手段以及学生的学习方式都产生了一定的变化，学生所依靠的学习工具，不是只有课本，而是一个庞大的信息共享平台，他们能够通过网络教学平台获取自己想要的信息，通过多种形式、多种途径，反复多次地进行学习。

（三）能够有效整合网络教育资源

中国有一句俗语："三个臭皮匠，顶个诸葛亮。"网络教学平台的使用，使得高职院校的教学资源整合成为现实，使得教学资源变得集中而统一，这样有利于全国各地高职院校教学质量的提升，也使得人才配置趋于平均。我国国土广阔，不同地域经济发展情况不同，合理的人才配置，能够缩小各地的贫富差距，而教学资源的整合，则实现了人才培养环境和教育条件的统一性，对于优化人才分布具有积极意义。网络教学平台通过网络这一媒介，实现了高职教育资源的共享，学校可以利用平台中的优秀教育资源，纳为己用，以提升自身教育水平。

二、网络教学平台在高职教学中的实际应用

（一）整合现有教学资源，加强网络平台管理

网络教学平台纵有千般好处，都要建立在合理应用、充分使用的基础上。平台为教育资源整合提供了技术基础，但是如何有效整合教育资源却是一个大难题。学校应该充分重视网络教学平台的管理，筛选网络上现有的教学资源，将一些符合学校教育实情的资源提取出来，在学校网络平台上推荐给师生，形成一个独立的教学数据库，确保教学资源的质量，为师生提供一个可靠、便捷的教育资源获取途径。

除此之外，网络教学平台的应用深度，很大程度上取决于老师和学生。教师对于教学资源的提取和再次加工，决定了网络教学平台对于课堂效率的提升程度；而学生对于网络资源的认可程度和利用程度，决定了网络教学平台对于学生学习水平的提升程度。有效整合现有教育资源，加强网络平台管理，构建一个开放性的教育资源共享平台，为学生创造一个良好的学习环境，是学校和教师共同努力的一个方向，也是网络教学平台合理应用的途径。

（二）合理应用网络平台，提高学生学习积极性

网络教学平台的应用，不仅为，提供了更多的教学素材，同时也为学生增添了一个自主学习的渠道。但是教师在教学时，应该注意教学内容的适量，掌控住课堂的节奏，留给学生一点思考的时间，留给自己一点与学生交流的机会，让学生能够按照自己预设

的方向去学习、去思考。丰富的教学资源,能够有效增强课堂的趣味性,吸引学生的注意力,同时以图片或动画的形式将教学内容形象地展示在学生面前,可以让同学们充分感受到学习的乐趣,主动思考,自主探索,锻炼其理性思维与逻辑思考能力,突破重难点知识。

丰富的课堂设计,使得学生对于课堂知识的吸收速率提升,但并不能保证所有学生都能够在课堂上深入理解所有知识点。现在网络上有很多名师辅导的教程,学生在学习之余可以利用这些视频在名师的指导下进行二次学习,去弥补知识盲点。同时,网络教学平台的使用,使得学习具有更强的延伸性,老师在课堂上可以布置一些更具有挑战性的实践任务,让学生在课余利用网络资源进行自主学习,去完成老师布置的任务。

(三)完善高职教学体系,加强信息化教学建设

2000年1月17日,国家发布了《教育部关于加强高职高专教育人才培养工作的意见》,明确提出了高职信息化建设的要求:"学校要加强对现代教育技术、手段的研究和应用,加快计算机辅助教学软件的研究开发和推广使用。"网络教学平台在高职教学中的应用,初步实现了教学手段的现代化。但是在信息化建设过程中,应该要把握好传统教学手段与现代化教学手段的关系,可将两者结合使用,相辅相成,相得益彰,共同为学生服务。例如,在数学教学中,立体几何的图形展示和三视图展示可以利用多媒体,函数图形的展示也可以使用多媒体,但是在解答函数方程时最好采用板书的形式,这样能够让学生明确解题的步骤,跟着老师的板书一起思考。

高职教学不仅注重专业理论知识的教学,更注重学生实践能力的培养。在这一教学过程中,教师调动学生的学习积极性,充分发挥其主观能动性,提倡学生自主学习,这对于提升高职教学质量具有积极意义。网络教学平台的开发,为教师提供了多种教学设计的可能,也为学生的自主学习提供了一个很好的平台。学生在课余能够根据自己的学习需求,选择合适的教学资源,比如说网课、模拟考试等,去加深自己对于所学知识的理解,提升知识应用能力。各高职院校由于地区经济实力的不同,存在着较为明显的教育资源分配不均的问题。这一问题不仅体现在教师素质上,还体现在学校教育设施配置上。网络教学平台的构建,让不同院校的教师和学生能够通过网络渠道,获取教学资源,促进了高职教学整体质量的统一与提升。

参考文献:

[1]张世红,秦浩.基于云平台的高职教师网络教学应用能力研究[J].软件导刊(教育技术),2013,12(09):37-38.

[2]汤宗礼.网络平台在高职思政课案例教学中的应用——以QQ空间为例[J].职教论坛,2013(08):20-22.

[3]周瑾怡.网络虚拟实训平台在高职路由交换技术课程教学中的应用与实践[J].电脑知识与技术,2015(21):131-133.

[4]闫哲.多媒体网络技术在高职英语口语教学中的应用分析[J].中国培训,2016(06):118.

[5]李晓雯.微信网络平台在高职商务英语教学中的应用探索[J].海外英语,2016(08):108-109.

第五章

重庆职业院校智慧校园平台建设与应用研究

第一节　重庆职业院校智慧校园平台建设与应用研究报告

一、研究背景

信息技术时代的教育是基于网络环境的教育，在信息社会背景下，以互联网为代表的信息技术日益成为国家和社会发展的重要驱动力。将互联网、信息技术与教育进行深度融合，在融合应用的基础上创新发展，将彻底变革传统教育，形成教育变革的基本格局。教育的办学形态、教学模式、学习方式、教育理念都将发生重大变化。

2018年4月，教育部制定发布的《教育信息化2.0行动计划》，是推进"互联网+教育"的具体实施计划，在基本目标"三全"中提到"数字校园建设覆盖全体学校"；"八大行动"提到的"数字校园规范建设行动"，要求全面推进各级各类学校数字校园建设与应用。在未来一段时间内(5~10年，或是更长时间)，各级各类学校要构建数字化、智能化、个性化的教育信息化平台，以促进信息化平台全面普及，促进学校教育改革的内生发展——不断提升学校内部管理水平，推动学校及全校师生的信息化应用水平，保障教育教学质量稳步上升。

二、研究的问题

当前，重庆市职业院校数字校园建设已由最早的物理层面硬件建设发展到目前比较普遍的应用服务建设，并且有个别学校已经初步形成了有自己校园特色的信息化管理建设体系，信息技术逐步渗透到学校各个方面的管理中。而智慧校园是教育信息化的更高级形态，是数字校园的进一步发展和提升。

职业院校如何利用现代信息、通信技术，进一步融合学校办学特色和创新理念，建立起一套符合职业教育特点的智慧校园平台应用体系，是本次重庆市职业教育智慧校园平台研究的重点。从满足校园发展的各个层面的各类需求出发，在智慧校园平台的统一管理和运作下，初步实现教育教学过程管理的信息化、学校行政管理办公的高效化；规范过程管理和统一数据管理，形成职业院校教育教学质量的保证体系。

三、核心概念

(一)智慧校园

智慧校园是教育信息化的更高级形态，是数字校园的进一步发展和提升。它综合运用智能感知、物联网、移动互联、云计算、大数据、社交网络、虚拟现实等新一代信息技术，感知校园物理环境，识别师生群体的学习、工作情景和个性特征，将学校物理空间和信息空间有机衔接，为师生建立智能开放的教育教学环境和便利舒适的工作生活环境，提供以人为本的个性化创新服务。

(二)智慧校园平台

智慧校园平台是一个开放的、融入先进管理和服务理念的软件载体，包括随时随地的师生互动、无处不在的个性化学习、智能化的教务教学管理和学习过程跟踪评价、一体化的教育资源与技术服务、全网营销招生管理、完善的教职工岗位能力提升应用、规范化的薪酬绩效管理、精细化的财务核算管理、师生共同成长的校园文化等，各种智能终端、物联网应用通过平台提供的开放接口纳入统一管理，大数据分析应用为教学及管理质量提升提供决策支持，全面支撑职业院校教学和管理，便于师生高效、便捷、智能地开展校园工作与生活。

四、国内外研究现状

欧洲、美国等国家和地区对信息技术的应用比较早，管理模型和体制相对稳定，其智慧应用已经存在，如美国的宾夕法尼亚大学的一卡通应用，几乎涵盖了校内所有服务；加利福尼亚大学的"校长仪表盘"和应急指挥平台，整合校内所有实时和历史数据，可以监控校内运转情况、校内安全和财务情况。

从国内来看，目前已有一些意识超前的省市和学校开始研制与智慧校园相关的发展规划。智慧教育或者是智慧校园战略规划已经融入了一些智慧城市的整体战略规划中。

2014年，江苏省研制《江苏智慧教育三年行动计划(2015—2017年)(征求意见稿)》，提出智慧教育重点建设内容是智慧校园、智慧管理和智慧教学。2014年12月，《推进杭州教育信息化发展智慧教育行动计划(2015—2017年)》提出打造"智慧教育管理云平台""智慧教育资源云平台"。2016年12月，重庆市教育委员会发布了《重庆市智慧校园建设基本指南(试行)》，指出智慧校园建设要以"深化应用、融合创新，分类指导、提升服务"为原则，为重庆市智慧校园建设提供了参考的标准。

五、重庆市职业院校智慧校园建设现状

针对重庆市职业院校数字校园或智慧校园的建设现况，本研究采用网络和实地两种调研方式分别对重庆市部分中职学校和高职院校进行调研，通过调研发现这两类学校的信息化建设水平存在着较为明显的差异。具体表现在信息化建设方面起步不同、规划不同、标准不同；智慧校园建设方面应用侧重不同、进度不同等。各学校、学院在信息化建设中，内部各组织、部门信息化建设也存在较大的差异和不平衡，很难实现阶段性的跨越，往往形成多个阶段并存的局面。

本章第2节对重庆市职业院校智慧校园建设分析采用阶段性的研究方法,以诺兰模型(图5-1)为理论依据,对应诺兰模型从低到高的六个建设阶段,分别对重庆市中职学校和高职院校的智慧校园平台建设进行分析。

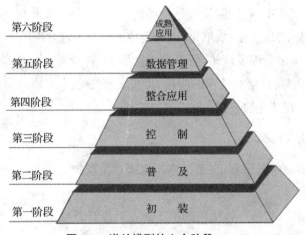

图5-1 诺兰模型的六个阶段

表5-1 诺兰模型中六个阶段的特点

阶段	特点
第一阶段 初装阶段	引入计算机、接入网络
第二阶段 普及阶段	投入、使用应用系统
第三阶段 控制阶段	投入使用的应用系统增多,信息孤岛产生,弊端显现
第四阶段 整合应用阶段	实现业务系统间的信息共享和数据一致,标志着信息技术与业务的全面融合
第五阶段 数据管理阶段	信息资源整合开始逐步发挥作用,学校开始深入挖掘数据的高级利用价值
第六阶段 成熟应用阶段	系统决策水平得到提高,各种业务与信息深入融合,是业务智能化的标志

通过对重庆市职业院校智慧校园软件平台的研究,子课题组探索出一套普遍适用于目前重庆地区各类职业院校的软件平台建设方案。希望本次提出的智慧校园平台业务功能方案能适用于规模不同、信息化水平不同、管理风格不同的学校。这些职业院校能通过对本文的阅读制订出适合学校自身模式的软件平台建设方案,利用智慧校园软件平台辅助学校教学与管理,提升学校的信息化水平及管理能力。

六、研究目标

(一)总体研究目标

(1)促进重庆市中、高职院校智慧校园的建设,充分发挥其功能和作用,以信息化支撑学校管理系统化、规范化、精细化,提升学校教学及管理效率与水平。

(2)加强智慧型管理及决策、智慧型生活服务、智慧型人才培养、智慧型文化传承创新体系的建设,加强智慧类技术的应用,促进重庆市职业院校的信息化建设,加快实现教育从数字化向智慧化的转型。

(二)具体研究目标

研究对象的总体范围界定:重庆市国家级示范院校、市级示范院校、达标职业学校、公(民)办职业院校。

(1)助推、助建、打造一批优质的重庆职业院校智慧校园平台。

①公共基础平台建设;

②应用系统平台建设;

③移动校园平台建设;

④智慧校园平台大数据分析及决策系统建设。

(2)初步建设一支具备高素质信息化管理及教学水平的管理、技术及师资团队。

七、研究内容

针对目前重庆职业院校的信息化发展水平不一、发展重心不同的情况,智慧校园平台建设应该根据学校的实际情况进行,不应脱离实际情况,一味地追求大而全,但最终目标是集成(或整合)的智慧校园平台,覆盖业务、管理、日常办公等常规应用。考虑到职业院校教学及管理整体的模式大致相仿,以及后期学校信息化建设的持续投入情况,需要先规划好智慧校园整体的平台框架,使其易于扩展,避免后期投入无法有效兼容以前的软件平台,导致信息化建设重复投入,否则不但无法建成智慧校园软件平台,反而会因为重复的投入浪费资金,同时还有可能带来管理及教学模式的变化。

职业院校智慧校园平台的应用架构可参考图5-2。

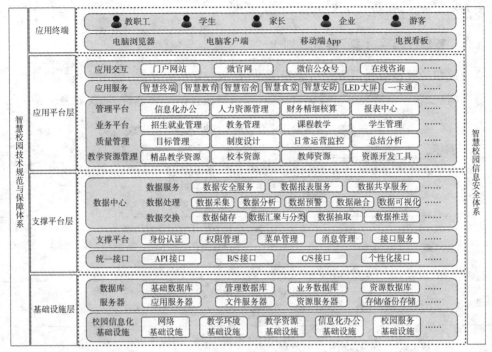

图5-2　智慧校园平台应用架构图

如图5-2所示,将智慧校园平台应用架构自底向上分为四个层次:

(1)基础设施层是智慧校园平台的基础设施保障,提供异构通信网络、物联感知和数据汇集存储,为平台的各种应用提供基础支持。

(2)支撑平台层体现智慧校园平台数据服务、认证服务等服务能力,为平台各类应用服务提供支撑。

(3)应用平台层是智慧校园平台应用与服务的内容体现,构建管理、业务、质量保障、资源等应用。

(4)应用终端是接入访问的信息门户,满足游客及不同权限访问者随时随地安全访问。

智慧校园技术规范与保障体系、智慧校园信息安全体系贯穿智慧校园平台,是整个智慧校园平台建设生命周期的各个阶段和环节的标准规范和安全保障。

本文前面分析了重庆市职业院校智慧校园建设的现状,根据不同区域、不同类型学校的信息化建设进度,对应的智慧校园平台建设水平也有较大的差距。就学校智慧校园平台建设的下一步规划来讲,采用集成的平台能更好地为学校信息化做支撑,不论采购统一的集成平台,还是整合不同应用软件后的集成平台,最终都需要实现各平台、各系统间数据的共享和统一管理。

未来几年,职业院校智慧校园平台建设趋势:要求平台具有高效处理数据的能力,能够同时对校园网、物联网、无线网、在线学习平台、社交平台、教务系统等综合平台或子系统的数据进行联合处理与分析。

(一)智慧校园平台建设方式规划

建议职业院校对目前学校智慧校园平台(或数字校园平台)应用系统的建设现状、建设周期规划、资金情况等进行综合评估，以选择适合的平台建设方式，如表5-2所示。

表5-2　智慧校园平台应用系统的六种建设方式

序号	智慧校园平台建设方式	建设特点
1	完全定制开发	完全根据学校需求定制开发 周期长、费用高、风险大、学校投入大
2	购买通用软件	基于通用软件的个性化解决方案 满足学校个性化需求 周期短、费用低、风险较小
3	和现有系统整合集成	将学校现有各种系统与新建系统进行应用整合 周期长、费用高、风险大
4	购买通用软件+部分定制开发	学校个性化很强的业务采用定制开发 周期较短、费用较低、风险较小
5	购买通用云服务	选择IaaS(基础设施即服务)云服务或SaaS(软件即服务)云服务 开通即可使用,周期短、费用低、风险小
6	购买云服务+部分定制开发	学校个性化很强的业务采用定制开发 周期较短、费用较低、风险较小

(二)智慧校园平台技术及性能指标分析

智慧校园平台采用基于SOA(面向服务的架构)的分布式系统架构设计，为平台提供不间断的服务能力，保障平台应用的及时、准确和安全。平台设计规模主要以平台的用户注册数、用户在线数、用户并发数等指标为依据，从整体技术指标考虑。

平台建设的主要性能指标需要考虑以下几个因素：

(1)开放性：基于目前先进的开发技术和标准，具备跨平台运行的支持能力，可运行在多种硬件平台和操作系统平台上。

(2)统一性：所有业务管理、业务系统建设均纳入智慧校园平台的体系架构，支持分布式、全局式应用扩展。

(3)易用性：操作页面布局合理，功能操作简便，系统结构清晰。

(4)安全性：系统部署环境建立在网络防火墙内，将登录密码进行MD5加密；网站防止SQL(结构化查询语言)注入漏洞；使用验证码技术；建立数据备份机制、数据恢复机制；具备全面的内容审查和监控措施，确保网络安全、访问安全和数据安全；符合国家信息系统安全等级保护至少二级的要求；具备实时自动检测、用户行为记录、防篡改、木马防范、自动修复等运维机制。

(5)兼容性：与互联网、移动通信网互联互通，满足不同用户在多种网络环境实时接入的需求。兼容多种应用终端，兼容多种浏览器模式。

(6)可扩展性：支持在学校现有环境下，用户并发数、存储量等平滑扩展和硬件随需扩展需求；在未来信息量、用户量不断扩大的情况下，系统能够同步扩展增长。

(7)可移植性、可重用性：具有较强的可移植性、可重用性，保证在将来发展中迅速采用最新出现的技术，适应硬件系统升级以后的平台，长期保持系统的先进。

(8)可管理性：具有良好的管理和监控手段，提供对系统各模块、局域网络、服务器、操作系统、数据库及应用等进行管理和监控的手段，可自动预警。

(9)规范与标准性：具有统一的资源、信息存储与传输的标准，资源及信息的格式、描述和包装须按照国家相关建设规范与标准执行，保障教育资源与信息的共享与交换。

(三)智慧校园基础平台建设——以数据中心建设为例

学校建立统一的数据中心。各部门使用的各个应用平台的数据全部由数据中心统一管理，实现数据共享。智慧校园的数据中心建设不同于学校设置的数据中心(物理中心机房)，前者是对数据的采集和整理、分析，后者是基于全校网络、网络设备、应用软件的管理和整理、分析。

目前职业院校内部各机构基本上都有自己的数据系统，各自分散采集存储，未形成共享数据，形成数据孤岛。如要实现分布于各部门、各平台的数据共享，需要将这些数据进行数据清洗、分析、整理，再导入数据中心统一管理。

1.数据中心的建设方式

建设统一的数据中心，打通各业务部门的信息链，实现数据共享，让各个业务部门的信息系统使用一个数据中心进行数据管理。为实现全校数据的统一使用，需要根据智慧校园平台建设方式和已建设应用软件的使用情况及其产生的数据量，并参考图5-3的两种方案进行数据中心建设。

方案一

采用统一标准建设全新的学校基础服务数据中心

方案二

通过技术手段对原有平台或系统进行分析、抽取及整理，建成标准的基础数据中心

图5-3　数据中心建设的两种方式

如图5-3所示，方案一需要新建数据平台，将学校已应用的系统数据导入新的数据

平台。这个方法数据录入工作量较大，对于一些信息化发展已经走得不错的学校来说不是很可取，但对于刚开始建设信息化应用平台或建设时间不长、平台数量及数据量不大的学校，则可以快速实现数据的共享。

对于无法采用方案一的学校来说，方案二更为适合。利用技术手段将各平台的数据进行分析，并整理合并形成统一的标准数据放入数据中心统一管理。

数据中心通过为其他平台提供数据共享服务解决不同平台数据共享的问题，这样做的好处是让已经建设好的软件平台能够继续发挥作用，同时能做到数据的统一管理与共享，不足之处在于：不同平台来自不同软件厂商，这可能会给后期学校智慧校园平台的功能扩展及大数据分析带来一定的阻力，因为需要不同软件厂商分别响应与支持，这样就会让学校投入更多的精力和财力。

2.数据中心业务功能研究

随着信息化建设持续推进，将涌现越来越多的业务模块或系统。通过开展信息化数据管理和规范服务以提高系统中关键数据的质量，可以使数据更有价值，最终使数据效能最大化。

第一，统一数据标准及业务规范。

数据是信息的基础，高质量的数据是信息质量全面提升的重要保障。制定基础信息管理标准是实现智慧校园平台建设的基础工作，也是实现职业院校信息资源共享和信息系统得到协同发展的基础。其目的是通过对学校管理过程进行全面分析，展开业务重组和流程再造，制定学校全面信息化条件下统一的业务标准、技术标准、管理标准、信息标准、加工处理标准、数据交换标准及其他规范和管理制度，内容包括智慧校园平台的各类信息集规范、各类代码集规范和元数据集规范。

数据信息标准是信息在采集、处理、交换、用户访问、传输、决策过程中的统一规范，基于国家标准、教育部标准、行业标准和已有的学校标准，兼顾各个标准之间的兼容性、一致性以及各标准的可扩展性，建设和完善用户的各项标准并给出信息分类编码规格说明书，形成一套符合用户自身实际的管理信息化标准。

第二，数据采集服务。

数据采集过程中，数据源的真实性、完整性、一致性、准确性和安全性是保证数据质量的重要因素。

第三，统一数据共享服务。

统一数据共享服务支持各种来源数据经过抽取、整合、处理后进入智慧校园数据中心，并可以根据专题应用建设需求，将数据中心中已有的相关数据进行抽取、整合、处理，形成应用专题数据，如学校数据、专业数据、教师数据等。

数据共享支持数据整合、处理。数据抽取、整合、处理方案应根据应用的需求，利用信息资源管理应用上的信息资源注册信息、标准信息，结合相关数据的特点及有关信息化标准规范进行定制设计,主要包括:统计元数据管理、数据收集、数据加工、数据统计分析。

第四,统一数据交换服务。

统一数据交换服务应支持校内各应用系统之间和对外服务的统一接口标准和服务标准,实现数据格式定义、数据映射、数据转换、业务流程定义与运行、消息封装、路由、传输等具体服务。

全校应用服务的数据集成与共享:基于统一的数据标准和交换标准,支持各种来源应用服务中数据的抽取、转换、清洗和加载,实现数据的关联和交换。

第五,数据信息支持管理决策分析。

利用大数据技术,对职业院校总体数据进行处理与分析,有助于学校管理者对各类事和物的监管与分析,以及对发展趋势的分析预测。通过数据的实时收集方式可有效保障大数据的质量,确保数据分析与预测结果的时效和价值。

(四)智慧校园平台应用平台建设——以业务为主线、完全生命周期智慧校园平台建设需求分析

智慧校园平台建设的基本思想是打破现实中的部门边界,对以往的分段业务流程进行重组,提高流程执行的效果和效率。从软件架构的角度来说,目标是建设面向学校的教务教学、协同办公、行政后勤管理、资源共享、数字化学习、校园文化建设、综合服务,实现校级综合应用的平台。

1. 智慧教务

构建学校综合教务管理系统,符合教育部的教育管理信息化标准,解决学校公共基础数据库管理、组织机构管理、课程信息管理、学生信息管理、教职工信息管理、排课与选课管理、成绩管理、毕业管理、教材管理、教学过程管理、教学活动管理、在线考试与计划、招生就业、毕业离校等管理需求。

教务教学是学生入校到毕业期间在校最重要的知识及技能获取方式,因此教学质量对学校的发展至关重要,也是学校管理的核心之一。所以如何更加有效、高效地开展教务教学工作,如何将原来较为繁重的日常教学教务工作简化,让学校的教学资源有效合理地被利用起来,是校领导心中一直不断思索的方向。互联网及智能科技的不断发展,为教务教学的信息化提升带来了新的活力,日常重复性工作、人工汇总计算的工作可交由平台完成。

依托智慧校园教务管理平台将原来需要线下完成的工作放到了线上平台中完成。智慧校园平台具有专业人才培养方案管理、教学计划管理、排课管理、选课及调课管理、成绩管理、在线考试管理、试题库管理、在线备课管理、评教管理、教学常规管理及与以上系统配套的基础信息设置管理等功能。这些功能对完成教务教学的日常活动具有很

大的辅助作用：可以将教师从较为繁重的日常工作中解放出来，将精力放到提升教学质量上来；校领导也可以通过系统并结合数据共享平台的数据汇总与分析，有针对性地在较为薄弱的方面改进学校本身的管理体系，更好地提升学校的品牌竞争力。

2. 智慧教学

智慧教学应与传统课堂教学互补，全面支撑学校混合式教学模式应用。智能时代的教育形态，学习内容侧重学习能力、设计创造力和社会责任；学习方式转向泛在学习、协同建构、真实学习和个性化学习；学习环境体现了无边界、任意地点和任意时间的特点。

智慧教学应支撑课程教学、在线考试、课件资源管理、试题管理、在线备课等核心应用。

3. 专业教学资源数字化建设——适用于智慧学习、教学应用

建设具有学校专业特色的教学资源中心，加强教学资源库建设，在自主开发课程资源的同时，引进优质数字化教学资源，建立数字图书馆，从而提高资源的使用效率，实现资源共享。一个完善的专业教学资源库建设应该是从资源入库、资源导航、资源检索、资源管理、用户管理、评价中心等多个方面入手。

依据专业教学标准，围绕高端技能应用型人才的培养目标，将学生素质、职业能力与可持续发展进行综合考虑，引入行业、企业技术标准，体现岗位群的任职要求，注意紧贴领域内的最新变化。

4. 智慧办公

建设智慧校园行政办公管理平台，促进校园行政办公管理的信息化与现代化，提高学校各职能部门管理与服务水平，同时以移动终端为全校师生提供移动学习、移动办公服务。在满足学校管理服务工作高效化、无纸化和网络化需求的同时，提高学校管理服务工作的质量与效率，并及时为学校管理层决策提供有效信息。

信息化办公是围绕学校公告通知、OA流程审批、事务交办、工作报告、云盘管理、协同工作、即时通信工具、部门档案、工作报告、信息化看板、移动办公、视频会议等多个办公场景，运用信息技术实现对学校的全面信息化管理。

5. 学生管理信息化

学生管理是职业教育的重点工作之一，其重点是学生的德育管理与安全管理。德育管理的核心思想是通过对学生日常活动的记录及定期评价，对学生的品德进行引导与培养，结合学校与家庭的互动，健全学生的人格及品德。智慧校园软件平台学生管理系统包括班级管理、学生基本信息管理、学籍管理、奖惩管理、德育管理、减免助管理、考勤管理、学费管理、成绩库、单科成绩统计、总成绩统计、教师评分分析、课程设置等功能。

以前的通信及硬件技术和互联网还不发达,家校的互动很少,家长对学生的在校表现情况等知之甚少。现在随着软硬件的发展及互联网的兴起,让家校互动成为可能。通过学校与家长的互动,更好地引导学生,将发现的问题及时处理,避免更大问题的发生。家长通过家校互动平台,可以随时查阅子女在校学习情况,通过交流平台与同班同年级的学生家长和班主任进行相互的交流。教师与家长对学生在校及在家情况能够及时了解。

6.工学结合、校企合作系统化

建设工学结合系统实现学校和对口单位对学生在校实习实训、顶岗实习、就业相关情况的跟踪,体现"工学结合"的人才培养模式,从而强化实践教学,形成学校富有特色的实践教学体系。

建设校企合作系统,实现学校就业工作全过程的信息服务与管理,有效地提高就业服务工作的处理效率,增强学校的办学效益和企业的人才竞争优势。

7.人力资源管理信息化

当前制约职业教育发展的许多问题与教师队伍密切相关,例如人才培养模式问题、教育教学质量问题、教育特色问题等,人力资源管理(部分学校称为人事管理)也是中职教育亟待解决的方面。对于教职工的管理,不少学校还停留在教职工基本信息的管理上,如教师的基本信息、家庭信息、学历信息、奖惩信息等,也有部分学校将教师的培训信息、论文研究成果信息等一起纳入人力资源管理。

如何建立一套内部的教师培训体系,有计划地通过内部学习培训提升教师信息化应用水平,将学校的教师管理体制与软件结合,提升教师的工作积极性及教学质量,这些仍然处于线下管理模式或摸索阶段,与职业院校信息化建设阶段与投入比例有一定关系。学校信息化建设部分来源于国家与地方教育机构的投入,部分则完全依赖于学校自身的实力,所以在建设上往往首先考虑的是如何将有限的资源投入急需解决且对学校整体发展有较大帮助的方面,学校的信息化建设大都是先投入学校的教务教学发展上,只有当教务教学发展起来能支撑学校的教务教学信息化管理后,才会逐步地往其他信息化建设方面进行投入,人力资源管理自然就相对要靠后些。

教职工绩效管理是人力资源管理的重要一环,也是在学校转变为内生发展过程中重要的评价模式。随着社会的发展,学校对教职工的绩效管理已不再是单一的绩效考核,而是将对教职工的绩效考核与教职工本身的专业发展、学校整体工作深度融合。这样的变化,要求职业院校在对教职工的绩效管理中运用互联网和信息技术,设计更为科学、高效、全面的管理工具,采用更快速、便捷的管理方式,实现教职工绩效管理的智慧化转型。绩效数据公开透明,利于全员监督,可信度高,有助于学校管理制度的推进与执行。教职工绩效智慧化管理,不受时间、办公地点的限制,绩效考核流程清晰,考核任务安排灵活,可简化统计量,提高绩效考核效率。智慧化绩效管理能持续激励教职工改进工作业绩，帮助学校提升管理水平和教学品质。

学校根据师资队伍建设目标，在国家现有政策框架下，建立一套符合学校实情、科学合理的绩效激励及绩效工资分配体系、教职工能力培训考核体系，稳步推进绩效工资改革，充分调动教职工的工作积极性和主观能动性，让优秀职教工的能力得以快速复制，持续提升学校竞争力。学校建设与之相适应的人力资源管理平台，实现岗位绩效指标体系设计、薪酬体系设计、绩效考核实施、薪酬核算与发放，教职工可在线查询个人薪酬收入及绩效考核明细，减少人事、财务部门的工作量；帮助学校构建教职工岗位胜任力模型，基于岗位胜任力开展培训，逐步建设一批岗位能力学习资源；通过教职工在线培训平台实现在线学习，提升教职工岗位能力培训效率，节约培训成本。

8.教学质量管理信息化建设

提高技术技能人才培养质量是发展现代职业教育的基本任务，是构建现代职业教育体系的关键所在。建立基于职业院校人才培养工作状态数据，学校自主诊断改进、教育行政部门根据需要抽样复核的工作机制，保证学校的基本办学方向、基本办学条件、基本管理规范，推动职业院校人才培养质量的持续提高。

《教育部办公厅关于建立职业院校教学工作诊断与改进制度的通知》（教职成厅〔2015〕2号）明确指出职业院校要以提升质量为核心并建立常态化的质量提升机制，并指出信息化是其支撑保障。

根据诊断改进政策及相关实施办法，推动和提升学校、专业、课程、教师、学生等各个层面的质量意识，通过完善的制度体系和标准化流程，利用年度目标设计工具保障整个质量管理过程的可跟踪、可监控。同时，利用各个业务系统的实施情况，利用各类预警监控机制，对各个方面的质量建设与推进效果进行监督，为学校全面质量提升提供支撑全生命周期的工具与方法体系。

以人才培养工作数据管理为主线，结合"五纵五横"的业务系统，进行智能化分析和KPI指标诊断，以可视化图形形式多层次、全方位为用户实时呈现数据状态，帮助用户分析与决策，从而助力内部质量保证制度体系形态升级，提升专业建设能力。

实现教学诊断业务与业务管理系统之间的高效集成，强化数据实时效率与智能预警，为建设智慧校园奠定基础。智慧校园平台质量管理业务可围绕着制度设计、目标设计、质量报告设计、数据分析、数据报表、数据监控、诊断改进工作过程支持等应用开展质量建设工作，同时以学校的教务教学、专业教学资源库、学生管理、师资管理、信息化办公等业务应用为基础，实现从学校宏观到微观的全方面质量管理。

9.师生信息化素养建设

教师和学生是教育信息化的使用者和实践者，也是教育信息化的服务对象。教育信息化建设过程要突出培养学校管理者的现代化管理能力、教师信息技术应用能力、信息化环境下教育教学的创新能力，以及师生信息技术素养和学习能力。

对学生和教师进行信息化素养培训,提高教师应用信息技术水平,更新教学观念,改进教学方法,提高教学效果。鼓励学生利用信息手段主动学习、自主学习,增强运用信息技术分析解决问题的能力。完善智慧校园建设与管理的各项制度,加强人才队伍建设,保障智慧校园工程的顺利实施。

10.移动校园

对于职业院校来讲,较好的移动应用解决方案是结合学校自身的业务与管理特点,有针对性地在部分业务管理或使用上进行应用定制。

在满足学校日常管理工作的基础上,移动校园支撑学校业务管理及在线教学,帮助学校各类用户实现随时随地了解校园动态,同时支持Android和iOS两种主流操作系统。主要功能包括:即时消息沟通、组织机构及联系人信息查看、通知公告查看、考勤管理、班级情况查看、课表查看、操行分考核、班级寝室统计、学生请假管理、听课管理、在线评教、在线学习、成绩管理、学生报到确认、薪酬查询、绩效管理、事务流程办理、一卡通信息查看等功能。

11.决策管理

智慧校园建设主要体现在智慧上,而对于应用软件来说如何实现"智慧"二字,归根到底还是在大数据分析上。在职业院校中实现大数据的前提是打通数据信息壁垒,完成智慧校园平台数据中心建设,并积累一定的数据,且这些数据量能够支撑决策分析。借助数据分析模型,学校自主选择分析维度,以主题为视角了解学校运行情况;通过图文并茂的个性化大数据分析报告,直观全面地掌握学校各个层面的现状,为推进各项工作改进提供数据依据,如图5-4所示。

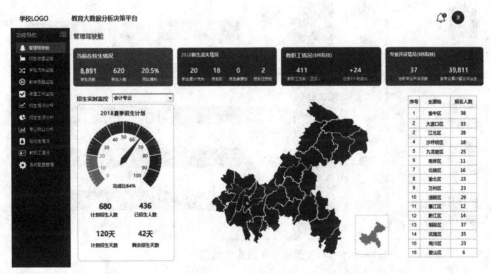

图5-4　教育大数据分析决策平台——管理驾驶舱示意图

12.文化宣传

学校文化渗透于学校的教学、科研、管理、生活以及各种校园活动中,是学校实施素质教育和精神文明建设的重要组成部分,是职业院校学生成长成才的内在需要,更是推进学校和谐发展的重要载体。

随着教育信息化的不断深入,学校文化内容的传播媒介除了传统的宣传栏、板报、广播站、学校刊物外,还有了更多的选择,比如门户网站、微信公众号、宣传片等,学校可通过各种信息化手段直观、快速地将内容展示出来。在各种传播媒介中,智慧校园平台是传播的核心及纽带,能整合各种内部传播媒介,打造全新立体的宣传平台,达到更快、更广的传播效果,让信息轻松到达用户面前。

利用学校门户网站,结合智慧校园移动App、微信公众平台、微官网建立起学校新媒体宣传平台,为学校师生随时随地提供实时的校园新闻推送、活动现场互动、资源学习、媒体点播等服务,从纯粹地向用户提供信息内容,提升为既提供信息内容,也提供相关服务。用户可以通过多种媒体终端,随时随地利用碎片化时间获取信息内容与服务。

职业院校学校文化内部展示内容要以师生最想了解的、最关心的内容为主,比如学校动态、行业新闻、文化理念、节日祝福、活动报道等,打造特色传播内容,展示学校文化内涵。

(五)智慧校园应用终端访问——以不同访问角色的业务分析为例

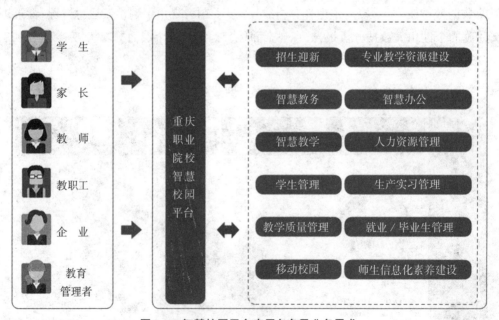

图5-5　智慧校园平台应用角色及业务需求

智慧校园平台是通过学生、教职工和行政管理人员的全员参与和常态化应用,进而推进学校文化建设与信息技术融合的平台,平台应用终端的访问角色根据学校实际进行设置与权限配置。以图5-5为例,访问者包括学生、家长、教师、教职工、企业、教育管理者等几类角色,通过平台的统一身份认证,各类角色将进入有权访问的不同应用选单,并进行相应流程和功能的操作。

1.为学生提供业务支撑服务

图5-6　为学生提供的支撑服务

(1)报名入学方面:以网上报名、到校报名、统招学生直接导入等方式为主的报名方式登记学生报名信息,对报名学生进行录取、网上缴费、班级分配、寝室分配等。

(2)学习方面:在线选课、课件预习、在线课堂、在线作业、在线评教;各类学习资源的获取、存储、评价;移动学习、课下探究、复习;与教师、同学交流、研讨;学生培养方案查询;在线考试与成绩查询。

(3)德育考评方面:班级考核评比、寝室卫生评比、奖惩项管理、课堂考勤、活动出勤考勤等,查询各项德育成绩与数据。德育成绩需要直接反映在学生期末通知书上。

(4)实习就业方面:申请、参加实习,实习期间日/周/月报填写,实习岗位变动等实习过程全记录;实习成绩查询。

(5)信息管理方面:云盘;学生请假申请;公共信息、通知查询;出勤信息查询;在校情况(如:缴费、奖/助学金、教材领用、寝室信息等);学生信息查询与修改申请;成绩、通知书查询;毕业达标情况等。

2.为家长提供业务支撑服务

(1)通知管理:查看学生期末通知书、成绩。

(2)家校通:接收学校通知公告、接收短信。

(3)情况了解:知悉学生进出校门情况,了解学生在校表现情况。

3.为教师提供业务支撑服务

(1)招生迎新方面:招生信息录入,多渠道招生设置,通过信息录入设备(如身份证扫描仪、摄像头等)快速录入学生信息,手动或自动分班,安排住宿及教材发放。

(2)教学方面:课表查询;调课管理;课堂考勤管理;各类教学资源的建设、获取、存储、分享、评价;课前备课,课堂讲授,作业布置、作业批改、课下辅导、答疑、组卷、测试、阅卷、评价,实践教学组织与实施,听课管理,同事评价;学生成绩评定。

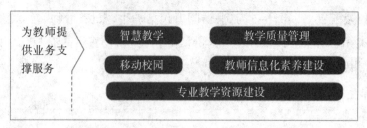

图5-7　为教师提供业务支撑服务

(3)德育考评方面：学生考评、班级考评、宿舍考评、德育活动管理、学生奖惩管理、学生考勤管理、学生奖助减免管理、学生保险管理、学生请假管理等。

(4)实习就业方面：各类实习计划安排、组织与管理，实习活动评价；就业跟踪信息登记；学生毕业审核等。

(5)信息管理方面：学生管理、教学过程管理；个人门户、个人办公、个人云盘、材料上交、教学资源获取；负责和使用资产查询；出勤统计。

4.为教职工提供业务支撑服务

图5-8　为教职工提供业务支撑服务

(1)项目管理方面：项目协作、项目计划、事务交办、工作报告、协同数据报表等。

(2)宿舍管理方面：快速安排学生入住、入住信息查询、宿舍德育及卫生考核等。

(3)教材管理方面：教材申报、教材发放、教材盘点等。

(4)财务精细化核算方面：多维度财务管理与分摊、银行账户管理、库存现金管理等。

(5)薪酬绩效方面：岗位管理、绩效管理、薪酬管理、人事考勤等。

5.为企业提供业务支撑服务

(1)订单班管理：学生德育查询、奖助信息查询、成绩查询等。

(2)就业管理：就业跟踪信息查询、专业就业率分析等。

(3)顶岗实习管理：工作岗位及内容管理、实习过程管理等。

6.为教育管理者提供业务支撑服务

(1)信息与业务服务：学籍管理、人事管理、资产管理、收费管理、教材管理等。

(2)综合报表分析服务：招生考试管理、教务教学管理、综合评教管理等。

（3）个人服务：个人办公、个人云盘、通知公告获取与发布等。

（4）流程服务：公文审批、流程审批、移动办公等。

（5）质量管理与监控：制度、目标设计，质量报告设计，诊断改进工作支持，数据分析与报表，预警与监控中心等。

（六）四个特色业务的专项研究内容

1.职业院校制度体系与智慧校园平台的关系研究

详细研究内容见本章"第四节　重庆职业院校智慧校园平台建设与应用研究论文——智慧校园应用制度体系建设的问题与对策"。

近几年国家提出了有关"从制造转向智造、工业4.0"等概念并制定了工作规划举措，其本质是代表国家向各行各业的企业提出"重产品质量、重企业品牌建设"新的要求。这些信号也将成为下一个十年中国快速发展的方向，为国家未来发展提供人才培养的职业院校也将迎来新一轮的挑战。如何为国家提供能适应未来发展的合格人才？如何让职业院校能适应新的变化，将自己的内功练到位和持续提升学校核心竞争力？本文将围绕这些问题对职业学院如何利用企业经营管理体系的思想方法来构建与更新学校自己的运营管理体系进行相关研究，探索如何将运营管理体系融入学校的规划发展、教育教学、校园文化、师资建设等各个方面。

第一，企业发展过程与职业院校发展的相似性。

从古至今，企业的发展总会遵守一些基本的规律与原则，企业规模从小到大，从弱到强，从国内到全球；企业的运营管理体系也是从无到有，从简到繁，再从繁到简，整个过程代表企业的成长与成熟。在这个过程中企业的经营管理体系是关键。例如华为20世纪90年代末花费巨资聘请IBM咨询公司进行IPD实施，对华为内部所有流程进行了建立与调整。正是任正非有了这么大的决心，才成就了今天的华为，这里面的本质核心是企业制度流程的重构，实现了流水线式的产品研发、解决方案输出，实现以客户为中心的经营管理体系，最终为企业自己带来了价值，实现高速而又安全地发展。

职业院校运营管理体系如何调整与落地？这个改进与提升的过程是否可以向企业的发展过程看齐与学习？是否能运用企业经营管理体系的最佳实践？对职业院校来讲，学校的师生规模与教学质量会随着学校核心竞争力提升而持续上升，运营管理体系也会随之调整进步，以适应学校与社会的变化，如社会价值观的变化、技术更新后企业人才的需求变化，教育政策的变化。

第二，精细化管理对学校发展重要性研究。

精细化管理的提出，最先解决的是质量和生产效率的问题，以标准流程与规范、持续改进来支撑产品质量与生产效率的提升，而管理的本质是对人、事、物三者有机的调整优化，最终达成目标。在企业经营管理中，"经营"重点在对外（市场与销售），而"管理"重点在对内（制度体系、绩效薪酬、财务核算、企业文化等各个方面），经营能力与管理能力在任何一个企业中都是相互影响、相互平衡、缺一不可的。经营能力不能长期强于管理能力，而管理能力也不能长期强于经营能力，二者之间要维持一个度，企业才能持续地、健康地发展。因此对于企业来讲，精细化管理在于对外部经管与内部管理不停地进行调整，让经营能力促进管理能力的提升，或者让管理能力提升经营能力。

回到职业院校的运营管理中，"经营"也是对外（招生宣传、就业、校企合作等方面），而"管理"则是对内（专业建设、教务教学、学生管理、学校文化、后勤等方面）。在企业的管理中，精细化管理是用各行业成熟的最佳实践、科学化的手段、先进的技术工具来提升核心竞争力，因此精细化本质本不是僵化，也不是降低整体效率，而是提升整体品质与市场风险的适应能力。在受市场影响较弱的职业院校中，如何利用精细化管理的理念、方法来支持其发展，是本次研究最根本的出发点。

第三，信息化工具如何支撑精细化管理。

如今移动互联网、物联网、人工智能、大数据、云计算等热门技术在各行各业尝试、普及与应用。而另一个争议是技术创新与应用会增加失业率，任何一个生产力效率的提升都代表着经济的增长，产业结构的调整，人才结构的调整，这些将成为必然。

无论是企业还是职业院校，对于提升效率、增加效益的新工具都会欣然接受并快速推广使用。信息化工具本质上是将日常重复工作中的数据采集、数据处理、数据监控预警实现工具化、自动化，通过技术手段来解放全校师生，提升效率。而精细化管理是一次又一次 PDCA 改进循环，信息化工具的应用可将日常各项工作数据化，并对其进行分析判断，优化整个精细化管理体系。职业院校如何规划适用的信息化工具体系，又如何将工具与实际的运营管理体系融合、与制度体系融合，形成一个有机的可自我优化的生命机，是本次专项研究的重点之一。

第四，智慧校园平台如何配合制度体系落地。

智慧校园平台的建设指导思想已经纳入各级教育部门"十三五"工作计划，未来将推动整个职业院校转型升级。智慧校园平台可以理解为两个维度，一个是要有智慧的方法体系及制度，有一套能自我纠正、自我提升、全员参与的制度体系，从发展规划、执行、持续改进、决策，校园文化，与社会深度接轨等各个方面融入智慧二字；二是要有智慧的技术平台作为支撑，来配合方法体系及制度的执行与落地。

职业院校方法体系及制度必须以培养合格人才为目标，以师生快乐工作学习为目标来思考，最终将这些制度体系要求落实到年度规划、招生政策、学期教学计划、日常的学生辅导管理中。通过技术手段将这些过程中产生的各项业务数据进行记录存储、分析决策，同时找到职业院校制度体系与智慧校园平台不匹配的问题，最终让智慧校园平台充当两个智慧维度的连接器。

2.职业院校智慧校园数据分析与决策支持应用研究

详细研究内容见本章"第四节　重庆职业院校智慧校园平台建设与应用研究论文——智慧校园大数据与决策分析应用研究"。

第一,大数据发展背景及未来应用趋势。

大数据(Big Data)概念早在2008年Google成立10周年之际,《自然》杂志中专门就未来大数据处理相关一系列技术问题和困难进行探讨与分析,其中就提出了"Big Data"的概念。

近几年,我国在计算机网络基础设施上加大了建设力度,随着计算机技术及硬件处理能力的迅猛发展,各行各业都积极拥抱这些技术红利来提升企业经营水平,包括政府也意识到大数据应用是"十三五"推进的关键,积极与企业合作共同通过大数据的思想、方法、技术来改善民生和基础设施的建设,实现产业结构的调整,培育一个新的产业,以促进经济增长。

同时,从对市场更加敏感、反应更加迅速的企业来讲,对大数据应用的探索从来都没有停止过。大数据可能是很多企业自我发展的另一次机会,通过大数据可以让企业的经营管理更加精细、商业决策更加理性与准确。

与此同时,职业院校也正处在这个技术快速发展的阶段,软件应用系统规模也随之扩大,所产生的数据呈爆炸性增长,学校每年至少产生数百TB以上的数据,并且增长速度还在持续上升,学校如何利用这些数据并将其资产化、价值化,来支撑学校的经营管理和决策是课题研究的内容之一,类似大数据这样的思想、方法、技术对于职业院校来讲,应该要积极拥抱,最终实现学校的自主发展。

第二,职业院校大数据分析工作如何开展。

按企业的最佳实践来讲,大数据分析应用工作必定会从整个企业管理的角度来开展,其根本原因是:数据资产是企业未来发展的关键因素之一,通过数据手段来改善经营管理是一种成本、风险最低的方法。职业院校的大数据分析工作,将会面临很多困难,如各业务部门科室参与问题、资金问题、人员及技术问题、工作机制问题、投资回报率问题等。

职业院校必须要正视这些问题后才能更好地让大数据分析工作服务于学校管理。是否需要把相关的工作体制、职责进行规范化? 工作团队及成员如何组建? 如何开展工作? 如何评估大数据应用的工作价值? 本文将向职业院校提供一系列方法工具,供其参考改进使用。

第三,职业院校大数据工作面临的技术问题。

"大数据"从技术的角度来讲,是充分利用了AI、分布式计算、大规模云计算以及算法、建模等综合技术来实现的,算是技术要求非常高的一项工程。对于职业院校来讲,其中一个关键问题就是技术人才,毕竟此类人才的人均成本非常高,从投资回报率的角度来看,大数据分析工作的价值回报并不是立竿见影,是有一定的周期的,职业院校必须有这样的认知。面对这样的短板,是自己补还是让专业的团队来补,各自有什么优势、如何进行技术选型,子课题组将在研究中逐一来进行分析。

第四,大数据如何支撑职业院校决策管理问题。

大数据支持决策管理的本质是通过对经营生产过程中产生的数据进行分析,将数据本身作为一个管理的支撑工具或方法。最近几年将数据商业化讲得非常时髦。而职业院校的大数据分析工作的开展,能为学校带来什么样的价值与回报?决策管理是最适合用的一点。如:如何通过数据分析手段来监控整个招生过程,将招生的推进工作进行量化与预测,为新生提供像家一样的入学体验;如何对学生校内消费数据进行多维度的分析,找到真正需要资助的学生;如何通过数据分析来改善食堂的工作效率,为师生提供更优质的就餐服务;等等。

从企业的应用实践来看,让技术服务于决策管理,让决策管理有参考依据,这才是大数据支持决策管理动力所在。职业院校运用大数据做决策管理,这一原则又将如何融合到整个数据分析过程中?

3.职业院校智慧校园移动应用现状研究

详细研究内容见本章"第四节　重庆职业院校智慧校园平台建设与应用研究论文——职业院校智慧校园移动应用的研究"。

(1)研究背景与目的。根据2017年8月中国互联网络信息中心(CNNIC)发布的第40次《中国互联网络发展状况统计报告》(以下简称为《报告》)显示,截至2017年6月,中国网民规模达到7.51亿,其中,以10~39岁群体为主,占整体的72.1%,网民结构年轻化,如图5-9所示。

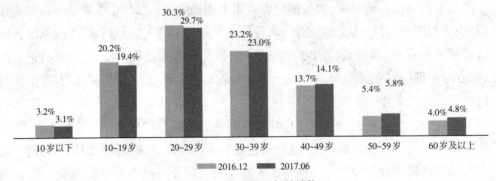

图5-9　中国网民年龄结构

我国职业院校的主要学习人群、授课人群以及管理人员的年龄分布均处在互联网应用较高的网民群体中,且随着智能手机等移动终端的普及,更多的人接触到移动互联网以及各类终端应用软件,这为职业院校智慧校园移动应用提供了很好的应用基础。本文将对职业院校智慧校园平台在移动终端的应用进行研究分析。

学生作为职业院校培养的主体,获取知识的途径越来越多样化,如何在"互联网+教育"背景下利用互联网技术帮助学生更快地掌握知识,提高认知能力? 作为职业院校授课主体的教师,如何将教学管理与移动应用结合,做到知识在课堂外的延续传授? 同时,作为职业院校的管理者,如何利用移动应用服务来提升学校教育教学管理水平? 这些方面的具体发展思路对学校来说越发显得重要。

(2)研究内容。

"互联网+教育"给职业学校的教学与日常管理带来无限可能,通过智慧校园平台及其各类移动应用的建设,在无处不在的移动网络环境下,让教师的工作空间无限延展,为学生提供个性化学习服务,同时也让教学、德育、招生就业等工作实现智慧管理。

本文将从以下几个典型的移动应用场景出发对学校移动应用的发展思路进行研究。

第一,教务教学管理应用场景及目标研究。

教务教学作为学校的日常教学管理的重点,在学校智慧校园平台建设中起到应用的决定性作用,而基于移动端的教务教学应用是对日常教学管理的一种延伸与补充。目前大多数学校都支持使用手机端查询课表,查询考试成绩;学生通过手机进行网上选课,在线评教,请假申请;班主任在手机上对班级及学生进行德育考核等。这些功能从PC端同步到了移动端,解决了PC上使用不方便的问题,例如在线评教,受限于场地及学校机房PC的数量问题,无法实现全校学生同时评教,而放到移动端后,则不受场地与设备数量的限制,更加方便快捷,大大减少了教务管理的工作量,缩短了评教周期。

选课:学生通过在手机上完成在线选课,不受时间、空间的限制,提升选课工作的效率。

课表:学校的教务部门在每学期开始前都要进行排课,在使用智慧校园平台以前都是采用单独的排课工具进行排课,然后通过线下打印并分发到各班级,如果中间要调整则要重新打印。而现在使用统一的智慧校园平台后,就能实现线上实时排课、课表自动同步,可以让各科室成员、各学科教师、各个班级学生及时查询到最新的课表,省去了线下打印的工序,不仅节约了成本还提高了工作效率。

成绩:每学期期中、期末考试的成绩查看,也不用像原来一样通过纸质方式来获取了,学生通过手机就能查看自己的各科考试成绩。

顶岗实习:智慧校园平台移动应用也为学生的顶岗实习提供了更方便的管理模式。以往学生到企业进行实习时,学校对学生的实习情况等信息掌握起来不方便,也比较困难,而如果放到移动端上来进行管理则方便很多。学生通过手机填写实习周报、月报,实习带队教师及时掌握学生的实习进度和技能应用情况。这些都是学校教务教学中常用的场景体现,移动智能设备在教务教学中的应用实实在在地帮助学校提高了教育教学管理效率。

第二，学生管理应用场景及目标研究。

德育管理：对学生的日常管理应用较多的是德育管理，包括学生的个人德育管理及班级的德育管理。以往学校对学生的德育管理主要还是靠线下记录，再统一通过 Excel 汇总线下统计。教师不可能随时拿着电脑去进行个人及班级的德育检查，而各个学校德育的管理又各有特点，侧重点也有所区别。对此，目前应采用高效的方式是，先在 PC 端完成相关检查项的设置，德育教师就可通过手机完成对班级德育的检查与信息的记录，及时且简便，省去了教师线下记录再线上录入的工作，同时针对学生个体的德育检查，直接通过手机进行记录，在 PC 端查看，实现了信息实时同步，后台可实时生成各类报表，辅助管理。

在线评教：很多学校要求学生对教师进行教学评价，大多采用电脑网络在线评教或线下打印纸质表格填写，需要学生在集中时间段到机房进行评教。由于学校硬件及场地有限，这种机房评教的方式不仅不方便还比较耗时，同时打乱了机房原有的教学任务安排。而通过在移动智能终端评教则不用考虑这些因素，管理员或管理评教的教师只需提前在电脑端完成评教任务的安排，学生就可以通过移动终端登录智慧校园平台应用 App，直接对教师进行评教。

课堂点名：教师上课开始时对学生进行课堂点名是教学常规工作，以往都是采用纸质的点名表，不但麻烦而且容易丢失，不利于数据的收集与统计，随着网络的兴起及移动应用普及，工作将被智慧校园平台移动应用替代。部分学校采用的是在班级配备电脑，教师登录电脑并点击点名的操作，这样比较耗时且占用学校电脑资源；还有部分学校采用硬件类资源来完成课堂点名，如在教室安装指纹考勤机，学生上课前通过按指纹完成类似签到的功能，但硬件设备也存在不足。首先，硬件设备的投入和维护成本较大，每个教室都要安装指纹考勤机，一旦考勤机出了问题就无法考勤还需要请专门的硬件厂商上门进行处理。其次，指纹考勤耗时长，以每个班级 40 个学生，每个学生打指纹的平均时间是 5 秒来算，也要 200 秒才完成，这还不包括可能出现的多次打指纹才成功的情况。最后是数据存储和共享的问题，指纹考勤的数据一般保存在硬件设备厂商提供的服务器设备上，这类软件由于是通用性的设备，所以没有专门针对学校的数据分析与统计功能，需要后期再次对数据进行加工，如果是要和已有的校园管理系统实现数据共享，则需要进行产品的整合，提高了使用的门槛。

利用智能终端设备进行课堂点名的方式是：系统可以通过课表为任课教师生成课堂点名表，任课教师上课前直接登录智慧校园平台移动 App，进入课堂考勤界面就会显示出该任课教师上课的课表信息，只要点击进入当前任课的点名界面就会自动将班级学生展现出来，教师进行点名时，只需要对课堂考勤异常的学生进行处理就可以了，工作相对于其他方式变得更加便捷和高效。

第三,行政办公应用场景及目标研究。

学校行政办公管理主要是学校日常运营和教职工群体管理,这也是学校管理的重点工作。学校的品牌要从学生的生源情况及教学质量反映,而生源与教学质量息息相关,教学质量就和学校教职工有很大的关联了,而好的学校品牌不但能更好地吸引生源还能更好地吸引优秀的教师资源,所以教职工管理不可谓不重要。

协同办公、公文:如今的学校日常办公管理,OA软件应该是绝大多数学校必备的软件,通过实现办公自动化,可以优化现有的管理组织结构,调整管理体制。在提高效率的基础上,增加协同办公能力,强化决策的一致性,最后实现提高决策效能的目的,主要包括流程管理、公文管理、通知公告管理等学校日常常用功能。部分OA软件还提供基于移动智能设备的流程管理、公文及通知公告查看等,让学校领导在外通过手机就能完成学校重要流程的审批、公文的查阅及重要通知公告的查看,提高了整体的工作效率。

当然,随着办公信息化程度的不断深入,更多学校的日常管理也逐渐纳入办公管理中,例如:如何利用信息化提升教职工岗位能力的培训? 如何通过绩效提升教职工的工作积极性,达到提升教学质量的目的?

鉴于教职工岗位的特殊性,特别是在编教师的特殊性,如何利用学校掌控的利益分配机制,提升教职工的积极性,与绩效一起达到提升教学质量的目的? 如何更好地管理学校全部资产,做到心中有数? 这些都是目前或未来一个阶段学校需要思考如何解决的问题。而如何将移动设备与上述所要达成的目标有机地结合在一起,达到学校想要达成的目标,也需要同步地思考。

通知公告:以往的通知公告等信息需要在PC上登录平台后才能进行查阅,不但不方便也不及时,而将该功能纳入移动应用后,教师只要登录智慧校园平台的移动应用端,通知公告信息就能及时地发送到手机端,移动端用户也能随时随地了解通知公告的内容,避免信息获取的不及时。通知公告功能也是职业院校智慧校园平台移动App建设的必要功能应用。

即时通信:建立一套学校内部沟通系统,通过智慧校园平台软件部署在学校机房,所有通信信息均存储在学校内部,保证聊天信息和文档资源的安全性。

职业院校的内部办公沟通和教学应用的学生、班级沟通等,都可通过学校的内部即时通信工具完成,一对一沟通、多人沟通、讨论组、聊天群等常见的即时通信工具的功能在智慧校园平台移动App中均可实现。

一卡通应用集成:目前,已有部分职业院校实现了学生入学的电子校牌、校内的消费、学费缴纳等功能集成在一张卡中,真正实现了校园内的一卡通应用。一卡通是智慧校园平台建设的一部分,把智慧校园平台与一卡通应用的数据打通,可以实现数据互通与共享。目前很多单独建设一卡通硬件的学校也在进行一卡通数据与智慧平台的数据对接，真正实现数据共享。学生通过登录智慧校园平台移动端App进入应用后，可以查看消费及余额情况，随时掌握自己的消费情况。

第四，移动应用技术。

开发技术：移动应用开发是为小型、无线计算设备编写软件的流程和程序的集合，类似于Web应用开发。由于移动端操作系统的多样性，目前市面上主流的操作系统有Android，iOS，Windows phone等系统。Garter Group公司2017年第一季度的报告显示：Android系统的市场占有率为84.1%，iOS系统的市场占有率为14.8%，两大系统加起来占据了市场的98.9%，可以说是完全占据了整个移动设备市场。同时由于两大操作系统分别来自两大不同的公司，Android来源于谷歌公司，而iOS来自苹果公司，两大公司各自的技术路线不同，导致两大系统的应用无法相互兼容，就导致了所有的移动终端应用开发公司要针对Android与iOS系统分别开发对应的应用程序。

Android是基于Java语言的，所以自带了Java语言的优点：开源、跨平台。但其开源性也导致各手机生成厂商会针对自家的手机，在Android原生系统基础上开发与封装后形成带有自家特性的手机操作系统，导致基于Android的手机应用在不同手机平台上表现出并非一样的情况，导致大家在不同手机上的使用感受有所不同。

iOS系统则为苹果公司所独有，基于应用开发语言Objective-C的iOS系统也自带了它本身的特点：应用不存在兼容性问题，因为苹果手机与操作系统都为苹果公司开发，保证了手机与系统版本的一致性，所以针对苹果的应用不存在像Android系统下的各手机兼容性问题；但由于iOS系统的垄断性，基于iOS系统的应用开发语言学习门槛高且对应的应用开发工具还要付费购买，开发成本相应也较高。

统一身份认证：由于基于B/S结构的Web系统和基于移动技术开发的移动应用间要进行数据的同步、业务数据的交互与存储，而各系统又有各自相对独立的存储体系，这势必要在相互通信中保证是同一个用户操作，避免脏数据的产生，统一身份认证就很有必要了，该技术解决了同一用户登录不同平台或系统时对其身份的校验。

数据同步技术：不同平台或系统的应用之间要实现各自业务数据的存储，而又要保证不出现脏数据，对于基础数据的统一就显得非常重要了，所以才有了数据同步这个概念及相关实现技术。其目的就是保证不同平台及系统间对于相互关联密切且要求数据一致的情况下，通过数据的定时或手动同步机制实现数据的同步，保证数据一致性。

4.职业院校新一代信息化办公应用研究

（1）研究背景与目的。

《教育信息化2.0行动计划》指出"提高教育管理信息化水平……深化教育大数据应用，全面提升教育管理信息化支撑教育业务管理、政务服务、教学管理等工作的能力"。通过机制创新，体系重构，进一步梳理教育信息化管理体系，建立职业院校信息化管理制度,并应用到智慧校园平台中,确保学校跨部门常态、长效合作。

随着教育信息化深层次地推进,职业院校各相关部门需要形成合力,从部门单独行动向跨部门协同创新转变。职业院校信息化办公应用,目前较常见的说法是应用办公自动化系统(Office Automation),简称OA,即将现代化办公和计算机网络功能结合起来的一种新型的办公方式。在专业研究机构看来,移动互联网、云计算、大数据等新兴技术的兴起,传统OA系统产品市场发展面临变革,OA市场面临新一轮产品升级和市场变革。

无论是顺应形势,还是学校管理需要,对学校信息化办公系统进行创新已经成为必然趋势。通过对学校现有办公应用现状的研究,在探索提升学校现有办公应用水平的同时,在众多业务数据中挖掘出能帮助学校提升教学质量与管理水平、为学校领导提供对未来教学与管理方针制订上有用的决策服务与建议,帮助建设新一代的信息化办公应用系统。

本文研究的新一代信息化办公系统是一套在传统OA的基础上,基于敏捷模型的思想,采用短流程事务处理机制,适用于移动应用的办公支撑系统或工具。运用新一代信息化办公系统或工具,调整管理体制,在提高效率的基础上增加协同办公能力,强化决策的一致性,最后实现提高全员工作效率和管理水平的目的。

(2)研究内容。

第一,学校信息化办公应用场景研究。

职业院校管理集中在各院级内部、部门内部的管理使用场景上。目前所有学校针对日常管理的办公应用场景主要是校内、跨校区、校外移动办公这三类办公场景。学校领导及教职工通过信息化办公平台与配套的移动办公App来及时处理相关事务,及时掌握信息,实现信息的同步。

第二,协同工作应用。

①流程管理。无论是企业还是学校,在管理中始终存在事务的协同工作。现在多数学校引入并使用OA系统,最根本的一个原因是OA系统的核心功能之一是流程管理,而且流程管理可按各个学校的管理特点灵活配置,即使学校后期管理体系发生变化,只要灵活地对已有的流程模板进行修改就可以了,方便快捷。

新一代信息办公,采用敏捷模型来强调缩短沟通路径,分阶段快速交付任务,帮助学校实现刚性制度与柔性流程的高效结合,最终达成目标;采用短流程事务处理机制,运用多条件分支策略,满足复杂流程的快速处理要求。

②协同数据表。在日常工作中,需要创建一些结构不确定、逻辑简单、数据量小,需要其他成员协同加工和信息共享的数据表。这类需求往往重要性不高,定制开发必要性不大,但学校各部门、各岗位都有大量的需要。若采用线下操作,难以实时协同更新,

容易导致数据共享不及时，甚至丢失。运用协同数据表、自定义数据表，灵活配置参与人员操作权限，能够满足绝大多数的这种业务应用需要，并且可降低通用软件的复杂度，增强对学校个性化、多样化和动态变化业务的适应能力。

第三，表单管理应用。

职业院校各部门工作有一些需要逐级审核审批的事务，如大金额物件采购、员工请假等，表单内容格式和处理流程由学校相关制度决定，通常需要相关主管领导根据事务内容和审批权限决定办理方式和下一节点的流程走向。这类事务属于长流程事务，需要流程引擎支持实现，协同应用操作较为复杂。表单流程协作是处理这类事务的常用工具，也是传统协同办公软件的核心功能。

第四，公文应用。

公文是党政机关、企事业单位、法定团体等组织在公务活动中形成和使用的具有法定效应和规范体系的公务文书，是依法行政和进行公务活动的重要工具。

职业院校的公文应用需要遵循规范的收发文、交换和文档存档的一体化制度，对其中的电子印章使用安全和规范进行制度化的管理。

第五，工作报告应用。

①工作报告。从工作计划到目标管理、工作执行情况反馈、工作流程管控、强化过程管理，诸如例行报告、项目报告、调研报告、建议报告等。若采用邮件或即时通信工具发送报告文件，不便于事后查看和统计。运用工作报告工具，可注明报告重要级别，从组织机构中选择报告对象和需要知晓的其他人员，相应人员可随时查看报告，也方便后期回顾追踪和工作总结。

②日常工作报告。日常工作报告应用的支撑理论包括时间管理四象限法则和六点优先工作法。其中，时间管理四象限法则由美国管理学家科维提出，一个人多数时间应做"重要但不紧急"的工作，才会有更多时间去思考，将事情做好、做到位；六点优先工作法理论源于效率管理大师艾维·李，一般情况下，若一个人每天都能全力以赴完成六件最重要的事，他一定是一名高效率人士。

用好日常工作PDCA，事先根据事务的重要和紧急程度做好工作安排，结束时总结检查，不断优化自我管理。每日工作报告中还能将他人安排或项目分配的事务自动加载到工作任务中，减少填写工作量，提升效率。

第六，目标管理应用。

多人、多部门参与，周期较长的项目，需要精细策划、及时掌控进度，以保证结果。运用目标管理工具，实施团队组建、计划制订、任务分解、任务指派等，项目执行过程中可及时掌控进度、共享文件、追踪问题、管控风险。

明确组织目标，实现项目及任务准确分配；明确个人工作目标，及时更新过程指标，监督检查及优化,提升组织执行力,提升团队工作效率。

第七,即时通信应用。

①即时通信工具。即时通信工具是职业院校内部沟通的扁平化渠道,特点为响应速度快,沟通数据安全可靠,能加快学校内部响应节奏。通常情况下,即时通信工具除了沟通交流、文件传输等基本功能外,还需要与学校智慧校园平台整合集成,能够自动同步到组织机构,减少日常维护工作量。

②消息推送。日常管理和业务工作中,常常存在一些需要将信息及时告知相关人员的情形,如待办事项、临时会议、重要通知等,消息推送的运用能够很好地满足这类应用需求。通过手机短信、微信、即时通信、电子邮件、系统消息等方式给员工、员工家属、企业伙伴等推送信息,促进沟通交流、文化建设。例如:教职工及家属在过生日当天,校领导希望通过短信给教职工及家属发送祝福短信,体现学校的关怀文化,以前这个就很难实现,而采用系统管理,可完全交由系统完成,学校管理人员只需要根据不同的角色设计好不同的模板,系统可以自动给当天过生日的教职工及家属发送祝福短信,也可以在节假日直接以学校名义给所有教职工发送祝福短信。

第八,会议管理应用。

①会议室管理。把学校会议室信息在信息化办公平台中进行统一管理:会议室信息登记(包括会议室规模、设施设备等信息)、会议室预约、会议室使用情况等。

②视频会议。提高职业院校师生信息素养是学校教育信息化进程中的主要任务之一。在新一代信息化办公应用中,对跨校区、公干/出差等情况,充分利用视频会议功能对教职工岗位培训、技能培训、项目培训等进行培训安排,并支持多终端的观看。

教职工和学生通过视频+文字的沟通模式,立体化的轻直播服务,实现在线培训、远程会议直播的自助和普及,为提高学校的整体信息素养提供了一个全新的学习工具。

第九,档案管理应用。

档案管理,主要是对学校所有纸质档案的管理,这类日常管理工作相对来说技术含量不是很高,但工作量也不小。针对这些档案的统一存放与管理等操作,将各部门的纸质档案通过档案盒存储到文件柜,并对每个档案盒进行编号,登记到信息化办公软件的档案管理中,建立索引,帮助文档使用人员能够快速检索档案存放位置,找到目标档案。

第十,知识管理应用。

各部门、各岗位的工作会创造大量文档,如学校级、部门级规章制度,岗位工作手册,工作流程,工作标准,技术规范,各类模板等。将这些文档纳入学校知识库统一管理,逐渐积累企业的知识资产。然而,若仅仅是毫无规则地随意存储,知识库将变成垃圾堆。运用学校知识库管理,对各种文档有序存储、分类管理、授权使用,能够便捷查询文档,让知识库变成学校的知识宝库。

第十一，移动办公应用。

随着智能移动设备及移动网络的飞速发展，很多厂商的OA软件针对这块做了相应的规划与功能的开发，也就是移动办公应用。在现有的办公方面，特别是对外出学习或公干的校领导、教职工来说，方便其实时获取学校通知等公共信息，处理流程待办等事宜，及时与各部门、各院级领导及教职工保持信息的通畅。

移动办公的应用功能应与Web平台端的功能保持一致，如通知公告、协同、表单、消息、会议、工作报告等，让使用者在任何时间、任何地点高效、快捷地实现管理与掌控，好用、适用且能保持数据同步。

在满足日常办公的基础上，针对无法在校考勤的人员，只需在移动端进行考勤，基于地理位置的签到、签退，真实记录外出人员的实时工作地点，也能通过信息化技术保证外出人员的安全。

八、研究方法

(一)文献研究法

通过有关文献搜索，搜集国内外关于教育网络建设与应用的研究成果及经验，为本课题的研究提供借鉴和参考。

(二)行动研究法

以国家对职业教育信息化建设的要求为依据，以智慧校园建设与应用存在的问题和实际需求为导向，根据总课题的研究目标，结合子课题研究的专题内容，按照"计划、研究、即时应用、反思、再修正研究、总结提炼"的行动研究模式进行研究，以此达到解决智慧校园建设与应用的实际工作中问题的目的。

(三)个案研究法

选择重庆市国家级示范院校、市级示范院校、达标职业学校、公(民)办职业院校数字校园、智慧校园平台建设的典型案例进行持续的观察、跟踪、分析和提炼，为课题研究提供典型的个案。

(四)调查研究法

通过对课题研究对象的数字校园、智慧校园平台建设及应用现状的调研，剖析重庆职业院校数字校园、智慧校园建设及应用存在的问题，提出加强重庆职业院校智慧校园建设与应用的对策，为课题的后续研究奠定基础。

九、研究过程

(一)前期准备工作阶段:2016年10月—2017年3月

通过实地走访和发放问卷,抽样调查重庆职业院校智慧校园平台建设与应用的现状,梳理和分析"重庆职业院校智慧校园平台建设与应用"存在的问题;搜集整理智慧校园平台建设与应用的有关文献资料,召开有关研讨会,设计、确定子课题的总体构思、研究方案;组建子课题组,明确课题组成员及其任务分工。

(二)研究阶段:2017年4月—2017年12月

该阶段为本子课题研究的主体阶段,对课题能否达到研究目标和取得预期成果至关重要。

十、研究结论

职业院校信息化建设是一项艰巨、复杂而富有挑战的系统工程,而智慧校园平台是其中一个庞大复杂的建设体系,必须实行科学严格的管理,形成以智慧校园平台领导小组为主体、学校相关部门协作、建设单位专业负责的项目管理机制,保证系统计划有序组织、科学指导和有效控制。

职业院校要实现数字校园到智慧校园的转变,除搭建一套相对完善的综合信息服务平台外,同时还需要投入大量的应用研究和实践,以及配套的制度约束和应用推广。因此,作为职业院校有机体的组成部分,智慧校园应用体系逐步步入校园,教育领导者、行政人员、教师、学生对其管理的接受度比以往有了不少提高。为了保证智慧校园平台建设的推广工作持续、健康、有序、有效地开展,学校应做好相应组织保障、制度保障、资金保障、管理保障、人才保障、技术保障、安全保障方面工作的落实,以确保整个建设计划全面顺利地实施和推进。

当然,本课题更侧重于在智慧校园平台的业务功能方面的研究及探索,而职业院校智慧校园平台建设所涵盖的内容及范围不仅限于此。本文内容中如有不正之处,还请专家指正。

十一、研究成果

立足重庆市职业院校智慧校园平台建设的实际需要,面向教职工、学生、家长等使用人群,运用"互联网+""大数据"等新思维、新技术对学校的教学、管理和服务等各项工作进行了现代化升级改造,构建了与重庆市职业院校教学和管理相适应的"智慧校园"模式。

利用成熟的网络技术、计算机和信息管理技术,为学校提供了资源建设服务,降低了学校教育教学数字化建设的总体成本，提高了效率。通过网络扩大教学和管理服务范围，有效提高了服务工作效率，提升了学校管理工作的质量，强化了对教学的服务和管理。

参考文献

[1]景运革.高校共享数据库平台设计与实现[J].山西大同大学学报（自然科学版），2008，24（5）：82-84，87.

[2]沈锡臣，陈怀楚.高校信息化建设标准规范[J].清华大学学报（自然科学版），2003，43（4）：529-531，556.

[3]李小玲.基于WEB的高职院校就业信息管理系统的设计与实现[J].数字技术与应用，2012（10）：144-145.

[4]王婷婷，陈桂兰.基于校园网的高校数据库发展与展望[J].中国教育信息化（高教职教），2012（23）：25-27.

[5]孟凡立，孙荣，徐明.高校虚拟化数据中心建设探究[J].实验室研究与探索，2012，31（12）：62-66，71.

[6]罗亚过，赵宁社.高校数字化校园数据中心平台的研究与设计[J].计算机技术与发展，2014（9）：217-221.

[7]吴信才.数据中心集成开发技术——新一代GIS架构技术与开发模式[J].地球科学（中国地质大学学报），2009，34（3）：540-546.

[8]杨现民.信息时代智慧教育的内涵与特征[J].中国电化教育，2014（1）：29-34.

[9]陈东红.以人为本，智慧校园规划——学生公寓智能化规划研究[J].安徽建筑，2011，18（3）：55-56，90.

[10]于长虹.智慧校园智慧服务和运维平台构建研究[J].中国电化教育，2015（8）：16-20，28.

[11]宋国顺，胡雪莲.智慧校园网建设与研究[J].科技展望，2015，25（17）：2-3.

[12]冯颖，俞文洋，陈羿羽，等.智慧校园建设与应用研究[J].电脑编程技巧与维护，2014（2）：91-92.

[13]赖建书.高职院校智慧校园建设探讨及应用研究[J].湖北函授大学学报，2016，29（14）：22-23.

[14]黄荣怀.升级教育信息化 助力教育系统变革[N].中国青年报，2018-05-19.

[15]郭晓明.高校信息化环境中数据质量问题探析[J].中国教育信息化，2016（15）：59-62.

政策、标准性引用文件

[1]《教育信息化2.0行动计划》(教技〔2018〕6号)

[2]《教育信息化"十三五"规划》(教技〔2016〕2号)

[3]《教育部办公厅关于建立职业院校教学工作诊断与改进制度的通知》(教职成厅〔2015〕2号)

[4]《教育信息化十年发展规划(2011—2020年)》(教技〔2012〕5号)

[5]《国家中长期教育改革和发展规划纲要(2010—2020年)》

[6]《国务院关于推进物联网有序健康发展的指导意见》(国发〔2013〕7号)

[7]《智慧校园总体框架》(GB/T 36342—2018)

第二节　重庆职业院校智慧校园平台建设与应用调研报告

一、调研目的

2010年7月,国务院发布《国家中长期教育改革和发展规划纲要(2010—2020年)》,把教育信息化纳入国家信息化发展整体战略,到2020年,要基本建成覆盖城乡各级各类学校的教育信息化体系,促进教育内容、教学手段和方法现代化。2012年3月,教育部发布《教育信息化十年发展规划(2011—2020年)》。该规划7次提出"数字校园",明确指出要大力推进中小学、职业院校和高校数字校园建设工作。2016年2月2日,教育部办公厅发布《教育部办公厅关于印发〈2016年教育信息化工作要点〉的通知》,提出推动各级各类学校数字校园建设与应用,开展利用信息技术转变教学模式、改进教学管理的数字校园/智慧校园应用。

二、调研设计

(一)调研方法

本次智慧校园平台建设与应用调研,意在掌握重庆市职业院校智慧校园平台的建设和应用的现状,为"重庆职业院校智慧校园平台建设研究"课题研究提供参考。调研主要采用网上调研和实地走访两种方式,共收集调研表27份,其中通过网上收集18份,实地走访收集9份。

(二)调研对象

重庆市国家级示范院校、市级示范院校、达标职业学校、公(民)办职业院校。

(三)调研内容

调研内容涉及学校数据中心的建设方式、无线网络建设、物联网建设及应用、学校教师计算机配置、智慧教室的建设与使用、智慧校园平台教务教学、学生管理、招生就业与实习、行政管理、OA系统、移动校园和大数据分析与呈现等,共27个调研小项。

三、调研的过程

按照《重庆市智慧校园建设基本指南(试行)》与行业智慧校园建设方案,从基础硬件与网络情况、智慧校园平台建设与应用两个方面对重庆市的职业学校进行了调研,两方面的调研体量分配如图5-10所示。

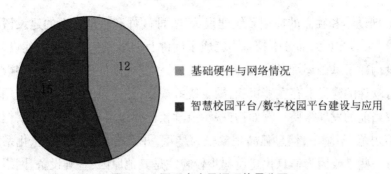

图5-10　调研内容及调研体量分配

(一)调研学校情况分析

本次调研活动共采集到27份有效数据,包括国家中等职业教育改革发展示范学校12所、重庆市级中等职业教育改革发展示范学校8所和7所其他学校。国家中等职业教育改革发展示范学校和重庆市级中等职业教育改革发展示范学校,这部分作为示范的学校在信息化建设方面起步较早,信息化意识、基础设施和学校管理的规范性在重庆职业院校中都处于领先的水平。

本次调研只采集到了1所高职院校,采集到的数据太少,分析结果可能与高等职业院校的实际情况存在差异。

(二)重庆市中职学校智慧校园平台建设现状

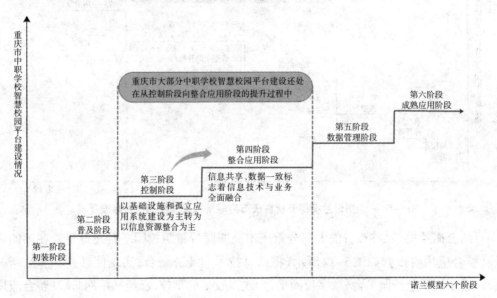

图5-11　运用诺兰模型分析重庆市中职学校智慧校园平台建设现况

综合调研数据来看,目前重庆市中职学校的智慧校园平台建设与应用处于从诺兰模型第三阶段(控制阶段)向第四阶段(整合应用阶段)的提升过程中(如图5-11),主要表现为以基础设施和独立的应用系统建设为主，即硬件和软件方面的建设情况存在着较大的差异。一方面，大部分学校基本完成了硬件及网络等基础设施的建设，为智慧校园平台建设构建了基础环境；另一方面，这些已基本建成硬件设施的绝大多数学校在智慧校园平台软件的建设上存在着短板，缺少统筹规划，已建设的独立系统应用功能又不能满足学校当前的发展需要。例如：有些示范学校已建设了不少应用系统，但由于各个系统数据不规范、不统一，信息孤岛现象较为严重，并未给学校带来信息化系统的真正价值。还有一些学校因为信息化建设起步较晚或是其他原因，基础设备、网络等还正在建设中或正处于智慧校园平台建设的规划阶段。

(三)重庆市高职院校智慧校园平台建设现状

通过课题组中高职院校成员对自己学校智慧校园平台建设现状的介绍，包括日常对同类学校的接触了解，并结合调研数据分析，我们发现大部分高职院校取得了智慧校园平台建设的阶段性成果，学校的招生迎新管理、学生学籍管理、学生德育管理、学费/经费管理、助学金管理、人事管理、档案管理、教务教学管理、网络教学管理、教育装备管理、教科研管理、总务后勤管理等方面都逐步信息化，并注意到了数据的兼容性。还有一小部分高职院校还处在使用孤立、单一的应用系统或是需要进行系统深度整合的阶段。

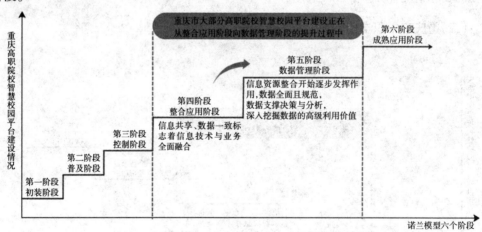

图5-12　运用诺兰模型分析重庆市高职院校智慧校园平台建设现况

结合诺兰模型分析，目前大部分重庆市高职院校智慧校园平台建设正处在第四阶段（整合应用阶段），如图5-12所示，将信息技术与业务融合，实现信息共享和数据一致。极个别智慧校园平台（数字校园平台）建设较早的学校，已经从第四阶段（整合应用阶段）向第五阶段（数据管理阶段）迈进，积累了丰富的可用数据资源，正在进一步探索数据的高级利用价值，用数据支撑学校决策与分析。

(四)重庆市职业院校智慧校园平台基础硬件与网络建设情况

从本次调研情况来看,重庆市职业院校主要还是通过自建(自行购买服务器和存储)来建设学校的数据中心,少量学校在尝试租用腾讯、阿里或者是亚马逊的IaaS云服务或者将数据中心托管在运营商机房。

传统的数据中心建设方案中,学校需要一个很大的数据中心机房,众多的UPS(不间断电源)、精密空调,以及很多信息中心的人员来维护这些硬件,每年单是电力成本和人工成本就会增加60%。另外,为了满足智慧校园平台建设的需要,服务器的数量及性能要求会提高,这也会增加相应成本。智慧校园平台建设可能会应用20个甚至更多的软件系统,这些软件来自不同的软件厂商,而各个软件需要的安装环境又不一样,不得不一台服务器只安装一个软件系统,导致每台服务器的利用率很低。这些软件系统在没有任何集群和双机热备的情况下,至少需要20台服务器,为了保证数据安全和系统持续稳定地运行,核心的系统会单独使用双机热备,高并发的系统会使用几台服务器做成集群,那么学校数据中心的服务器数量就可能是30台或者更多。

云计算是一种更为高效、灵活和经济的IT方式,支持"IT即服务",可满足越来越高的业务需求。而虚拟化可提供通往这一新模型的最实用的道路,其解决方案既利用了云计算技术的强大能力,又保证了安全性并保留了现有技术投资的价值。使用云计算和虚拟化平台以后,只需要3~4台高性能的服务器,就可以完全满足学校的需求。

表5-3是采用虚拟化平台前后的效率对比。

表5-3　采用传统方式和虚拟化平台的效率对比表

关键任务	传统方式	虚拟化平台
部署一台新的服务器	3~10天采购硬件 4小时部署硬件和系统	5~10分钟部署新服务器 (采用模板和部署向导)
硬件维护	1~3小时维护窗口 数天/数周的变更管理准备	采用自动迁移零宕机硬件升级
迁移服务器集成	数天/数周的变更管理准备	1小时左右,采用P2V方式
移动服务器优化负载	4~6小时迁移 所有维护窗口内,服务中断 数天/数周的变更管理准备	2~5分钟,无服务中断 (采用自动迁移)

重庆市自建数据中心的职业院校中,超过94%的学校采用了高可用性的云计算或虚拟化平台构建数据中心。

在学校基础办公及教学设施方面,重庆市职业院校教师基本都配备有笔记本电脑或者台式电脑;学校多媒体教室、计算机机房的电脑数量都超过了200台;超过60%的师生拥有移动智能终端,在行政办公区和教学区都有无线网络覆盖,全校覆盖无线网络的学校也超过了50%，为师生广泛使用智慧校园平台打下了基础。

在物联网应用方面，一卡通的主要功能还是满足学校食堂消费；50%的学校建设有课堂录播系统，可以实时同步录制教师上课的内容，为学校智慧校园资源库不断积累校本资源。

(五)重庆市职业院校智慧校园平台建设及应用情况

综合调研数据来看，学校在基础硬件与网络情况、智慧校园平台建设与应用，即硬件和软件方面的建设情况存在着较大的差异。

在教务教学信息化应用方面，基本建成并投入使用的有教务管理系统、课件资源管理系统、评价管理系统、教职工工作系统、实训管理系统等，如图5-13所示。

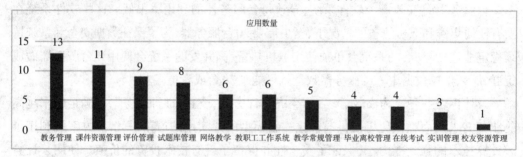

图5-13　教务教学信息化方面的应用情况

学生管理信息化应用主要集中在学籍管理、德育管理和班主任工作等方面。行政后勤管理信息化应用方面主要是人事管理、资产管理、教材管理和学费管理等。如图5-14、图5-15。有80%的学校建设了无纸化OA系统并投入了应用，30%的职业院校在招生就业与顶岗实习方面进行信息化管理。

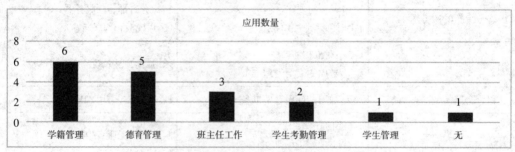

图5-14　学生管理信息化方面的应用情况

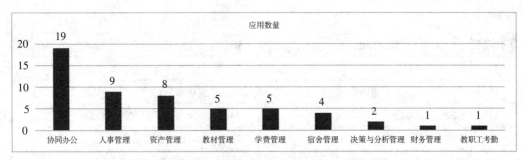

图5-15　行政后勤管理信息化方面的应用情况

虽然有接近10%的学校通过对原有平台进行整合或者是直接购买整合集成的智慧校园平台,但大部分学校实际还停留在学校管理过程的数字化,没有和相关的物联网系统进行整合,缺少专门的分析决策系统、信息化看板系统和消息系统。学校领导和相应科室的负责人不能通过手机、电脑或者是智能电视实时看到智慧校园平台中的信息,无法做到管理的及时性。图5-16是学校领导在日常管理中所需的数据来源。

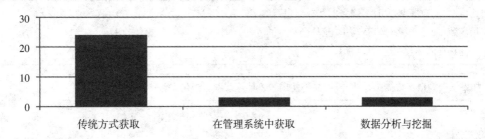

图5-16　学校领导在日常管理中所需数据的来源

四、调研结果

(一)调研单位

表5-4　调研单位列表

序号	调研单位名称	序号	调研单位名称
1	重庆市旅游学校	8	重庆市工艺美术学校
2	重庆市黔江区民族职业教育中心	9	重庆市机械高级技工学校
3	重庆市云阳职业教育中心	10	重庆市科能高级技工学校
4	重庆市万盛职业教育中心	11	重庆市荣昌区职业教育中心
5	重庆市南川隆化职业中学校	12	重庆市开州区职业教育中心
6	重庆市永川职业教育中心	13	重庆市渝中区职业教育中心
7	重庆市九龙坡职业教育中心	14	重庆市丰都县职业教育中心

续表

序号	调研单位名称	序号	调研单位名称
15	重庆市奉节职业教育中心	22	重庆市工贸高级技工学校
16	重庆市巴南区教师进修学校	23	重庆市公共交通技工学校
17	重庆市彭水职业教育中心	24	重庆市女子职业高级中学
18	四川仪表工业学校	25	重庆市万州职业教育中心
19	重庆市育才职业教育中心	26	石柱县职业教育中心
20	重庆市三峡水利电力学校	27	重庆市云阳职业教育中心
21	重庆市工业学校		

(二)调研数据①(按小题)

1.学校数据中心的建设方式:	
自建(独立的数据中心机房,服务器和存储自行购买)	18
租用厂商IaaS云服务(腾讯、阿里、亚马逊)	3
服务器和存储托管在运营商机房	1

2.如果学校为自建数据中心,服务器是否使用了云计算或者虚拟化平台:	
是	17
否	1

3.学校使用的虚拟化平台产品是:	
VMware vSphere	3
微软的Hyper-V Server	2
Citrix Xen	1
其他	5

4.学校访问互联网的带宽情况:	
20~50 MB 专线光纤	1
100 MB 专线光纤	5
大于200 MB	5

5.学校建设的物联网系统有:	
一卡通	7
电子白板	5
其他	2

①编者说明:由于部分院校相关数据缺失,因此表格中每一项调查的项目类型总和少于调查院校数量27。

6.学校一卡通的功能有:	
食堂消费	7
门禁控制	4
考勤系统	3
水电管理	2
图书借阅	1
其他	2

7.学校LED大屏幕主要用途:	
通知公告的推送	3
校园文化展示	7
智慧校园平台数据的推送	3
未建设LED	1

8.教师与学生移动智能终端(智能手机、平板电脑)的拥有情况:	
60%	3
80%	3
90%	2
95%	2
100%	1

9.教师计算机配备情况:	
行政办公人员全部配备电脑,任课教师多人共用	0
全部配有笔记本电脑或台式电脑	11

10.学校计算机机房的配备情况:	
电脑200台以上	11
3个机房	0
6个机房	0
8个机房	0

11.智慧教室建设情况:	
智慧黑板	3
课堂录播(同步录制教师上课内容)	7
电子白板	5
投影仪	8

12.无线网络覆盖情况：	
仅行政办公区域覆盖	4
仅教学区域覆盖	3
全校覆盖	10
其他	2

13.请选择本校在教务教学已投入使用的应用系统：	
教务管理系统	8
评价管理系统	7
试题资源库管理系统	6
课件资源管理系统	4
在线考试系统	3
教学常规管理系统	5
网络教学平台	6
实训管理系统	4
毕业离校管理系统	4
教职工工作系统	6
无	1

14.请选择本校在学生管理信息化方面已投入使用的应用系统：	
学籍信息管理系统	9
班主任工作管理系统	7
德育管理系统	7
德育量化考核系统	5
德育检查系统	4
学生考勤系统	5
无	1

15.请选择本校在行政后勤管理信息化方面已投入使用的应用系统：	
人事管理系统	7
宿舍管理系统	5
宿管员管理系统	3
教材管理系统	5
资产管理系统	7
学费管理系统	6
教职工考勤系统	3
决策与分析管理系统	3
无	1

16.请选择本校在OA软件方面的建设情况：	
已建并正常使用	8
正在建设中	1
未建	2

17. 本校智能图书馆的建设情况：	
(1)本校是否有学生和教师专用的图书馆：	
有学生专用图书馆	3
有教师专用图书馆	2
两者都有	4
两者都无	2
(2)学校是否通过图书管理系统进行图书的借阅、归还和续借等日常管理：	
是,已经采用图书管理系统	4
否,目前还使用手工方式	7
(3)(已购买图书管理系统学校勾选)学校的图书管理系统建设方式为：	
购买商品化图书管理系统	5
定制开发	3
无	3
(4)(已购买图书管理系统学校勾选)使用图书管理系统后,学生借书/还书,采用的方式是：	
图书管理员操作	7
无	4
(5)您认为智能图书馆建设还应该包含哪些应用？请列举：	
读者管理	7
手机App自助借书	7
新书入藏登记	7
书籍盘点管理	6
搭建数字图书馆	7
图书馆安全管理(门禁系统)	5
查询统计图书数据	7
其他	1
无	1

18.请选择本校在招生/就业/实习等信息化方面已投入使用的应用系统：	
招生迎新管理系统	7
校企合作管理系统	6
顶岗实习管理系统	7
实习指导教师系统	5
就业管理系统	8
其他	1
无	1

19.请选择本校在师资队伍建设及管理信息化方面已投入使用的应用系统：	
薪酬绩效管理	3
教科研管理系统	3
师资培训管理系统	4
人事管理系统	8
信息化看板	4
决策与分析管理系统	3
其他	3

20.以上13~19项表格中涉及的应用软件的建设方式是：	
各自独立(数据无法共享)	4
整合集成(数据共享)	5
其他	2

21.以上13~19项涉及的应用软件与哪些物联网设备进行了整合：	
一卡通	5
消费	0
未整合	3
其他	3

22.学校领导通过什么方式获取日常管理中的数据来做决策：	
传统方式获取:领导要什么数据,相关部门人员马上准备什么数据	5
在管理系统中获取:领导要什么数据,在业务系统中进行查询	3
数据分析与挖掘:根据学校的分析模型,把日常管理数据进行清洗和挖掘,从多维度呈现数据,并对数据进行钻取分析	2
其他	1

23.请选择本校在移动应用方面已投入使用的应用系统:	
移动微门户	3
移动学习平台	3
移动OA	8
课堂考勤App	2
微信平台	5
无	2

五、调研的结论

目前,重庆市职业院校智慧校园基础硬件与网络基本完善,但智慧校园的平台建设还处于起步或摸索阶段,应用不够全面,缺乏完善的信息化推动相关的保障机制和制度,部分平台功能还是孤立的,学校物联网应用(一卡通、电子班牌等)还未与智慧校园平台进行整合,还停留在数字层面而非数据层面,大数据的应用还不足以全面支撑学校的管理与决策。

课题组结合本次调研数据分析重庆市职业院校智慧校园平台建设情况,发现重庆市职业院校智慧校园平台建设存在以下几方面的问题:

(一)缺乏统筹规划,应用力度不高

学校在没有对智慧校园平台做好顶层设计的前提下就开始建设,缺什么建什么,没有统筹规划。软件应用系统建设缺乏统筹规划主要表现在:软件覆盖部门不够,像教务、招生、薪酬、绩效、财务核算、教职工培训等服务于学校管理的应用系统建设不足,部分系统相互独立,数据无法共享。学校没有形成整体的信息化应用氛围,各个系统的使用和其应用数据没有真正达到预期,对数据分析能给学校决策带来方向性参考的认识不够,学校领导对信息安全建设重视程度也不够,与学校发展规划并未同步。

(二)软硬件建设不均衡,保障措施不足

学校对信息化建设中的硬件建设和软件建设支撑力度不均衡。学校对智慧校园平台软件建设的支撑不足,已建设的软件系统仅能满足常规应用需求,未能充分发挥其应用价值。学校对已建设的应用系统保障措施做得还不够,包括运维人员投入、应用人员培训、应用基础等方面。

(三)相关制度建设和管理能力不足

学校规章制度、部门工作流程及标准、部门及岗位职责尚待完善;学校制度的科学性、系统性尚待提高;干部科学管理能力尚待提升;制度优化改进未形成常态。

六、对策建议

信息化在职业院校教育教学过程中发挥着不可替代的重要作用，要深入推进信息化与教学、管理、服务等深度整合，才能充分发挥其价值，支撑学校运营管理系统化、规范化、精细化。

职业院校要实现从数字校园到智慧校园的转变，除搭建一套相对完善的综合信息服务平台外，同时还需要进行大量的应用研究和实践，以及配套相关的制度和应用推广。现在智慧校园应用体系已逐步步入校园，教育领导者、行政人员、教师、学生对其接受度比以往有了不少提高。为了保证智慧校园平台的建设工作持续、健康、有序、有效地开展，学校应做好相应组织保障、制度保障、资金保障、管理保障、人才保障、技术保障、安全保障，以确保整个建设计划全面顺利地实施和推进。

希望通过本课题的研究，在重庆市职业院校中形成一批智慧校园平台建设的示范性学校，助推、助建、打造一批优质的重庆职业院校智慧校园平台，有效提高重庆市职业院校智慧校园平台建设的整体水平，培养一批优秀的信息化水平较高的职业院校管理团队和师资队伍，使重庆职业教育信息化发展迈上新高度。

到2020年，要全面完成《教育信息化"十三五"规划》提出的任务目标，需要职业院校从现在起加快推进职业教育现代化，加快建设智慧校园平台，把握学校教育信息化发展的重要机遇，将智慧校园平台建设纳入学校发展规划的总体框架之中，全面提升重庆市职业院校信息技术支撑和创新发展的能力。

第三节　重庆职业院校智慧校园平台建设与应用案例

一、重庆市九龙坡职业教育中心移动校园（教务管理）实施案例

（一）实施背景

重庆市九龙坡职业教育中心自示范校建设以来，一直将数字校园建设列入示范校建设特色项目，并成立了数字校园建设工作领导小组。随着"数字化"向"智慧化"转型，学校已将数字校园升级为智慧校园，在构建和完善基于物联网的智能化校园设施、智慧教室、校园一卡通智能感知系统、校园智能监控系统等硬件的基础上，建设信息化应用软件支撑平台，涵盖学校招生就业管理、教务管理、课程教学管理、学生管理、人力资源管理等方面。

（二）实施前状况

学校初步建立了小型的无线局域网络，实现局部的物理校园网络接入拓展，但尚未形成全面的基于网络信息技术的教育教学系统。如何将教职工从网线的羁绊中解放出来，实现信息化技术与教学、管理的有效结合，实现管理手段与教学应用的新飞跃，是亟待解决的问题。

（三）实施内容

重庆市九龙坡职业教育中心在充分考虑学校现实需求及智慧校园基础后，在2016年底全线升级学校智慧校园信息化支撑平台，搭建了一个适应当前移动互联网发展，满足管理层移动办公、师生移动学习、师生获取信息及综合服务需求的智慧校园平台。

目前，智慧校园平台在移动端的应用已覆盖学校的日常办公管理、教学常规管理、评教管理、成绩管理、各项通知查看等方面，尤其在教务管理方面应用最为广泛，助力教务管理工作更便捷、更轻松，实现教务管理精细化。主要包括以下几个方面：

1.听课记录

为进一步促进学校课堂教学管理水平和教育教学质量的提高，帮助各级领导干部掌握教学动态，了解教师教学及学生学习情况，及时发现和解决教育教学中存在的问题，同时促进教师相互交流与学习，实现自我超越和自身业务水平提升，学校往往会安排教研组及教师进行听课。学校在引进智慧校园平台之前的听课管理方式过于粗放。对教师来说，听课工作繁复冗杂，教师需用纸笔记录听课内容，再用电脑录入系统进行登记，无法随堂记录听课情况，使听课效率低下，上课教师更无法及时收到评课反馈。

在智慧校园平台手机 App 中进入听课应用,直接在手机上录入听课结果(含听课类型、学生应到/实到人数、是否按计划上课、实际讲解内容、评分、建议/意见等听课信息),使听课工作更高效。

图5-17　手机端听课应用中的听课信息浏览及听课记录

2.巡课管理

巡课已成为学校教学管理和教学督导中一项重要内容,是使教学管理工作走向精细化、科学化的一个标志。智慧校园平台的手机 App 能实现最佳的巡课效率。巡课可直接运用手机、平板电脑等移动设备记录巡课数据,让管理者及时掌握课堂教学情况,了解学生的学习情况、教师的教学情况,真正实现课堂教学质量的全程监控。

图5-18　手机端教师巡课选择及巡课记录

3. 选课

学校采用智慧校园平台选课后,可在线指定选课任务、设置选课时间与选课范围。学生在选课日期内按照学校设置的选课范围和要求条件,可通过笔记本电脑、平板电脑、手机 App 3 种方式进行选课,不再局限于时间、地点,管理员只需审核选课即可查询选课结果或者设置自动审核通过,统计未选课名单,及时提醒学生选课,有效避免漏选、错选、多选,提高工作效率,降低管理成本。

图 5-19　学生在手机端选课

4. 课表查看

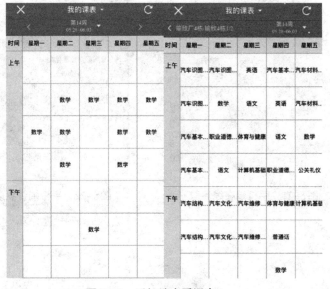

图 5-20　手机端查看课表

课表在教学工作中扮演着非常重要的角色。将"我的课表"直接导入手机，从此向纸质课表说再见。智慧校园平台手机 App 可根据当前登录人员的身份和角色展示相应的课表：学生可以查看自己的课表；任课教师可以查看自己授课的课表和教室课表；班主任可以查询班级课表、学生课表、教室课表，实现随时随地查看课表。

5.在线评教

教师评价是教育管理的重要方面，也是促进教育发展和教师发展的重要手段。随着移动终端的普及，运用移动终端来支持和改进教学评价也越来越普遍。学校引进的智慧校园平台支持师生在任意时间、任何场合运用笔记本电脑、平板电脑、手机等移动终端设备进行在线评教，很好地打破了设备和场地的限制，使评教工作高效开展。

6.成绩查看

成绩汇总分析工作结束时，学生和大部分教师往往已经离校了，如何通知他们呢？QQ留言、发邮件或邮寄？这些方式多有不便，要么给管理人员带来很大的工作量，要么师生查询不方便。智慧校园平台手机 App 支持师生手机端查看成绩，班主任可查看行政班的每个学生各科的成绩情况，任课教师可查看教学班的每个学生当前的成绩情况，学生可查看自己的成绩。再也不用受时间、地点、空间的限制，随时随地都能查询成绩。

图 5-21　手机端在线评教

图 5-22　手机端查看成绩

7.通知查看

传统的通知公告发布是在学校的公告栏处张贴纸质文件,师生有时没有去看公告栏,导致重要消息无法及时送达。智慧校园平台可有效解决此问题。平台发布信息,可拉近学校与教职工、学校与学生、教师与学生之间的距离。平台可自定义选择消息发送形式,包括手机短信、智慧校园平台手机App、系统消息、电子邮件、微信消息等。如在教务管理方面,教师运用消息通知应用可查看调课信息、课表变更消息,设置按时听课、按时巡课、录入成绩等提醒,可在移动端在线查看,实现实时了解与自己相关的信息。

图5-23　手机端查看消息

(四)实施后效

基于移动终端的智慧校园平台是对学校管理、教学活动、学习体验智能化的立体实现,是利用移动终端设备服务于教师和学生,满足其多样化的实际需求。移动智慧校园平台应用,能够为师生提供通知推送、待办提醒、课表查询、成绩查询和一卡通消息查询等多种信息服务。学生根据学校的教学内容规划,可以自由完成学习任务。教师可以在移动智慧校园平台的课件资源管理系统中,搜寻想要的课件资源来完成备课。学校管理者也可以根据移动智慧校园平台提供的信息看板、数据分析,为管理决策提供强有力的数据支撑,服务于学校的精细化管理。

(五)讨论与建议

移动智慧校园平台建设是长期的、持续的,也会面临一些挑战。相信随着互联网、物联网、云计算技术的不断成熟,移动智慧校园平台建设也将日趋完善,智能化的校园平台也将更完善地呈现在人们面前。

二、重庆市工业学校无纸化考试新模式实施案例

(一)实施背景

自开展示范校建设项目以来,重庆市工业学校将智慧校园平台建设纳入重点建设项目,经过几年的实施与应用,目前已初具规模。校园网络基本普及,信息化应用已逐步深入教学、管理、服务等各个领域,日益成为师生获取信息、丰富知识、学习交流的重要渠道。学校的智慧校园平台涵盖招生就业、教务管理、课程教学、学生管理、人力资源

管理、财务精细核算、信息化办公等各个方面。其中，在线考试在重庆市工业学校应用最为广泛。随着现代教育学理论的不断发展，考试实施过程多样化需求日益增长，对考试试题组织的科学性、客观性也提出了更高的要求。如何高效地组织考试，降低考试成本，更为真实有效地反映学生学习效果已成为学校亟待解决的重要问题。同时随着"互联网+"时代的来临，无纸化考试已成为必然趋势。

(二)实施前状况

传统考试组织周期比较长，从出题、制卷、发题、保卷、考试、评卷、录分、公布成绩等环节来看，每一个流程都比较复杂，而且任何一个环节保密工作出现问题，后果将不堪设想。对监考教师要求也比较高，其工作难度及强度也很大，在正确操作的基础上，还要应对和处理各种各样的考试作弊行为。

(三)实施内容

无纸化考试克服了传统考试组织周期长、工作安排强度大、作弊概率较高的缺点，大大缩短了排考周期，不但节约了成本，也使安全性得到了提高，实现了公平公正。

1.快速建立试题库的法门

题库建设是一项复杂的工程。构建完善的试题库就是将一定数量的试题依据课程标准和教材进行分类，赋予章节信息、分值、难易程度等试题属性后，利用试题库管理系统进行集中管理使用。传统的试题多以文档形式存在。重新组装新试卷时，要筛选优质试题、保障试题难易程度与题量合适、避免题型单一等，其工作的繁杂程度可想而知。

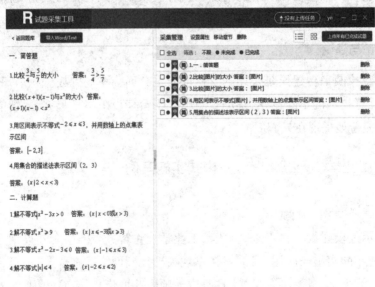

图5-24　试题采集

　　智慧校园平台自带 Reloaded 试题采集工具,轻松解决如上难题,智能化识别Word或 Text 文档中的所有试题,批量设置试题相关属性,帮助教师快速完成试题的录入与采集工作,提高工作效率,逐步完善学校试题库建设。

　　除可批量采集试题外,平台还支持在线录入、编辑试题,与 Word 应用编辑工具相通,可快速录入试题。

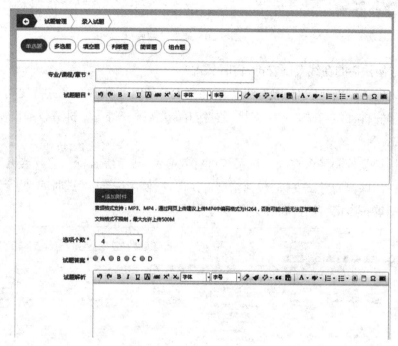

图5-25　平台在线录题

2.灵活多样的组卷方式,助力智能环保

　　题库建设到一定数量后,教师可按照章节范围、题型、分值、难易程度等条件设置出题的比重,精确智能生成试卷。组卷方式有统一试卷和随机组卷,也可导出生成模板格式的 Word 试卷,再编辑优化后保存在本地,方便浏览和打印输出。教师可选择组装多套试卷,在安排考试时再选择使用哪套试卷。利用信息化手段可有效防止因题目泄露造成的纸张浪费。

3.完善的试卷审核机制,保障优质题库的建立

　　组卷完成后,应由教研室主任或教务主任进行试卷审核,需审核试卷题量是否合适;试卷和答案是否正确,是否符合考试大纲和学生实际学习情况,是否全面反映教学内容,是否有利于提高学生运用所学知识解决问题的能力;各试卷的重复率是否在学校规定范围之内。传统的试卷审核方式欠缺完善的机制,试卷审核流程复杂,运用智慧校园平台试题库管理系统可轻松解决上述难题,保障优质题库的建立。

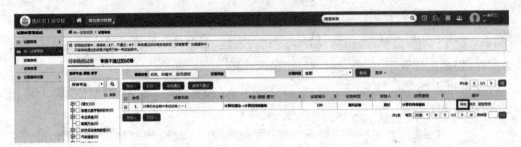

图5-26　建立试题库

4.方便快捷的在线考试安排，省时又省力

传统的考试安排，学校教务处需要耗费大量的时间和人力来进行规划、安排，包括考试课程安排、试卷安排、考生安排、监考与阅卷教师安排等。排考教师极易出现"排考综合征"。

运用智慧校园平台在线考试系统可有效避免"排考综合征"，轻松点几下鼠标就可以完成一门课程的考试安排，包括指定考试课程、使用试卷、考试时间、监考教师、考生、阅卷教师等，省时又省力，高效又快捷。

图5-27　在线考试安排

5.省时便捷的一键阅卷功能和高效准确的考试情况分析

传统的人工阅卷，大部分教师均承担较大的阅卷任务。由于阅卷时间紧、任务重，阅卷教师难免会产生阅卷疲劳，导致阅卷质量难以控制，不能确保评分的公平和公正。因此，传统的人工阅卷往往容易引起较大的阅卷误差。阅卷结束后，还要对试卷进行分析、分数统计、成绩上传等，其过程还是多由手工操作来完成，也会带来不同程度的误差，严重影响了阅卷的效率和准确性。同时，试卷分析多以教学班为单位，具有一定的片面性，很难为提高命题质量和改进教学提供依据。

智慧校园平台支持阅卷教师客观题一键阅卷、主观题辅助阅卷，有效减少教师的工作量,解决了传统阅卷中存在的过程烦、效率偏低、标准不统一、统计有误差等一系列难题,可最大限度地减少阅卷误差,更能体现公平公正阅卷的原则。

图5-28　智慧校园平台阅卷

　　智慧校园平台为学校教学诊断改进提供强有力的科学依据,管理员可通过行政班统计和考试计划统计查询、分析学生的参考情况,并从考试安排及试卷两个维度查询和分析试题的正确率、试卷的正确率。通过各种统计分析,教师可对该课程教学情况进行总结分析,有针对性地改进教学方法,提高教育教学质量。

图5-29　智慧校园平台试卷正确率分析

(四)实施后效

目前,学校依托智慧校园平台的在线考试系统,构建科学的评价体系,全面提升教师的教学质量。学校为了自身教学管理发展的需要,开启无纸化考试新模式,实现了试题录入→试题管理→组卷→考试安排→阅卷→正确率统计分析过程的一站式在线管理,有效确保了考试的客观性、公正性、实时性,提升了教师的办公效率,为"互联网+"时代的考试改革奠定了良好的基础。当然,学校智慧校园平台的运用,远不止在线考试系统,在教务管理、课程教学、无纸化办公等方面均有良好的信息化运用支撑,实现了信息技术与教育全过程的深度融合,提升了学校教育教学整体质量。

(五)讨论与建议

2016年12月,国务院颁布了《"十三五"国家信息化规划》,提出"十三五"时期是信息通信技术变革实现新突破的发轫阶段,是数字红利充分释放的扩展阶段。在"互联网+"背景下,信息技术对教书育人方式、办学模式、管理体制、保障机制均产生了直接而深远的影响。

职业院校在现代社会人才培养体系中的重要地位显而易见。"互联网+"背景下的职业院校面临的已经不是要不要教育信息化的问题,而是如何利用信息化技术手段改造学习方式,培养出更多创造性人才的问题。面对大数据、云计算、物联网、人工智能等新技术,如何培养学生将技术与创造性思维完美融合,并将创造性成果造福社会,是职业院校在今后一段时间里的重要任务。

三、重庆市黔江区民族职业教育中心信息化管理应用案例

(一)实施背景

重庆市黔江区民族职业教育中心是黔江区人民政府主办的一所国家中等职业教育改革发展示范学校。在加强学生专业理论和技术技能培养的同时,学校更加注重德育工作、优秀传统文化教育。学校将德育的实施细则落实到每个学期,细化到每月、具体到每周的活动中,针对不同年级学生的身心特点,实施不同的德育内容,同时依托智慧校园平台将学生的表现记录到成长档案中。平台提供学生基本情况管理、操行考核、德育考核、班主任工作管理、打印期末通知书等功能,实现班主任与学生管理部门协同管理和信息共享,减轻班主任的工作量,实现对学生的无纸化管理,有效提升管理学生的效率和学生的素养,在实际工作中取得了一定成效。

(二)实施前状况

德育是职业院校实施素质教育的重要组成部分,对青少年学生健康成长和学校工作起着导向、动力和保证的作用,但是学生德育管理涉及工作繁多,传统的管理模式产

生了许多问题。怎样激励全校教职工积极参与德育工作,如何快速记录、统计、共享德育检查结果是所有学校必须要解决的问题。

(三)实施内容

1.做好班级班风建设,构建和谐学习环境

重庆市黔江区民族职业教育中心通过推行班级品行量化评价,规范学生的日常行为习惯。首先,班主任是班级德育教育的主要规划、落实、评价人,是品德量化的直接责任人,负责班级学生的日常考核工作。其次,学生科负责全校考核工作,做到量化结果每日公示、每周总结、每月上报、学期评比,对表现突出的学生予以表彰奖励。

智慧校园平台有效支撑以班级为单位的德育管理工作。系统自动汇总统计报表,方便不同用户查看需要的数据。学生科、系、班级及时维护、更新、发布学生管理系统数据,并通过门户网站、电子显示屏、手机等渠道将考核的结果予以公示,便于班主任及时发现问题并督促学生改正问题,从而做好班纪、班风的建设。德育管理系统的充分利用大大提高了学生综合素质评价的效率和质量。

2.德育操行分查询与统计准确高效

德育管理系统为德育量化提供了详细的统计思路,有效管理和监控学生整体的综合素质评价状况。系统可自动统计出每个班级、学生的德育操行分情况,可按日、周、月、学期自动生成多种实用报表,方便教师查看。班主任可以查看本班学生违纪信息,做好学生教育工作;系部可以查看本系部学生信息,重点关注问题学生;学生管理处可以查看全校学生违纪情况,根据不同情况开展针对性工作。信息化的统计手段既能保证考核数据的准确性,又大大节约了数据统计的时间,能够高效、及时取得想要的数据。学校教师可根据数据改进学生管理工作。

图5-30　数字化校园平台操作分查询与统计

3.扎实开展各项主题特色活动

为进一步丰富校园文化，提升学生综合素质，在日常德育教育中，重庆市黔江区民族职业教育中心组织开展主题班会和形式多样的主题活动。如开展了"文明之星"杯校园礼仪展示大赛、文明礼貌暨法制宣传演讲赛、祭祀革命先烈、消防知识讲座、疾病防治知识专题讲座、爱国主义主题教育等活动，组织学生参加关爱留守儿童等公益活动和志愿服务。学校再将这些德育活动成绩记录到智慧校园平台学生管理系统中，使之成为德育操行考核标准之一，实现良性竞争，促使学生积极参加德育活动，实现德智体美劳全面发展。

4.积极举办丰富多彩的校园文化活动

重庆市黔江区民族职业教育中心一直以来深入推进民族文化繁荣发展，致力于挖掘、研究和传承弘扬民族文化艺术，努力打造民族特色教育品牌。学校成立了培养人文素养的舞蹈、合唱、器乐、书画、文学、礼仪等兴趣社团，每月开展两次校园大舞台活动，集中优秀节目在全校师生面前展示，为学生提供展示才华的机会和舞台，提高学生的审美情趣和艺术素养，营造了良好的校园文化活动氛围。学校使用智慧校园平台通知公告栏，将社团活动的信息传达给全校的教职工和学生，教职工和学生可以通过平台通知了解最新的社团活动信息。蓬勃发展的社团丰富了学生的校园生活，促进了学生特长素养的发展，为学生的各项潜能培养提供了丰厚的沃土。

5.加强教师信息化素养，促进德育工作开展

在信息化时代大背景下，教师必须学会运用信息化手段，提高德育效能。在备课阶段，教师可以利用互联网强大的教学资源精选各种教学素材，以此来丰富德育教学内容，实现教学资源的优化与整合。同时教师可以积极开发校本课程，使德育教学更加符合本校学生的实际情况，更有针对性；学生还可课后继续学习，从而让德育的"教"与"学"变得更加轻松、简单、有趣。此外，为提高广大教师将信息技术应用于教学的能力，学校邀请依能科技高级工程师对教师开展智慧校园平台使用操作培训，将技术与教学相结合，提升学校教师信息化素养，促进德育工作开展。

(四)实施后效

重庆市黔江区民族职业教育中心在德育过程中，运用信息技术丰富了德育的方法与途径，充分调动起了学生接受品德教育的积极性。智慧校园平台在德育管理方面的成功应用，给德育的手段、方式、效果带来全新的变化和有益的拓展，不断推动学校德育工作的开展。如今，德育工作已渗透到重庆市黔江区民族职业教育中心各科教学和各项管理活动之中，学校有效践行了"文明规范+团结协作+敬业忠诚+一技之长"的人才培养模式。

(五)讨论与建议

信息化校园对各职业院校来说是一个长期、复杂的工作,对学校的未来发展具有深远的影响。目前,学校的智慧校园平台在不断完善,也充分体现出学校办学特色:将科学的管理思想逐步渗透到信息化管理手段中,使之成为学校人才培养建设体系的途径之一,最终实现促进学校教学改革、提高教学质量的目标。

四、重庆市三峡水利电力学校期末通知书信息化实施案例

(一)实施背景

重庆市三峡水利电力学校始建于1978年,是一所公办全日制国家级重点中专学校。在校学生7 000余人,其中专任教师271人,高级讲师78人,工程师69人,双师型教师65人。学校先后被评为重庆市文明单位、重庆市大中专毕业就业工作先进集体、重庆市职教工作先进单位。学校坚持开放办学,是中澳职教合作项目伙伴学校。

(二)实施前状况

学校信息化建设一直以来都备受关注。随着新一代信息技术的迅速发展,构建智慧校园,实现无纸化、数字化和随时随地的信息传递已成为校园信息化发展的必然趋势。

期末通知书通常包含学生成绩、德育表现、班主任评语、学校评价等,不仅展示着学生的学习成绩、德育表现,也承载着学校的文化气息和对学生的美好期盼。所以,一份完整的期末通知书通常需要汇总很多信息,若完全由人工完成不仅需耗费大量时间填写,各类信息的查找也是一件耗费精力的事情,这也使得班主任一到期末就忙得焦头烂额。如何将这些复杂的事情简单化是需要解决的问题。

(三)实施内容

1.成绩、评语、德育表现自动同步到期末通知书

学校依托智慧校园德育管理系统中自定义选择显示内容和排列方式,形成通知书模板,统一设置全校性通知注意事项,班主任填写班级评语,系统自动获取学生本学期的学科成绩、操行成绩、评语等内容。班主任可一键查询学生的期末通知书详情并批量打印,学生的历史信息也有据可循,让管理更加智能化、信息化。

图5-31　智慧校园平台通知书模板管理界面

2.期末通知书打破传统模式,向信息自动化发展

通常获得期末通知书的主要渠道是学校校园网、教师传达等。然而以上途径在便捷性、时效性、互动性上无法得到有效保障。随着智慧校园平台在学校的广泛应用,期末通知书的功能得到很好的发挥。学生的评语由手写转变为电子档,不仅省去手写评语的烦恼,也能很好地存档。期末通知书能够全面展示学生的在校情况,让学生及家长更及时、更全面地了解学生,加强了学校、家长和学生三方的沟通。

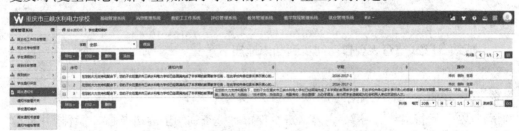

图5-32　智慧校园平台学校通知

3.期末通知消息实时同步,多种方式随时查看

陈同学:期末通知书出来了,看到没?

罗同学:我只在手机App上看到我的期末成绩了,没有看到通知书呢。

陈同学:你登录手机App看最新的通知消息。学校已经发送了通知,我们可以登录电脑查看自己的期末通知书了,可以去班主任那里领取通知书,也可以自己打印出来,最重要的是还要给爸妈签字呢。

期末通知、消息、公告都可以通过智慧校园平台的消息管理系统及时发布。学生、教师可以在台式电脑、平板电脑、手机App上同步接收消息,信息可以实时传达。

图5-33　智慧校园平台——通知书消息发布

图5-34　智慧校园平台——手机端接收消息

除了期末通知书,学校日常管理工作中还会涉及许许多多的通知、公告等消息,如学校的调课代课、成绩录入、成绩发布、作业催交、材料缴交、学籍异动、OA流程办理等事项。这些都是重要且烦琐的工作,有的需要事先通知,有的需要反馈办理结果。仅仅依靠管理员或班主任人工通知费时费力,依靠微信、QQ通知容易出现遗漏人员较多、发布对象错误等情况;信息发布后,不能反馈哪些人员已查收,哪些人员未查看,教师们总是抱怨做了无用功,降低了工作效率。

智慧校园平台消息管理系统可将各类消息通过多种渠道发布,如邮件、Messenger、手机短信、微信等。学校可自行选择消息推送方式,告别传统通知方式。此外,消息管理系统可按组织或角色推送通知公告、待办提醒、系统消息、短信等信息,管理员可以查看哪些人没有看到消息，方便信息及时通知到位。

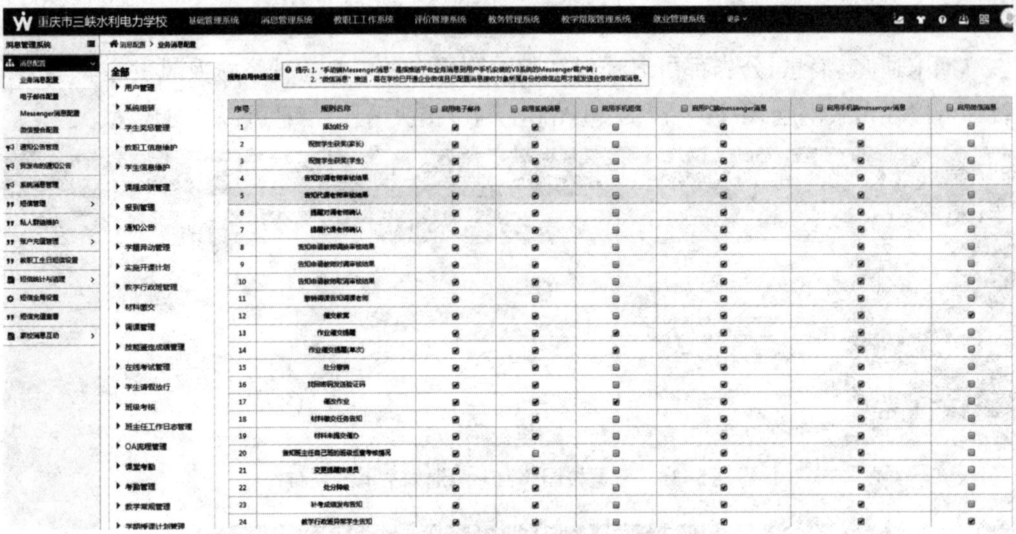

图5-35 智慧校园平台——消息配置

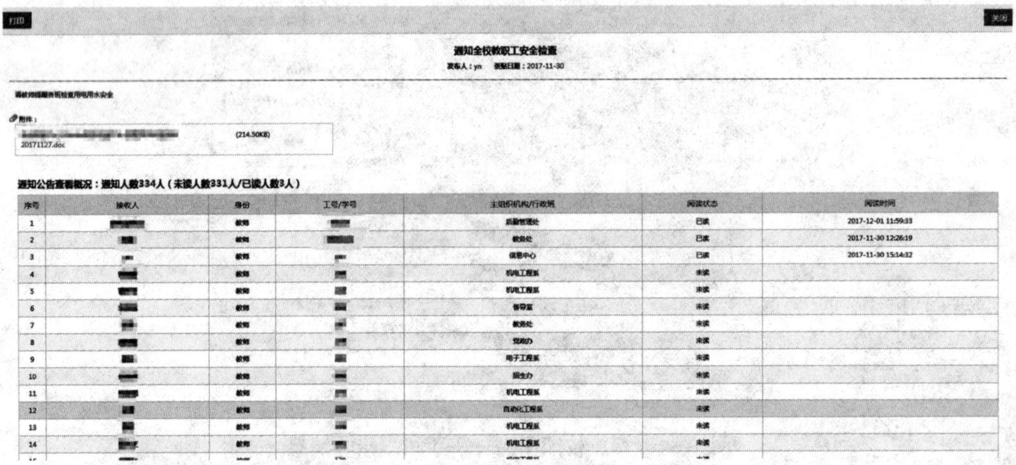

图5-36 智慧校园平台——通知公告概况

教职工及学生可通过电脑、手机等多种渠道查看信息，随时随地，高效更轻松，有效节省沟通双方的时间与经济成本。

(四)实施后效果

智慧校园平台的个性化应用，帮助学校实现无纸化、智能化和随时随地的信息传递，为学校管理注入生机与活力，提升了学校管理工作的效率与水平。

(五)讨论与建议

学生、家长可通过电子期末通知书查询学生学期内在校的总评情况，再也不用受时间、地点、空间的限制。另外,平时成绩、期中成绩、在校考勤、遵规守纪等情况也可通过智慧校园平台或其手机App客户端查询,让家长实时了解学生在校学习与生活状况;智慧校园平台的消息推送功能,使相关信息能及时通知到学生、班主任及家长,扁平化的沟通方式更能拉近沟通距离。

多种信息传递渠道为校园文化建设注入新鲜、时尚元素,加强信息传递时效性,为学生、家长和教师提供更加便捷的服务。

五、重庆市科能高级技工学校智慧校园平台应用案例

(一)实施背景

信息化是当今世界发展的大趋势,是推动教育教学变革的重要力量。加快推进职业院校信息化建设,提高职业院校管理水平,已成为当前教育教学建设中重要而迫切的核心任务之一。

重庆市科能高级技工学校为提升新时代核心竞争力,依托智慧校园平台,汇集先进的教学管理理念,摒弃传统人工管理方式,不断提高学校管理系统化、精细化和信息化水平。

(二)实施前状况

由于没有一整套健全的信息平台和相应的管理制度做支撑,学校无论是在内部管理还是外部协作上都存在着一些漏洞和不足,主要表现在以下几个方面:

1.数据失真、滞后、重复录入、不一致

各部门对相同的数据需要各自录入,对数据的计算、统计也各自独立进行,这就导致相同的业务数据在不同的部门会有很多的不一致,使得管理决策部门无法判断,很容易引发教学事故,给学校的教育教学管理带来困难,同时也增加了管理决策工作的难度。

2.信息管理手段滞后,业务操作不规范

学校大多数业务还沿用传统的管理模式,如纸质流程、线下审批等。没有一套有效的信息化管理的手段和机制,无法全面、统一地制订相关的业务规则和操作规范。业务工作发生后,无法溯源与分析问题背后的原因,这就给统一管理造成了很大的障碍。

3.教学信息资源利用率低

如今随时随地学习、碎片化学习、移动学习都能很好地给全校师生带来新的知识获取方式,大大提升学习效率。要实现这一目的,主要通过利用信息网络、移动终端这些成熟的技术手段。然而学校许多优秀的教学资源,包括购买的校外数字化资源,以及教师整理的教学资料、课件等无法高效共享给全校师生重复利用。

4.信息孤岛

现有的应用系统面向部门、局部开发，没有共享的应用架构和共享的技术架构，形成信息孤岛。各个业务部门之间的各类信息无法即时传递、实现共享，导致管理脱节，各业务部门相互推诿，对教育教学起到了阻碍作用，影响学校招生、就业等的核心竞争力。

学校内部存在的这些问题是管理手段落后的必然结果，要从根本上解决这些问题需要转变管理理念，转变教学模式，不断进行管理创新。建立现代化的管理和教学手段及工具，从而进行先进的信息技术基础上的全面信息化建设，将为学校的科学管理提供强大的环境支持。

(三)实施内容

1.学籍管理共享化

在学籍管理方面，重庆市科能高级技工学校也曾经遇到过这些问题：学生学籍信息在各个环节更新时间不一致，导致后续使用部门无法知晓学生当前的学籍信息；学校向上级汇报学生学籍数据时，需要同时维护国家学籍管理系统、省学籍管理系统，多处维护工作量巨大；教学安排使用的班级划分标准与学籍管理的班级划分标准不一致，导致后续教学工作无法开展。

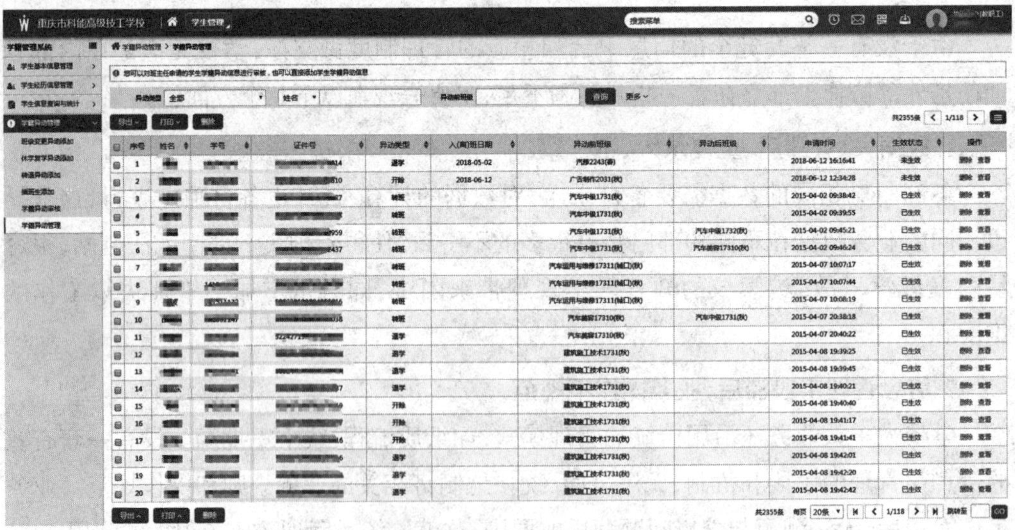

图5-37　学生学籍异动管理

智慧校园平台学籍管理系统提供了便捷的管理功能，班主任、学籍管理员可以对学生的信息进行维护。学生信息与其他系统同步，极大降低了教师的工作强度，提高了效率。得到学生信息授权的各个部门均可以调用、查询学生信息，并与学生的其他记录建立信息链接共享，保证学籍信息的一致性，打破信息孤岛。有了学籍管理系统的支撑，杜绝了学籍异动审核形式化的问题,保证了各业务部门使用的学籍记录与学生实际学籍状态一致。

2.排课管理智能化

传统的排课方式基本采用Excel工具进行线下手工排课。当教师、课程、班级较少时,手工排课可以勉强应付。但当学校发展到一定规模时,手工排课往往会发生一些无法避免的异常情况,例如:上课教师排课重复、实训教室重复、课程重复等,导致学校课表无法快速发布。

为了将教师和教室的资源利用率最大化,降低排课难度,提升排课效率,学校依托智慧校园平台,智能化安排各个班级上课的教师、课程、教室、时间等,提高排课效率。除可自动排课之外,智慧校园平台同时支持教师手动排课,以满足教师实际工作中各种需求。课表自动同步后数据实时共享,学生、教师可以通过电脑或手机端查看课表,无须将课表一一打印出来,大大减轻了教师排课的工作量,摆脱了传统排课的烦琐,提升了排课的准确率,可避免教学事故的发生。

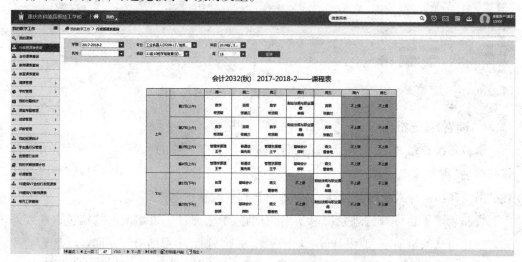

图5-38 通过智慧校园平台进行排课

3.成绩管理自动化

传统的成绩管理通常使用Excel表格来实现。教师需要根据班级名单制作成绩单,录入成绩后再提交给教务处存档,当错误录入学生成绩时,修改流程复杂。期末手工整理汇总各班成绩总表、单科成绩排名表、不及格学生名单等,工作量巨大,统计结果经常出错。

通过智慧校园平台的成绩管理系统可有效解决这些问题。任课教师通过系统在线录入成绩,当发现学生成绩录入错误时,教师可以在线申请修改,也可联系成绩管理员解锁修改课程成绩,还可以由管理员教师直接在线修改成绩,大大减少了修改成绩的烦琐过程。

　　系统可自动计算各科平均分、各个学生的总分,还能按照多种条件,对不同学校、年级、班级的学生分数进行统计、对比分析。学生成绩正式发布后,教师和学生均可通过电脑或手机端查询成绩,实现成绩管理自动化,降低管理成本,提高管理效率。

图5-39　通过智慧校园平台进行成绩查询

4.评教管理无纸化

　　学校传统评教,需要打印大量的问卷,还需要找到对应的参评人,工作量巨大。评教完毕后,需要搜集问卷,并对评教结果进行登记,计算得分。从安排评教到最终把评教结果反馈给被评人及相关领导,整个评价过程耗时至少2周,周期长。

　　智慧校园平台评教管理系统以学生为核心,学生通过手机端或电脑端进行在线评教。学生可从教学质量、课程开设、学生选课、实验实训、学习结果、教师教学/态度/业务能力等方面进行评价。通过专家评价、学生评价、教师自评、教师互评等多维度评教,对教师做出客观、公正的评价,提升教学质量和强化教师责任心。被评人和领导可在线查看评教结果和建议,为以后的教学提供改进依据,提升教学质量。

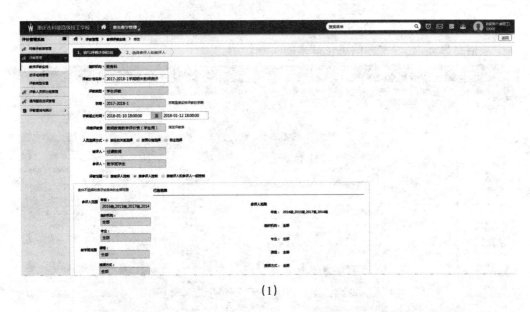

(1)

图图图在"2017-2018-1学期期末教师测评"的详细结果

序号	项目	问卷题目	最后平均分	意见/建议
1	教书育人	教学责任心强，以身作则，为人师表。	5	查看
		引导学生端正学习态度，指导学生采用有效的学习方法，提高学生的团队协作、自主学习能力。	4.94	查看
		注重学生的积极、乐观、健康向上的价值观和人生观的培养。	4.94	查看
		注重学生安全意识和环保意识的培养。	4.94	查看
2	教学基本能力	仪表端庄，精神饱满，教态自然。	4.94	查看
		重视师生互动，注意师生的交流，语言表达清楚。	5	查看
		教学目标具体、明确，注重学生综合素质（职业能力和职业素养）的培养。	4.94	查看
3	教学内容	教学目标明确，正确（严恪）执行教学大纲和课程标准要求，教学内容注重理论联系实际，深度…	5	查看
		知识的学习和应用根据任务需求做到"必须、够用、兼顾发展"观点讲解系统性强，重点突出，…	4.88	查看
		能及时更新和提高自己的知识与技术能力，恰当及时地应用前沿的知识和先进的技术与工艺。	5	查看
4	教学方法	教法选择合理灵活，讲、学、做紧密结合，循引导、启发学生积极思维和学习行动。	4.94	查看
		合理运用现代化教学工具和教学手段。	5	查看
		教学中能根据实际情况做到整体推进、个性发展，因材施教。注重学生的学习能力的培养和职业…	4.88	查看
		教学中能根据教学内容合理联系社会实际情况	4.94	查看
		在教学过程中是否注重学生对知识的接收情况	4.94	查看
5	教学管理	遵守学校规章制度，按时上下课，不做与教学无关任何事情（如上课不接打电话等）。	4.94	查看
		课堂教学组织严密，教学管理紧有序。	4.88	查看
6	教学效果	能有效组织学生对课堂教学的知识与技能学习效能进行客观公正的评价。	4.94	查看
		能够完成教学任务，学生能够接受并掌握课程内容。	4.94	查看
		学生能初步运用课程内容解决本学科或相关学科中的具体问题。	4.94	查看

(2)

图5-40　学生评教结果

5.协同办公线上化

随着信息化建设的日益深入，部门之间的信息沟通与协同工作越来越重要。传统的办公模式已经极大束缚了教师的创造力和想象力，埋没了教师的智慧和潜能。学校以前通知发送、文件审批、请假请示、公文流转等都依附于人工处理，需耗费教师大量的时间和精力去手工处理这些繁杂的工作。学校各部门沟通不畅，信息不能及时共通共享，导致很多部门都在做同一件事情。使用智慧校园平台的OA系统开展协同办公后，学校将台式电脑、平板电脑、手机App多种办公方式相结合，实现了信息及时共通共享，减少了信息孤岛，充分发挥信息化带来的实际作用。

图5-41　流程管理

(四)实施后效果

重庆市科能高级技工学校依托智慧校园平台，将信息技术实际运用到教务教学管理过程中，实现学籍管理共享化、排课管理智能化、成绩管理自动化、评教管理无纸化、协同办公线上化等高效管理，全面支撑学校各项管理、业务及文化建设，帮助学校提升管理及教学的水平与效率。

(五)讨论与建议

构建智慧校园可以满足教学、实训、诊断改进、管理、科研、生活及相关服务的要求，给学生营造开放和协同作业环境，给学校各类人员提供个性化服务，促进学校教学、实训、诊断改进、科研及管理的智慧化发展，对学校的长期建设和发展具有很大作用，实现学校一体化经营，创造新型的智能化发展环境。

六、重庆工业职业技术学院智慧校园建设案例

(一)实施背景

职业院校的信息化建设经过十多年的发展，大致经历了基础设施建设阶段、应用系统建设阶段和信息数据整合阶段。尤其在"十二五"期间，很多学校已经在这批信息化

建设浪潮中,取得了阶段性的胜利。随着国家对教育信息化建设的不断投入,未来教育信息化的建设工作还将不断地被往前推进。正是在这样一个背景下,职业院校开始思考未来的信息化建设将会朝着什么方向发展。作为学院本身来讲,未来的建设重点又将会在哪里?是否存在具有创新性的建设思路与建设模式?

目前绝大部分职业院校信息化建设仍处于数字校园建设阶段,简单地说即依托完善的校园网络基础平台,通过信息系统、信息资源的建设和应用,不断提高学校在管理、教学、科研和社会服务方面的各项工作的效率,优化工作流程和工作模式。

飞速发展的信息技术已经成为推动职业教育发展和变革的一个重要引擎,成为提升职业院校核心竞争力的一个重要契机。教育信息化已经成为影响职业院校人才培养质量的关键因素之一。

未来,职业院校信息化整体将朝着精细化、个性化的方向发展,越来越多的学校将围绕"人本"的理念,制订和实施具体的信息化发展策略。

(二)实施前状况

近年来,学院的信息化建设在各单位的大力支持下已形成了良好的网络基础环境,积累了大量的数字资源以及丰富的自动化业务处理工具和系统。

1.信息化基础设施建设基本完备

学校信息化建设多年以来投入了大量资金,各类基础设施建设基本到位,在标准性、开放性、兼容性、可扩充性上可以满足下一阶段智慧校园整体建设的要求。

2.网络基础服务内容丰富

目前学校已经具备了一些基础网络服务和部门级应用,如 WWW、DNS 解析、地址映射、DHCP、FTP 服务等。

3.业务系统建设与应用相对落后

经过前一轮的信息化建设,学院在信息化建设中取得了一定的成绩和成果。主要业务部门分别完成了核心业务的管理系统建设。部分部门也根据自身需要不同程度地进行了系统或平台的建设。每个业务管理系统需求的提出,都是基于每个校内业务部门提出的需求。各个系统之间,数据共融共享性较弱,不能够对各个业务系统统一发出操作指令,并获得来自各个系统的共融数据。更多基于管理的要求使应用的推广缺少动力。

信息化建设突出问题分析如下:

(1)缺乏数据标准,业务系统之间数据难以共享,给各部门的协作业务处理带来困难。部门在进行本单位信息化建设时均是立足于解决本部门工作的需要,各个系统形成于不同的时间,采取不同的标准和数据库,系统间彼此独立,各自为政,从而形成了校园网上一个个信息孤岛。信息和资源无法实现高效共享,造成了信息的重复管理,数据无法实时更新。同一个类别的数据在一个系统上也许已经更新,但是在另一个系统里没有变化。源数据获取困难,各部门需要其他部门分管的数据时甚至还有赖于落后的电话、Excel文档、人工拷盘甚至纸质介质等低效率的方式。

(2)现有办公协同手段单一,制约了办公人员的工作效率。

当前系统仅为行政办公人员提供了基本的查询、统计等事务性的功能,尚不能通过短信、彩信、即时通信工具等多种手段,进行业务的协同、资源的共享和待办事务的集中提醒,系统协同功能急需扩充。

(3)缺少统一的技术体系标准及详细的整体建设规划,不利于长期发展。

在信息化建设过程中,业务系统由各个部门主导完成,缺少技术及功能的长期规划,主要解决当期的、局部的需求。各部门独立建设、独立维护,没有形成统一管理,有的甚至造成系统的重复建设,不利于学校信息化的长期发展,造成了严重的资源浪费。

(4)业务系统的开发和维护模式不统一,更新维护困难。

系统的开发平台、数据库和运行环境千差万别,没有明确的技术规范和要求。校园网上应用和资源越来越多,但应用缺乏有效的组织和管理,技术升级存在风险,从而也使业务系统维护成本不断增加。

(5)对历史数据的收集、整理和保存工作做得不够,无法帮助学校领导进行科学的决策。

目前学校使用的大多数软件局限于查询、统计、打印报表等事务性功能,具有辅助决策分析功能的不多。学校在办学过程中积累了大量的原始数据。这些原始数据亟须按主题进行收集整理,构建数据仓库系统加以充分利用,获取学校资产变化情况、学生就业率、各专业课程数量变化历史对照分析等主题的数据分析结果。这些信息和数据是辅助校领导进行科学决策的重要依据,对学校今后发展具有十分重要的现实意义。

(三)智慧校园建设思路

智慧校园与传统的数字校园不同,是以信息化校园为基础,在数字校园的框架和资源上建设,是集云计算、物联网和智能感应于一身的产物。

智慧校园在大数据技术蓬勃发展的背景下,提高了校园信息化水平,加强了学校各业务板块之间的联系,以人为本,达到信息数据互通、共享,不断增强服务功能,使校园服务多元化、智能化。同时,它帮助职业院校整合各类资源并进行合理配置,提高了校园信息利用水平和服务质量,加快了职业院校信息化步伐,为职业院校师生提供更加方便舒适的校园生活。

1.立足学校整体、顶层设计的建设理念

通过对各职业院校信息化建设经验的汲取和总结得出:学院站在学校整体高度,采用"顶层设计"的方法,构建一个松散耦合的分布式应用体系,并以"用户"为视角,突破

业务部门与应用系统的边界,按照不同角色需求对服务内容进行重新梳理和组织,重点覆盖教学、科研、日常管理过程所需的服务,同时兼顾师生衣、食、住、行过程中所需的服务。细化思路如下:

(1)整体建立并深度融合教学、科研的服务应用。

(2)一体化、全生命周期的管理业务建设与完善。

(3)全面盘活数据资产,辅助领导决策。

(4)开放、灵活、共享的公共服务体系构建。

(5)智慧校园基础运行环境的优化与完善。

只有这样才可以实现更低的建设成本、更快的需求响应、更好的使用效果、更方便的维护手段。

2.基于"平台+应用服务"建设模式

碎片化服务是学校信息化服务中最小颗粒度的服务,以解决一个问题(做一件事)为边界。碎片化服务之间在数据层面互相支撑,在业务逻辑上呈松散耦合关系,既相互独立又可进一步整合完成更复杂的业务。碎片化服务说白了就是化整为零,能够快速响应服务建设需求;让数据UC关系明确更容易,可以逐步提升数据质量;还可以开放建设,让多方参与信息化成为可能,最为重要的是每个服务碎片化流程一定是清晰透明的。

因为碎片化,所以流程的节点是清晰的,每个节点中参与的人是清晰的,数据的UC关系是清晰的,所以可以真正意义上实现服务的个性化、主动化推送,可以让学校的数据关系逐渐清晰规范。积累了真实的业务数据,才有可能谈到决策支持。

3.以"服务化"为核心

通过对同类型院校在信息化建设中的不足点进行分析,总结得出:传统建设思路以行政部门管理类需求为主要导向,导致用户体验差、使用率低等顽疾。

信息化的根本是"服务于人",价值源于服务。解决上述问题的根本在于对现有建设思路的转变。不再局限于行政化、管理化的信息化建设,发挥信息化建设的真正价值,让全校师生在管理、教学、生活、工作、科研、社交等各个领域体验到信息化建设带来的便利和价值。以平台化的思路,实现垂直应用到综合服务的转型,面向广大学生、教师、职工进行服务化的改造,提供高用户体验,形成全覆盖的应用,让校内人员充分体会到信息化建设的成果和便利。

4."运营化"的建设模式

之前传统模式下的高效信息化是以项目交付的形式展开的信息化建设。虽然这种建设模式已经被同类型院校使用了很多年,但这种模式下的信息化建设依然存在其固有的弊端。

在项目交付的形式下,建设方的所有关注点都会放在项目验收,校方的所有关注点都会放在定制个性化的实现。这两方面的关注焦点,影响了整体项目在实际推进过程中的效率,增加了项目建设与实施的风险。同时,在项目交付验收后,建设方由于各种原因,往往会忽略服务的环节。而真正有价值的应用或服务都是需要在使用过程中不断磨合、不断调整、不断优化的。项目化的建设模式让信息中心和建设方都无法持续关注最为重要的服务环节,导致学校信息化建设产生不可持续、重复投入、效果不佳、使用率不高等诸多问题。

而在运营思路下的建设模式将会发生较大的转变。建设方通过交付标准产品的方式,以项目定制为辅助,以运营服务为重点展开面向校方的常态化信息系统的运营。通过这种方式,既可以规避掉脉冲式项目模式为校方和建设方带来的巨大风险,同时,校方通过持续性的运营服务投入,换来建设方或服务提供商在系统使用期间持续的技术支持和服务保障。辅以工具化的应用运行数据采集和分析,广大用户和各级管理人员可以随时根据业务运行情况提出优化与改进要求,建设方根据需求及时进行调整和升级。对校方而言,只是将分期投入建设的项目资金预算,重新划归到常态化运营的服务投入中去,形成了信息化建设在验收上线后持续优化、持续迭代的保障。

5."开放式"的接入方式

多供应商之间的技术壁垒造成了学校需要在不同的技术架构之下维护整个学校的信息系统。且在进行信息系统集成的时候会带来越来越大的困难和复杂度。同时,传统的信息化建设模式和开发过程造成单纯应对当期需要,一旦固化很难随着业务的变化进行调整,即使调整也会消耗大量的人力、物力,以及带来升级改造后的风险。

可开放接入的资源包括外部服务、外部应用、外部技术框架(如第三方流程引擎)、外包资源等。

智慧校园下的服务接入模式不会再像传统模式下那么困难,来自校外的各类服务,以标准化的方式轻松接入校园,在校方制订的规范内准入运行。

(四)工作过程

1.建设步骤

(1)项目招标:明确各期建设的具体内容和预算框架,开展具体的招标工作,确立合作伙伴。

(2)需求摸底和总体方案设计:了解各部门信息化需求和信息共享需求,进行一期方案设计。

(3)系统开发与实施:组织校内信息化建设力量与合作伙伴共同组成学校智慧校园建设项目组,共同开发、实施一期信息系统;组织最终用户参与系统需求调研与试运行。

(4)上线试运行:在全校推广系统,进行试运行和系统功能改善与系统优化。

（5）系统验收与总结：组织信息化及管理相关专家、最终用户、信息中心、校领导共同验收交付的信息系统，进行总结，信息化建设领导小组办公室正式接管验收通过的信息系统。

2.实施组织保障

对于项目中的各项任务，学院设有相应对等的项目组织，以保证项目按计划实施。在项目建设的过程中，通过与承建商的合作，为学校培养一支专业的开发、运维团队。项目实施、组织、建设原则如下：

（1）智慧校园建设是一项长期而又艰巨的工程，项目组织是项目实施成功的组织保障，而协同一致、有序作业是对项目组织的基本要求。

（2）项目建设过程中，有关各方需共同组成项目小组，清晰界定各自的工作范围、工作程序及规范。

（3）学院建立明确完整的项目组织机构，明确人员职责，使各部门相关人员能够在职责的激励下积极参与项目的实施。

①学校信息化工作领导小组：由校领导担任组长。领导小组的职责在于确定信息化的决策，同时制订学校战略目标以及远景规划，指导并监督信息化校园的建设工作。

②学校信息化工作办公室：由本项目所涉及主要部门领导组成。具体规划当期项目建设，负责总体规划的制订，项目经费的预算审批以及协调、指导各小组工作，监督项目总负责人工作。

③专家组：由信息化领域、智慧化校园领域资深专家组成，为学院提供顾问咨询服务。

④方案评审组：由既懂职业院校业务又熟悉信息化思想的业务专家组成，评审技术方案，控制技术架构，协调技术资源，对解决方案可行性负责。部分成员可由专家组成员兼任。

⑤监理小组：由具备信息化项目管理经验，熟悉业务的管理人员组成，负责本项目的监理工作。

⑥业务审核组：由各主要应用系统管理员与业务员、主要业务领导组成，负责评审业务描述与需求规格，保证需求与实际业务吻合；对业务改进提出建议，供方案评审组决策。

⑦工程实施组：由技术开发人员组成，参与项目的编码、部署、测试、试运行工作。作为项目组成员参与开发公司工作，接受开发公司项目经理管理，并承担后续的维护服务工作。

⑧用户体验组：由最终用户代表组成，以试用原型、参与试运行为主。参与需求调研阶段和系统试运行阶段，提出需求和改进意见。

3.培训和推广措施

信息化建设成效很大程度上取决于系统的使用价值——有多少人真正经常使用，所以为保证很好的使用效果，推广是信息资源综合服务平台建设阶段的重要环节。在项目推广过程中，必须充分发挥学校的组织能力，结合承建厂商的推广经验，有策略、有计划地策划培训、推广活动，调动师生的积极性。

学院的建设推广思路是：

（1）分阶段实施。先实施重点系统重点模块，再逐步深化推广。项目的实施统筹考虑：首先根据学校业务开展的时间性要求，完成学校最急需、最重要的应用，根据学校现行业务运作周期的规律，确定实施的时间；同时考虑应用实施的各种内部、外部因素，制订分阶段实施计划加以实施。

（2）规范化的培训。高质量的培训过程是系统被很好使用的保证。在实施过程中，针对信息化建设的不同人群制订不同的培训课程，保证培训的效果，让系统管理人员、学生、教师、校领导都能熟练掌握系统的使用方法。

（3）运行保证和服务体系建设。随着新建系统的大范围使用，需在建设中不断完善智慧校园的运维管理体系和服务体系，从行政管理上、组织上对信息化建设的成果提供保障。而作为系统运行的保障，系统安全体系的建设是智慧校园的基础框架，也是后期建设的重点内容，以保障项目的建设成果。

4.实施时间表

2018年5月：项目启动、计划制订、服务器准备、网络环境准备、系统部署。

2018年6月—8月：系统功能调研、开发；集成调研、集成开发以及与集成部门和厂商的协调。

2018年8月—9月：统一身份认证、主数据、应用管理平台、服务开放平台、公共服务等系统陆续上线试运行。

2018年9月：各系统试运行保障；试运行过程中的调整优化、系统运行保障，根据用户实际反馈迭代优化。目前各系统运行较为稳定。

后续：系统运行持续保障和维护；系统本身迭代升级以及运营推广和二期建设。

（五）建设与应用后效

智慧校园建设的全面实施，将对学校各项工作和师生工作、学习与生活产生深远影响，将显著推动学校的发展，促进学校办学水平的提高。实施校园信息化建设将对校内管理机构的重组、人员的优化等问题有很好的促进。在学校领导的高度重视和学校各部门的通力配合及全体师生的共同努力下，智慧校园将对学校发展具有客观的促进作用。

1.校园数字信息的标准化

在智慧校园平台的建设中有标准可遵循,数据的创建、维护唯一化。各部门在建设信息管理系统时,遵循统一的信息标准和信息共享原则,从而使不同部门建设的应用系统之间实现数据共享,极大地减少数据重复填报的问题。

图 5-42 主数据管理流程

2.校园信息资源的数字化

在各个层次系统的建设中,始终贯穿着资源的数字化。资源数字化的程度体现出各个系统的应用深度,也代表了智慧校园平台的建设程度。在校园信息化建设中,非数字化资源将逐步实现数字化,并和新的数字化资源一起加入学校基础数据库中,同时建立起长期的数字资源收集(生成)、维护的体制和机制。

3.校园应用系统的一体化

在智慧校园平台内,实现基于统一基础数据库和统一身份平台的信息应用集成与服务。

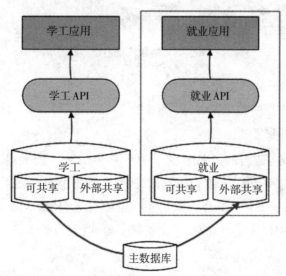

图 5-43 信息应用集成示意图

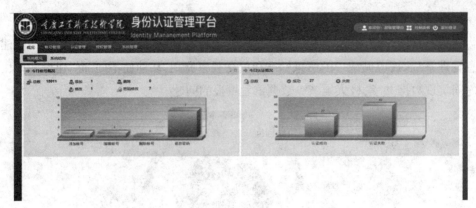

图5-44　身份认证管理平台界面图

4.校园信息应用的全面化

学校的信息化应用覆盖学校教学、科研、管理和师生生活的各项需要。依托学校基础数据库与智慧校园平台所建立的辅助决策系统为学校科学管理决策提供支持。

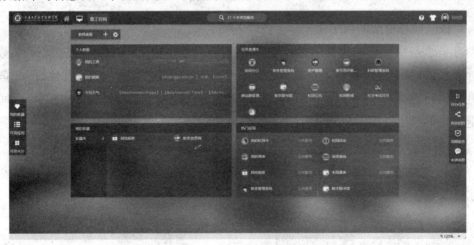

图5-45　数据决策系统界面图

5.校园信息资源的丰富化

学校的基础数据库趋于完善,数字图书、教学课件、科研等各类信息资源丰富,可满足学校和师生的各项需要。

6.智慧校园支撑平台的集中化

智慧校园支撑平台包括硬件环境(网络平台、数据中心)、软件平台(数据库平台、中间件平台、应用系统平台与综合服务平台)和运维体系(技术队伍、技术规范、管理制度、应用培训等),集中建设、管理的信息化支撑平台,既可节约学校信息化支出,又可提高学校信息安全与数据安全的水平。

7.信息化应用推动诊改落地

建立教学工作诊断改进制度与运行机制。紧密围绕提高人才培养质量,开展3年为一个周期的反复循环教学诊改工作,建立"覆盖全员、贯穿全程、纵横衔接、网络互动"的学校教学工作自主诊断与自我改进制度。

建立学校质量分析与监控数据平台,充分发挥数据平台作用,利用数据分析人才培养工作状况,为学校教学工作自主诊断改进提供数据服务,也为学校人才培养工作质量报告提供数据基础。

搭建学校内部质量保障体系。建立以提高人才培养质量为核心,从专业结构优化、教师队伍建设、课程体系改革、管理水平提高、校企协同创新、就业质量提升等方面入手,逐步建立和完善内部质量保证制度体系。明确诊断改进工作的重点、要求、周期和组织,并将自我诊断改进情况纳入年度质量报告。

8.推动校园文化建设

以信息化建设过程中的信息化运营建设校园文化,关注学校每一个体现学校文化建设的细节。在学校建设过程中,将校园的美化、亮化、绿化与校园文化有机结合,做到"总体规划,体现特色,分步实施,逐步完善"。

(六)讨论与建议

1.信息安全工作

随着技术的发展、应用,学校的各项工作越来越依赖于网络和信息化系统,虽然学校对信息技术的需求比不上企业对技术的依赖,但安全问题一旦出现将带来各种不良影响。近两年来,国家、教育部、公安部以及各学校都逐步加强了信息安全方面的工作。新形势下,学院应重视信息安全工作,结合学校实际情况,制订切实可行的安全保障机制,投入适当的保障资源。

2.信息技术与教育教学的深度融合

很多人意识到,智慧校园主要完成的是校园管理的信息化。虽然近几年来信息化的发展气势如虹,但信息技术对学校教育教学、科学研究的支持仍然是比较粗浅的,较难称得上实现了教育改革。因此,无论是信息化建设部门,还是教务业务管理人员,都需进一步研究信息技术与教育教学的融合,这对于信息化建设部门尤其是一项挑战。

3.人才队伍建设

随着信息化的深入,无论是校园网络、信息系统的运维管理工作,还是用户服务、新系统建设开发工作都将越来越多。虽然目前很多学校已经将一些用户服务、网络运维的工作进行外包,但是大家还是更认同学校有一支技术过硬、人员稳定的信息化专门队伍。然而,受限于学校的机制体制,信息技术岗位在学校中不受青睐,学院也面临难以招到优秀人才和培养的优秀人才难以留住的问题。因此，新形势下，如何进行信息化人才队伍建设也将是学院面临的一大挑战。

4.信息化文化建设

文化建设，是一所学校的精神风貌所在，是文化的积淀，也是文化的彰显。信息化为校园文化建设充当了智慧化的电子传播媒介。学校的信息"八化"，支撑了学校教育的现代化。学校信息"八化"包括品德管理信息化、安全教育信息化、高效课堂信息化、研训一体信息化、教育资源信息化、教育教学管理信息化、资产管理信息化、服务管理信息化。学校信息化，在学校精神文化建设信息化、管理文化建设信息化、课程文化建设信息化、环境文化建设信息化、活动文化建设信息化等诸多方面发挥了应有的作用。信息化建设支撑起校园文化的承载性、传播性、存储性、时效性、更新性。

第四节　重庆职业院校智慧校园平台建设与应用研究论文

智慧校园平台支撑下的教学常规监督与管理

王曦川　汪然　黄梅

（重庆市工艺美术学校）

【摘要】信息技术已渗透当今社会的各个环节,智慧学习、智慧教育已然成为当今教育研究的热点和重点。目前,各级院校大多开展了不同程度的信息化建设,运用信息技术提升教学和管理。智慧校园平台支撑下的教学常规监督与管理能够很好解决传统教学常规监督与管理存在的一些难点,从"教学六认真"的各个环节实施科学化、精细化管理,提升教学质量。

【关键词】智慧校园;教学监督;教学管理;"教学六认真"

职业教育是我国民生的重要组成部分,培养出适应社会发展需要的技术人才是职业院校的重要责任,而教学质量则是培养目标得以实现的关键所在。从结果方面讲,通过学生学习成绩、学分绩点等指标评价学习质量,从而反映教学质量。但如何从教学的各个环节保障教学质量?借助现代管理学的基本原则——PDCA循环,建立完整的教学常规监督与管理机制,在智慧校园平台支撑下,确保教学的各个环节做好、做到位,提升教学质量。

一、现代管理学的基本原则——PDCA循环

PDCA循环由美国质量管理专家休哈特博士首先提出,后经美国质量管理专家戴明博士挖掘,用于持续改进产品质量,也被称为戴明环。目前,PDCA循环成为最重要的规范管理和过程管理方法,广泛应用于企业管理、教育管理等各种管理。

PDCA是英语单词Plan(计划)、Do(执行)、Check(检查)和Act(改进)的第一个字母。具体指的是:P,制订方针、目标、活动规划;D,严格按照计划去做;C,比照计划和组织的标准检查并记录执行情况;A,事毕总结,给出改进方案并形成报告。同类事务每次重复,均在上次优化改进基础上开展,通过这种持续改进,不断提升组织能力,完成组织进化。

二、学期授课计划

根据PDCA循环,任何事情均需事先做好计划。学期授课计划既是课程论、教学论

的要求，也是遵循 PDCA 循环的基本要求。学期授课计划是非常重要的计划性文档，是学期课程教学的基本依据，综合体现了学期课程安排和教学内涵，是"教学六认真"监督检查的重要依据。

按照《教育部关于制定中等职业学校教学计划的原则意见》要求，公共基础课程应占总学时的三分之一，专业技能课程应占总学时的三分之二。这就需要教师结合学期总周次（除节假日外）、学校总工作计划、学生特点、教师个人实际和教学场地等情况，统筹安排好学科教学计划。当然学期授课计划随时都会根据具体情况调整，不会一成不变。同时公共基础课程、专业理论课程和专业实训课程由于专业的不同，特点也各异，所以周密的学期授课计划可以事半功倍。

学期授课计划明确了每课次内容、实训、目标及安排等，教学监督与管理人员可依据授课计划进行监督检查，督促、帮助教师做好教学工作。

三、教学常规管理的六个环节

教学常规管理是对"教学六认真"的各个环节进行管理，对教学过程的每一个环节提出工作规范和质量要求，并进行监督与管理，以提升教学质量和办学效益。"教学六认真"是指：认真备课、认真授课、认真布置作业及批改、认真辅导答疑、认真指导实验（实训）和认真考核成绩。结合 PDCA 循环，做好"教学六认真"，教学质量必将持续优化提升。

认真备课：备课是做好教学工作的首要环节。授课教师根据学期授课计划精心准备每次教学的具体内容；教学监督与管理人员对教师教案准备情况进行监督检查，统计应交情况、实交情况、未交情况等，并提醒未提交教师按时准备并提交教案，督促授课教师提前做好授课准备。

认真授课：课堂授课情况关系到学生对教学内容的吸纳，授课内容和授课状态是影响授课效果的重要因素。教学监督与管理人员通过教学巡查对授课情况进行监督与管理，利用听课记录表对教师授课情况进行记录和评价，帮助教师提升改进，评价结果可用于教师考核。

认真布置作业及批改：学生认真完成作业能够很好地巩固学习内容。教学监督与管理人员对教师作业布置及批改情况进行监督检查，统计作业提交率、批改率，提醒教师及时批改作业。

认真辅导答疑：辅导答疑是课堂教学的延伸，能够让教师及时了解学生对教学内容的掌握情况，反映教师对学生学习情况的关注度。教学监督与管理人员可以通过辅导答疑次数、答疑情况等实施管理。

认真指导实验（实训）：实验（实训）是理论与实践结合的重要环节，通过学期授课计划和实验指导书安排并实施。教学监督与管理人员可通过检查学期授课计划、实验指导书和现场听课等方式实施监督与管理。

认真考核成绩：学生成绩是评价学生学习质量的重要内容。通过课程成绩表、全校学期各课程成绩统计、补考学生统计、学生学习质量统计等分析各课程学生学习情况。

四、智慧校园平台支撑精细化教学常规监督与管理

传统方法实施"教学六认真"通常存在一些弊端和难点。比如，教案提交情况、作业批改情况、成绩统计分析等，采用 Excel 等软件统计，工作量大且容易出错。若学生参与评教，传统人工统计评教结果，工作量大且容易出错；若采用通用的问卷调查系统，需人工维护学期课程、师生关系，同样存在工作量大且容易出错的问题。所以，需要整合集成一个智慧校园平台来支撑精细化教学常规监督与管理，实现便捷上传、记录信息，以及查询各类统计报表，如教案提交情况、听课巡查情况、作业批阅情况、辅导答疑情况、实验指导情况、各种维度的成绩统计分析等，为教学常规监督与管理工作的有效实施、持续优化及科学决策提供支撑。下面略举几例。

第一，教师通过教学平台提交教案后，教学监督与管理人员可以检查和统计教案提交情况。对未按时提交教案的教师，可以批量发送短信进行教案催交。

图 5-46　通过智慧校园平台进行教案检查

第二，课堂听课巡查人员可以从教务管理系统中打印听课评价表，听课后记录评价结果，教务系统自动统计汇总各听课巡查人员的听课情况。各类统计数据不只是对授课教师的监督检查，也是对教学监督与管理人员的监督检查，督促其做好监督检查工作，切实帮助授课教师不断提升和改进。

图5-47　通过智慧校园平台进行听课管理

第三，教师布置作业后，教学监督与管理人员可以检查作业提交及批改情况，如通过教学班级学生作业提交率、教师批改率等。对未批改作业的教师，可以批量发送短信提醒他们及时批改作业。

图5-48　通过智慧校园平台进行作业批阅监督管理

信息技术的发展推动教育信息化不断前行，职业院校信息化建设也逐步从多个独立系统到整合集成的智慧校园平台，对学校教学和管理提供支撑。根据PDCA循环和"教学六认真"，利用整合集成的智慧校园平台支撑精细化教学常规管理，把教师、教学督导人员从机械、重复性的工作中解放出来，提高整个学校的工作效率，让他们去做更具创造性的劳动工作，推动学校向更高远的目标前进。

参考文献

罗辉.职业院校"四化"管理的概念模型[J].中国培训,2016(5):48-50.

基于智慧校园平台的在线考试系统应用研究

刘可

（重庆市铜梁职业教育中心）

【摘要】随着职业院校信息化建设水平的不断提高,学校教育、教学、运营管理等相关应用都逐步实现信息化。各类信息化标准、规范化流程以及各种资源都得到了不同程度的应用和积累,初步形成智慧校园平台的数据基础和应用框架。从已经基本实现的无纸化办公到现在推广的无纸化考试(在线考试),所有的应用从推广到普及都会显现一些较为突出且统一的问题,分析问题,梳理出一套适用于职业院校在线考试的流程,在节约考试成本的同时减轻整个考试工作的压力,提高考试效率。

【关键词】智慧校园平台;试题库;在线考试

近年来,中国教育信息化的实践面向"教育现代化2030"的发展目标,带来了教育形式、教学模式乃至教育思想和观念的不断变革,越来越多的学校利用信息技术变革育人方式,改革学习内容、教学方式和评价方式,促进信息技术与教育教学深度融合。随着职业院校信息化建设的加快与深入,传统考试的出卷、答卷方式以及成绩管理方式正发生着巨大的变革,如何通过信息技术及手段梳理并优化学校教学工作流程,减轻各部门、各教职工在教学管理方面的工作量,使考试过程变得方便、高效、快捷、公正,是现代职业教育的一个重要课题。为此,本文针对智慧校园平台中的在线考试系统进行应用方面的相关研究,对在线考试系统的试题录入、在线组装试卷、在线考试安排、在线考试监控、在线阅卷等功能做了一些实践探索。

一、传统考试形式的弊端

在线考试系统建成之前,学校一般采用传统的手工出卷方式,学生的试卷由任课教师手动出卷,教师需要在考前考后花费大量的时间和精力编制试卷、阅卷并统计成绩。

一方面,任课教师每学期出的试卷都必须有所不同,试题的选取带来很大的工作量。在准备试题的过程中,往往还需要查找往年的试题,要预先考虑好试卷的题型、试题内容、难度系数、分值等,再由教务处统一打印给学生笔试。为了防止试题泄露,还需要准备替换的备用试卷。如果采用统一的试卷,易出现学生作弊的现象。因此,个别学科的考试还需准备AB卷,一定程度上增加了每学期试卷的打印量,容易造成资源浪费。

另一方面,考试后试卷需要人工阅卷,耗费大量人力,且阅卷时也会出现不可避免的人工差错。如需查证某一学生的课程成绩时,还要查找该学生的纸质试卷进行复核。同时传统考试形式在存储和管理纸质试卷方面也是极其不便。

总结起来，传统考试形式的缺点主要表现在：

（1）各门课程的试题资源大多掌握在各专业组，出卷费时费力。

（2）试卷均需人工审核，阅卷工作量大，易出错。

（3）考试完成后，考生无法立刻查看成绩，时效性差。

（4）不利于考试后统计知识点的出现率及错误率。

（5）考试排名等统计信息依靠人工处理，速度慢，易出错。

随着职业院校考试项目逐渐增多，如随堂考试、期中考试、期末考试等各种小考、大考，出题难度进一步加大。在考试任务越来越繁重的同时，各类考试的应考学生数量也越来越多，传统的考试形式已经越来越不适应现代教学的需要，迫切需要有一种新的考试形式来替代传统考试。

二、在线考试系统的功能应用

在线考试系统是基于网络技术的一种考试系统，通过改革传统考试形式及评卷方法，实现考试工作的网络化、无纸化和评分自动化，提升学校信息化教学水平。在线考试系统具有稳定、高效、准确、便捷、安全等特点，实现了学校从试卷制作到成绩查询自动化。相较于传统考试，在线考试系统节省了试卷印刷成本，减少了教师出卷、阅卷的工作量，真正实现无纸化考试，最大化节约考试成本。通过网络在线考试实现教考分离以及考务工作的全自动化，有效地利用了学校网络的软硬件资源，更好地为学校的教学、科研、管理服务。在线考试系统功能应用示例如图5-49所示。

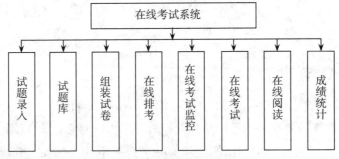

图5-49　在线考试系统功能应用示例

在线考试系统发挥着教学辅助作用：教师通过系统进行班级科目管理、题库维护、查看学生考试情况、统计分数等；学生通过系统完成章节练习并可多次学习来巩固知识点还可进行在线考试、成绩查询等操作。通过对试卷、题库进行合理的信息化管理，能有效解决传统考试和成绩管理的诟病，为学生考试提供便利，减轻教师的工作压力，提高学校的教学质量，为学校节省大量的人力、物力和财力。

三、基于智慧校园平台的在线考试管理

考试管理是教学应用中最重要的环节之一,采用信息化手段代替传统考试是一个循序渐进的过程。首先,学校要从观念上接受在线考试的形式,制订相应的目标和推行计划;其次,通过对教师进行系统的培训,使其慢慢接受和习惯利用软件进行试题录入和考试安排。这一系列措施实施的过程,需要各部门、教师、学生的积极配合。只有通过几次实践性的在线考试操作,管理人员、教师、学生才能适应在线考试流程,学校才能真正建立起在线考试管理机制。在线考试管理流程如图5-50所示。

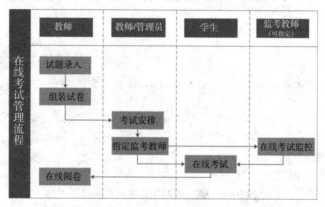

图5-50　在线考试管理流程示例

(一)利用试题采集工具快速采集试题,批量导入系统

学校试题资源统一存储于试题库中,按专业、学科、章节等类别分类管理和检索。

当试题录入落实到每位教师时,庞大的试题量使得录入工作变得不轻松,除了整理试题资源外,还要花时间将试题录入系统,大大增加了教师的教学工作量。建议采用专用的试题采集工具批量导入文本格式的试题,快速指定试题题型、答案、难易度、章节及关键节点等信息,为后续的自动组装试卷提供支撑,逐步积累形成有效的试题库,使试卷管理逐步走向正规化和自动化,如图5-51所示。

试题管理员需要事先在系统中设置专业、学科、章节等,形成试题库的目录。教师在录入试题时对应相关专业和学科添加试题到试题库,便于分类存储和检索。教师可以查看和使用自己或其他同专业教师上传的试题。为方便组卷,教师不仅要录入当前学期的试题资源,也要将一定历史学期内的试题资源录入系统,只有形成一定数量的试题资源,才能保证教师能更客观地选择试题,组成试卷。

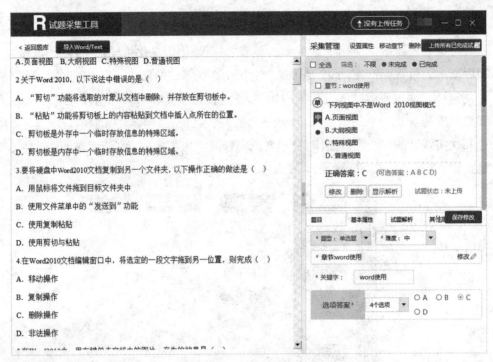

图5-51　通过试题采集工具批量录入试题

试题资源除了应用于在线考试,也可以应用在网络课程教学中,教师通过试题库快速检索试题,布置随堂测试或课后练习。完善试题资源及课件资源是推进学校信息化教学管理、评估教师教学质量的因素之一,学校和教师都应该予以重视。

(二)通过试题库筛选试题,组成考试试卷

考试前,出卷教师在学校统一的试题库中人工挑选试题组装试卷或自动组卷。教师设置章节、题型、难易度、分值等条件,系统自动添加符合条件的试题到试卷中,组成一份完整的在线考试试卷。需要说明的是,自动组装试卷是按教师设置的各试题条件选择出题范围,所以在第一步录入试题时,教师需要填写试题的详细属性,这点非常重要。

(三)指定试卷、开考时间、监考教师

在线考试的优势在于不受空间、时间的限制,学校可以结合教学时间安排及考试习惯,进行考试安排。任课教师或专业组教师可根据章节知识点内容、题型难易度、各题型分值等组装试卷。根据考试级别设置监考级别,如期末考试属于学校重要的考试,则可采用考试随机密码、AB卷、指定监考教师等多种方法进行有效的作弊预防。

考试计划生成后,可通过智慧校园平台将考试信息发送给各相关人。具体应用时,排考人可选择合适的消息渠道,如学生终端、短信、站内信等,保证考试信息传递到位。

(四)主、客观题分开阅卷

学生在线提交试卷后,主要阅卷工作通过在线考试系统自动完成。客观题由系统根据试题录入时的答案自动阅卷;主观题由系统辅助人工阅卷,提高效率,避免差错。两种题型的成绩在系统中自动汇总统计,再自动共享于学校智慧校园平台相关数据及系统中,如教务管理、学生管理等系统。

(五)利用信息化手段防作弊

融合信息技术的在线考试系统,有效防止作弊行为,这对于保证考试的公平、公正发挥着重要作用,也弥补了传统考试中人工监考的不足。

在线考试系统在防作弊方面,目前常用的技术包括:随机试卷、监考教师在线监控、核对学生照片、限制考试次数、考场密码随机生成等,可在一定程度上抑制传答案、窥屏、替考、中途代替作答等作弊手段,有效地提高了在线考试的公平性、公正性。

(六)智慧校园平台有效支撑在线考试系统的应用

基于智慧校园平台的在线考试系统的应用,全面实现了试题试卷管理、组卷、考试管理、阅卷评判、考试过程监控及考试结果分析等信息化和智能化,省掉了传统考试中先商讨制卷、印刷、分发试卷等环节,整合了考试资源,简化了考试过程。

整合集成的智慧校园平台具备单点登录、信息共享等特点,覆盖职业院校全部业务,能将在线考试系统、学生管理系统以及其他系统整合集成,实现考试数据读取智能化、学生信息获取便捷化、考试管理业务操作自动化。通过各个子业务流程的高度整合,实现考务管理与学校其他业务流程一体化,从而打通各科室部门间的信息孤岛。

信息技术与教学的融合,加快了学校教育现代化进程。为保障在线考试系统的有效运行,学校一方面要规范和完善试题资源,另一方面要建立在线考试制度,让在线考试的新形式成为常态,并扩大在线考试应用。

依托于智慧校园平台的在线考试系统,是现代教育不可缺少的组成部分,也是现代职业教育的一个重要环节。既让教师从烦琐的考务工作中解脱出来,有更多的精力和时间去提升教学水平,又比较客观、公正地反映了学生的真实水平,激发了学生的学习兴趣。同时在线考试系统的应用使出卷效率、阅卷效率和阅卷准确度有了明显的提高,增强了考试的公开性与透明度,在实际考试工作过程中取得了良好的效果。

参考文献

张机.职业院校在线考试系统的应用探索——以大连电子学校为例[J].中国培训,2017(13):43-44.

职业院校新一代信息办公应用研究

龙泽平

（重庆璧山职业教育中心）

【摘要】随着信息技术和网络的快速发展，相对独立、功能单一的传统办公应用系统已不能满足职业院校的日常办公和管理应用。本文对信息办公应用进行研究，职业院校需要一套整合到智慧校园平台中的新一代信息办公应用，除了传统办公OA系统的流程管理，还应包括档案管理、通知公告管理、工资管理、合同管理等，为学校日常办公和管理提供支撑，推动管理水平提升。

【关键词】信息办公；办公自动化；办公应用；智慧校园；移动校园

随着信息技术的发展，信息化办公、无纸化办公已然成为一种主流，信息化建设也成为国家和社会发展的重要任务。学校校园相对较大，各部门、院系位置比较分散的学校，各项日常事务的办理往往需要多方沟通、协作，传统事务办理方式有的需要来回奔走，有的需要进行大量的信息维护、统计分析等，耗费大量时间，严重降低工作效率，而相对独立、功能单一的传统办公应用系统也仅仅实现了部分事务办理。根据诺兰模型——信息化发展阶段论，只有发展到应用整合阶段，信息技术才能深入融合业务应用。建设新一代信息办公应用，能够有效支撑职业院校日常办公及管理，提升效率，降低成本。

一、信息办公发展历程

20世纪70年代提出了办公自动化的概念，至此信息化办公开始逐渐受到人们的重视。办公自动化（Office Automation，简称OA）是将现代化办公和计算机网络功能相结合的办公方式。通过办公自动化，可以优化现有的管理组织结构，调整管理体制，在提高效率的基础上，增加协同办公能力，强化决策的一致性，提高决策效能。

早期办公自动化以结构化数据处理为中心，基于文件系统或关系型数据库系统，运用IT技术，提高文件等资料的管理水平。这一阶段实现了诸如文件等基本办公数据管理，但普遍缺乏沟通协作支持以及对文档资料的综合处理等，导致应用效果不佳。随着组织规模的不断扩大，对打破时间、地域限制，有助于提升整个组织运营效率的信息办公应用需求逐步显著，网络技术的迅速发展也为信息办公应用提供了基础保证，信息办公应用转为以网络为基础、以工作流为中心，提供文档管理、电子邮件、目录服务、群组协同等基础支持，实现了公文流转、流程审批、通知公告管理等。

经过多年的发展,信息办公应用软件已趋向成熟,功能由原先的行政办公信息服务,逐步扩大并延伸到组织内部的各项管理活动,成为组织信息化运营管理的重要组成部分。随着信息技术的快速变化和应用场景的多样化,信息办公应具有更加丰富的内涵,信息办公应用软件更加关注如何便捷实现内部各级组织、各部门以及人员之间的协作,内外部各种资源的有效整合,成为管理人员的高效支撑工具。

二、职业院校信息办公应用现状

科技快速发展的今天,职业院校的信息化办公意识有了很大提升,传统办公方式已不能满足各级人员对高效、便捷办公的需求。大多数职业院校引入了不同开发程度的办公应用系统,开展信息化办公,但还有待进一步提升。整体而言,职业院校信息化办公应用存在以下不足:

重视程度不够。首先表现在领导没有起带头使用,导致信息办公应用推动困难,使用人数较少;其次,部分院校负责信息化建设的部门授权不足,在使用过程中难以实施有效监督,让信息办公应用成为摆设,不能起到提升效率的作用。

缺乏稳定团队。部分学校自行开发 OA 系统,但后续开发及服务缺乏稳定团队,导致开发的 OA 系统不能稳定、有效运行;部分学校购买了非专业的 OA 系统服务商开发的应用,缺乏系统实施和推广经验,无法确保系统符合学校应用需求。

技术相对不足。选择的技术体系相对落后,或技术架构未考虑到将来发展的可扩展性,成为系统扩展的障碍。

信息化认识不足。根据信息化发展阶段论——诺兰模型,一个机构的信息化发展及应用只有走到了应用整合阶段,信息技术方能与业务深度融合,发挥巨大作用。多数职业院校采用相对独立的 OA 系统,功能比较单一,不能与其他应用系统互联互通,反而成为信息化应用的阻碍,降低了教职工对信息化应用的热情。

三、新一代信息办公应用

传统协同办公软件大多基于瀑布模型,采用长流程事务处理机制。在信息办公已经成为广泛应用的今天,传统 OA 系统仅仅是信息办公应用的一小部分,不能满足日常办公需求。建设与智慧校园平台整合的新一代信息办公应用系统,不仅全面支撑各类协同办公,还能对学校众多业务数据进行挖掘分析,帮助学校提升教学质量与管理水平,为学校领导做教学与管理决策提供支持。

学校信息办公应用主要分为两大类,分别针对学校日常办公管理和教职工管理。日常办公管理包括流程管理、档案管理、公文管理、会议管理、通知公告管理、外事管理等;教职工管理包括人事管理、教职工考勤管理、教职工工资管理、合同管理、党团管理等。

流程管理。对于学校各部门工作中存在的一些需要逐级审核审批的事务,如公文流转办理、教职工请假等,表单内容格式和处理流程由学校相关制度决定,通常需要相关主管干部根据事务内容和审批权限决定办理方式和下一节点的流程走向,不能事先指定工作流向。这类事务属于长流程事务,需要流程引擎支持实现,协同应用操作较为复杂,是典型的流程管理应用,也是传统协同办公软件的核心功能。

档案管理。目前学校的档案管理主要为教职工档案管理,这类日常管理工作涉及教职工基本信息、家庭信息、学历及获奖等信息管理,以及离退休教职工档案信息维护,这些信息变更后,需要及时修改。这类管理相对来说技术含量不高,但比较烦琐,工作量大。采用与智慧校园平台整合的管理系统对这些信息进行统一管理,实现一处变更多处同步调整,将极大减轻维护工作量。消息推送系统可以从档案中获取教职工或家属生日,在其生日当天发送祝福短信,体现学校对教职工的关怀,打造和谐温馨的学校文化。

此外,学校各部门还有大量纸质文档或其他实物,比如教职工档案、学生档案、与其他机构签订的合同、重要设备的使用手册、重要事件的处理报告等。学校可统一发放档案盒、配备文件柜,各部门通过制度规定哪些文档或实物需要纳入档案管理。对每个档案盒进行编号,打印盒内档案目录置于首页,运用档案管理工具存储档案盒及盒内档案的索引信息,授权人员能够快速检索档案存放位置,找到目标档案。

图5-52　档案盒内目录清单

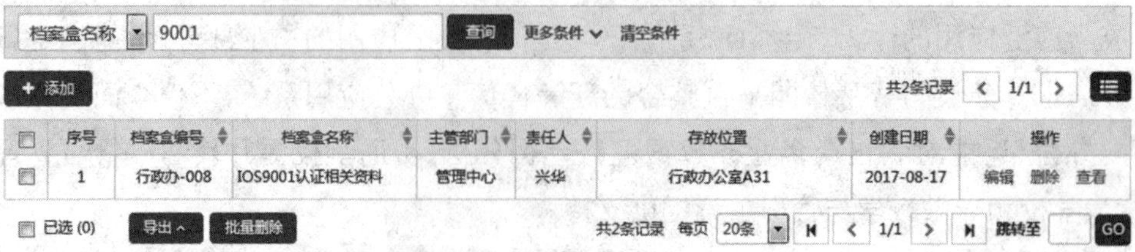

图5-53　档案盒位置信息

工资管理。虽然学校比较重视工资管理,但大多未纳入信息办公应用。随着信息化程度不断深入,学校逐渐开始利用能自主管理的那部分奖金来调动教职工的积极性,提升教学质量。工资管理需结合考勤、绩效等与教职工工资挂钩的相关应用,通过细化这些管理项并与教职工日常工作相互关联,通过信息化软件平台进行数据收集与汇总分析,作为奖金发放依据,调动教职工的主观能动性,提升教学及管理质量。

合同管理。事业单位的合同管理工作主要由人力资源部门负责,学校一般由档案管理的部门负责。因教学及管理需要,通常存在一些代课教师或其他人员,其合同需根据聘用性质进行管理。合同管理应自动标记合同状态,统计即将到期合同,便于合同管理人员及时办理续签等事务,甚至通过消息推送方式进行提醒,能够有效避免因合同到期导致代课教师流失从而影响教学工作。

四、信息办公应用建设应对策略

受信息技术发展、网络带宽、意识等方面的影响,学校的信息化办公应用建设程度各不相同。随着计算机网络和信息技术的迅猛发展,特别是"互联网+"概念的提出,国内外相关学者把信息办公应用发展的目光投注到了互联网上,基于"互联网+"的信息办公应用系统突破了时间和空间限制,更加具有发展前景和潜力。

当前信息环境和管理需求下,更需要与智慧校园平台整合的新一代信息办公应用系统,统一管理,实现组织机构、人员等基础数据同步,各级人员根据权限使用,并且应具备人性化、移动化、智能化和门户化的特点。

新一代信息办公应用不应局限于传统OA系统的单一功能,也不应独立于学校其他应用,应从学校智慧校园平台建设的长远规划出发,在构建信息共享平台及数据分析与决策辅助系统基础上,结合学校自身管理特点,规划办公应用系统功能、系统与其他软件平台间的数据共享策略,以及后期大数据分析等。这样的信息办公应用,在整合集成的智慧校园平台支撑下,能够更加有效地辅助教学与管理,提升学校管理水平和办学效率。

参考文献

[1]罗辉.职业院校"四化"管理的概念模型[J].中国培训,2016(5):48-50.

[2]于文奇.办公自动化系统管理设计[J].电脑编程技巧与维护,2009(8):32-35.

中职学校教职工绩效管理智慧化转型研究

王成麟

（重庆市渝中职业教育中心）

【摘要】因互联网和信息行业的发展，大数据已经渗透到当今每一个行业和业务的职能领域，人们对于海量数据的挖掘和运用，预示着各行业的一场大规模的变革。在大数据时代背景下，中职学校的运行与管理已完成了新一轮的改革，智慧校园平台为实现学校教育教学、教务管理、资产管理、人事管理、日常办公、绩效评价等工作的智能化提供了支撑。文章从观念转型、管理转型、方式转型等方面阐述了对教职工绩效管理智慧化转型的思考和方法。

【关键词】绩效管理；智慧校园；大数据

随着互联网和信息行业的发展，大数据已经渗透到当今每一个行业和业务的职能领域，并且成为重要的生产因素。人们对于海量数据的挖掘和运用，预示着各行业的一场大规模的变革。在大数据时代背景下，中职学校的运行与管理已完成了新一轮的改革。

近年来，在各级政府的支持下，许多优质学校已建成了基于互联网和信息技术的智慧校园平台。智慧校园平台为实现学校教育教学、教务管理、资产管理、人事管理、日常办公、绩效评价等工作的智能化提供了支撑。教职工绩效管理是学校管理的重要一环，随着社会的发展，学校对教职工的绩效管理已不再是单一的绩效考核，而是将对教职工的绩效考核与教职工本身的专业发展、学校整体工作改进进行了更为深入的融合。这样的变化，要求中职学校在对教职工的绩效管理中运用互联网和信息技术，设计更为科学、高效、全面的管理工具，采用更快速、便捷的管理方式，实现教职工绩效管理的智慧化转型。

一、观念的智慧化转型

智慧校园是综合运用各种信息技术手段获取校园运行的各种信息，通过对信息的多次处理，对学校教学、科研、管理、生活、文化等各方面需求做出智能响应，提高学校的管理效能、综合实力以及服务功能。在整个智慧校园背景下的绩效管理，需要通过对数字化平台的运用实现。数字化平台的运用过程，也是从观念到行动实现智慧化转型的过程。

(一)顶层引领

在推动观念智慧化转型的过程中,学校的领导层是决定因素,需要在学校整体工作的顶层设计中确立大数据意识、信息智慧化意识。第一,学校领导班子要做大数据时代智慧管理的引领者,要将新时代的发展趋势和学校变革的决心展现在教职工面前。让广大教职工认识到在信息技术高度发展的新时代,智慧校园是发展的必然趋势,为智慧校园的建设和运用奠定思想基础。第二,行政干部要做智慧管理的推动者,智慧校园是大数据时代下的新产物,需要不断地实践和探索,更需要不断完善在建设和运用过程中的各项制度。管理层是学校整体智慧管理的设计者,要有整体的谋划和把握,要通过建立相应的管理制度和体系来推动智慧校园的发展。第三,管理层要做智慧管理的践行者,学校校长能否直接参与和应用智慧校园平台,中层干部能否坚决执行智慧校园管理体系,关系着智慧管理的落地生根,由上而下的践行才是智慧管理的根本所在。

(二)逐层落地

智慧管理的落地生根,一方面要在顶层设计上下功夫,不断完善学校智慧化管理的制度体系;另一方面要在智慧校园平台的管理和运用上下功夫,要为平台的推广和使用提供强有力的经费支持、技术支持。主要做到以下几点:第一,顶层要做好把控关,凡是可以运用平台功能的工作,坚决要求运用平台,将对平台的使用和运用情况作为对各职能部门工作考核的指标,制定相应的奖惩措施。第二,各部门之间要把好监督关,各部门之间要互相监督运用平台开展各项协调工作,使智慧校园平台的各项功能得到充分的运用,使平台的功能在运用的过程中得到检测和完善。第三,职能部门(主要是负责智慧校园平台的相关部门)要把好技术关,按照各部门的需求,选派优秀的技术人员对各部门、各类别的教职工进行智慧校园平台的宣讲和培训,为平台的使用提供坚强的技术支持。

二、管理的智慧化转型

(一)管理平台的智慧化转型

绩效管理的智慧化转型,要求在实施绩效管理的过程中,充分运用智慧校园以及数字化校园平台。在智慧校园平台的建设中有以下要求:第一,平台的安全性。大数据将带来海量信息,各类数据的安全不仅涉及学校信息的安全,也牵涉到每个教职工的信息安全,因此平台必须运用相应的软硬件来实现安全。除了确保信息运用系统上的安全,还可以运用人员权限管理等方法确保工作过程和结果的安全。第二,数据采集和生成的智慧化。学校工作千头万绪,各项工作将生成大量的数据,在不同的工作情景下,需要筛选出不同的数据。这就要求使用的管理平台必须具备数据的储存、筛选、汇总、查询等各项功能,以满足在不同工作背景下的需求。第三,管理平台运行环境的智能化,与传统的工作环境不同,智慧化平台能够实现、不同地点、不同时段的智慧化管理。

(二)管理工具的智慧化转型

管理工具指的是在绩效管理的过程中使用到的软硬件因素,传统的管理工具主要是人、制度、记录。在建设智慧化校园的今天,实现了评教工具的智慧化转型,运用数字化平台的评教管理系统进行管理,从而使人力资源利用更科学,管理时间更有效,管理过程更客观。智慧化管理工具主要有以下特征:第一,管理主体的去人力化,将人力资源解放出来,让智能设备去完成机械、量大、耗时耗力的工作。第二,标准的统一化,用大数据量化考核评价标准代替语言描述性评价标准,提高考核评价的科学性、客观性、公正性。第三,智慧化管理使用的终端为可移动终端,利用手机、平板电脑等可移动智能终端进行管理。

图5-54 手机评教提高评教效率

三、管理方式的智慧化转型

(一)遵循PDCA循环管理原则

绩效管理是学校管理的核心和枢纽,它是职业院校提升团队绩效最有力的手段。绩效管理的根本目的就是为了持续提升教职工、部门和组织的绩效,科学、合理地进行奖金分配。PDCA循环又叫戴明环,是运用于持续改善产品质量的过程。目前,PDCA循环作为一种精细化管理和过程管理方法广泛应用于各种事务管理场合,成为现代管理学的基本原则。因此,绩效管理应遵循PDCA循环的原则,持续改进,不断提升业绩水平。

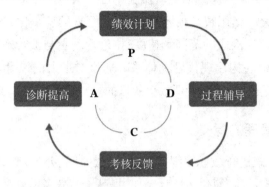

图5-55　绩效管理的PDCA循环原则

(二)流程去单一化

学校在使用智慧校园平台之前,管理流程采用的是单一化流程,工作一级一级传达,一层一层地落实,这样的管理最大的弊端是时效性低,信息在传输过程中容易出误差。以学校开展的教职工考评为例,传统的考核方式需要一周的时间才能完成(见图5-56),基于智慧校园平台的同一项管理工作,只需要2天的时间就能全部完成,且误差率极低(见图5-57)。

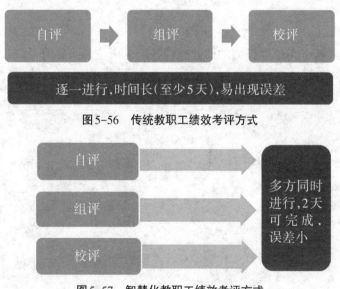

图5-56　传统教职工绩效考评方式

图5-57　智慧化教职工绩效考评方式

(三)一校一特色

在管理方式转型方面,中职学校要根据本地区、本学校的特色和需要做出自己的特色,不能千篇一律,照搬照抄。以笔者所在单位重庆市渝中职教中心为例,学校改变传统"金字塔式"的管理,运用智慧校园平台,实现管理的扁平化,通过OA系统,减少中间的管理层次,扩大信息沟通的范围和速度,拉近管理者与被管理者的距离,更好地实现以人为本的民主管理,构建现代管理体系。通过对平台的设计、运用、检测、改进的路径,达到了降低管理成本,提高管理效率的目的。

四、智慧化绩效管理的意义

采用智慧化方式进行教职工绩效管理,不受时间、办公地点的限制,绩效考核流程清晰,考核任务安排灵活,简化了统计工作,提高了绩效考核效率,无纸化办公大大降低了考评成本,信息查询方便,便于后期做大数据分析。绩效数据公开透明,利于全员监督,可信度高,有助于学校管理制度的推进与执行。智慧化绩效管理能持续激励教职工改进工作业绩,帮助学校提升管理水平和教学品质。

大数据时代背景下,基于互联网和信息技术手段的智慧化管理已经开启,智慧校园建设是优质中职学校新的发展方向。实现绩效管理的智慧化,是智慧校园建设中的重要一环。要实现由传统模式向新型模式转型,必然要实现从观念到方式再到运用的彻底转变,更加高效、科学、合理的绩效管理才是学校开展智慧校园建设的初衷和归宿。

参考文献

杨晏,李婷.基于岗位胜任力的职业院校教职工岗位能力提升系统设计[J].中国培训,2016(19):51-53.

智慧校园应用制度体系建设的问题与对策

廖建

（重庆机械电子高级技工学校）

【摘要】职业院校承担着为社会培养所需的各种职业实用型人才的任务,其制度体系建设对于学校质量提升至关重要。职业院校应该如何将内功练到位? 如何建立与更新学校的管理制度体系并将其融入学校的规划发展、教育教学、校园文化、师资建设等各方面? 如何通过智慧校园平台配合制度体系落地执行? 本文将围绕这些问题展开探讨,并对职业学院现有制度体系建设存在的问题进行分析,同时提出对策与建议。

【关键词】职业院校;制度体系建设;智慧校园

一、职业院校制度体系建设的必要性

俗话说:无规矩不成方圆。高效行政管理的精髓在于科学、合理的制度体系的形成。《职业院校管理水平提升行动计划(2015—2018 年)》强调,以学校章程为基础,理顺和完善教学、学生管理、后勤、安全、科研、人事、财务、资产等方面的管理制度、标准,建立健全工作规程,形成规范、科学的内部管理制度体系。制度体系是约定职业院校各级部门、各级岗位、教职工执行工作的标准及规范,目标是提高教学工作效率,降低风险。因此,为促进学校良性运转和整体优化,提升竞争优势,职业院校必须建立完备的制度体系、工作流程和标准体系,实现职业院校运营管理系统化、规范化、精细化、信息化。信息化是对学校运营管理系统化、规范化、精细化的保障和支持。

二、职业院校制度体系建设存在的问题

笔者通过对所在单位重庆机械电子高级技工学校、重庆市渝中职业教育中心以及十余所外部职业院校进行调研走访,对收集到的学校已有制度体系进行分析后发现,大部分职业院校在制度的制定及执行方面存在一些问题,主要表现在:

(一)制度体系的分类设计不合理

目前学校制度体系常见的分类有:一是组织级型,由行政部门制定,各个部门都有制度,如学校级、专业系部级、科室级等,其缺点是相同制度各个部门都在制定,执行标准不统一、内容重复。二是岗位型,同样的制度及要求在各个岗位中都存在,导致制度更新、执行难度加大。三是按业务工作来组织,相对前两类有较大提升,但由于受到跨部门流程执行的影响,需要学校统一牵头协调各部门、各科室来制定与优化,时间周期会变长。

(二)制度体系篇幅太多,不易阅读

在企业管理实践中,只有简单易懂的制度才会得到执行,反观学校制度体系文档篇幅达到几百页,有的甚至上千页,教职工会仔细阅读的极少,这是目前职业院校制度体系建设中存在的最普遍的现象。从用户体验设计的角度分析,教职工不会主动熟记制度,只有在执行工作或发生问题时,执行者才会去想应该怎么做。因此解决制度体系不易阅读是问题的关键。

(三)制度公布渠道单一

多数职业院校采取一到两种方式进行制度发布与管理,例如文档服务器、电子邮件、印刷稿、QQ、微信、通知公告、会议培训等。有些方式无法即时将制度体系内容传递给所有教职工或学生,导致制度的发布时间与正式执行时间出现真空期,严重时可能会带来巨大的损失及风险,尤其是与学生安全相关的制度。

(四)制度执行难,人情胜过制度流程本身

制度执行难,人情胜过制度流程本身,这样的问题屡屡发生的根本原因是没有搞清楚两点:一是制度本身的合理性;二是制度执行的监督部门是否监督到位。许多学校前期花费巨大成本完成了制度体系的制定,但后期制度执行的监督与改进做得不够,导致效果不尽如人意。

(五)制度没有工具体系做全面支撑

大多数职业院校制度执行效率低、过程监控难、数据统计分析难度大等问题非常突出。已建信息化工具体系不能适应新制度体系的变化,同时执行者认为某个制度节点增加了工作量,就简单地认定整个制度体系都是低效的。正因为制度体系没有工具体系做全面支撑,所以影响了制度的执行效率。

(六)照搬企业成熟体系

本次参与调研的职业院校,都引用了如"6S""六西格玛""精益生产""ISO9000"等众多在企业经营生产中广泛运用的方法体系,但实践证明并不全适用于职业院校。企业经营生产与职业院校人才培养有着本质的不同,一个是以营利为目的,一个是以培养人才为目的,因为二者本质不同,直接照搬的结果就是导致职业院校制度体系沦为形式。

三、智慧校园有力支撑职业院校制度体系落地执行

当前,职业院校信息化建设按诺兰模型所定义的来讲离最终的第六阶段"成熟应用阶段"还有很大的差距。笔者通过分析本次参与调查的职业院校智慧校园平台使用现状,发现情况令人担忧,主要问题有:一是信息孤岛还存在,制度执行脱节,没有让制度

体系融入工作流中,造成工作与流程、部门与部门、岗位与岗位、人与人物理分隔;二是制度调整优化后,已建智慧校园平台不能支持调整后的制度,若要实现支持,只能让厂商重新修改平台,费时费力。

智慧校园平台的建设已纳入各级教育部门"十三五"工作计划中,未来将推动整个职业院校转型升级。智慧校园平台可以理解为两个方面:一个是要有智慧的方法体系及制度,有一套能自我纠正、自我提升、全员参与的制度体系,能从规划、执行、持续改进、决策、校园文化、社会深度接轨等各个方面融入"智慧"二字;二是要有智慧的技术平台作为支撑,来配合方法体系及制度的执行与落地。

职业院校方法体系及制度设计应围绕以培养合格人才为目标、以师生快乐工作学习为内涵来思考,最终将制度体系落实到年度规划、招生政策、学期教学计划及日常学生辅导管理中。只有让智慧校园平台充当两个"智慧"的连接器,才能智能记录、存储执行过程中产生的各项业务数据,帮助领导层分析决策,同时解决职业院校制度体系与智慧校园平台不匹配的问题。

四、职业院校制度体系建设的对策与建议

(一)组建职业院校制度体系改进工作小组

职业院校制度体系的制定改进应该遵循 PDCA 循环的原理,包括制订计划、制度执行、效果检查、支持改进。

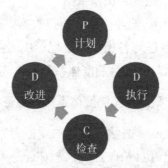

图5-58　职业院校制度体系改进工作的 PDCA 循环原理

职业院校可成立制度体系改进工作小组,由校长任组长,各副校长、各科室各部门负责人为组员,信息中心为技术支撑部门,作为整个学校制度体系编制的最高机构,建立起整个制度体系制定的工作指南、标准。

工作小组成员应主动学习管理方法,积极参加外部企业提供的相关管理培训,如对管理方法、技术运用等培训。只有掌握了制度制定的基本原理方法,如 PDCA 循环、修路原则、对等原则、结果驱动、ITE 原则、激活能动性、辩证有度等,才能更好地评价与改进。

（二）流程再造，化繁为简

职业院校的制度体系应采用互联网的思维和方法来制定。"流程再造，化繁为简"是对职业院校现有制度进行深度分析后，再结合学校本身的基因特色、办学条件与水平进行优化调整。其工作内容包括：

1.端到端的流程设计

流程设计应该满足一个基本原则：以教职工、学生为中心，实现一个完整的价值链。职业院校可以对所有工作流程进行梳理，完成端到端的设计改造，去除可要可不要的环节，让流程更加精简，只有简单实用的流程才能融合到日常教学管理工作中，才能被执行。

2.将制度体系植入流程中

流程本身规定了工作的先后顺序，而制度规定了工作的规则与标准。在设计改造时可将对应的制度体现进去，这样可以让制度的执行者不再关注制度本身，而是在流程的执行过程中默认遵守制度。

3.通过智慧校园平台让流程自动运转起来

职业院校应该将常用的工作流程通过智慧校园平台来运转。智慧校园平台不仅仅将现有的OA流程在线化，而且将招生、教务教学、学生管理、校企合作、后勤等所有高频工作在线化，再通过移动互联网等来高效运行，缩短流程执行时间。

4.流程执行效果跟踪，为改进提供决策依据

在大数据分析火热的背景下，职业院校应该把数据资产化、价值化，从IT时代向DT（数据处理技术）时代过渡。通过对各类工作流程形成的数据进行分析，定期或不定期发布分析报告，提交给改进工作小组，为制度体系及工作流程的改进提供决策依据。

（三）建立以CIO为核心的职业院校制度体系执行监督机构

CIO（首席信息官）是能全面掌握学校业务的业务专家，又是信息化方面的技术专家，职业院校制度体系的制定、执行、改进、支撑，CIO是关键角色之一，因此职业院校CIO是制度体系执行监督机构的最佳人选。执行监督机构必须站在学校层面从上到下、从下到上全面进行制度执行的分析跟踪，以"为教职工、学生创造价值"的角度去做监督工作，为各系部、科室提供制度体系咨询、技术支撑服务，引导制度执行，配合学校领导班子保障整个职业院校的健康运行。

（四）建立全面整合集成的智慧校园平台

从各行各业发展来看，制度与流程的优化、技术手段的升级，必然会大大提升工作效率，降低人力和财力成本。职业院校也不例外，只有建设成全面整合集成的智慧校园

平台,或者与专业厂商一起打造符合职业院校制度体系的智慧校园平台,才能将各级管理者的双手从日常琐碎的工作中解放出来,让其有更多的时间从事更有创造性的工作,从而提升职业院校的核心竞争力。

系统化、规范化、精细化、信息化的管理制度体系是一所职业院校的"DNA"之一,也是学校能否实现可持续发展的关键因素之一。职业院校作为一种特殊类型的教育,只有建立一套整合集成、全面支撑学校经营管理,又能快速支撑其业务变化的智慧校园平台,才能保障职业院校的制度体系顺利落地执行,才能让学校的发展更加稳健、更具竞争力。

参考文献

[1]罗辉,李丽华.职业院校运营管理系统化、规范化、精细化、信息化的基本原理[J].中国培训,2016(19):48-50.

[2]吴军.企业 PDCA 管理模式探究[J].管理观察,2013(19):24-26.

智慧教室与智慧教学的原理与应用

刘鑫

(依能管理科学研究院)

【摘要】随着多媒体教学手段和设备的不断演进,以及智慧教学支撑工具的逐步完善,教学方式和实施途径都发生着巨大变化。课程教学由传统的单向知识传授变为双向、多向能力培养,教师由知识的灌输者变为学习的引导者。本文对多媒体教室各要素进行了研究分析,通过合理规划,构建适合学校应用需求的多媒体教室,在软件平台支撑下,以混合式教学模式实施智慧教学,提升教学效率和质量。

【关键词】多媒体教室;智慧教室;智慧教学;混合式教学

随着科学技术的进步,现代教育技术手段也不断更新,多媒体技术被引入教育教学过程,将原来抽象、枯燥的学习内容通过图形、动画等形式直观表现,增强了学生的学习兴趣。丰富的教学资源和生动形象的授课情境,改变了课堂教学,多媒体在教学中快速普及。媒体信息手段将如何发展,如何支撑教学? 课堂教学与课外学习将是何种模式? 如何建设智慧教室并实施智慧教学? 这些已成为当前职业教育信息化研究和应用的热点。

一、多媒体教学方式的演进

近百年来,随着信息技术发展,多媒体信息展示手段与设备发生了较大的变化。随着计算机的普及,计算机辅助教学时代到来,课堂教学中运用的多媒体信息手段也不断演进。20世纪初到20世纪90年代,教学素材主要以录像播放方式展示,经历了幻灯片投影、透明膜投影、磁带录音机、光盘影碟机等。20世纪90年代到现在,教学素材展示载体转变为网络教室屏幕、液晶投影机、光电感应电子白板、触摸一体大屏幕电视等,并逐渐在学校教室普及,教学设备设施更加人性化、智能化。

教学方式和教学手段的改进,让教师逐渐由知识的灌输者转变为学习的引导者,对其要求也越来越高,教师的职能趋向多元化,同时也促使各类学校不断升级教学环境,多媒体教室将变得更加开放化、智能化、互动化、移动化。

二、构建智慧教学的多媒体教室

智慧教学的多媒体教室组成通常包含六个要素,如图5-59。电脑主要负责多媒体教学资源的信息加工处理,然后通过显示设备展示教学资源和互动结果;教学过程中,利用书写设备及扩音系统进行内容表达和圈注,甚至对教学内容及师生语言进行采集和播放;通过摄像设备和录课系统把课堂实景教学同步地记录制作成视频课件。

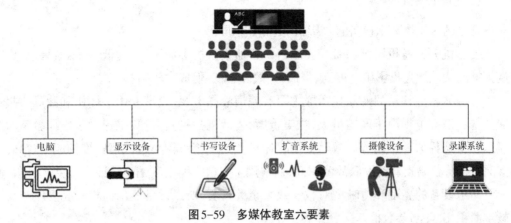

图5-59　多媒体教室六要素

目前,很多学校正在将普通教室改造为多媒体教室,有的学校希望对现有多媒体教室进行升级。学校在建设、升级多媒体教室的过程中,应当合理规划,在满足教学需要的前提下,兼顾建设成本及后续维护。

(一)电脑

电脑是最基础的多媒体教室设备之一,主要类型如表5-5。

表5-5　多媒体教室电脑类型

电脑类型	使用场景及特点
台式电脑	一般安装在教室讲台柜中
触屏一体机	将计算棒或Mini PC集成到触屏显示设备中,性能极低,维护替换极其不便
笔记本电脑	一般为教师上课时自行携带,通过数据线与显示屏幕连接
Mini PC	通用电脑,一般安装在显示屏幕下,性价比极高,维护替换极其方便,具有功耗低、静音环保的优势,是未来发展的一个趋势

电脑操作系统主要有三种:Android、MacOS、Windows。早期的多媒体教学设备多采用Android系统,目前基本被淘汰。苹果电脑存在各种外围硬件和应用软件的兼容性问题,导致许多优秀教学资源都无法使用,也不利于多媒体教室升级维护。支持Windows操作系统的软件十分丰富,能够满足各种教学应用。但微软已停止Windows XP系统升级支持,学校应尽快升级到Windows10,以兼容和支持各类应用软件。

如果仅需要满足电子教案播放、音视频媒体播放,以及电子板书软件应用等功能,电脑的配置要求不高。若要运行各种教学软件,应采用Windows操作系统,推荐配置:

英特尔(Intel)酷睿7代/8代I5 CPU，集成显卡，8 G DDR4内存，256 GB NVMe固态硬盘。

(二)显示设备

常见的多媒体显示设备有投影机、液晶显示屏等。

投影机分普通投影机和激光投影机。普通投影机寿命短、亮度低、显示效果差，已逐渐被淘汰。激光投影机亮度高、寿命长、故障率低，但成本较高。

多媒体教室常见的液晶显示屏主要有普通液晶电视、教学专用一体机和液晶拼接屏。普通液晶电视由于产销量大，物美价廉，售后维护极其方便，是建设多媒体教室时显示设备选择的一个趋势。教学专用一体机产销量相对较小、价格高、维护成本较高。液晶拼接屏价格贵、能耗高、故障率高，通常用于大型阶梯教室、学会报告厅、会议厅等。

显示设备的亮度和清晰度对教学效果至关重要，所以设备显示面积和亮度应当与教室面积相匹配，参数推荐配置如表5-6。

表5-6　显示设备参数配置

教室类型	显示屏幕尺寸推荐	显示屏幕亮度推荐
30人左右小班教室	65寸	2 000流明
50人左右标准教室	85寸	2 500流明
100人左右合班教室	100寸	3 000流明

(三)书写设备

通过书写设备，在教学过程中师生可对教学内容进行意义建构、重点标注、板书等，加强师生交流互动，提升教学效果。

目前多媒体教室书写设备主要包括大屏显示器书写、讲台同屏书写和无线手写板书写三大类。

大屏显示器书写主要是在红外电子白板、液晶触屏显示器上书写，前者延时长、书写体验差，将逐渐被淘汰，后者价格昂贵。大屏显示器书写需要教师站在屏幕前，限制了其活动范围，也容易引起视觉疲劳。

讲台同屏书写是教师在讲台的小屏幕上书写、操作电脑，大屏幕上同步显示，书写体验和板书效果非常好，尤其能够满足理工科类的大篇幅板书需求，是未来的应用趋势。

无线手写板书写，使教师能够脱离讲台的束缚，走到学生中充分互动，掌握教学节奏，激发学生的学习兴趣，同时借助指示教鞭，帮助学生加深对知识的学习和记忆。无线手写板将得到广泛应用。

(四)扩音系统

多媒体教室的扩音系统主要由输入设备麦克风,输出设备功放和喇叭组成。

教师为方便走动授课,课堂教学通常采用无线麦克风。常见的无线麦克风有座式、手持式、胸挂式、领夹式和耳挂式等。耳挂式无线麦克风具有小巧轻便、无须手持且音质稳定的特点,推荐使用。此外,在选择麦克风的时候还需考虑麦克风效果、指向性及拾音器类型。教学环境噪声较为复杂,推荐选择单指向麦克风。

麦克风的声音经电脑采集后通过喇叭播放,普通教室一般采用集成功放的有源音箱。功率过大容易引起噪声和啸叫,影响相邻教室教学,50人左右标准教室选择6~10 W喇叭功率足够。

(五)摄像设备

根据不同应用情境,多媒体教室通常采用四类设备进行课堂影像采集:实物展示台、摄像机、监控摄像头、USB摄像头。

大多数教室配备有实物展示台/高拍仪,可以将教材、文件资料、实物及教师书写的文字推送到投影机或显示屏,多用于作业讲解、试卷点评等情景。对于要求较高的实训课、公开课、精品课程,学校经常会邀请专业摄影团队拍摄制作高品质的视频课程,多机位采集授课情景后交给工作站使用专业级非线性编辑软件处理音视频,成本较高、时间较长。有的学校采用监控摄像头录制课堂实景,作为评教、考勤依据,也可制作成要求不高的学习资源。

常规教师备课或微课资源录制,通常会使用笔记本摄像头或USB外接高清摄像头。使用USB摄像头能够便捷拍摄课堂场景、实验演示,简单易用,师生可在课堂中自行操作,性价比高,成本低。普通教室同步录课,推荐采用脚架固定USB外置摄像头(机),多机位同时拍摄。摄像头也可实现高拍仪功能,采集的画面通过大屏设备展示,结合书写设备同步实现视频画面讲解和标注,教学效果媲美师生一对一现场讲解。这种方式能够彻底解决场地有限、学生拥挤、视线受阻等弊端,大幅提升教学效率。

(六)录课系统

为促进学校资源建设,为学生提供课后复习课件,往往需要同步记录课堂教学过程。常见的录课方式有三分屏录制、演播室拍摄制作、教学监控系统同步录课、课堂实景同步录制等。

三分屏录制课件的形式相对固定,大多在录播教室录课,缺少课堂实景和互动,现已逐步淡出大家的视线。部分学校搭建了专用录影棚,一些实力雄厚的学校使用抠像技术制作虚拟场景,这种录播教室和录播系统投入相当大,使用率不高,一般不用于多媒体教室和普通教室。部分学校采用教学监控系统同步录课。该方式主要将教学监控的摄像头兼作场景拍摄摄像头，一般用于质量要求不高的课堂同步录制。

将教师课堂授课实景、电子讲稿、实验操作、教学活动等画面同步记录的录课系统更加满足学校的应用需求。使用录课系统将课堂实景及师生互动过程等同步录制，生成包含课堂实景的数字化教学资源，可用于学生课后复习、教学示范交流以及校际教育资源共享。这种录制方式还原真实的课堂教学过程，实施成本低，是未来发展的主要方向。

多媒体教室建设应合理规划，遵循"运行稳定、功能实用、易扩展、易维护和高性价比"原则，最大化利用教室资源，协助教师高效率完成教学任务，提升学校教学质量。

三、智慧教学典型应用模式

教育信息化的核心理念是信息技术与教育教学实践的深度融合。简单的硬件设施不是教育信息化，只有把信息技术与教育教学过程结合起来，利用信息技术改造教育教学的过程才是教育信息化。

多媒体教学不是单纯的硬件使用，应当充分发挥教学主动性和灵活性，将单向的知识传授变为双向、多向能力培养，进而实现"智慧"的教与学。教师的角色也应相应发生变化，转变为课堂设计者、提问者，事先精心备课，课上为学生创设最佳学习情境，刺激学生思考，提升学生学习兴趣和主动性，顺利地完成教学任务。合理使用多媒体技术进行信息化教学，不仅有助于提升教学质量，也能为学校积累智力资产。

（一）课前备课应用

学校要全面推行、落实资源库平台建设和资源校内共建共享，通过自建、购买、定制开发等多种途径丰富资源库，逐渐实现每门课程拥有数量丰富、质量较好的资源库。备课时，教师从资源库平台获取素材资源，依托网络备课平台，定制个性化电子教案，精心设计教学过程，布置作业并答疑，完成在线备课。

（二）课堂授课应用

授课中，教师围绕个性化电子教案组织课堂活动，设置教学情境，帮助学生构建知识，利用分组讨论、抢答竞赛、实践演示等方式，提升学生注意力和参与度。无线手写设备能够帮助教师离开讲台深入学生进行高效互动，充分调动学生的主动性，培养学生创新能力和自主学习能力。

（三）课外活动应用

课后，教师可以利用教学平台开展以学生为主体的教学活动。例如事先设定问题或任务，提供视频、课件、习题等资料供学生预习。学生登录教学平台获取课堂的实景录课、微课等进行自主学习，学习过程中可进行在线提问或小组交流讨论，充分体现学习的个性化和自主性。借助平台可记录、追踪每位学生的学习情况,教师可根据记录客观评价学生,甚至实施个性化分层教学,提升教学质量。

我们认为,以教师为主导的传统课堂教学方式会继续保持,但教师可以从学校资源库快速获取资源,通过网络平台进行备课,实现花很少的时间制作出优秀的教案,课后通过平台布置、批改作业,与学生进行在线交流、互动等,而学生可以在平台自主学习课堂实景录课等资源,这就是智慧教学在软件平台支撑下的混合式教学模式。利用信息化手段改变传统课堂,授课效率和质量将得到极大提升。

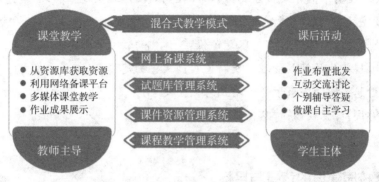

图5-60　智慧教学:软件平台支撑下的混合式教学模式

多媒体教室、数字化教学资源以及混合式教学软件支撑工具是智慧教学的必要条件。建设支持教师在走下讲台深入学生与其充分互动的情况下依然能进行板书批注,支持将课堂授课实景、电子讲稿、实验操作、教学活动等画面同步展示并记录的多媒体教室,不仅有助于加强教学互动,提升学生学习兴趣和主动性,也能逐步为学校积累大量的教学资源。多媒体教室和软件平台支撑下的智慧教学将给课堂教学注入新的活力,推动教学改革和提升。

参考文献

[1]杨俊峰.面向数字一代学习者的智慧教室设计与评价[M].北京:中国社会科学出版社,2017.

[2]罗辉.职业院校数字化资源建设及教学应用[J].中国培训,2016(1):47-49.

智慧化校园生活的建设研究

甘志勇

（重庆市渝中职业教育中心）

【摘要】随着信息技术在学校教学、科研、生活、信息服务中的日益深入,学校原有技术与学校发展需求的矛盾日益突出,数字校园的功能运用还很初级,智慧化缺乏。智慧校园是数字校园的进一步发展,实现随时随地的师生互动、无处不在的个性化学习、智能化的教学管理与学习过程的跟踪评价、一体化的教育资源与技术服务、教职工岗位能力的提升、规范化的绩效管理以及特色校园文化的建设等,都需要智慧校园来支撑。因此,建设智慧校园的要求十分迫切且意义重大。

【关键词】智慧校园;信息化教学;分步实施

一、智慧校园建设的背景与目标

重庆市渝中职业教育中心(以下简称"学校")于2014年与成都依能科技股份有限公司合作,建设数字化校园,完成网络基础层建设、网络基本应用服务建设、信息化意识和技能培养、"数字校园"运行与管理服务体系建设四项任务,建成了集教育、教学、资产管理、办公、招生就业、人事管理六位一体的平台,建立了学校教育信息化领导小组和数字化校园管理中心,构建了信息技术应用的管理、培训和考核制度,形成了数字化的教育教学环境、科研环境、管理环境和生活环境,实现了360°全方位服务于学校师生工作、学习和生活的数字化环境。

图5-61　学校与成都依能科技股份有限公司合作建成六位一体的数字校园平台

依据《教育信息化十年发展规划(2011—2020年)》《重庆市教育信息化"十三五"规划》及《渝中区"十三五"发展规划建议》中关于未来教育信息化建设的要求,借鉴国内外具有代表性的智慧校园建设经验,学校提出"智慧校园"建设目标:运用物联网、大数据及云技术,打造集智慧教室、智慧门禁、智慧数据中心、智慧应用平台为一体的智慧校园。它将通过无处不在的智能化传感器组成的物联网,实现对校园的全面感知并随时获取信息,借助云计算、决策分析优化等技术对感知信息进行智能分析和处理,构建高速泛在、智能灵活、共享开放的信息化校园,创造一个高效、智能、幸福的校园环境。同时,构建以开放共享、融合创新、在线交互为特征的智慧教学环境,打造面向智慧教室、资源库的教育教学支撑系统和自主学习平台,实现学习资源的智能推送、学习过程的便捷互动、学习效果的跟踪评测等,促进信息技术和教育教学的融合。其主要覆盖范围包括校园管理、教学过程、校园生活等方面。

(一)建设智慧教室

将学校上课教室和正规实训室建成基于物联网技术集智慧教学(智慧课堂)、师生考勤、环境智慧调节、视频监控及远程控制于一体的新型现代化智慧教室50间、智慧实训室35间;建成利用虚拟技术模拟教学场景的3D智慧教室1间,建成新型创客智慧实训室1间。

(二)建设智慧门禁

建设一体化出入管理系统,涵盖车辆、师生、访客出入校门自动管理,教室、实训室、办公室、寝室的进出权限管理以及校园电子围篱的建设。

(三)建设智慧数据中心

升级有线及无线网络线路,升级网络中心,新建职教数据中心,扩容网络带宽。

(四)建设智慧应用平台

升级数字化校园平台,建设10间智慧学术厅或会议室以及1间录播室。

二、智慧校园建设的探索

(一)智慧校园建设的设计原则

1.总体规划,分步实施

边学习培训,边实施建设,边规范完善,逐步形成各类技术规范、建设规范和应用规范,优先发展急需的应用系统。

第一步完成网络线路改造和网络中心升级;建成校园一体化出入管理系统;进行智慧会议室的建设;进行智慧校园各软硬件的培训和应用。

第二步完成数据中心建设,完成网络线路带宽扩容;完成教室视频监控系统,教室门禁系统,灯光、窗帘、空调控制系统建设;进行智慧校园各软硬件的培训和应用。

第三步完成实训室、办公室和寝室的视频监控系统，门禁系统，灯光、窗帘、空调控制系统建设；完成智慧教室的教学系统和3D智慧教室的软硬件建设；进行智慧校园各软硬件的培训和应用。

第四步建成校园电子围篱；完成数字化校园平台的升级；进行智慧校园各软硬件的培训和应用。

第五步完成智慧校园的培训和应用推广；完成智慧会议室和录播室的建设。

2.整合过渡，保护原有投资

采取整合、优化、提升、改造等方式。

3.实用性，可管理

主要技术和产品必须具有成熟、稳定、实用的特点，其建设以服务用户为宗旨，为广大师生提供一个全面的智能感知环境和综合信息服务平台。

4.先进性，可靠性

系统设计既要采用超前思维，保持系统在一定时期内的先进性，又要注意系统的可靠性和稳定性，不使用不够成熟、会降低可靠性的方案和技术。

5.开放性，易扩展

在数据标准、协议等方面要遵循标准化原则，尽量使系统结构模块化，操作平台之间的相互依赖度减小。系统应具有开放性特点，以便容易升级和扩展。

6.协调发展，突出应用

厘清智慧校园建设各个环节内在的逻辑关系，制订合理的分步实施规划，以确保各项内容的协调发展。选择能在短期内实现的应用系统作为试点工程，组织力量重点突破，争取早日见效并带动全局。

7.保障安全性

在平台设计中，学校联合专业网络安全厂商共同探讨并部署全面、可主动防御的深度网络安全体系。针对不同的应用和不同的网络通信环境，采取不同的措施，制订一系列的保障计划，搞好数据的备份和容灾。

8.机制建设和信息化意识与技能培养

成立信息技术中心，建设和完善相关管理和运行制度(特别是激励制度)，进行信息技术培训等。

(二)智慧校园建设的内容与步骤

1.建设智慧教室

(1)教学系统。教学系统由原有的电子白板系统或触控一体机，增添的智慧摄像、中控及其软件构成。支持教师通过云桌面实现教学数据的漫游，并将数据存放在学校云平台上,实现移动办公功能。同时,通过网络、硬件设备的建设和资源库的建设,实现学生移动学习的功能。

（2）LED显示系统。LED显示系统由显示器、控制器及其软件组成,安装在教室门处,显示正在上课的课程名称、专业、班级、任课教师、出勤率等。

（3）人员考勤系统。人员考勤系统由RFID考勤机、考勤卡及其控制软件系统组成,对进入教室的人员进行身份识别。对合法用户进行考勤统计,对非法用户进行告警。

（4）灯光、窗帘、空调控制系统。该控制系统由灯光控制器、光照传感器、人体传感器、窗帘控制系统、空调控制系统和配套控制软件构成。通过人体传感器来判断教室内对应位置是否有人,以此启动或关闭相关系统。

（5）资产管理系统。资产管理系统由特高频RFID读卡器、纸质标签、抗金属标签、配套软件系统组成。对教室内的各类物品进行出入教室的监控和管理,对未授权用户把教室内物品带出教室进行告警。

（6）视频摄像系统。视频摄像系统主要实现教室内的安防监控、电子巡考、教学督导及课堂录播等功能。

（7）教室内中控设备安装。为实现智慧课堂教学内容的优化呈现、学习资源的便利获取、课堂教学内容的深度互动、情景感知与检测、教室布局与电气的物联网管理,安装集云端访问、实时记录、泛在技术应用、增强显示系统、可视管理、现场录播、网络感知和即时互动的中控主机系统,实现如图5-62所示功能。

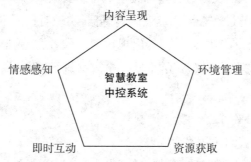

图5-62　教室中控系统实现功能示意图

（8）教室多媒体平台改造。主要包括物理空间等基础设施子系统、智能化识别和感知子系统、可视化中控、能耗及监控子系统、基于大数据智能分析的增强现实交互演示及异地同步教学实时记录子系统、云端服务和移动终端等泛在技术应用子系统。

（9）3D智慧教室。在智慧教室的基础上,添置仿真3D系统。

2.建设智慧数据中心

（1）改造网络线路——升级有线及无线网络线路。为满足移动办公、智慧教室、云桌面、智能安防、智能灯光、智能访客等应用的需求,进行结构化布线,升级现有校内间光纤带宽,设计线路冗余备份,实现校内线路的光纤化改造。

（2）扩容网络带宽。

（3）升级网络中心。升级到交换架构、线路;升级综合服务到单列化服务,分散数据压力;升级现有楼层交换机和汇聚层交换机;增加AP数量,调整覆盖范围。

（4）新建数据中心。建设渝中职教中心云平台;建立基于虚拟化的服务器群组;云管理软件建设及整合;VMware虚拟化平台终端硬件及软件建设。

3.建设智慧门禁

（1）建立车辆出入校门管理系统。

通过对车牌快速识别,控制校园车辆数,确保进入车辆的合规性以及视频、图片、时间、车牌等相关信息的完整性。

（2）师生出入校门管理系统。实现即时记录师生的出入校门信息,提高师生出入校园安全管理水平。

（3）建立访客出入校门管理系统。实现访客登记的智慧预约和信息记录。

（4）教室门禁及考勤系统。学生和教师需携带智能卡方可进入智慧教室。系统自动汇总学生及任课教师的考勤情况,并提交班主任和学校相关处室,同时实现教室智慧安全管理。

（5）办公室及寝室门禁系统。教师需携带智能卡方可进入智慧办公室,师生携带智能卡进入智慧寝室,从而实现办公室和寝室的智慧安全管理。

（6）电子围篱。通过在校园围墙安装传感器,实现对校园安全管理区域的检测与管理。学生只要翻越校园围墙或是校外出现蓄意侵入者,报警器就可以通过传感器发出警告,进而让学校掌握主动权,在学生发生事故前进行"阻止",将安全隐患消除在萌芽阶段。

4.建设智慧应用平台

（1）升级数字化校园应用平台。

①智慧门禁管理系统:包括车牌扫描、出入校门、出入办公室、出入教室、出入实训室、出入寝室等功能。

②考勤系统:包括出入校门、出入教室、出入实训室、出入寝室、请假制度等功能。

③教学管理平台:包括排课系统、选课系统、备课管理、教学评价系统、学籍管理和资助管理系统、资源库、考务管理、在线考试、成绩和试卷分析、科研管理、教师研修等功能。

④云教学系统:包括账号分配、互动、人员GPS定位等功能。

⑤云办公系统:包括教职工考评、教职工岗位价值评估、教职工岗位能力培训、教职工人员测评、教职工岗位通用能力系列培训课程、桌面云办公等功能。

⑥考试监控管理系统：采用多路硬盘录像机，可根据不同的监测范围选配不同焦距的镜头，并可根据实际情况选配固定摄像机、带云台的摄像机、一体化摄像机、一体化快球等，进行监控、存储。

图5-63　学校智慧校园平台试题库管理系统

⑦图书管理系统：包括图书管理、读者管理、借阅管理、图书查询、读者查询、借阅查询等功能。

⑧校企、校校合作管理系统：包括奖学金查询、企业订单班查询、实习企业查询、合作企业统计等功能。

（2）完善会议室配置。

包括会议室门禁系统，根据权限出入；会议室投影仪、空调、灯光、音响等设备控制系统；安装高清液晶显示屏幕及控制系统等。

（3）录播室。

包括精品课程、网络课程等课程资源建设的视频录制、编辑；实现在网络上直播教学；系统支持标清及高清信号转发及存储等。

5.信息化技术和应用意识培养

包括智慧校园各种设备使用培训、智慧校园平台使用培训、教育教学应用培训等。

6.修改完善智慧校园管理和应用相关制度

包括与智慧校园平台应用各部门制定学校信息化管理、信息安全等相关制度。

三、智慧校园建设的成效

（一）智慧校园全部建成带来的变化

（1）更好地实现师生移动教与学。

（2）提升校园安全管理水平。

（3）提高办公效率。

（4）提供"一站式"服务（为学校师生和来访人员提供办事、学习等一站式窗口）。

（5）培养具备现代信息意识的高素质技术技能型人才，服务地方经济。

（二）提供直观的智慧教室显示系统

学校的智慧教室，门侧有显示屏显示班级管理系统，显示班级名称、专业、人数、上课教师姓名等信息。智能门锁可以密码开锁、指纹开锁，也可以手机 App 远程开锁等。灯光、窗帘、空调控制系统能远程控制，方便各班对电、窗帘、空调的及时管理。教室里的触控一体机，可便捷操控和查找本地及网络资源，让教师教学更加得心应手。视频摄像系统实现了教室内的安防监控、电子巡考、教学督导及课堂录播等。学校的演播厅，在以上基础上，加上大屏幕高清屏，无论是学前教育专业学生排演各类活动，或是全校师生的活动，都提供了更加直观、更形象的视觉冲击。

四、智慧校园建设中存在的问题

建设过程中，资金的保障、采购的流程、工作的协调和专业性等都是有挑战性的工作。

应用过程中，一来建设是分步进行，总体效果还需要全部建成后才能体现；二是对部分建成的项目，师生们都需要有一个学习摸索的过程。总之，还处于学习阶段，还需要大力推进并持之以恒。

五、智慧校园建设的建议

（一）组织机构及人员保障

1.智慧校园教育信息化建设领导小组

以校长为首，分管校长和相关处室主任参加。

2.智慧校园信息化工作推进小组

校长负责，分管校长和信息技术人员为基本队伍。

（二）经费预算

分智慧教室（含实训室）建设、综合应用平台（含智慧功能室）建设、云数据中心建设、智慧门禁建设，资金预算总额为1000多万元，分步实施。

（三）技术人员技术更新保障

采取派出去、请进来等方式，充分利用各级骨干教师培训、设备购买时企业的培训等,对主要技术骨干进行大数据、云计算、物联网、电子技术等内容培训。

(四)全员信息技术意识和技能培训培养

主要通过新设备的使用技能培训,让全员打好使用基础。

(五)智慧校园在教育教学和管理及师生校园生活中的应用

通过各类各级研究课、公开课、考核课等,提升教师在教学中的应用;通过班级教育活动、主题班会等,提升班主任教师在教学中应用的技能水准;校长首先使用,带动全体行政人员,包括教师使用智慧校园的各项新功能、新技术,提升管理服务水平和效率。

数字化优质教学资源开发建设与共享研究

——以校本电子教材为例

杨宗武　李祖平

（重庆市工商学校）

【摘要】在国家积极开展教育信息化的大背景下,数字化优质资源的开发和共建共享正成为教育现代化的主流趋势。大力开展优质的数字化教育资源的开发、利用、共享共建,不仅是教育改革的重要目标,也是国家人才培养战略的重要方面。本文从对数字化优质资源的认识入手,探讨了优质数字化资源的优势,通过共享平台的构建和资源建设、管理、评估等措施的有效实施,发挥出数字化优质资源的最大效能,确保其可持续发展的生命力。

【关键词】数字化教学资源;开发建设;共享

《教育信息化十年发展规划(2011—2020 年)》中明确提出:通过优质数字化教学资源共建共享、信息技术与教育全面深度融合、促进教育教学和管理创新,助力破解教育改革和发展的难点问题,促进教育公平,提高教育质量,建设学习型社会。但目前我国优质数字化教学资源的共建共享仍然处于发展的初级阶段,对数字化教学资源的认识还不够深刻,导致优质数字化教学资源的共建共享局面的形成面临机遇和挑战。

一、数字化优质教学资源的内涵及特征

随着信息技术和网络的普及,数字化的时代已经到来。数字化在影响人们生活的同时,也在颠覆着传统的学习模式和环境。在优质数字化资源的帮助下,人们的学习方式和学习效率也在不断实现新的突破。

数字化教学资源是指支持数字化教学过程中可被教学者或学习者利用的一切人力资源或非人力资源。其中,人力资源包含教师、学生、学习小组、家长、网友和网络教师;非人力资源则涵盖了各种数字化、网络化的教学材料,如教学软件、网络资源、教学平台和教学资料数据库等,以及数字化教学的辅助设施、数字化教学环境和教材系统支持等。也就是说,在计算机和网络中一切可利用、有价值的教学资源,它不但能有效促进教学实效性的提升,也能促进教学信息化的实现。目前,数字化教学资源的形式可谓是花样百出、形式多样,其中包含了文本、图片、声音、影像、PPT、网页、软件、光盘等,其内容也包罗万象、精彩纷呈。

虽然目前丰富的数字化教学资源已经获得学习者的认可,但对数字化优质教学资源的需求仍然存在着较大的空间。因此,我国通过多种项目来推进数字化教学资源建设,其中国家精品课程建设这一举措,使得数字化优质教学资源的共建共享成为现实。从现实来看,数字化优质教学资源主要有以下属性:

一是价值性。数字化优质的教学资源不仅耗费了建设者大量的人力和物力,也融入了建设者对教育事业的热情和职责感。数字化教学资源的开发不是一蹴而就的,需要建设者不断地去学习、思考、研究、总结、反思、实践,并及时对资料进行收集、整理和更新。这样才能给学习者带来最有效、最新鲜、最有意义的启迪和收获。因此,数字化优质教学资源无疑是资源建设者长期教育智慧的结晶,其价值显然是不言而喻的。

二是时间性。数字化优质资源的时间性主要体现在三个维度,即开发周期、更新周期和访问效率上。数字化优质资源的开发因其必须体现出更高的价值性,所以资源的开发总是需要更多的时间,周期也相对较长。随着社会经济的发展和科技文化的进步,数字化资源也需要随着信息技术的变化不断地进行及时更新。一旦数字化优质资源不能获得及时的更新、升级和完善,就有可能丧失掉其价值性,并逐步变得无人问津。当然,访问的效率也是体现数字化优质资源时间性的一个关键部分。通过较少的访问时间获得最大的教育资源,是学习者最乐于见到的,也是促进优质资源共享的一个重要方面。搭建完善、便捷的数字化优质资源检索平台,促进访问效率的提升,才能更大地发挥数字化优质资源的共享作用。

三是共享性。由于数字化优质资源属于非竞争性产品,其存在的意义就是开放共享,因此人们在使用这些资源的时候不存在竞争和排斥。虽然由于机制的不完善,在一定程度上还存在着共享不完全的现象,但随着我国教育改革的不断深入,对优质教育资源均衡化的需求越来越强烈,数字化优质的教学资源的共享正逐步成为国家教育改革的长期目标。

二、校本电子教材数字化资源开发与利用的优势

电子教材作为一种新型的数字化学习资源,因其容量大、更新快、形式多样、内容丰富、节能环保、使用便捷、易于管理等优势,和促进沟通等方面的作用,正逐步成为未来教材发展的主流方向,也被慢慢引入我国的教育改革中来。电子教材的结构化呈现、媒体可操控性、作业功能、笔记功能、管理功能、学习考核功能等,不仅能促进优质教学资源的共享,实现教育的公平,也催生着学习方式的重大变革,让学生随时随地可获得更多、更广、更具个性的学习资源,促进学生的个性化发展和创新性培养。因此,电子教材的发开和利用,既符合我国教育改革的时代趋势,也体现了我国人才培养的战略目标。具有个性化、创新性和浓郁地方人文特色的校本电子课程和校本电子教材也就随之应运而生。

基于校本化的电子教材就是运用网络信息技术，将校本教材以数字化资源的形式呈现出来，它不仅实现了资源和学科的有效融合，也促进了教育资源的多元化、立体化发展。从现实来看，校本电子教材的开发和利用具有以下优势：

一是可以促进优质教学资源的共建共享。传统教材建设的主体是教材的编写者，而校本电子教材则将其拓展为教师、学生、家长等。通过网络信息技术的应用，教师、学生甚至是家长都可以在共享优质教学资源的同时，通过网站或平台，提出自己的意见或建议，让校本电子教材的建设者能获得数字化教学资源的利用情况，并及时对校本教材中的问题进行反馈、修改、完善和更新，提升数字化优质资源的价值性，促进校本电子教材的共建共享。

二是可以促进学生个性化发展和培养创新能力。校本电子教材正是出于对学生个体性差异的考虑，充分利用现实资源优势，激发学生对知识学习的渴望，并通过让学生自主探索，培养学生独立解决问题的能力；同时还能拓展学生的视野，满足学生个性化学习的需要，激发学生的创新精神，促进学生个性化、多样化地发展。

三是可以促进学生的知识、技能、情感等的相互渗透。校本电子教材能有效促进学科知识、技能、情感与社会资源的相互渗透，引导学生充分关注我国和地方的地域人文特色，激发学生热爱祖国、热爱家乡。同时，能让学生合理利用家庭、学校和社会资源，展开深入的调查和研究，从多个方面获得知识，促进其技能的提升。

三、校本电子教材数字化教学资源开发建设的途径和方法

虽然数字化教学资源的建设已经走过十多年的发展历程，其建设规模也呈现出空前的繁荣。但目前的数字化教学资源建设在一定程度上还存在着效率低和重复建设的问题。针对校本电子教材的开发建设，我们采取什么途径和方法更有效呢？笔者认为应从以下几方面去开发校本电子教材，做好数字化教学资源的建设。

(一)制定有效的激励政策形成资源建设与教学相互促进的良性机制

对资源库的建设、应用要有相应的激励政策，鼓励教师积极开发和使用网络教学资源，探索利用网络进行教学的新模式，对建设中成绩突出、贡献大的集体或个人要给予奖励(包括教学成果奖)和发放奖金，主动提供设备、投入经费等。

(二)建立校本电子教材数字化教学资源库的全面评价机制

资源评价是资源库建设中的一个重要环节。评价不仅仅是区分资源是否合格，更重要的是通过评价使资源建设者建设出更高质量的资源，使使用者能有效地筛检所需的资源。

(三)加强教师现代教育技术的培训

无论是哪种途径的资源开发都离不开教师的参与,因此对教师的培训至关重要。培训的内容主要是现代教育思想和现代教育技术。学校要经常有针对性地举办不同类型的学习班,采取研讨式、经验交流式、"请进来、走出去"等方式进行,通过培训提高教师的现代教育理论和专业技术水平,适应现代化教学。

(四)以"资源普及"促进"资源应用",以"平台建设"提高"资源意识"

由于教育观念的限制,"资源普及"仍将是今后一段时间内"资源应用"首要解决的问题。要想做到深入应用,必须让广大教师知道资源的位置、内容、效果,使他们愿意使用。资源库的使用者是广大师生,资源库在提供丰富产量的同时应该强调"平台意识"。资源库本身是一个开放的平台,应该根据教师的需要不断进行修改和完善。

(五)资源库的应用应着眼于课程的深层次整合

在应用过程中,教师应将资源库中资源与教学实际有机整合,做到教学最优而不是完全的拿来主义。

四、校本电子教材数字化教学资源的共享策略

(一)立足校本教材研究,优化资源活力

想要更好地实施数字化优质资源的共建共享,就要深入挖掘校本教材的资源,运用现代化信息技术,积极开展校本电子教材的开发和利用,发挥出数字化优质资源的优势作用。以课程标准为指导,选取符合学生认知规律、心理特征和个性发展的内容,并积极渗透对学生知识、技能、情感的培养,适度融合社会经济文化生活的需求,开发出灵活有度、适合本地区和本学校具体情况的校本电子教材,将数字化优质资源的价值优势发挥到极致,并保持优质资源鲜活的生命力。

(二)构建资源共享平台,明确主体责任

在明确数字化优质资源建设的内容后,需要积极构建出资源共享平台,明确管理主体的职责要求,确保优质资源共建共享功能的长效发挥。从现实来看,数字化优质资源可以是一个学校内共建共享,也可以在一个市区或地域内,甚至是全国范围内的学校间实现共建共享。这不仅需要有一个安全、稳定、实用和可操作性都良好的共享平台,更需要学校、省市教育部门、教育部等建立职责明确的数字化优质资源建设、管理、评估规则标准,为优质资源的共建共享提供制度支持。这样既能确保共享平台的有效运行,也能防止重复建设和资源浪费,保持资源更新的效率,使数字化优质资源获得长期、稳定、

高效、可持续的发展。目前,教育部、科技部等部门已经开始着手平台建设的总体设计,并选择若干省份逐步开展试点运行工作。

(三)探索数字化图书馆,扩散共享效益

在数字化优质资源建设完成之后,下一步的重点就是数字化优质资源的使用、管理和维护,这关系到数字化优质资源共建共享效益的发挥。从一定意义上来看,数字化优质资源共建共享平台的功能和数字化图书馆的功能存在一定的相同之处,其根本的目的都是为学习者提供资源的服务。因此,在数字化优质资源的管理、使用和共建共享方面,借鉴数字化图书馆的管理经验,在技术、设备和管理机制上进行优化组合,借助数字图书馆的资源优势,将优质资源的上传、管理、检索等进行一体化合并,将数字化优质资源共建共享的扩散效益发挥到极致。

综上所述,只有认清数字化优质资源属性的作用,通过对校本电子教材的利用和开发,才能更好地发挥出数字化优质资源的优势力量。同时,借助安全、稳定、实用、可操作性强的共享平台,明确数字化优质资源建设、管理、评估制度,借助数字化图书馆的平台优势,实现资源上传、管理、检索一体化合并,才能促进数字化优质资源科学高效的建设、管理和共建共享的局面的形成,从而为我国教育改革的稳步发展提供助力。

参考文献:

[1] 胡畔,王冬青,许骏,韩后.数字教材的形态特征与功能模型[J].现代远程教育研究,2014(2):93-98,106.

[2] 孙众,骆力明.数字教材关键要素的定位与实现[J].开放教育研究,2013(4):60-67.

[3]章苏静.数字化教学资源管理[M].北京:科学出版社,2008.

[4]李文莉.教学资源共建共享项目管理机制及绩效评价研究[J].中国电化教育,2010(11):71-73.

[5]冯向春.高校图书馆对校内数字化教学资源的整合研究[J].图书馆,2011(1):100-102

[6]李萍,吴乃鑫.基于角色的动态权限管理在数字化校园系统中的实现[J].南通职业大学学报,2011(4):89-92.

优质数字化教学资源在高职学校的有效利用

陈林译

（重庆市工业高级技工学校）

【摘要】教育信息化已成为现今教育的必然趋势，如何有效整合、科学利用优质的教学资源，有效提高资源的利用率成为目前许多高职学校面临的机遇和难题。如今资源的共享率低、缺乏整合、使用率低、使用途径少、缺乏针对性等，导致资源的有效利用率低。探讨这些问题的解决方法，研究资源的延伸特点，例如引导学生的兴趣学习，提升教育和管理水平，梳理资源的质量，将优质的数字化教学资源有机地运用到实际教学环节中，提高优质资源的利用率。信息化教育的利远远大于弊。

【关键词】信息化；优质；教学资源；利用率

在科技和互联网相互促进融合的新时代，在知识唾手可得的今天，获取知识的途径由以前的经教学活动中获取进阶为通过互联网即可快速有效地获取。学生通过上网也可获取大量知识。伴随着互联网、云计算、物联网等技术的快速发展，目前已有学校利用信息化技术的优势，引入了一些信息化设备和系统，这令传统教学模式受到前所未有的冲击。但这种冲击并不令教育者感到消极，结合使用反而成为教育利器。在国家教育信息化政策的支持下，教育跨越式发展是大势所趋。智能环境改进了教与学的方式，教育的理念、文化和生态也向一个良好的趋势发展。站在新技术带来机遇和挑战的十字路口，结合高职学校的实际情况，积极探索教育模式，提高优质的教学资源的利用率至关重要。

一、影响利用率的因素

教学信息化的优点数不胜数，但网上的信息鱼龙混杂，信息分布广泛，资源建设存在缺乏统一标准、分布不均匀、发展不平衡、缺乏高职特色等问题。我们需要解决如何合理整合资源，有效又有针对性地对学生进行输入，让学生从巩固所学到学以所用，为学生提供更宽广的继续学习平台等难题。研究这些问题都有利于提高优质教学资源在高职学校的利用率。

(一)资源共享率低

高职学校间具有强烈的竞争意识，教学资源共建共享意识淡薄。通过大量的调研发现，我国高职学校师生多通过校内途径获得教学信息资源，较少也没有正规渠道获得其他学校的教学资源。一方面是源于学校间缺乏沟通和交流，另一方面是学校不想失去因自身优质资源建立起的优势，便不愿共享优质资源。

（二）资源缺乏整合

不同学校因其地理位置、历史因素、政策环境的不同，现有资源和平台的建设投入也不同，没有合理地整合、有规划地统筹资源。一部分学校在专业建设时仅利用手边的资源，未在相关领域进行调研，未广泛听取业内的需求，从而导致不能形成系统的人才培养体系。这就让优质的教学资源无处可用，得不到发挥。

（三）资源使用率低

经调研发现，部分学校喜欢沿用上一届的专业课程，有些是出于实施过的具有一定权威性，但其中也不乏偷懒的想法。不及时调整课程设置与当下行业的结合度，不及时将资源更新至优质的教学资源，导致了资源使用率不高。

（四）资源使用途径少

学习过程拘泥于教师讲课，学生听课，课后完成作业的过程。使用电脑却没有用上优质资源，没有将学生随身不离的手机和资源结合起来。

（五）资源使用缺乏针对性

教学资源有难易之分，将同一资源用在校内所有学生上，优秀的学生认为太简单，基础比较薄弱的学生又无法理解。如今的教学方式、作业布置不具有个体的针对性，致使资源使用了，却没用到点子上。

（六）资源没有发挥对学生兴趣的引导作用

资源没有得到广泛的利用。学生学习的主动性是需要教师培养的。对不同的学生像投放广告一样提供优质的教学资源，吸引学生学习和扩展学习面。当下缺乏这样一个让学生学习的环境。

（七）资源的使用单一

资源使用略单一，使用过程中没有总结和利用其特性，没有将资源的学习和学生的学习生活融合起来。

二、建立学校与学校间的资源共享生态圈

校与校之间不仅是竞争关系，也是互相促进进步的有效因子。《教育信息化2.0行动计划》要求建成国家教育资源公共服务体系，国家枢纽和国家教育资源公共服务平台，32个省级体系全部连通，让数字教育资源实现开放共享，全面形成教育大资源开发利用机制。高职与高职间加强学校、校长、教师和专业机构间的交流合作，分享教学创新成

果和典型经验,有助于提升优质教学资源的利用率,避免重复建设、资源浪费,互相取长补短、协作推进,形成良性的竞争协作关系。并且,如果加强学校之间教学资源的共享,就能使落后的高职学校以较小的成本获得更多的教育资源,从而缩小与重点职校教学资源的差距。

三、合理整合资源,加强理论研究与专业设计

(一)保留优质教学资源,淘汰落后的资源

知识的更迭、技术的进步造成了资源优劣的转变,高职学校应结合专业和行业发展现状,重新梳理并分析教学资源的价值。

(二)更新专业设置

信息化技术的加入,将一些曾经在课堂上无法进行的教学,用另一种方式融入基础教学环节。对于校内某些教学资源不完善的专业,其缺乏的部分可以用信息化下的资源进行补充。所以,在解决资源获取的问题上,充分结合现有资源和通过信息化技术获取的资源,学校可以进一步地优化现有专业设置情况,为其润色,打造更具特色、更利于学生学习的专业体系。

(三)利用反馈信息判断适应性并做调整

根据不同专业指定相关的学习效果评判体系,随时跟进学生在信息化教育下的学习情况,判断出某优质教学资源对某校某专业某班的学生的适应性,教学计划做出相应的调整。对学习效果的记录也能成为研究优质教学资源利用率的研究资料。只有用对了资源,才能在本质上提高资源的利用率。

四、学校搭建平台,构建智慧学习支持环境

学校搭建信息化教学平台,是最直观、影响最直接的方式,这个平台也是学生可以利用资源进行学习的第一阵地。基础的设备包括电脑、投影仪、手机等。课上教师可以利用电脑、投影仪播放教学资源,同时可以用手机进行联动,例如学生可以发送弹幕提交疑问,及时和教师交流知识点;课余时间学生可以通过网络进行补充学习,利用软件完成一系列的学习任务。这就意味着教学的组合充满了多种可能性,大大提高了教师组织教学的灵活性。这就是智慧学习支持环境贯穿课前任务、预习、学习、巩固到运用,将信息化技术手段融入学生的学习生活中。

重要的是高职学校以及学校的教师应积极响应国家的号召,高度重视数字化教学资源。为学生搭建的这个平台同样惠及拥有大量资源或是资源匮乏的学校。它是基础

的,可以由图片、视频、PPT、PDF、网页链接组成。只要善加利用,就能体现出数字化教学资源的优势。

五、有针对性地使用优质教学资源

(一)因材施教是资源利用率最大化的前提条件

学生的学习能力不同、自身素养不一,要根据其特点来进行资源分配。这也是推进教育信息化技术开发的重点,实践应用的主要环节,会影响学生的质量。要探索灵活的、智能的教学模式,不拘泥于已制订的计划。应给基础弱的学生分配相对简单的教学资源,给在某专业更为擅长的学生提供更多拓展的知识,并不是统一的、固定的、不可更改的。教学本身是十分灵活的、具有艺术性的一项活动,优质教学资源的利用也应具有一定的艺术性。

(二)利用i+1使用原则

教学内容有难易之分,应给不同的学生分配不同难度的资源。譬如我们可以运用i+1原则。

南加州大学的语言学博士克拉申提出的关于第二语言习得的五条假说,其中有一条叫作"可理解的语言输入",也叫作i+1原则。这条原则说的是,如果你当前的水平是i,那给你提供i+1水平的输入,这样你才能理解语言编码中的信息,否则语言对你来说就是噪声。

学校可以基于i+1来提供课程,根据学生的现有水平,提供i+1难度的学习资源,让我们的优质数字教学资源有效地向学生输入。都知道太简单的课程对学生不适应,是种教育资源的浪费,而太难的课程,学生没有一定的基础也难以接受和消化。适当地增加难度,在夯实基础知识的同时也让学生学习稍难的内容,不仅可以完善整个教学计划,稳步推进,更能提升学生的兴趣。

六、更多的学习领域开拓由学生的兴趣驱动

兴趣是引领学习最好的老师,也要考虑为学生提供令他们感兴趣的其他专业的优质学习资源。学好现有专业知识的学生,可以利用课余时间,学习他们感兴趣的专业,汲取其他思维模式的知识来作为拓展的学习。用优质的资源引导学生进行第二课堂的探究,对其今后的学习和毕业后进企业工作奠定基础,对培养学生的综合素质起到补充作用。

如何发掘特定学生感兴趣的方向,成为一个值得研究的点。正如前面所说,只有用对了教学资源,才能使其利用率最大化。

七、提高优质教学资源的教育性和管理性

(一)教育性促利用率

资源的结合使用可以提高教育性,进而影响其适用性。结合学科的科学学习方法,研究优质教学资源的使用时间以及使用时长。根据教学目的来实施,而不是只考虑这类数字化资源具有优质的性质就直接用到教学环节里。何时作为切入的时点是有讲究的,启蒙类教学资源可以作为学生的前置任务,讲授类教学资源可以巩固学生对知识的掌握或是提升知识面等,引导类教学资源可以锻炼学生的思维、增加独立思考的能力等。

(二)管理性促利用率

数字教学资源可以提高对学生的管理作用。对于学校搭建的数字化教学平台,将其融入学生的学习生活,可以监控学生的学习情况。对于学习类教学资源,利用数字化平台,给学生安排阶段性的任务,设置一定的奖励机制,每当完成相应的学习,就激励学生继续学习,让学生在学习平台获得一种成就感。与任务驱动相结合,相应地可以稳定学生的学习成果和学习情绪。

现代教育发展进入了一个新的境界,不仅是人民,国家也很重视教育公平的问题,优质的数字教学资源成为人们关注的重点。在国家政策支持、全国各大院校和谐发展的时代,人们对如何有效地利用好优质的数字教学资源给予了前所未有的极大关注。我们有很多的方法都可以促进其利用率的提高,有针对性地尝试,不断地去探索、去优化、去创新,方法也会根据技术的更迭而更新。每一个教育者都应该重视这个问题。

参考文献

[1]冀燕丽,段海涛."互联网+"环境下的高校数字化教学资源共享策略研究[J].中国信息化,2018(1):90-92.

[2]翟博.教育均衡发展:现代教育发展的新境界[J].教育研究,2002(02):8-10.

[3]王烈琴.论克拉申的i+1语言输入假说与中国的外语教学[J].渭南师范学院学报,2008(03):83-86.

[4]雷朝滋.教育信息化:从1.0走向2.0——新时代我国教育信息化发展的走向与思路[J].华东师范大学学报(教育科学版),2018(1):98-103,164.

[5]杨建朝.关系正义视域下教育优质均衡的发展图景[J].教育发展研究,2011(12):36-40.

[6]胡小勇,刘琳,胡铁生.跨区域优质教育资源协同共建与有效应用的机制与途径

[J].中国电化教育,2010(03):67-71.

[7]王伟,钟绍春,尚建新.中职示范校数字化资源体系建设及推进策略研究[J].中国电化教育,2014(05):113-120.

[8]田仲富,刘楠,李桂英.高校优质数字化教学资源共建共享有效策略研究[J].科教文汇(上旬刊),2018(1):1-3.

中职学校全息化教学模式的构建与实施

黄福林

（重庆市轻工业学校）

【摘要】全息化是实现校企"双赢"、和谐发展的重要手段和有效途径，是中职学校教育价值、社会价值和经济价值的集中体现。通过制度建设、基础设施建设、师资队伍建设、教学资源库建设、学生评价体系改革、企业全息化认识等，推动中职学校全息化教学模式的构建与实施。

【关键词】中职学校；全息化；教学模式

《教育信息化"十三五"规划》指出要建成"人人皆学、处处能学、时时可学"的教学信息化，实现"一生一空间、生生有特色"，教育管理信息化水平显著提高，加强继续教育优质教育资源开放共享，推进"网络学习空间人人通"，作为培养人才的重要阵地，中职学校要进一步深化教育教学改革，着力建构全息化的教学模式，推动学校全息化建设，提高师生全息化应用能力，不断提升学校全息化管理水平，从而提高学校的教育教学质量。实践证明，坚持全息化的应用，已成为中职学校提高学校全息化水平的有效途径。

一、中职学校全息化的内涵与意义

所谓全息化，就是将信息化与教育教学有机结合起来，实现信息化与教学、管理、评价的有机融合。全息化的根本任务是通过创新教育教学形式、整合教育教学资源，达到提高教育教学质量，提升学校管理和教师教学水平，学生评价及时、有效的目的，促进学校对全息化建设的远景规划。同时，全息化有利于企业的技术革新，促进企业快速发展。由此可见，全息化是实现校企"双赢"、和谐发展的重要手段和有效途径，是中职学校教育价值、社会价值和经济价值的集中体现。

全息化将政府资金、企业技术、学校应用有机结合起来，进行资源整合与优化配置，实现取长补短、优势互补。

全息化是中职学校的新形式和新思路，是对中职教育教学的一种创新。在对全息化教学模式进行研究和实践的过程中，中职学校的管理方法、教学形式、评价方式等面临着调整和变革，进而推动中职学校教育教学改革的深入。

全息化对中职学校师生提出新的要求和挑战，中职学校师生只有不断自我提升才能适应全息化的教育教学要求。因此，全息化对提高师生质量大有益处。

推动企业经济发展。全息化促进企业不断技术改革，提升企业整体竞争力，促进我国市场经济的快速发展。

二、全息化教学模式实施与构建中面临的问题

在当前的中职学校中，还存在一些问题，阻碍着全息化教学模式的构建与实施，主要表现在：

(一)全息化在制度上存在不足

1.法规保障缺乏

在全息化建设和应用过程中，对于政府的经济支持、企业的技术更新、学校的应用情况没有法规约束，导致经费不足、技术不到位、学校落实困难，全息化的建设和应用难以顺利开展。

2.制度保障缺乏

中职学校缺乏全息化的制度保障，处于全息化的探索阶段，在资金投入、机构建设、建设规划、教师考核、学生评价等方面都缺乏制度规定，导致全息化难以规范化。缺乏对全息化指导性文件，导致全息化缺乏理论指导和行为规范。

(二)中职学校对全息化认识不够

中职学校受到传统教育观念的影响和办学条件的限制，部分中职学校没有形成全息化的意识，在全息化基础设施、师资队伍、教学资源、评价方式、制度建设等方面无法满足全息化教育教学的需求，给全息化教学模式的构建和实施带来一定的困难。

(三)全息化基础设施不到位

中职学校在全息化基础设施建设过程中，硬件建设、软件平台、基础数据统一、网络建设等方面存在较大缺陷。硬件与软件不匹配，各软件数据形成孤岛，网络建设制约平台应用，导致软件运行不畅通，学生、教师、课程、成绩等基础数据不一致，不能实现随时随地学习等。

(四)师资队伍力量不够

全息化要求教师不仅具备丰富的专业理论知识，更要具有丰富的全息化职业理念和良好的全息化技能，中职学校教师能否完成思想观念上、全息化能力上的转变，满足全息化的要求，成为全息化能否顺利开展的关键。

(五)教学资源不足

全息化要求丰富的教学资源满足师生的使用，但资金投入、教师参与热情、企业技术支持等问题，制约着教学资源的建设；教材陈旧、技术落后、知识更新缓慢等问题，导

致教学资源与实际教学脱轨;公共课、专业课教学资源不均衡,制约全息化的实现等。

(六)学生评价方式落后

中职学校对学生的学习评价仅限于知识和技能的衡量,评价内容相对简单,缺少对学生的心理、品德、体质及综合素养的综合评价,评价手段仅限于纸质,缺乏全息化手段等。

(七)学校对全息化热情不高

目前许多中职学校没有意识到全息化能给学校带来的利益,认为全息化只提供技术服务,没有为学校创造价值。对全息化在推动学校创新,提高教职工及学生素养等方面的作用持不乐观态度。

三、中职学校全息化教学模式的构建与实施

(一)完成制度建设

1.健全法规保障体系

拟定专门法规,固化政府经费投入,给予企业政策支持,推动学校对全息化的使用,对权利和义务等内容进行法规约束,使全息化有法可依,学校依法办学。

2.完善学校制度

学校不能等、靠、要,积极筹措资金,加大全息化的基础设施建设,组建专门全息化组织机构,统一规划全息化的建设,拟订针对全息化应用的教师考核方案,规范全息化评价体系,为全息化提供制度保障。

(二)加强基础设施建设

中职学校通过走访、座谈等方式调研市外中高职学校的全息化硬件、软件建设、应用等情况,总体布局、统一规划全息化的基础设施建设,满足学校全息化的教育教学需求。

1.规划全息化总体框架

中职学校应该统一规划近十年全息化建设框架,拟订学校全息化建设总方案,根据学校实际情况,按分步实施的原则建设全息化,避免建设后就落后的局面。

2.统一基础数据库

整合学校已有软件平台,学校的各软件平台使用公共数据库,保证基础数据的完整性、一致性。如招生系统、学生德育系统、教务系统、财务系统等平台使用的学生人数、班级数量、课程名称等信息是统一的,确保全息化的数据具有一致性。

3.配套软硬件建设

为了实现全息化教育教学,教室需配置交互式功能白板、超短焦投影、红外线广播系统等,有些学校建设简易的多媒体教室;校园内无线 Wi-Fi 全覆盖,有些学校只覆盖教学区域,有些学校只覆盖生活区域;网络教学平台、管理平台、教学评价平台、学生评价平台等软件全面整合,并得以实现,有些学校只建设了教学平台,没有管理平台,有些学校只建设了管理平台,没有评价平台;开发移动终端 App,实现手机移动端和个人电脑端的使用,为全息化奠定坚实的物质基础。

(三)打造师资队伍建设

1.加强校内培训

中职学校全息化建设后的应用推行"成熟一项、试用一项、推行一项"的原则,通过全员、专项等培训方式,制定考核和奖励办法,分年龄层次提出不同的培训要求,培训过程中严格考勤,督促教师进行学习,保证师资培训的质量。对学生的培训,按年级、专业的形式进行,确保培训效果。

2.激励教师教学改革

中职学校要制定相关政策,鼓励教师使用现有教学平台、教学资源进行教学改革,摒弃传统教学方法,重组教学资源,优化课程内容,实现翻转课堂、教学形式多样化、教学手段信息化。

3.推动教师信息化大赛

中职学校通过校内预赛、观摩、演练等方式,聘请专家指导,通过教师信息化大赛、创新杯说课比赛等赛事的参与,提高教师全息化的教学能力,提升教师全息化素养。

4.加强校企交流

中职学校要为在校教师和企业技术人员提供交流平台,引领教师学习企业新技术、新知识,促进技术人员攻克教学过程中遇到的问题,使双方人员都得到提升,实现双赢的局面。

(四)加强教学资源库建设

中职学校的资源库包括人才培养、课程标准、教学案例、精品课程、微课、试题、试卷、课件、作业素材等,建设渠道有三种。

1.自建教学资源

根据学校本身的教学环境、实训环境、师资队伍等情况,鼓励公共课、专业课教师自建教学资源,此类教学资源针对性强、实用性高,能提升师资队伍建设资源库的能力。

2.与兄弟学校共建共享

中职学校要加强与高职院校对接,挖掘兄弟学校的教学资源,优化教学资源,如开发"物联网安装与调试""物联网电工电子技术""传感器与WSN技术应用"等专业课的课程资源。多所新开物联网专业的中职学校慕名前来索要教材及教学资源,一方面提升了学校的知名度,另一方面促进教师对教学资源的开发和使用的积极性。

3.与企业共建教学资源

中职学校要加强与合作企业的联系,根据企业工作环境、企业产品等需要,学校教师与企业师傅互换角色,共同开发教材、教学资源等,指导学生参加学生技能比赛,达到互相学习,共同探讨教学、技术,相得益彰。

(五)改革学生评价体系

社会对学生能力提出新要求,中职学校对学生的评价应多元化,评价主体应有政府、社会、企业、学校、教师和学生,评价内容应为文化理论、专业技能、基本素质。

1.认知学生能力新要求

中职学校建立以能力为本位,以学生为主体的培养目标,需要知道社会要求学生应具备的能力,以便有的放矢。如学生应具备更新、运用知识的能力,选择、处理信息资料的能力,强烈的求知欲和旺盛的创造力,任务策划和管理组织能力,明智、宽容、坚毅、自立和责任心等现代精神。

2.变革评价方式

中职学校的教学质量是学校生存、发展的根本,通过企业岗位能力分析,制订贴近企业需求的人才培养方案,做好师资培训、实训环境的建设,做好校企合作的深度融合。学校对学生的评价主体不仅仅是班主任、任课教师,应以学生、教师、学校、企业、社会、政府为评价主体,从文化理论、专业技能、基本素质三个维度对学生进行综合评价。

3.加强过程评价

学校任课教师在教学过程中,以过程评价为主,期末测试为辅,从学生出勤、课堂纪律、平时作业、阶段测试等方面对学生进行过程监控;从德育、心理、体质、企业实习、技能鉴定等方面进行基本素质培养;充分利用信息化手段实现评价,学校各部门互通、互用、共享数据信息,及时、有效掌握学生的动向,全方位、立体式对学生进行综合评价。

4.落实评价实效性

改变传统的评价方式,不再以一张试卷评定学生一门课程的学习成绩,一份评语评定学生一学期的品德好坏。评价方式多样化,评价内容更全面,评价主体更丰满,提高学生的学习积极性,学生参与度高,学生的自我评价得以体现,用人单位参与学生的评价,学校教育与企业用人紧紧相连,中职学校的学生适应企业的需要,学校为企业培养企业所需要的人才。

(六)企业提高全息化认识

1.落实优惠政策

全息化教学模式的构建与实施,不仅需要中职学校付出努力,也需要企业积极参与,根本受益人除了中职学校外,也包括企业。政府落实优惠政策,针对参与全息化的企业,政府给予一定优惠政策,如税务减免政策、财务补贴政策、项目优先审批政策,吸引更多的企业参与到全息化教学中来。

2.体现全息化优势

中职学校在全息化建设的过程中,加强全息化的应用,在应用中不断提出新要求,促进企业技术更新,升级改造,提高企业员工技术能力,为企业创造更大价值,企业就会主动要求参与其中,并开创产教研为一体的合作模式。

在实际工作中,全息化涉及的问题还很多,需要学校整体规划、领导重视、师生参与、政府支持、企业得力,形成合力,形成互惠互利的局面,才能真正将中职学校全息化教学模式落到实处。

参考文献

[1]何克抗.迎接教育信息化发展新阶段的挑战[J].中国电化教育,2006(8):5-11.

[2]余胜泉.推进技术与教育的双向融合——《教育信息化十年发展规划(2011—2020年)》解读[J].中国电化教育,2012(5):5-14.

[3]杨会萍.全息化学生评价初探[D].开封:河南大学,2007.

[4]张振飞,张艳芳.高职院校产教融合教学模式的构建与实施[J].职教论坛,2015(20):54-57.

[5]王德文,宋亚奇,朱永利.基于云计算的智能电网信息平台[J].电力系统自动化,2010(22):7-12.

职业院校智慧校园移动应用的研究

汪然

（重庆市工艺美术学校）

【摘要】在社会信息化的大背景下，建设职业院校智慧型校园，不断推进以学校为主体的教育信息化进程，已成为教育信息化的重要组成部分。随着信息化建设的深入开展，无线网络大面积覆盖和普及，以及基础设施逐步完善，校园移动应用建设的时机日渐成熟。本文阐述了职业院校智慧校园移动应用的现状、建设目标、建设内容，以及展望未来的发展方向及趋势。

【关键词】职业院校；智慧校园；移动应用；建设

职业院校智慧校园建设是一个长期的工程，是不断建设、不断完善的过程。随着通信技术、互联网的发展，全球已经进入移动互联网的蓬勃发展阶段，校园移动应用建设的时机日渐成熟。移动智能终端的数量迅速增加，信息交流、娱乐、社会交往等功能日益增强，推动了移动互联网的发展及其相关业务的普及。因此，搞好校园移动应用建设，能在学校中发挥至关重要的作用，这也是教育现代化的重要内容。

一、智慧校园移动应用的基础与现状

（一）智慧校园核心概念

智慧校园是教育信息化的更高级形态，是数字校园的进一步发展和提升。它综合运用智能感知、物联网、移动互联、云计算、大数据、社交网络、虚拟现实等新一代信息技术，感知校园物理环境，识别师生群体的学习、工作情景和个性特征，将学校物理空间和信息空间有机衔接，为师生建立智能开放的教育教学环境和便利舒适的工作生活环境，提供以人为本的个性化创新服务。

（二）智慧校园移动应用研究背景

根据《国家中长期教育改革和发展规划纲要（2010—2020 年）》《教育信息化"十三五"规划》与《国务院关于加快发展现代职业教育的决定》等文件精神，加快推进智慧校园建设，以智慧化应用带动新一代信息技术与教育全过程的深度融合，推动教育信息化实现跨越式发展。

(三)校园移动应用的基础及现状

近年来,移动互联网呈现出了爆发式增长,与此同时,移动互联网在校园中也得到了推广和普及。智能手机、PAD等移动互联设备,在人们的日常生活中扮演着越来越重要的角色。人们开始由传统的互联网上网方式转移为移动终端设备上网。移动终端上网的优势在于方便快捷,不受时间区域的影响,随时随地都可以上网。移动终端的使用比例越来越高,移动上网时间快速增长。社交、阅读、媒体、娱乐等方面的许多移动应用在师生中相当流行。

目前,在教育信息化、数字校园建设方面取得了一些阶段性的成果,已有部分职业院校开展了数字校园建设,基本建成办公、教务、教学、迎新等基础应用系统,提供各种管理、沟通、教学、科研和生活服务。但要实现数字校园到智慧校园的转变,搭建一套相对完善的校园移动应用平台,还需投入大量的应用研究和实践,以取得各方广泛共识。从进程来看,基础性建设使各校移动互联网发展,特别是校园移动应用发展在软件、硬件及人力资源层面都有了更加良好的支撑。如网络设施的完善为校园移动应用提供了硬件支持;校园信息发布站点的建设为校园移动应用提供了内容信息来源;公共数据库建设为高校移动应用提供了基础数据等。

二、智慧校园移动应用的建设目标

职业院校在移动互联网络飞速发展的今天,通过便捷的移动服务,改善现有的教育和工作模式。结合国内校园移动应用的现状,参考国外的相关经验,目前校园移动应用建设目标主要包括:

(一)面向各类用户提供可靠的、个性化的移动应用需求

校园移动应用通过与移动客户端进行交互,开放功能定制,挖掘用户的个性化数据,向用户提供各种个性化服务,以此满足教师、学生、校友等不同身份浏览者的差异化需求。

(二)建立与校园日常工作相结合的互动网络平台,增强信息传递

校园移动应用通过将内容碎片化,浓缩信息内容,提升信息价值,实现信息便捷传递,同时通过服务信息推送、提醒等功能,实现信息的主动传递。

(三)深度整合资源

校园移动应用不是功能和内容的简单跨平台交流,而是对现有资源的深度整合。与传统教学信息、办公信息、生活信息等功能模块的相互分散不同,在移动应用中需要将各类服务信息进行整合,梳理归纳,使其在统一的移动应用框架中运行。

(四)提升服务质量

校园移动应用需要发挥终端设备的便携性,弥补传统平台服务的不足,实现服务移动化,继而提升用户体验,增强服务时效性,提高办事效率,从整体上提升高校信息化服务质量。

三、智慧校园移动应用的建设内容

校园移动应用的建设是一个循序渐进的过程,是传统应用在移动终端的延伸和扩展。校园移动应用的功能模块设置要根据校园信息化的资源积累和用户需求,现将移动应用的主要服务内容集中在以下几个方面:

(一)校情概览功能

现今越来越多的学生和家长更习惯于通过移动设备来了解学校。一个功能成熟、完备的移动应用,可以吸引更多的用户,直接地起到向外界宣传学校的功能。例如学校概况、校园风光、招生计划、招生专业、招生章程等,从各个方面介绍学校,对即将要选择学校的学生,具有很好的指导意义。

(二)新闻资源整合功能

新闻资源整合功能包括学校主要网站的新闻抓取和发布等,例如学校新闻、教育新闻、OA新闻、通知公告等。移动应用中的信息应该进行浓缩和精简,尽量采用纯文本形式,避免复杂的表格显示,以便于移动终端浏览。

(三)移动办公应用系统

移动办公应用系统可以在学校已有的传统办公系统基础上进行二次开发与升级,在传统的公文系统的基础上结合邮件系统、校园网站进行信息整合,实现校园移动办公应用系统的搭建。该系统可以实现移动终端的邮件收发、校园内部信息查询、通知提醒等功能。

(四)移动教务、教学应用系统

教师、学生是教务、教学活动的主要承担者与参与者。通过多年的数字化校园建设,形成新的数字化教学手段,拉近了教师与学生之间的距离,而移动教务、教学则是教务、教学数字化进一步的延伸。

1.移动教务系统

移动教务是教务平台在移动终端平台上的功能延伸,主要功能有:

(1)课程查询。教师、学生在线查询本学期所对应的课程安排,增加记事本自定义功能,提醒自己。

（2）成绩查询。学生可以在线查询自己所学课程的成绩。

（3）考试设置、考室安排查询。学生可以在线查询自己的考试设置、考室安排,教师也可以相应查询自己的监考科目及考室安排。

（4）在线调课申请。教师有时因为特殊原因需要调、停课请假的,可以使用移动终端完成在线课程的调课申请,这样就缩短了申请的流程,提高了工作效率。

图5-64　移动教务平台(以掌上YNedut为例)

2.移动教学系统

移动教学系统是传统教学活动的补充与延伸,通过移动终端教师可以发布课程信息、作业并和学生进行互动教学,学生可以随时与教师互动交流、提交作业,也可以课后通过网络课程自主学习。该系统的主要功能如下:

（1）信息发布。教师、学生可以在线查看最新的与教学相关的信息,同时教师可以对授课班级发布信息,学生可以及时查询相关信息。

（2）在线电子签到。教师在上课时使用在线电子签到方式,节省了签到的时间,提高了效率。

（3）在线交流。课后师生可在移动终端通过文字、图片、语音、视频等多种形式来进行信息交流,达到更好的教学效果。

（4）作业发布。教师可在课堂教学过程中实时发布课堂作业,学生通过移动网络及时完成课堂作业。教师也可以发布课后作业让学生完成后提交。

（5）云课堂。学生可以使用云课堂在课后进行自学。云课堂作为一种网络课堂,通过录播课堂当天的音频、视频,满足学生自主复习的需求。

（6）网络课程。网络课程是学生课余时间自学的主要途径,开课教师上传相关教学材料、教学课件以及授课视频等,学生可以查看视频、下载课件材料。

(五)移动生活服务

移动生活服务主要包括一卡通查询、失物招领、电话黄页等各类生活相关服务。在一卡通普及使用中,结合移动互联网的特性,可以提供卡片信息查询、卡片在线冻结、卡片在线充值、卡片密码修改等功能。在校园黄页中可以实现快速拨打电话,并直接保存到客户端本地通讯录中。

(六)校园地图查询服务

校园地图是给用户提供学校地理位置信息的服务应用。学生可以通过此模块查看学校建筑的地理信息,从中获得建筑的查询和导航服务,同时直观地了解到学校周边的各种信息,轻松地了解学校内外各个生活服务的地点及其主营的业务,方便日常生活。

(七)移动图书馆查询服务

移动应用中的图书馆是相对独立的功能模块,主要为了方便师生借阅图书,为在校师生提供电子资源与书籍查询、书籍借阅、超期欠书和欠费提示等功能,方便学生随时随地地查询自己学习必需的资料。

(八)校园交友服务

这一模块的设置,主要是为了让学生能够更加了解自己周围的同学,找到与自己志趣相投的伙伴,为他们搭建一个交流沟通的平台。此模块下属子模块可设置校友同乡会、志愿者服务站、社团联盟会等,学生可以选择自己感兴趣的项目,在参与活动的过程当中,认识更多与自己志趣相投的同学,并在集体活动当中提高自己的交际能力。

(九)移动网络文化建设

它包括校园讲座及评价、官方微博内容分享,可以实现移动应用与社会文化的交互。

(十)娱乐服务及其他

此模块可设置经典校园歌曲、寓言故事、励志故事、正能量微故事等内容,利用移动应用客户端的娱乐服务功能,丰富学生的课余生活,并通过各种类型的积极向上的内容,培养学生形成积极、健康的思想道德意识。

四、智慧校园移动应用的总结与展望

教育信息化的发展和应用水平正日益成为学校的核心竞争力之一。学校信息化由数字校园向智慧校园的转变是教育信息化发展客观规律的必然体现,也是当前教育信息化发展的趋势与潮流。职业院校智慧校园移动应用建设,对于学校自身来说是一项随着校园教育事业不断发展的长期的战略任务,并且还是由若干的分阶段实施项目所组成的整体化系统工程,希望为用户提供一个随时随地了解校园动态及个人信息的窗口,有效地改善现有学习和生活模式,实现校园生活的移动化。未来还将不断扩充各类应用,持续加强管理服务、资源服务等内容的建设,为学校的教学、科研、管理与决策提供全方位的支撑,旨在为全校师生提供一个更为精彩的数字校园,真正实现移动互联时代的校园生活。

参考文献

[1]王运武."数字校园"向"智慧校园"的转型发展研究——基于系统思维的分析思辨视角[J].远程教育杂志,2013(2):21-28.

[2]沈洁,黄宇星.智慧校园及其构建初探[J].福建教育学院学报,2011(6):122-125.

[3]张计龙,张成洪,闫华,等.复旦大学信息化校园建设规划及实施要点分析[J].教育信息化,2002(10):12-14.

[4]刘欢,卢蓓蓉,马晨辉.浅析高校校园移动应用开发[J].武汉大学学报(理学版),2012(58):171-174.

[5]陈勇.Web App现状分析及展望[J].通信与信息技术,2012(4):77-78.

[6]胡运霞.校园移动应用跨步发展[J].中国教育网络,2012(1):30-31.

[7]黄川林,陈伟卫,崔艳清.校园移动信息平台系统的研究[J].移动通信,2012(22):33-37.

[8]李宗恒,李俭伟.主要智能手机操作系统发展现状及前景展望[J].移动通信,2010(3-4):115-118.

[9]洪炜,江进.高职院校数字化校园建设的研究——以江苏农林职业技术学院为例[J].电子技术与软件工程,2013(22):65-66.

[10]任海鹏.高校移动校园App的设计与分析[J].绥化学院学报,2015(12):149-151.

[11]徐滢滢.基于数字化校园的移动校园App客户端设计[J].通讯世界,2015(21):243-244.

智慧校园大数据与决策分析应用研究

何木全　秦继发

（重庆市医药学校 依能管理科学研究院）

【摘要】随着信息技术的发展和教育信息化的深入，大数据分析将对职业院校教学管理科学决策提供重要支撑。本文对职业院校大数据分析应用现状进行了调研，提出了大数据分析建设及应用策略，以期帮助职业院校有效开展智慧校园大数据与决策分析应用建设，为科学决策提供数据支撑，提升教学管理水平。

【关键词】智慧校园；大数据；决策分析；职业院校

一、大数据的发展及应用趋势

　　早在2008年，《自然》杂志中已提出了大数据（Big Data）的概念，专门就未来大数据处理相关的一系列技术问题和困难进行了探讨与分析。纵观全球，美国、欧盟、亚洲部分国家均把大数据发展上升到国家战略层面，大数据战略将重新打破全球格局，成为继边防、海防、空防之后一个新的博弈战场。《"十二五"国家战略性新兴产业发展规划》中明确提出加强以海量数据处理软件等为代表的基础软件开发；《国务院关于推进物联网有序健康发展的指导意见》中指出加快大数据处理等关键技术创新，进一步加大技术研发；《物联网"十二五"发展规划》中指出要把大数据信息处理等作为4项关键技术创新工程。近几年，国家在计算机网络基础设施加大了建设力度，意识到大数据应用是"十三五"推进的关键，积极与企业合作共同通过大数据的思想、方法、技术来改善民生和基础设施建设，实现产业结构调整，促进经济增长和社会发展。

　　随着计算机技术及硬件处理能力的迅猛发展，各行各业的企业都积极利用这些技术来提升企业经营管理水平。企业的大数据分析应用通常站在企业全局来开展，其根本原因在于数据资产是企业发展的关键因素之一，通过数据手段提升经营管理是一种成本、风险最低的方法。随着信息技术的快速发展，职业院校软件应用系统的规模越来越大，所产生的数据呈爆炸性增长，学校每年至少产生数百TB以上的数据，并且增长速度将持续上升。如何利用这些数据并将其资产化、价值化，如何利用这些数据支撑学校的教学管理和决策？这是一个需要投入相当多的时间和精力进行研究的重要课题。对于职业院校来讲，应积极拥抱类似大数据这样的思想、方法和技术，为教学管理提供决策支撑，促进学校发展。

二、职业院校大数据分析应用现状

职业院校信息化建设及应用起步相对较晚，大数据分析应用是信息化发展的高级应用。目前而言，职业院校开展大数据分析应用主要存在以下问题。

(一)数据资产的面不够广

从大数据分析角度来看，数据应覆盖招生宣传、专业建设、教务教学、学生管理、学生行为、教师行为、一卡通消费、图书借阅、考勤、教师绩效、经营核算等多个维度。职业院校数据资产面不够广的原因主要有两个方面。一方面，信息化建设不全面。很多职业院校只建设了部分应用软件，导致学校积累的数据资产偏少，不利于多维度关联分析；同时，在信息化建设过程中整合集成思想弱，产生了信息孤岛，业务数据不统一、基础数据未共享，导致后续数据分析难度与成本增大。另一方面，信息化应用停留在表面。一些已经建设有整合集成智慧校园平台的职业院校，由于制度体系未跟上或制度体系未能有效融入平台，或者平台功能、易用性不满足现有业务或业务调整变化后不能得到支持等原因，平台使用较少，产生的数据资产也很少。

(二)未将大数据分析工作上升到学校层面

虽然职业院校在使用信息技术提升工作效率方面，有的已在制度体系中明确信息化相关内容，数据资产有所积累，但是职业院校大数据分析应用工作还处于萌芽阶段，学校层面的重视度不够，主要表现在：①未将大数据分析与应用工作上升到学校层面，没有形成一个正式的工作任务，没有牵头人或牵头人任命不合理，工作开展效果差；②缺少数据建模分析，工作内涵不清楚，将大数据分析简单地理解为报表统计，不能实现大数据分析的应有价值；③没有资金预算，导致大数据分析及应用工作开展缓慢，甚至回到原点。

(三)技术储备不够，缺乏技术人才

大数据涉及众多先进技术和基础学科，如分布式计算、AI、离散数据、概率与统计、数据展示技术、数据建模等。从本次调研的多所职业院校来看，基本都不具备这样的能力，缺乏技术储备，导致开展大数据应用工作难上加难。

(四)未建立统一的数据资产中心

数据资产中心可以理解为数据中心、数据仓库，其本质是将所有应用系统产生的结构化、非结构化数据进行统一存储管理，以在日常工作过程中实现数据积累。很多职业院校因应用系统本身要解决存储空间或性能等问题，通常会定期清理一些看似无用的临时性过程数据，而这些数据可能蕴含着巨大价值。目前，职业院校没有建立真正意义

上的数据资产中心,主要原因在于:①存储空间开销巨大,若职业院校各方面业务都使用信息化工具,每月产生的数据将在数百GB以上,管理员可能会清除部分数据来保障其正常运行,使资产的积累大打折扣;②多数认为数据资产带来的价值不大,因此削弱经费预算,减少投入,对整个数据资产中心的建设与应用造成阻碍。

三、职业院校大数据分析建设及应用策略

(一)建设整合集成的智慧校园平台解决数据来源问题

美国著名信息专家诺兰将一个机构的信息化发展阶段和应用水平划分为六个阶段:初装、普及、控制、整合应用、数据管理和成熟应用。

为保证整个信息化应用工作的提升,职业院校的信息化发展只有达到了第四阶段"整合应用",实现数据共享后才能进入数据管理阶段。数据管理阶段的根本目的在于利用大数据分析推动教学管理水平提升。建立整合集成的智慧校园平台是进入第五阶段"数据管理"的必经之路,只有这样才能有效积累日常工作中的各类过程及结果数据,为后续大数据分析及应用工作提供数据保障。

(二)组建以CIO为中心的大数据分析工作组

组建专门的工作小组,建议由校长担任组长,学校首席信息化官(CIO)、外部支持团队及厂商为技术成员,副校长、各科室负责人、各系部负责人为工作组成员。组长签头建立工作组工作职责、汇报机制、激励机制、培训机制等相关规定。组建工作组后,需对全员进行培训,使其理解并掌握数据分析的工作内涵、流程和价值。将大数据分析工作上升到学校层面,才能保障大数据分析工作有效开展。

CIO是职业院校信息化建设的关键岗位,应是懂学校管理、懂学校业务、懂业务分析、懂大数据设计方法、懂大数据分析工具的"五懂人才",建议由CIO负责大数据分析工作,设置CIO角色是推进大数据分析与应用的关键一步。

(三)与行业企业合作,解决技术难题

大数据分析工作涉及数据抽取、清洗、整理、建模与分析、测试优化、预警展示、手机App应用等方面,对技术要求很高。学校可与行业企业合作,解决技术难题。这些技术问题将是大数据分析工作最大的障碍,学校需要重点注意两个方面:①大数据分析及决策应用与智慧校园平台的关联性。智慧校园平台支撑整个学校的运营管理,采集了各类业务的原始数据。所以,已建设有智慧校园平台的学校,大数据分析与决策应用应基于智慧校园平台;未建设智慧校园平台的学校可直接建设整合集成了大数据分析的智慧校园平台。②注意大数据分析平台及展示工具的选型。首先,支持的数据源应全面;其次,应支持App接入;再者,应支持电视、LED等展示终端接入。

(四)利用信息化看板实时监控,提升日常管理效率

日常工作中,各业务部门通常有许多事务向校长汇报,这些事务的统计分析工作往往花费大量时间,而且很难保证数据的即时性、准确性。基于看板管理思想,使用类似电视、大屏LED、手机App等现代技术动态实时展示统计数据,能够有效解决"数据不及时、效率低、易出错"等问题。学校可与专业的教育软件公司合作,设计应用场景并通过看板展示数据等情况,例如每年开展的招生工作,通过信息化看板实时掌控招生进度、各生源地报名意向数据、各招生教师的任务完成情况等。校长及相关负责人在办公室或手机App上便可掌控所有实时数据。

表5-7　信息化看板应用场景规划设计示例

典型场景	对应场景的看板内容
校长办公室	招生动态、迎新报到动态、在校生学籍动态、学生考勤情况、学生安全情况、学生成绩整体情况、教学常规整体执行情况、师资队伍建设情况、教师绩效情况、校产情况、学费交纳情况
招就办主任办公室	招生计划执行过程监控、迎新报到情况、招生情况分析、就业情况、顶岗实习情况
德育处主任办公室	学生安全情况、班级考核、学生个人操行考核、学生奖惩
分管教务教学副校长办公室	教学计划监控、教学常规监控、学生成绩分析、专业建设情况、课程建设情况、师资队伍建设情况、教科研情况、教学资产情况
教务处主任办公室	教学计划监控、教学常规监控、学生成绩分析、专业建设情况、课程建设情况、师资队伍建设情况、教科研情况
总务处主任办公室	校产总体情况、校产变化情况
财务主任办公室	学生交费情况、收支核算、薪酬发放情况
学籍科主任办公室	在校生学籍动态、学籍异动
人事科主任办公室	教职工整体情况、教职工绩效

图5-65　信息化看板——按考核项目分析上月学生及班级操行考核情况

(五)定期发布大数据报告

每学期或每学年结束时,各科室、系部总结汇报时,以及校长总结汇报时,往往需要一些结论性图表,可借助数据分析平台自动统计分析智慧校园平台采集的各类数据生成统计报表、分析报告。学校可定期面向师生发布各类大数据分析主题报告,把一些有价值的行业信息、专业信息、就业信息、校企合作、教育发展及政策信息融入大数据报告中,让全校师生全面了解学校教育教学的各项工作情况。学校也可在官网面向社会发布一些大数据主题报告,让校外家长、社会各界了解学校,促进招生宣传。

四、职业院校大数据分析与决策管理

大数据支持决策管理的本质是对通过对经营生产过程中产生的数据进行分析,将数据本身作为管理的支撑工具或方法。职业院校大数据分析工作也能为学校决策管理提供重要支撑。如通过数据分析监控整个招生过程,将招生工作进行量化与预测,为新生提供像家一样的入学体验;通过对学生校内消费数据进行多维度分析,找到真正需要资助的学生;通过数据分析改善食堂的工作效率,为师生提供更优质的就餐服务等。

随着信息技术与教学管理的深入融合,大数据分析与决策应用将成为提升教学管理水平的重要工具。职业院校应重视大数据分析与决策应用工作,将其上升到学校层面。学校管理者应认清大数据分析工作对管理的价值,建立整合集成的智慧校园,培养校内教师技术能力,借助外部力量共同推动数据建设与分析工作,可将信息化看板、各类数据报告等工具运用到日常工作过程,为科学决策提供支撑。

参考文献

[1]〔瑞典〕克里伯格 (Kniberg,H.).精益开发实战——用看板管理大型项目[M].北京:人民邮电出版社,2012.

[2]李光.丰田生产方式在现代企业中的推广与应用[D].长春:吉林大学,2005.

[3]郑凯,聂瑞华.基于诺兰模型的高校信息化发展现状及趋势分析[J].中国教育信息化,2009(11):13.

"互联网+"背景下智慧校园的特征与构建

邓晓宁

（重庆市武隆区职业教育中心）

【摘要】教育在"互联网+"环境下得到了快速发展，学校也正在从"数字校园"向"智慧校园"转变。智慧校园提供了智慧化感知环境以及综合信息管理服务，这样的校园更接近于真实生活，在培养学生的研究能力和科学思维方式，促进师生之间互动交流以及整合区域教育资源方面具有重要意义。本文结合"互联网+"背景来探讨智慧校园及其特征以及平台设计原则，并对其构建进行了分析，以期帮助中职院校打造促进学生、教师、学校优势均衡发展的智慧校园生态体系。

【关键词】物联网；智慧校园；"互联网+"

《国家中长期教育改革和发展规划纲要（2010—2020年）》明确指出，我国要加快教育信息化进程，要加快教育信息基础设施建设，把教育信息化纳入国家信息化发展整体战略，超前部署教育信息网络。

《教育信息化十年发展规划（2011—2020年）》中明确要求全国各院校加快教育信息化建设，通过建设智慧校园，实现学校之间优质资源共享，提高教育教学质量，实现教育信息化。

《国务院关于积极推进"互联网+"行动的指导意见》指出："互联网+"是"把互联网的创新成果与经济社会各领域深度融合，推动技术进步、效率提升和组织变革，提升实体经济创新力和生产力，形成更广泛的以互联网为基础设施和创新要素的经济社会发展新形态"。

可见，"互联网+教育"是科学技术发展的必然，是国家战略"互联网+"的重要组成部分。

一、"互联网+教育"与智慧校园

（一）"互联网+教育"

"互联网+教育"是随着当今信息技术的不断发展，将互联网科技与教育领域相结合，以使教育教学成果更有效、优质资源配置更均衡的一种新型的教育形式。

"互联网+教育"并非仅仅是互联网、移动互联网技术在教育上的应用，也不仅仅是教育用互联网技术建立各种教育、学习平台，而是互联网、移动互联网与教育深度融合，是推动教育进步、效率提升和组织变革，增强教育创新力和生产力的具有战略性和全局性的教育变革。但是,"互联网+教育"绝不会取代现行的全部教育。

"互联网+教育"会生成什么? 是智慧教育。只有在智慧校园中,智慧教育才得以实现。因此,构建智慧校园已刻不容缓。

(二)智慧校园

智慧校园是在"互联网+"的背景下,以物联网和数字校园为基础,将教学、科研、管理和校园生活融合在一起,将服务延伸及扩展到物,提供人与物、物与物信息互联互通的智慧化交流的平台。在这个平台上,可以采用多种手段实现信息高效传递,快速促进教育全面信息化。简单说,智慧校园就是更加智能的校园。

智慧校园是通过物联网等技术,将校园中的各个物件进行连接。因此,从物联网的特点看,智慧校园有如下特征:

1.数字化和网络化是基础

数字校园是以网络化为基础,在校园网中完成信息交流。同样,智慧校园更加需要网络,将计算机网络技术融入学校各个方面,实现互联和协作。这是智慧校园必须具备的基础条件。

2.集成化和智慧化是核心

互联网时代的数字校园目标是信息互通互联,信息交互的主体只是人,而"互联网+"时代的智慧校园信息交互的对象已经不仅仅是人,更多的是"物",如校园内的建筑物、实训实习设备、桌椅板凳、图书杂志等,其核心内容除了智慧校园中的人与物有机地集成为一个智慧化整体外,更主要的是对这些"物"加以智慧化。

3.智能化的云计算是灵魂

互联网时代校园网解决了信息互联互通的问题,物联网解决了广义的"物"对周围环境的感知问题,这些"感知"信息通过传感设备与校园网结合起来而形成的一个网络,让所有的物品都与网络连接在一起,方便识别和管理,实现对"感知"信息的正确反映,并指挥执行机构去执行。这就相当于人类大脑对无数"感知"信息进行加工处理,归纳出那些"感知"信息集中体现的问题,从而发出正确的执行指令。因此,智慧校园是通过校园内的物联网实现信息交流,核心内容是"智能化",而"智能化"没有云计算是无法完成的。

(三)智慧校园建设应遵循的原则

在"互联网+教育"背景下,需要对教育理念进行创新,遵循以用户为本,教与学为中心的原则,并在现代化教育理念和教育目的的指引下,提供应用和服务,并尽可能将信息技术更好地融入学校管理的每个环节,以更好地满足学校发展需求,优化教育教学管理。因此,智慧校园建设应遵循以下原则:

1.先进性与实用性

在"互联网+"时代，智慧校园构建过程中要考虑技术的先进性和实用性。因此，学校要根据自身实际需求，全面规划、合理配置资源，努力提高资源使用率，避免盲目追求高大上而造成资源浪费。学校要与软件公司有效沟通，让其开发、修改、完善智慧校园系统，充分考虑设备在网络中运行的稳定性，选择成熟的产品来保证整个网络正常运行，以满足学校教育教学的实际需求。

2.开放性与标准性

为了适应学校信息化的发展，所选用的技术和设备要具有协同运行能力，应充分考虑今后扩展和升级要求，保证系统的开放性和标准性。因此，在智慧校园构建过程中，要充分考虑系统的扩容能力，并减少对某一产品的依赖。如新增应用与其他应用如何互联等。

3.可靠性与安全性

在智慧校园构建中，还应保证系统的可靠性和安全性。可靠性是保证整个智慧校园稳定运行的前提，安全性保障智慧校园的信息不被泄露或干扰。如建立防火墙、用户认证系统等组成一体化的安全防护体系，为智慧校园提供安全支持。

4.兼容性与易维护性

信息化在学校起步较晚，整体规划与规范程度不高，但在智慧校园的建设过程中要充分考虑兼容性与易维护性。兼容性要有效利用已建好的功能，进行教学、教研、管理、服务等多方面测试，发现问题，及时整改。易维护性指智慧校园建成后运行成本低，充分体现了资金的利用率。

(四)智慧校园总体架构

智慧校园在构建过程中遵循"一体化、四层结构"的总体架构。"一体化"是指Web门户、智慧环境、智慧课堂等校园信息，作为一个有机整体，以数据中心的形式集中管理，使系统形成集中的、综合的、信息资源共享与交换的支撑系统。"四层结构"是指智慧校园在逻辑上按"网络通信层、智慧感知(数据采集)层、数据层、应用层"等结构考虑，更好地实现数据的有效维护与共享，为广大师生提供更为周到的信息资源服务。

(1)网络通信层。网络通信层通过网络技术实现各类数据的有效传输，实现不同通信平台下相关数据信息的有效交互，为智慧校园提供网络化服务。

(2)智慧感知(数据采集)层。智慧感知(数据采集)层通过各种传感技术有效地收集各种原始数据信息，包括师生活动情况、师生生活情况、教学设备的运行状况以及学习的互动状态，为智慧校园提供信息支撑。

(3)数据层。数据层负责对收集到的信息全面集成、数据挖掘和智能分析，保证大数据的有效存储、分析、管理，是实现智慧校园各个部分、各种信息有效连接的枢纽，也是智慧校园的核心。

（4）应用层。应用层主要提供个性化服务、智能决策服务等，实现科研、教学、办公、学生管理、生活服务等功能，是智慧校园建设的重点。通过对各种应用系统高度融合，构建开放的学习环境，最终实现为师生提供个性化、智能化的应用服务。

二、"互联网+"背景下智慧校园的构建

在数字校园时代，数字校园是一个涵盖学校管理、业务应用、文化支撑等整合集成的大型软件平台，包括招生迎新、教务学籍、网络教学、在线考试、校企合作、毕业追踪管理、行政后勤、无纸化办公、教职工薪酬绩效管理、岗位能力培训及考核、精细化财务核算、校园文化支撑工具等，具有高效、灵活、安全、整合、开放的特点。因此，数字校园是实现智慧管理的基础平台，智慧校园是对数字校园的扩展和提升。

（一）智慧环境构建

智慧校园环境建设是智慧校园的物理基础。在未来的智慧校园中，对教学资源的应用将要求高并发、高带宽、高容量。因此，智慧校园教学资源平台的建设需要硬件和软件同时进行。在硬件方面，建立私人云平台、专业学习中心、高清录播室、智慧训练室。在软件方面，构建基于多智慧终端的多媒体视觉教学资源平台，配置资源，支撑教学管理和教学评估。

1.智慧一卡通

智慧一卡通是智慧校园基础设施之一，是集师生统一身份识别、定位考勤、课堂互动以及电子支付等功能于一体的智慧终端。

2.智慧班牌

智慧班牌是智慧校园建设成果的最直接展示窗口，集成考勤、预约拜访、课程信息、学情展示、家长留言等功能，实现学校日常工作与环境美化的完美融合，是一个全方位培育和打造校园文化环境的优质载体。每个班级配置一台智慧班牌安装于教室门口，能够极大丰富学校整体的信息技术环境。

3.智慧安保

智慧安保将RFID、人脸识别、身份识别等先进技术应用于中职校园，全面支持平安校园的建设工作。进一步编织好高新防控网络，全面构建信息化、立体化、动态化的校园防控大网和智能化的服务系统，真正实现防控有力、应急高效、服务到位、管理便捷。

4.智慧家校

智慧家校是家长、学生、教师、管理者全方位互动平台。除了为师生提供即时通信、作业收发、成绩查询、课表查看、在线评教、课堂考勤、实习任务填报、待办处理、通知查

看、一卡通消费查询、自动化办公等基本功能外,还具备新生报名、日常考勤、来访管理、拓展学习等特色功能。

(二)智慧课堂

"互联网+"背景下的智慧课堂,是智慧校园的核心。智慧课堂是由系统(平台和工具)、人(教师和学生)及其活动(课前、课中、课后教学环节)等组成的现代信息化课堂教学体系。在信息技术的支持下,通过变革教学方式方法,将最前沿的信息技术融入课堂教学中,构建个性化、智慧化、数字化的课堂学习环境,从而有效促进智慧能力培养的新型课堂。

(三)移动智慧校园构建

移动智慧校园通过整合智慧校园应用,为学校管理者、教师、家长、学生提供一站式的移动服务。通过将应用系统的功能扩展到手机终端,使信息的上传下达随时随地落实到每位教师、家长、学生,使信息系统的功能从有线网络和PC的限制中解放出来,提供面向个人、亲近个人的服务。这可以使得学校在信息化的道路上越走越远,对教学以及管理水平都是一个提升。

(四)智慧评价系统构建

通过采集教师专业发展相关的多元多维度数据(包括:基础信息、教研活动、学习培训、课题研究、论文评比等),利用科学的测评模型对每位教师进行发展性评价。通过以"知识、技能、能力"为显性维度,以"方法、过程、策略"以及"价值、情感、态度"为隐性维度,利用智慧传感设备、移动终端等方式采集学生发展核心素养相关的全方位数据,对每个学生进行个性化的优势发展评价。

(五)智慧科研平台构建

智慧科研是在学校教育教学的研究过程中,建立科研服务平台,主动跟踪其方向、成果以及动态等,实现对科研工作的智慧管理。在科学研究活动过程中,智慧校园将提供更加智能的知识管理服务、高效的协同支持服务、便利的科研项目事务管理服务等,使得研究工作更加高效、协同。例如,发表论文被引用、检索的自动跟踪,科研成果的自动汇集和统计等

在"互联网+"时代,智慧校园的构建是定位于为学生、家长、教师、教育工作者提供开放的、可扩展的、可持续服务的,"以统一平台为基础,以智慧课堂为核心,以智慧管理为支撑,以教师发展为引擎,以平安校园为保障,以和谐家校为纽带,以优势发展为导向"的校园智慧综合服务平台。

智慧校园是信息化在学校的高级形态,是对数字校园的进一步扩展与提升。它综

合运用云计算、物联网、移动互联、大数据、智慧感知、社交网络、商业智慧、知识管理等新兴信息技术,全面感知校园物理环境,智慧识别师生群体的学习、工作情景和个体特征,将学校物理空间和数字空间有机衔接起来,为师生建立智慧开放的教育教学环境和便利舒适的生活环境,改变师生与学校资源、环境的交互方式,开展以人为本的个性化创新服务,实现学校的智慧运行,支撑学校开展智慧教育,最终建成促进学生、教师、学校优势均衡发展的智慧校园生态体系。

参考文献：

[1]田靓. 智慧校园视野下的多平台学风建设探讨[J]. 电子制作,2013(7):290.

[2]李兵. 推进中等职业学校智慧校园建设的实践研究[J]. 电脑知识与技术,2013(5):1244-1245,1248.

[3]尹光辉. 解析智慧校园建设中云计算、物联网的应用[J]. 企业技术开发,2014(18):83,89.

[4]吴旻瑜,刘欢,任友群. "互联网+"校园:高校智慧校园建设的新阶段[J]. 远程教育杂志,2015(4):8-13.

[5]于长虹. 智慧校园智慧服务和运维平台构建研究[J]. 中国电化教育,2015(8):16-20,28.

[6]胡钦太,郑凯,林南晖. 教育信息化的发展转型:从"数字校园"到"智慧校园"[J]. 中国电化教育,2014(1):35-39.

[7]王燕. 智慧校园建设总体架构模型及典型应用分析[J]. 中国电化教育,2014,(9):88-92,99.

运用智慧校园平台实现教务管理创新

张伦

（重庆市渝中区职教中心）

【摘要】智慧校园的建设,是当今信息技术创新应用趋势,是提高现代教育技术水平,规模培养掌握信息技术的高素质技术技能人才的紧迫任务。建设智慧校园,将极大地推动学校信息化建设,对学校各项工作、教师的工作和学生的学习产生重要的影响,是促进学校提高办学水平,推动学校各项工作快速发展的平台,更是提高教务管理工作的效率和质量,把教职工从繁重又重复的劳动中解脱出来的有效手段。智慧校园平台将教务管理的方方面面连成一个完整的数据整体,通过完善信息的可靠性和实时性,实现了信息高度共享,为教务管理提供及时、便捷、准确的服务。

【关键词】智慧校园平台;教务管理;创新

一、智慧校园建设的概念与意义

智慧校园是以物联网为基础的智慧化的校园工作、学习和生活一体化环境,这个一体化环境以各种应用服务系统为载体,将教学、科研、管理和校园生活进行充分融合。2010年,在信息化"十二五"规划中,浙江大学提出建设一个"令人激动"的"智慧校园"。这幅蓝图描绘的是:无处不在的网络学习、融合创新的网络科研、透明高效的校务治理、丰富多彩的校园文化、方便周到的校园生活。简而言之,"要做一个安全、稳定、环保、节能的校园"。近几年,全国各地的智慧校园建设如火如荼。智慧校园的建设,是当今信息技术创新应用趋势,是提高现代教育技术水平,规模培养掌握信息技术的高素质技术技能人才的紧迫任务。建设智慧校园,将极大地推动学校信息化建设,对学校各项工作、教师的工作和学生的学习产生重要的影响,是促进学校提高办学水平,推动学校各项工作快速发展的平台。它尤其对以下几个方面作用巨大:

第一,充分实现数据共享。智慧校园的建设目标之一就是要实现学校各项业务的信息化管理,搭建各部门间信息共享的桥梁,保证学校各项数据的权威和质量,为学校领导的决策提供数据支持。

第二,提高教职工工作效率和信息化应用水平。构建智慧校园应用系统,将有利于突破传统的工作方式,提高工作效率,实现部门之间和部门内部的数据、资料、文件等的共享,也提高了教职工自身的信息化应用水平。

第三,推进教育改革,促进教务管理,提升教学质量。智慧校园的建设,将推动教学手段、教学方法和教学工具的变革,普及多媒体教学、网络远程教学,实现教学资源的共享,促进教务管理,提升教学质量。

二、智慧校园平台有效支撑教务管理创新

笔者所在单位为重庆市渝中职教中心(以下简称"学校")自2012年开展示范校建设以来,与成都依能科技股份有限公司进行校企合作,同步开展了智慧校园建设,目前已初具规模。学校智慧校园是以校园网为基础,利用信息技术,实现校园的各项资源数字化,基本构建一个集教学、科研、管理和服务为一体的新型数字化工作、学习和生活环境。

在学校智慧校园平台中,包括多个应用系统,其中教务管理系统运用得最为广泛。众所周知,教务管理是学校管理的核心,数据量大,涉及面广。智慧校园平台将教务管理的方方面面连成一个完整的数据整体,通过完善信息的可靠性和实时性,实现了信息高度共享,为教务管理提供及时、便捷、准确的服务。可以说这些年,学校依托智慧校园平台既方便了教务管理,同时还实现了教务管理创新。综合起来主要有以下几个方面:

(一)课程设置及教材订购

在智慧校园平台,课程设置导出之后,将各个专业、班级的课程输入,然后再导入智慧校园平台。课程设置作为基础信息,在此基础上可以开展多项工作。首先就是订购教材,可以立即汇总学期教材的数量、种类等,进行教材订购。

(二)选课、排课、调课、代课及课表查询

课程设置导入之后,除了可以同步进行教科书订购之外,教师可根据课程设置进行网上选课。网上选课的结果快而准确,避免了人工选课重复、缓慢等弊端。

教师选课之后,智慧校园平台可依据设置条件进行自动排课。目前使用智慧校园平台的排课正确率非常高。教务员可再依据教师的特殊要求进行人工排课,大大减少了排课的劳动强度和失误率,使排课不再成为人人谈之色变的苦差事。

教师因为公假、病事假或者其他原因调课在以往也比较麻烦,往往要打多个电话才能实现调课。现在通过智慧校园平台可随时查询班级或者教师的课表,可有的放矢地进行调课。教师在网上申请调课之后,教务员再进行确认,随之将调课的信息发到两位教师的手机上,避免了以前因调课而产生的空堂等问题,同时也便于统计教师上课节数。

代课和前面所说的调课从程序和管理上来说差不多,既可以方便代课的教师,从教务管理上来看也比较轻松。

(三)学籍及资助管理

学生入学之后,把学生的信息录入智慧校园平台,方便学校给每位学生申报学籍。同时在学籍管理上面也非常方便,比如申请退学,经过学生申请,班主任及各个部门同意之后,提交给中职招办,批准之后学籍自动撤销,便于教务部门进行管理。同时,部分满足资助条件的学生,可在智慧校园平台进行资助申请,学校审核后报区资助中心。

图5-66 学校通过智慧校园平台教务管理系统进行学籍异动管理

(四)试题库建设及在线考试

图5-67 学校试题库管理系统

随着教学改革的推进,考试改革不断深入,智慧校园为学校开展教考分离的要求提供了技术支撑。学校把试题库建设作为切入点,从专业课核心课程推广到文化课程,使得任课教师将更多的精力投入备课、教学及教研活动中,有利于教师探索教学内容、教学方法和教学手段的改革。试题库的建设使命题更为科学化、规范化,让学生更注重过程学习,提高了学生学习的自觉性和积极性。

试题库建设也为在线考试提供了保障。学校近几年在德育和英语等学科中施行在线考试,取得了很好的效果,为进一步施行教考分离、在线考试等提供了借鉴。

(五)考务管理

面对众多的考试,考务这项工作在以往只靠人工的话是一项非常艰难的工作。如今,在智慧校园平台,考务也变得相对简单。发布考试通知、组织监考报名、教师组题、发布监考表、召开考务会、组织阅卷、成绩登记、成绩统计等都可以在智慧校园平台上进行,节省了大量的人力物力。

(六)学生成绩录入

职业院校对学生的成绩考核不像普通中学完全通过考试界定,学校对学生的期末总评成绩的界定主要包括平时出勤及纪律占20%,平时的练习及考试成绩占30%,期末成绩占50%。在智慧校园平台,任课教师只需输入学生的平时成绩、期中考试成绩或期末考试成绩即可,其总评成绩会自动生成,并自动记录在学生的电子档案中。当然,下学期要补考的学生姓名及科目也会一目了然。

(七)教师工作量统计

教师工作量统计是一项复杂的劳动,包括的选项非常多。尤其是教师因公因私请假姓名产生的调课、代课的统计,以及一些临时性工作导致的工作量统计,非常复杂。在智慧校园平台中,因为已经将调课、代课以及其他工作的数据输入平台,在统计教师的工作量时就比较简单。同时,平台还可以统计每周、每月、每学期等的调课情况、代课情况,可以将这些数据作为评优评先的依据。

(八)各种统计及资料上传

可以依据智慧校园平台上的数据进行各种统计分析。诸如教师任教个别班级的情况分析,全部班级的情况分析;同一专业的某一学科成绩统计;同一专业所有学科的成绩统计;不同专业的某一学科的成绩统计等,非常直观、迅捷,为教务管理部门和学校其他决策部门提供了非常好的参考依据。

在智慧校园平台,教师上传资料也非常方便。教师的个人信息资料、获奖情况;教师出的考题、成绩统计、试卷分析;教师的论文、总结等,可及时、迅速地上传到教务管理系统,极大地节约了人力物力。

目前,学校依托智慧校园平台的教务管理系统,在上述几个方面运用得比较广泛。当然,这些运用还远远不是智慧校园平台教务管理系统的全部,在专业建设、人才培养模式、学生评教等方面还有很大的运用空间和创新空间。随着信息技术不断发展，智慧校园平台也会不断创新和发展，这必然会为教务管理工作提供更大更多的应用空间，而每一个学校在这个空间里必定会寻找到更适合本校教务管理的应用，把教务管理工作做得更好！

参考文献

［1］黄荣怀，杨俊锋，胡永斌.从数字学习环境到智慧学习环境——学习环境的变革与趋势［J］.开放教育研究，2012（18）：75-84.

［2］张连城、蒋东兴、刘东等.高校信息化建设理论与实践——智慧校园［M］.北京：北京航空航天大学出版社，2014.

［3］规划编制专家组.《教育信息化十年发展规划（2011—2020年）》解读［M］.北京：人民教育出版社.2012.

第六章

重庆职业教育网络服务功能与作用研究

第一节　重庆职业教育网络服务功能与作用研究报告

一、研究背景

在"互联网+"和教育部《教育信息化2.0行动计划》背景下,网络应用已深入人们学习、生活、工作等各个领域。"互联网+"在教育领域的运用与拓展非常迅速,教育内容的持续更新、教育方式的不断变化、教育评价的日益多元,使中国教育正在迎来一轮新的变革,尤其是与社会经济紧密结合的职业教育,将因此面临巨大的冲击和挑战。加快职业教育现代化,加强职业院校的信息化、数字化建设,成为应对挑战的必然选择。教育信息化是教育现代化的重要体现,而网络是信息化的重要载体。重庆职业教育网络建设与应用在发展过程中,呈现出建设的系统性与规范性不强、应用性与有效性不高、研究工作相对薄弱等问题。因此,我们选择从网络这个重要载体入手,开展"重庆职业教育网络服务功能与作用"的课题研究具有很强的针对性和现实性。

二、研究的问题

本课题研究的问题,一是重庆市30所共建学校的网络服务能力,具备哪些功能。二是网络在职业教育过程中起到哪些方面的作用。三是重庆市层面的网络服务能力有哪些问题和不足。四是国内外有哪些先进经验、案例、技术可以借鉴。五是提出解决问题的办法。研究包含网络服务于管理、服务于教学、服务于社会3个方面。

三、核心概念界定

(一)职业教育

职业教育是指为使受教育者获得某种职业技能或职业知识、形成良好的职业道德,从而满足从事一定社会生产劳动的需要而开展的一种教育活动,职业教育亦称职业技术教育。

(二)网络

网络是由节点和连线构成,表示诸对象及其相互联系,是信息传输、接收、共享的虚拟平台,通过它把各个点、面、体的信息联系到一起,从而实现这些资源的共享。网络,简单来说,就是用物理链路将各个孤立的工作站或主机相连在一起,组成数据链路,从而达到资源共享和通信的目的。

（三）服务

广义的服务是指为他人做事，并使他人从中受益的一种有偿或无偿的活动，不以实物形式而以提供劳动的形式满足他人某种特殊需要。

四、国内外研究现状

（一）国外研究现状

美国教育资源门户网站（GEM）自1998年起，开始为美国教师、学生和其他教育领域的人士提供"一站式，并可由此寻找到任何资源"的服务，网站内容多、形式精。

GEM本身并不制作和生产教育资源，也并不拥有任何资源实体，它通过研究制定了一套资源管理的元数据规范，采取一种独特的资源认证和管理机制，以开放性的联盟形式吸引各级各类教育资源所有机构加入GEM，并通过"元数据记录库＋搜索技术"的技术方式来管理和利用联盟内的所有教育资源。值得注意的是GEM教育资源建设主体的多样化。美国参与和投入教育资源建设工作的单位远不仅仅限于教育部门，各类组织、各个行业的机构都积极参与教育资源的建设。中小学和政府教育部门直接制作和建设的教育资源只在资源总量中占据很小的一个比例。在GEM中拥有教育资源的非教育性组织分布在各个不同的领域中，甚至有许多与教育毫无关联的组织机构。参与网络教育资源建设在美国是一种非常普遍的现象，但这并不意味着美国教育部门在资源建设方面的缺位，实际上无论是在数量还是在内容上，美国教育机构建设的资源也是美国教育资源中非常重要的一部分。

美国教育资源类主要包括：（1）案例；（2）活动；（3）科普读物和科普信息；（4）互动小软件；（5）各类教育项目信息；（6）虚拟学校。因为信息化起步早，软件技术水平整体高。

对我国网络教育资源建设的启示是：通过国家统一配送和结对共享来扩大网络资源覆盖范围，增加网络资源建设的途径；构建网络教育资源建设应用机制；建立网络教育资源的评价反馈体系；重视网络资源建设的规范化和实现资源共享。

（二）国内研究现状

在中国知网中以"网络建设"为主题词获取47 906条研究文献，以"网络课程资源"为主题词获取4431条研究文献，"网络课程资源建设"的文献仅获得823条结果。"网络服务"为主题词获取51 982 条研究文献，"网络服务功能"为主题词获取1 884条研究文献，"网络服务功能与作用"为主题词获取33条研究文献。由此可见，学者们倾向于理论上的研究，对实践性强、操作性强的应用研究相对缺乏关注。

通过浏览相关文献的标题和摘要，发现国内对网络课程资源建设的研究从5大块入手。一是网络课程资源构建模型，主要基于层级模块、资源使用要素、学习形式、学习支持来研究。二是网络课程资源的网络平台基础,有 Moodle 平台、Net 平台、Blackboard 平台。三是网络课程资源存在的问题,包括资源建设需求、课程使用问题、资源环境支持问题。四是网络课程资源整合。五是课程资源建设标准化。

网络课程资源建设的关注点在于课程资源的内容呈现、学习平台的开发、学习监控和管理。

五、研究目标

重点开展重庆职业教育网络服务于管理、服务于教学、服务于社会的功能作用研究,提升重庆市中高职网络的资源、教学、管理、互动4个服务平台建设质量,引导重庆职业教育网络资源的有效开发、整合和优化利用,实现优质职业教育网络资源共建共享,教育信息交流互通,并走向健康发展之路,推动教育供给侧改革。

六、研究内容

本课题研究对象是30所共建学校的网络服务能力,以及网络服务起到哪些方面的作用,研究范围确定在网络服务于管理、服务于教学、服务于社会3个方面。通过对“重庆职业教育网”及30所共建学校校园网络服务的现状调研,基于网络平台服务于管理、服务于教学、服务于社会的功能与作用,研究重庆职业教育网络服务平台存在的问题,提出加强重庆职业教育网络服务平台建设的对策,提出如何增强重庆市中高职网络的资源、教学、管理、互动4个服务平台建设质量的方法。

七、研究方法

(一)文献研究法

通过有关文献搜索,收集国内外关于教育网络服务功能与作用的研究成果及经验,为本课题的研究提供借鉴和参考。

(二)调查研究法

通过对“重庆职业教育网”及30所共建学校校园网的服务功能与作用现状的调研,剖析重庆职业教育网络服务存在的问题,提出加强重庆职业教育网络服务的对策,为课题的后续研究奠定基础。

(三)经验总结法

通过对市内30所共建学校校园网的实际运行情况进行梳理、归纳、分析,使网络平台服务于管理、服务于教学、服务于社会的功能作用系统化、理论化,上升为经验总结并推广,以惠及更多学校,解决工作实际问题。

(四)案例研究法

选择重庆市国家级示范院校、市级示范院校、达标职业学校、公(民)办职业院校,特别是30所共建学校中在网络服务功能与作用方面具有意义的典型案例进行归纳、总结、分析,提炼成课题典型案例和经验总结。

八、研究过程

本课题以调研入手,从重庆市内具有代表性的30所职业院校开始进行调查摸底,在此基础上,研究以"为什么,是什么,怎么办"为导向,开展分组研究,侧重在教学、管理、社会3个方面,梳理典型案例,点面结合,最终形成可行的诊改意见和研究报告,为资政报告提供参考。

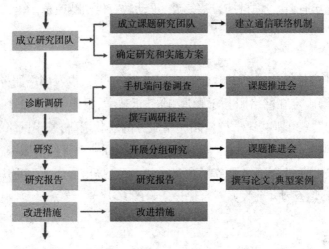

图6-1 课题研究过程

九、研究结论

(一)结论

1.网络建设完备,服务能力强,功能多元健全

根据本研究问卷数据统计,重庆职业教育网络的基础建设完备,服务能力强。在网络服务教学基础环境建设、网络服务教学的平台和资源建设、网络服务教学过程管理、网络服务教学新技术应用等方面大量引进优质资源,具备良好的硬件设施环境。通过网站、资源平台、学习空间、微信公众号、无线 Wi-Fi 覆盖等方面向师生提供服务,服务能力强,具备服务于教学、服务于管理、服务于社会的能力。借助"互联网+"时代背景,网络服务于学校、教师、学生、社会的类型也趋于多元化,主要有校园网站、资源库、QQ、微信、短信、邮箱等。目前30所共建学校的3成学校有3个及以上的平台服务类型,部分

高质量建设学校服务类型达8种,实现服务类型多元化,充分满足当前需求,服务功能多元健全。

2.网络服务能力助推教育现代化

各个学校陆续建立智慧教室、实训模拟演练系统、课程资源平台,在学校教育管理、备课授课、学生评价、教学评价、课后作业辅导、学校家长企业社会互动等方面,予以强大的网络服务支撑,提高了课堂教学实效性,提高了学习效率,帮助学生、教师获得更多的学习、教学资源,网络平台的作用巨大。

教师信息化水平逐年增强,信息化运用范围全面普及,近5年重庆市教师信息化大赛获得国家级奖项147项,市级奖项千余项;网络对于教师在说课程、专业剖析、把握教育重点难点等方面作用非常明显,教学质量稳步提高;教师的微课、PPT、教学音视频、课件、云课堂、课堂直播等质量明显上升,更具吸引力;学生学业评价记录,教师教学信息查询和记录,学校管理效率提升,无纸化办公,资源平台中"成品"教学资源的使用等,整体提升了重庆市各个学校办学水平和教育教学质量,从技术、服务、师资水平、育人质量上积极助推职业教育现代化进程,作用明显。

3.职业教育向开放性方向发展

在"互联网+"背景下,教室范围早已突破地域和大小的限制,授课时间也变成双向选择,网络打破了空间和时间传统的定时定点模式,开启了学生的移动学习与碎片化学习时代。学生的学习时间也可以自主灵活,学生可随时了解自己的学习情况,管理自己的学习进度,学业评价也是多元立体评价,未来的办学模式必将是趋向于信息化、开放化。

美国麻省理工学院、凤凰城大学和英国开放大学,都对外有网络开放课程。2008年,杭州师范大学阿里巴巴商学院正式揭牌,培养具有"国际视野、实战能力、创新精神"的商务精英和高端创业干部。2012年7月,国家开放大学在人民大会堂正式揭牌成立。国家开放大学致力于实现开放式学习,以学习者为中心,基于网络自主学习、远程学习与面授辅导相结合的新型学习模式,依托高水平IT企业,建造远程教育云平台,借助虚拟专网、互联网、教育科研网、移动通信网和卫星网等,实现移动学习终端互联,为亿万用户提供学习支持与服务。

4.设备更新不及时

教学资源需要定期存储和定期更新,但设备投入是学校的一笔大开支,由于政府采购制度和经费规划等原因,设备从立项到采购到安装使用,有较长的周期,更新时间3~6年一次,在当前电子产品约2年升级换代的大环境下,教学资源设备更新速度偏慢。据调查问卷可知,网络设备陈旧、技术难题的因素影响教学达到三四成比例,值得警醒。

5.缺少校际的资源共享机制

各个学校教学资源重复建设严重，由不同的公司承接业务，没有进行资源共享和技术对接，也没有一个广泛认可的开发标准和配套法规。在全市层面，相同相似的专业，没有顶层设计来规划教学资源，也没有较强有力的主管部门来引导，集团化办学的资源没有实现连接互通。需要在行政层面、规划设计、技术标准、经济分摊、师资交流、资源共享等方面全面地衔接落地。

(二)建议

1.借助区块链技术和职业教育网络服务指南整合校际资源平台

借助网络区块链技术思路，学校各自成为一个网络技术上的区块，将没有教育主管部门，这个中心平台的各个学校通过P2P的形式链接整合成重庆市区域的职业教育链式资源数据库，学校与学校之间直接链接。

区块链技术在全重庆市层面，借助重庆市职业教育网络服务指南，优先整合相同相似的专业资源，再扩展整合专业集群和其他专业，最后全覆盖整合，各个学校汇聚形成群体资源智慧。各个学校各自保存自己的现有资源，实现分布式数据存储和访问，强调去中心化，强调共享，强调学校群体自身的智慧与力量，进而实现集团化教学资源的互联互通和群体化发展。

形成教学资源更新机制，确定更新时间，分批次、分需求及时更新设备，两年一小换，五年一大换。

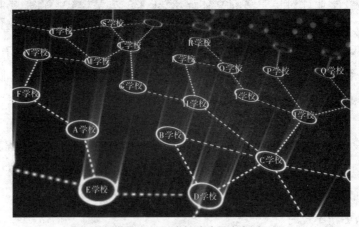

图6-2　学校之间形成链式资源数据库

2.重视网络的负面影响

(1)网络技术筛选使用人群。网络教育没有普及之前，教师只需考虑"教什么"，现在必须考虑"怎么教"才能适应网络时代。而网络技术2~4年更新一代的速度让教师尤其是老教师也疲于追赶，给教师提出了新的挑战。而国家语言文字工作委员会提出并在全国推广的"真语文"活动,要求教师就是一支粉笔、一本书、一张嘴上好课。让人疑问现在的教育是技术教育还是知识教育还是一种熏陶。从某种意义上说,网络的出现动摇了教师在教学过程中的决定权,使他们在相当程度上丧失了教学主动性和教学权威。网络技术筛选了使用人群,网络更偏向于技术,被筛选出去的不一定是教学上差的。

(2)网络缺少互动情感教育。计算机网络在提供虚拟教育平台,把信息流动从传统教学形式中抽离的同时,却造成了真实教育情感的缺失。传统的课堂形式不仅是知识的传输过程,在这个过程进行的同时,师生之间、生生之间的互动,课堂氛围和人际关系也是学生学习生活中不可缺少的一部分,但这些都在计算机网络活动中消失殆尽。网络极大地便利了信息传递,同时也极大地削弱了教育情感和教育现实感,由此带来学生在道德和情感方面缺失的一系列问题。除了知识和能力培养外,教育情感对学生的熏陶也是学生成长成熟的关键,尤其表现在责任心、利他意识等人文因素方面。而计算机网络难以表现出人性化的特质,也就难以实现人文教育的目的。[①]

(3)缺乏有效管理学生手机办法。中职学生普遍使用手机,但在教育管理中,学校对学生课堂内外的手机管控缺乏成熟的机制和应对办法。学校怕能放不能收,教师和学生在信息化教学互动中需要手机端连接,开展评价和统计,而下课后学生使用手机问题突出。目前缺乏一个学校和学生都接受又有利于教学的管理办法,进而影响网络信息化的正面普及,大部分学校选择根据课程需要开放手机使用的管理办法。

在教育评价、教师评价、学生评价的系统设计中纳入学生手机的管控,不能一棒打死,也不能一刀切,更不能漠视问题的存在,要像城管对待游摊走贩一样,划定时间段对学生开放,加强正面的手机信息抢占负面信息和时间。

十、研究成果

(一)开展了重庆职业教育网络服务功能与作用应用研究

课题组将7所课题主研学校分为3个研究小组,明确了研究方向为网络服务于管理、教学、社会,对重庆市30所网络共建单位开展手机端问卷调研,进行网络服务基本情况摸底,设置问卷37题,涉及网络服务的教学资源平台、更新频率、网络应用范围等方面内容,厘清了目前30所共建学校的网络服务能力、网络服务起到的作用,知晓了问题与不足,最后形成了调研报告。

---

① 范伟伟.计算机网络在大学教育中的利与弊[J].学园,2014(19):52.

(二)形成了系列成果

1.撰写了论文四篇

一是《教育网络在中职学校教育教学及管理中的应用探索》,由重庆市梁平职业教育中心李少军、谭铸完成。论文结合学校实际就网络在学校教育管理工作中的作用做了探讨,文章认为教育网络平台改变教师教育方式,提高了学校的管理水平,同时也指出教育信息化与学校管理手段陈旧之间的矛盾问题,学校管理人员不适应现代学校管理的状况越来越明显。二是《中职学校智慧校园移动平台开发和应用研究》,由重庆市龙门浩职业中学校孙志元完成。文章认为智能移动设备和移动网络的快速发展为中职学校的教育教学和学校管理提供了新模式。本文运用案例分析和经验总结方法,针对网络服务于教学和管理功能研究,结合学校智慧校园建设,分析微信平台和App优势,探讨中职学校移动平台建设方案,同时展示学校移动平台的应用情况,为中职学校智慧校园移动平台建设提供一种建设方案。三是《重庆中职教育网络服务平台服务教学的应用研究》,由重庆市龙门浩职业中学校熊华、孙志元完成。论文对网络服务平台提高课堂教学实效性,帮助学生、教师获得更多的学习、教学资源等方面进行了研究,探讨了网络服务平台应用教学过程中的各个环节、网络服务和学习多样性、制约网络服务平台服务教学发展因素等内容。四是《重庆中职教育网络建设的社会服务功能和作用研究》,由重庆市黔江区民族职业教育中心刘德友、江菲完成。论文指出加强重庆市职业教育网络建设,既是学校发展的需要,也是社会发展的需要。社会服务能力已经成为职业学校增强竞争优势的重要方面,推进重庆市职业教育网络建设是提高职业教育社会服务能力的重要途径。探讨职业教育网络建设的社会服务功能和作用具有重要的意义。

2.形成典型案例集

典型案例一:"小小微信群,管理大帮手──重庆市梁平职业教育中心应用微信育人管理"案例。典型案例提出了合理运用微信群来达到管理学校,提升教育教学水平的目的,并通过实践取得了成效。微信工作群是下情上传的快速通道,"美篇"等方式可以记录学校生活的点点滴滴,班级微信群是班主任的好帮手,家长微信群是家校共育的好平台。

典型案例二:"校企共建数字化服装设计制作教学培训平台"案例,由重庆市工贸高级技工学校完成。通过整合政、校、行、企资源,分阶段、分层次引进先进技术,结合地域行业特点,完善信息化教学资源,以此推动服装设计与工艺专业建设。

典型案例三:案例由重庆市龙门浩职业中学校完成,以全市的视角,通过重庆职业教育网络服务功能与作用研究调查问卷,收集整理重庆多所中职学校的网络服务教学的典型应用,包含网络服务教学的基础环境建设,网络服务教学的平台和资源建设,网络服务教学的过程,网络服务教学的新技术应用四个方面,为重庆市中职学校改革教学模式,提高教学质量和服务提供范本。

典型案例四："加强学校网络建设,服务地方经济发展",该案例由重庆市黔江区民族职业教育中心完成。案例主要描述了学校通过加强校园网络建设,依托学校门户网站和数字化校园平台两大载体,搭建对外宣传、家校沟通、校企合作、社会培训四大网络平台,促进学校内涵建设、质量提升,服务地方经济发展。

典型案例五："校园数字化系统建设",该案例由重庆市商务高级技工学校完成。学校投入大量人力、财力发展学校的信息化建设,经过两年的建设发展,实现校园无线网络全覆盖,有了一套较为完善的校园数字化管理系统。上线投入使用以来,缩短了办公时间,提高了管理效率,数据资料得以共享、永久保存,方便了查询,实现部分无纸化办公,节约了办公经费,起到了环保作用,规范了办公流程,起到了一定程度的风险管控。实现了预期目标,达到了理想效果。

典型案例六："校园一卡通建设",该案例由重庆市开州区职业教育中心完成。随着信息化水平提升,校园传统的消费和管理模式已逐渐不能适应时代发展的要求,建立以校园一卡通系统作为基础平台的数字化校园已经成为学校管理发展的方向和趋势。以卡为媒介的、面向全校师生的综合性服务平台,覆盖身份识别、金融服务、信息服务、流程整合等领域,形成高效稳定、功能全面、扩展灵活、管理方便的新一代"校园一卡通"系统平台,实现"一卡多用、一卡在手、走遍校园"的建设目标,提升了学校管理效能和服务师生水平。

主要参考文献

[1]黄煜欣.搭建教育网络平台推进教育现代化发展[J].中小学校长,2009(2):21-24.

[2]马振华.QQ群在学校班级管理中的作用[J].教师,2016(16):117.

[3]周颖惠.基于微信平台的翻转课堂教学模式探究[J].课程教育研究,2017(22):227-228.

[4]范伟伟.计算机网络在大学教育中的利与弊[J].学园,2014(19):52.

[5]张先艳.智能手机在教育教学中的巧妙应用[J].发明与创新(教育信息化),2014(11):33-35.

[6]孔洋波.中美网络教育资源建设现状分析及思考[J].中小学电教,2010(3):15-17.

[7]乔艳琰,李军.国内网络课程资源建设的研究综述[J].课程教育研究,2015(11):5.

[8]杨莉.国内外社交网络服务研究综述[J].情报探索,2016(2):71-74.

[9]林逢春.计算机网络服务质量优化方法研究综述[J].网络安全技术与应用,2017(5):7,9.

第二节　重庆职业教育网络服务功能与作用调研报告

一、调研目的

为了拓展重庆职业教育网与院校网站的服务功能,更好地实现重庆市职业教育网与职业院校网的互联互通,搭建信息网络平台,有效促进重庆市职业教育的改革与发展,课题组与30所共建单位加强联系,通过实地走访、电话访谈、手机端问卷调查,摸清了30所具有代表性的学校网络服务平台的现状,梳理和分析了"重庆职业教育网络服务功能与作用"的服务水平和存在的问题,为教育咨询决策提供佐证。

二、调研设计

(一)调研的方法

主要采取了两种调研方式:一是召开座谈会;二是手机端问卷调查。

(二)调研对象

表6-1　重庆市30所共建学校

序号	30所共建学校名称	调研截止时间	负责调研单位
1	重庆市南川隆化职业中学校	2017年9月28日	
2	重庆市机械电子高级技工学校	2017年9月28日	
3	重庆市开州区职业教育中心	2017年9月28日	
4	重庆市北碚职业教育中心	2017年9月28日	
5	重庆市大足职业教育中心	2017年9月28日	网络服务于管理小组
6	重庆市铜梁职业教育中心	2017年9月28日	重庆市梁平职业教育中心
7	重庆市工业高级技工学校	2017年9月28日	重庆市涪陵信息技术学校
8	重庆市璧山职业教育中心	2017年9月28日	
9	重庆市梁平职业教育中心	2017年9月28日	
10	重庆市工商学校	2017年9月28日	

续表

序号	30所共建学校名称	调研截止时间	负责调研单位
11	重庆市经贸中等专业学校	2017年9月28日	
12	重庆市机械高级技工学校	2017年9月28日	
13	重庆三峡职业学院	2017年9月28日	
14	重庆航天职业技术学院	2017年9月28日	
15	重庆市渝北职业教育中心	2017年9月28日	
16	重庆市女子职业高级中学	2017年9月28日	
17	重庆市黔江区民族职业教育中心	2017年9月28日	
18	重庆市九龙坡职业教育中心	2017年9月28日	网络服务于社会小组 重庆市商务高级技工学校 重庆市黔江区民族职业教育中心
19	重庆市工贸高级技工学校	2017年9月28日	
20	重庆市涪陵信息技术学校	2017年9月28日	
21	重庆铁路运输高级技工学校	2017年9月28日	
22	重庆市两江职业教育中心	2017年9月28日	网络服务于教学小组 重庆市龙门浩职业中学校 重庆市工贸高级技工学校
23	重庆市第二交通技工学校	2017年9月28日	
24	重庆市龙门浩职业中学校	2017年9月28日	
25	重庆市科能高级技工学校	2017年9月28日	
26	重庆市綦江职业教育中心	2017年9月28日	
27	重庆市商务高级技工学校	2017年9月28日	
28	四川仪表工业学校	2017年9月28日	
29	重庆市工业学校	2017年9月28日	
30	重庆市轻工业学校	2017年9月28日	

(三)调研内容

本调研包括三个方面:一是网络服务于管理,二是网络服务于教学,三是网络服务于社会。主要就网络服务的具体功能作用、硬件设施的配置情况、访问量、更新频率、应用程度等开展调研。

三、调研过程

（1）座谈会调研情况。2017年4月7日、5月5日、6月19日，课题组召开了工作推进会，重庆职业教育学会、7所课题主研学校及网络企业代表参会。座谈会明确了研究方向为网络服务于管理、教学、社会，对各个学校的网络服务基本情况进行了初步的摸底，建立了QQ工作群和微信群，统计了各学校的通信联络表，具体问题电话衔接。会议强调，要高度重视此课题，研究工作既是学校自身素质的提升，也为重庆的职业教育发展提供服务，具有重要意义；研究以问题为导向，明确研究方向，建设学校重点专业的服务运用，点面结合，切实推进研究工作，研究最后要形成资政报告。

（2）手机端调研问卷分别由3个研究小组设计，汇总后制成电子问卷App网址，分别电话联系30所共建单位，由各学校网络管理中心教师或相关的领导填写。

调研自2017年7月开始，统计时间截至2017年9月28日。

四、调研结果

本调研通过对重庆市内30所共建学校进行手机端问卷调查，共设置37题，涉及网络服务于教学、服务于管理、服务于社会3方面内容，取回26份有效调查问卷，统计结果见附录1。

五、问题分析

（1）问卷设计有单选和多选，统计表明，单选的问卷结果偏向于集中在某一级选项，如同意和不同意，达到8~9成的比例，说明此问题在调研学校中，情况比较一致，这从数据上削弱了"30所学校对重庆中职学校代表性不足"的疑问。多选题的问卷统计结果呈分布式结构，说明各个学校的校情多样化。

（2）统计结果可以看出，网络服务于教学和管理的能力明显强于网络服务于社会的能力，关于社会培训和校企合作类的信息及相关教学资源占本校所有信息和教学资源的比例比较小。

（3）大部分学校信息服务类资源更新的频率为每二三天更新一次，周访问量在1 000~5 000区间，有至少1个以上的服务平台，3成以上学校有3个及以上平台。

（4）学校网络功能帮助了学生、教师获得更多的学习、教学资源，为教师、学生提供了更多的学习机会与学习交流空间。

（5）专业课教师和文化课教师，重庆主城学校和区县学校区别明显。

（6）学校整体工作对网络的依赖程度高，涉及各职能部门能通过网络有效沟通与紧密合作、共享数据资源，进行教学教务管理、科研管理、图书资源管理、财务管理、人事管理、后勤服务等。

六、调研的结论

(一)主要优点

1.服务功能多元健全,作用明显,具备服务能力

根据本研究问卷数据统计,重庆职业教育网络的服务功能多元健全,主要有 QQ、微信、网站、短信、邮箱等。30 所共建学校的 3 成学校都有 3 个及以上服务类型的平台,部分高质量建设学校服务平台类型达 8 种,基本能满足现有需求。通过网站、资源平台、学习空间、微信公众号等平台向师生提供服务,服务能力强,作用明显,具备服务于教学、服务于管理、服务于社会的能力。

2.对网络平台的刚性需求很大

教育教学、管理、社会服务对网络平台的刚性需求很大,需求度最少占五成,最多占十成,充分说明网络服务平台的重要性。而调研学校都完成了网络建设并运用,学校的网络服务系统运行效果好。

3.提高了效率,服务作用巨大

在教育管理、文件共享、备课环节、授课环节、教学评价环节、课后辅导作业环节、学生评价环节等方面,借助网络服务平台,提高了学校管理效率,实现了无纸化办公,提高了课堂教学实效性,提高了学习效率,帮助了学生、教师获得更多的学习、教学资源,因此网络平台的服务作用巨大。

(二)问题与不足

1.设备更新周期长

通过访谈和问卷可知,调研学校教学设备更新周期是 3~6 年,快的 1~2 年,以维护和增设形式的更新方式只能在小范围适用。整体更新速度偏慢,周期偏长。主要原因是取得设备预算资金和政府采购审批过程有较长的周期。

2.同类学科资源没有资源共享机制

全市层面,基础学科和专业课程都有许多相同相似专业,都有类似的教学资源库,但在全市层面没有顶层设计来规划教学资源,也没有较强有力的主管部门来引导,集团化办学的资源没有实现连接互通。

七、对策建议

1.整合校际资源平台

借助网络区块链技术思路,全市层面的各个中职学校各自成为一个资源区块,各学

校通过P2P的形式链接整合成重庆市区域的职业教育链式资源数据库,学校与学校之间直接链接。

2. 制定职业教育网络服务指南

重庆市层面上制定职业教育网络服务指南,顶层设计,形成一个学校、企业、教育主管部门广泛认可的开发标准和配套法规,避免各个学校教学资源重复购买和重复建设,学校之间可以进行资源共享和技术对接,通过集团化办学,实现连接互通,并在行政层面、规划设计、技术标准、经济分摊、师资交流、资源共享等方面全面地衔接落地。

3. 形成设备更新机制

教学资源更新需要形成机制,确定更新周期,预算经费,分批次、分需求及时更新设备,两年一小换,五年一大换。

注:《重庆职业教育网络服务功能与作用研究调查问卷》见附录1。

第三节　重庆职业教育网络服务功能与作用案例

一、重庆市梁平职业教育中心应用微信育人管理案例

(一)实施背景

当今世界是互联网时代,学校作为社会的一个窗口,自然离不开网络。学校是教书育人的地方,学校管理是做好育人工作最重要的环节之一。

微信已成为现代人的一种生活方式,它逐渐替代了以前的QQ、短信、电话、邮件等交流方式,微信的转账、支付、缴费、查询、打车、购票、网购等强大的功能基本覆盖了生活的方方面面,毫不夸张地说:微信在手,啥都不愁。作为教育工作者,我们理应认识到这个事实,转变观念,合理利用微信,特别是微信群来达到管理的目的。

(二)实施前的状况

学校里有各种各样的群,教师群、党员群、年级群、班级群、干部群、学生群、家长群,名目繁多。以前的时候,这种群只是领导发布指示,学校发布通知,教师布置作业,学生相互戏谑,家长相互吹捧,阿谀奉承老师的平台,未达到以群育人、用群管理的目的。重庆市梁平职业教育中心在这样一种状况下,思考如何利用微信群,帮助学校实施管理,从而实现育人的目的。

(三)建设过程

1.建设目标

重庆市梁平职业教育中心探索合理运用微信群来达到管理学校、提升教育教学水平、家校育人的目的。为此,学校做了一些尝试,并且取得了一些成效,本文仅就微信群在学校教育管理工作中的作用结合我校实际情况做一些探讨。

2.建设过程

(1)学校微信工作群成为学校管理的重要平台。根据职业教育网络服务标准,学校成立了新闻中心,将学校信息、新闻、公众号、微信群、QQ群等纳入统一管理,层层落实责任人,签订责任书,制定网络管理制度和公约,真正让微信等网络平台起到管理育人的目的。

重庆市梁平职业教育中心全体教职工加入了微信工作群,包括外聘教师、保安、寝管等。在这里,上至校长,下至普通职员,一律实名制。不再有穿着马甲的网络潜水员,你所说的每一句话,都承担着责任。

第一,微信工作群是下情上传的快速通道。

"第一教学楼2楼路灯坏了,存在安全隐患",一句话,就是一个情况,再附上一张照片,简直就是有图有真相。马上有回应:总务处收到,马上派人解决。二十分钟后,电工回应:路灯已安好。发现问题,处理问题,解决问题,不用繁杂的手续,不用到处找人,短短半个小时就解决问题。这就是重庆市梁平职业教育中心速度。随后,还有温馨的一幕,很多教职工为爆料人点赞,为电工点赞。别小看这个竖起的大拇指,它代表着一种温馨,一种认可。

这个微信工作群是学校下情上传的重要通道,小到厕所漏水,大到重要活动安排,学校的许多管理工作都在这里一一落实并解决。

第二,用"美篇"记录学校生活的点点滴滴。

美篇,一个小小的图文编辑软件,已经成为重庆市梁平职业教育中心记录学校发展的重要工具。搬入新校区两年来,学校师生已制作出近千篇美篇,大到学校承办的大型活动,小到师生发生的点滴故事。每一个"美篇"都是一道亮丽的风景。有各种主题班会,有教学课堂实录,有技能大比武,有学校活动,有师生风采,总之,美篇就是浓缩的生活,浓缩的每一天,浓缩的历史。学校新闻中心会把每一个发表在微信群的"美篇"都下载保存,翻开它,就翻开了重庆市梁平职业教育中心的校园生活。

(2)班级微信群成为班级管理重要法宝。学校每个班级都建立了微信群,班主任是第一责任人,成员包括本班学生、科任教师以及下年级和班级的领导。

第一,班级微信群是班主任的好帮手。

对于一个优秀班主任来说,运用好班级微信群是一项必不可少的技能。班级群是一个严肃、活泼、体现班级凝聚力的前沿阵地,是班主任的千里眼和顺风耳。学生在里面的每一句话都传达着一些信息,也许是班主任平时没关注的,没了解到的。班级微信群还是班主任和科任教师布置工作和学习任务的园地,许多好的文章,值得学习的知识,课内课外都涵盖,发到微信群,就是一篇好的教材。

第二,家长微信群是家校共育的好平台。

一个班几十个学生,家长遍布天南地北,身份、职业、性格、素质各不相同。但相同的是他们的孩子都在一个学校、一个班集体。所以,家长微信群就成了学校、教师、家长实施家校共育的主阵地。班主任是家长微信群的监管者,刚开始,有些家长也会把一些乱七八糟的东西发到群里。这时候,班主任就会发声了,学校专门制定了《重庆市梁平职业教育中心网络管理规定》。渐渐地,家长们都很自觉了,和小孩无关的信息再也看不见了,微信群成为大家沟通的平台。在这里,大家为管理班级集思广益,各抒己见,极大地丰富了班主任及科任教师管理学生的思路。学生的学习生活情况,教师也会把它发到群里,将需要解决的问题尽快落实。

(四)成果成效及推广应用

学校探索微信育人以来,取得了很好的成效。一是充分发挥了教职工的主人翁精神,凝聚了他们的积极性。通过微信工作群,教职工无论职位高低,皆能参与到学校的管理工作中来,提的建议和意见能被学校采纳,让教职工备感欣慰,同事之间因工作而生的琐事,在不经意间成为相互沟通的纽带。大家变得彬彬有礼,谦和大度。二是全方位地宣传学校,对学校的发展作用巨大,每一位教职工、学生、家长都是一个传播者,我们制作的"美篇"通过他们的转发瞬间传给万千读者,学校发展的点滴也随之广泛传播,这比在媒体上打广告效果要好得多。三是学生职业素养得到提升,许多学生通过"美篇"的制作,变得善于思考,善于发现身边的美好,性格也阳光起来,学习也变得积极起来。

(五)讨论与建议

微信极大地改变了现代人的生活,毫不夸张地说,微信时代已经来临。在手机人人普及的情况下,如何更好地运用微信搞好教育教学工作,也是摆在所有教育工作者面前的一项值得探索的工作。我校在实施网络管理、微信育人的过程中,也遇到过很多困难。比如教职工不愿添加到微信群,特别是一些岁数偏大的教职工,总说自己不会玩微信,手机上不了网等。其实,他们内心还是想参与到学校管理中来的。关键是要去教他们,让他们树立信心,接受新鲜事物。还有,微信群的管理需要落实责任人,一个负责任的管理员能起到助推器的作用。

当然,我们的经验还不完全成熟,需要更进一步去探索和创新。

二、重庆市工贸高级技工学校校企共建数字化服装设计制作教学培训平台案例

(一)实施背景

随着我国经济社会的迅速发展,以及"中国制造2025""互联网+"的大数据时代的到来,社会对高素质劳动者和技能型人才提出了新要求,但肩负着技能型人才培养任务的中等职业教育仍然是我国教育事业的薄弱环节,其亟须解决的最突出的问题是如何紧跟时代发展速度,将大数据、互联网、云端等信息技术融入传统的教学模式中。目前,信息化教学已成为各大职业院校的深度研究课题,大多数职业院校对信息化教学的理解出现不同程度偏差,主要表现如下:(1)购买部分多媒体、一体机就是信息化教学;(2)购买几套仿真教学软件、教学系统也称之为信息化教学;(3)做部分微课、慕课等就是信息化教学。以上做法只是解决教学过程中的某一个教学环节而已,所谓信息化教学是指在教学中应用信息技术手段,以现代教学理念为指导,以信息技术为支持,使教学的所

有环节数字化,从而提高教学质量和效率。

(二)项目实施前状况

实施前,我校服装设计与工艺专业处于较传统的讲授教学,分组演示完成实训,同时每个教师的方法和对教学内容的理解不一致,导致传递给学生的信息错位,且大部分教师来自高校,无企业生产经验。学生在学习过程中很容易感到枯燥、厌烦,有大部分学生进入企业后想继续学习。学校拥有的信息化就是几个实训软件、PPT。学校的硬件软件都无法解决以上问题。与此同时产业行业升级更新,社会进步,各类学校开始着手信息化建设,因此专业的信息化发展也暴露出许多问题:

(1)标准不权威、统一,缺乏前瞻性和持续性,资源分散、无法共享和缺乏统一管理。

(2)硬件、软件落后,不能满足现代化教学要求。

(3)新媒介运用落后,学生对其专业教学无兴致。

(4)没有与专业相关的咨询信息,学生封闭,对行业、企业发展一无所知。

(5)不能满足随时随地学习及终身教育服务。

(三)主要目标

我校服装设计与工艺专业通过示范校建设,在"校企互动三段式"人才培养模式的指导下,进行进一步完善和提升,以重庆市工贸高级技工学校服装资源库为平台,以"互联网+""智能制造"为引领,以服务行业企业为宗旨,将我校服装设计与工艺专业教学整体信息化为目标,努力探索创建新常态"互联网+"下的"终端资源库"信息化教学平台。全面建成学生可无书、教师可无教材、上课可无地点限制、学习可无时间限制(随时随地移动学习)、无年限年龄限制(终身学习),适应学历与非学历教育通用的教学模式;建立最具权威(与中国服装教育网合作)、最前卫、最快捷、最全面企业标准、最大兴趣(学习项目游戏化)线上线下终端教学平台。全面提升专业教学质量,搭建学生一进校就享受终身学习的平台。

(1)搭建集教学、生产、研发、鉴定、服务于一体的多功能、多元化校企合作平台,搭建课程资源库、教学资源库、精品课程库等资源的专业平台。

(2)完成录播一体系统。

(3)完成仿真与真实岗位同步、线上线下交互的"互联网+"实训中心。

(4)建立3D在服装行业中的应用,完成培训手册,将成果运用于"第45届世界技能大赛时装技术项目重庆市级选拔集训基地"。

(四)工作过程

1.整合行业先进技术

一是充分利用行业协会资源。学校是中国纺织服装教育学会副会长单位、重庆市职业服装协会副会长单位,与市内外行业专家均有比较密切的关系。学校积极协调,广泛调研全国产业发展趋势,开展产业分析,推进校企合作机制创新,加强技术更新,努力推广并服务地方经济发展。

二是将行业最新资源引入学校教学实训平台。学校与中国纺织服装教育学会、重庆市职业服装协会、中国服装教育网、深圳格林兄弟科技有限公司等达成协议,整合全国最新人力资源开发课程资源,改革教学、评价模式,根据地域及我校特色进行转换,植入我校教学实训平台,与市场最新技术实现零距离接轨。

2.分步、分段、分层完善技术

一是学校教师与企业共同开发缝纫工艺、工业样板、产品设计、服装工艺模版、实时教学、时尚空间的线下信息资源库平台用于常规教学,并建立录播系统,可同步直播课堂。

二是学校教师与企业共同收集建立服装面辅料、企业标准、课程建设资源、时尚咨询、服装电子图书、服装设备、服装英语、服装视频、企业技术资料、服装应用软件、校企合作、时尚动态等线上数据库,为在校学生、社会行业从业人员、毕业生提供在线教学服务。

三是与企业共建第一个3D打印实训展示中心。学校引进重庆市衣啸科技有限公司、深圳格林兄弟科技有限公司在我校分别建立 Marvelous Designer 3.83 3D服装虚拟仿真设计中心,CLO 3Dshow player 2服装展示实训中心及培训中心。

3.扎实开展校企互动

学校服装设计与工艺专业立足自身和企业实际利益和需求,吸引企业参与学校人才培养,调动企业发挥育人的协同作用,实现校企互动、互利共赢。

一是与企业共建研发基地。学校引进香港唐璜原创服饰会馆有限公司建立了服装制版技术部;引进重庆佳禾服饰设计制作有限公司设立样衣研发部,引进重庆索派尔服装企业策划有限公司设立面料开发部,引进重庆市达兴儿童用品(宝贝小猪)有限公司成立了职业学校校服研发基地;与重庆大象哥哥服饰有限公司共创了T恤品牌;学校服装设计与工艺专业教师与学生一起参与企业服装制版、研发、面料开发等工作。近三年,学校与企业共同研发成品2 000余套,2018年4月承接第45届世界技能大赛全国选拔赛重庆市代表队的队服设计与制作生产,融入重庆地方文化,体现重庆青少年的精神面貌,为重庆市45个项目及市领导设计制作完成队服共计231套,形成了校企共享人才资源的良好格局。

二是引企入校,共建实体。充分整合企业资源,我校与浙江凤凰庄纺织品有限公司在校内建立了重庆唯一一家兼具面料研发、成衣卖场、电商为一体的多功能实训基地。

(五)条件保障

1.机制保障

一是成立了由行业、企业、学校和科研机构人员构成的服装设计与工艺专业建设指导委员会,明确了委员职责,保证其全程参与专业建设,并发挥咨询指导作用。二是制定了一系列管理制度,包括《服装设计与工艺专业校企合作实施细则》《服装设计与工艺专业校企合作考核办法》《服装设计与工艺专业信息化建设实施方案》《信息化研发成果管理制度》等,为实施服装设计与工艺专业整体信息化教学提供了机制保障。

2.师资保障

本专业有一支德技兼备的师资团队,由专职教师11人、社会兼职教师4人、企业行业名师团队10人组成。其中有中国纺织服装教育学会副会长1名,中国纺织服装中等职业学校专家指导委员会委员4名,全国纺织服装教育教学指导委员会数字化教学资源库建设指导委员会委员1名,重庆市职业服装协会副会长2名,重庆纺织工业联合会副会长1名。

3.经费保障

本项目经费预算投入500万元,目前已经投入使用400万,其中中央资金投入150万元,市级财政及主管部门资金投入210万元,学校自筹和企业投入40万元。主管部门重庆市经济信息化委员会对项目建设的过程进行监督和服务指导,确保了项目建设的顺利推进。此外,重庆市经济和信息化委员会还充分利用管辖各行各业的优势,为学校提供校企合作的机会。

(六)成果成效

1.主要成果

(1)搭建并完善了四大交互教学平台。教学资源库达到42 TB。率先共同开发了西南片区新常态产业的网络仿真实时教学系统,该系统建有缝纫工艺、工业样板、产品设计、服装工艺模版、实时教学、时尚空间等6个子平台;率先将整个专业课程、教学、时尚资讯、技能考核全面教学同步信息化,全面实施学习与创业就业为一体、课堂与工厂合一、课前课后资源共享的移动教学载体,以信息化平台为载体进行实时交互、虚拟交互、替代交互、转移交互教学实训。

(2)推动世界技能大赛时装技术项目。我校时装技术实训基地通过信息化为基地选手进行教学,通过平台3D设计的款式参加2018年的第45届世界技能大赛全国选拔赛,我校学生刘子靖以全国第二名的成绩进入国家队,刷新我校世界技能大赛历史纪录。同时,我校获批"第45届世界技能大赛时装技术项目中国集训基地"。

2.主要成效

(1)提升学校知名度。学校近两年共接待市级领导、同类学校参观交流共计21次；2017年7月重庆电视台就我校服装设计与工艺专业师生进行专题展示；学校获批承办"第五届中国·重庆职业技能大赛"；学校成为第44届、45届世界技能大赛时装技术项目重庆市级选拔集训基地，向全市乃至全国推广了新科技、新技术的成果。2018年10月北京市人社局领导与北京市技工院校领导共计20余人到校参观交流该专业及基地建设情况。

(2)助推行业技术更新，服务地方经济。2016—2018年，我校教师马小锋共计四次获邀在行业协会上做专题报告，传递行业发展新科技、新技术。2018年5月，重庆市中小企业局领导一行对我校3D打印在服装行业的渗透进行实地考察调研，并给予高度评价，同时邀请我校教师马小锋在"2018年服装产业链专题培训班"上为行业企业进行专题介绍培训。我校3D打印通过推广得到行业企业的高度认可，与多家企业达成后期合作意向。学校多次在行业协会等交流中展示3D打印在服装中的应用。重庆本地多家服饰电商企业主动寻求与本专业的对接合作，为其设计研发服装款式。本专业运用3D打印设计完成的时装秀在市级活动中展示。

(七)体会与思考

在新时代、新产业、工业4.0的发展中，传统的服装设计与工艺专业培养模式已经落伍，在新科技、新技术的引领下我校的协同育人模式已经初见成效，在本地区得到高度认可。协同育人长效机制的建立、合作内容的进一步深化和拓展还有待我们进一步努力。今后，学校将不断优化政、校、行、企四方资源，不断更新和推广新科技、新技术在传统专业和行业中的应用，拓展更为广阔的辐射面，为地方经济发展培养更多高素质技能型人才。

三、重庆市龙门浩职业中学校教育网络服务教学案例

(一)实施背景

《国家中长期教育改革和发展规划纲要(2010—2020年)》《教育信息化十年发展规划(2011—2020年)》和《教育信息化2.0行动计划》相继颁布，文件强调信息技术与教学过程必须深度融合；办好网络教育，加快职业教育信息化建设，支撑高素质技能型人才培养，构建继续教育公共服务平台，完善终身教育体系；积极推进"互联网+教育"发展，加快教育现代化和教育强国建设。

本文以重庆职业教育网络服务功能与作用研究为依据，通过重庆职业教育网络服务功能与作用研究调查问卷，收集整理重庆多所中职学校的网络服务教学典型应用，提供给兄弟学校借鉴参考，促进重庆市中职学校改革教学模式，提高教学质量。

（二）实施前状况

1. 网络基础设施相对落后

一是部分网络设备超过使用年限，运行性能下降；二是互联网出口带宽不足；三是无线网络信息容量小，随时随地在线学习条件不具备。

2. 教室多媒体设施已不能满足新形势下教学需要

一些学校现有多媒体教室设备设施相对落后，不能满足教师开展互动式教学的需要；有些设备设施损坏、更新频率高，管理维护成本较高。

3. 网络服务软件平台和教学资源建设仍然薄弱

一是缺乏满足在线教学模式的课程平台；二是缺乏符合课程改革和课堂教学需要的教学资源。

4. 信息化教学手段运用少

在教学过程运用信息化手段教学的教师少，大多数教师只停留在课件保存网络，在教室直接调用的状况，缺乏有效的数据共享和交换机制，无法实现集中管理全校数据。

（三）建设标准与工作目标

1. 建设标准

按照职业教育网络服务标准的内容和要求，实现资源共享、数据信息的快速传递、可靠性的分布式处理能力提高、集中管理以及综合信息服务，以实现网络服务于教学等功能。

2. 工作目标

信息化教学是职业教学发展的重点，只有把信息技术与教育教学过程深度结合起来，才能实现教育现代化、变革教学模式，从而提高职业教育的教学质量。网络服务功能以网络（包括无线网络）和平台建设为基础，以大数据分析为引擎，以资源建设为推手，实现集管理、教学、评测和服务为一体的教学环境。具体目标有以下几个方面：

（1）形成网络服务基础环境。以网络建设和云计算技术为支撑，构建智能化教学终端，能够实现数据的采集、分析等多功能于一体的网络环境。

（2）实现智能化平台管理。通过打造一体化的综合教学管理平台，打破信息孤岛，借助大数据分析，为学校教学管理与科学决策提供依据，达到学校教学管理智能化的目的。

（3）促进资源和平台建设。建设资源平台，整合教学资源，开放学习环境；创新教学模式，深化教学应用，突破时间和空间限制，实现智慧教学和学习。

（4）基本实现个性化服务。借助物联网和大数据技术，为师生的校园生活提供个性化服务。

(四)实施过程

1.网络服务教学的基础环境建设

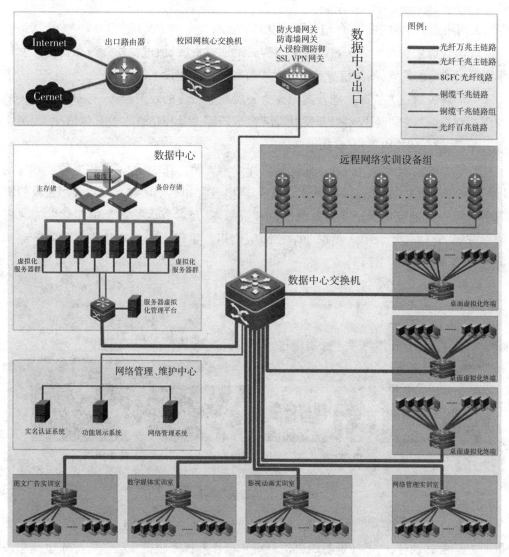

图6-3　某职业学校数据中心网络拓扑图

　　网络的便利性、实用性、教育性、知识性已经得到社会的普遍认同,建设高速校园宽带网络显得尤其重要。职业学校的网络建设不能仅仅局限于教学楼的每间教室、每间实验室,还应该延伸至宿舍楼等,同时必须无线Wi-Fi全覆盖,网络硬件建设以万兆核心、万兆骨干、千兆到桌面的设计思路建设,同时针对职业学校校园业务系统应用于教学的部署情况,需建立一个统一的、提高硬件资源利用率的、便于管理的、性能优良的校园网络数据中心。该网络数据中心是集存储中心、数据库中心、虚拟化业务系统集群、各种实训中心于一体的新型数据中心,使整个校园信息化建设达到一个新的高度。建立全方位的校园宽带网,让知识交流更加便捷。图6-3是某职业学校数据中心网络拓扑图。

2.网络服务于教学的平台和资源建设

教学资源平台及资源库建设要采用购买第三方资源、引进优质资源和自主开发教学资源相结合的原则,从而稳步推进教学平台和资源库建设工作。

一是购买第三方资源。随着国家大力发展职业教育的政策颁布,有一大批新兴的专职教育企业为职业学校对口开发"成品"教学资源。学校结合本校具体情况,购买这些资源,并整合到校内平台,供师生使用。

二是引进优质资源。引进行业优质课程教学资源。在浩瀚的"大数据"海洋里,涌现了 MOOC 平台、网易公开课、网易云课堂、腾讯教育和本地区教育主管部门建设的资源平台等一大批应用于职业教育的平台和资源库,蕴含着大量适合中职学生的课程教学资源,将这些资源引入供职业学校师生使用。重庆市职业教育公共服务平台含有 71 个专业,300 多门课程。

图6-4 "资源云"建设

三是自主开发教学资源。首先,职业学校的教师们在数年的工作经历中,积累了大量的教学素材,但这些零散资源的再次利用和合作利用率很低。教学资源库建设必须由全体教师共同完成,学科教师是资源库建设的主力军,每一个教师都要参与到资源库的建设中来,将这些资源上传到资源库中。其次,将学校多年积累的优秀教案、课件、微课、赛课、成果等资料上传到资源库,每个教师都可以随时轻松通过校园网在资源库中提取。最后,各职业学校为了发展重点建设专业,组织专业骨干教师深度开发课程资源包。职业中学在以网络课程为形式的"资源云"建设中,数字媒体技术应用、电子与信息技术、酒店服务与管理和服装设计与工艺4个专业完成"数字媒体技术基础""3DMax 三维动画制作""服装结构与立体造型""餐饮服务与管理"等 20 余门课程的教学资源建设和封装,如图6-4"资源云"建设案例。

3.网络服务于教学的过程

一是课堂教学。利用网络资源平台强大的在线教学功能,学校可形成属于自己的网络课程(课堂),将线上教学引入课堂,利用微课、微课程优化课堂教学,创新教学手段,打造智慧课堂,突出"先学后教,小组探究,当堂训练"的教学活动。

二是学习空间人人享。通过"云课堂",不仅实现了课堂翻转,将线下学习拓展到线上,同时打破了空间和时间的限制,开启了学生的移动学习与碎片化学习时代。而且,学生还可以随时了解自己的学习情况,管理自己的学习进度。

三是课后作业辅导。利用网络平台建立一个实时的讨论环境,当学生有疑问时,可以在平台中提出,教师就可以实时在线进行辅导,教师也可以布置相应的作业要求学生完成,通过平台即可进行批改,实时反馈给学生,达到课外辅导的目的。

四是网络应用于教学过程集中控制。通过集中控制管理平台,可以实现教室设备集群管理,如进行远程管理设备、设备分组管理、远程控制桌面、发布信息;视频直播,实现终端知识内容的分享与传播;数据监控,实时显示数据情况,了解管控区的设备使用情况,如图6-5所示为实现网络教学智慧教室的集中控制平台。

图6-5　网络教学智慧教室的集中控制平台

4.网络服务于教学的新技术应用

教育网络具有"互联网+教育"的高效、快捷、方便传播的特点,在职业学校学生们的学习和生活中发挥着不可替代的重要作用,并成为学生们学习的好帮手。在新技术应用方面,"VR+教育"是一种更新潮的教育方式,这种虚拟现实技术,能模拟出以往难以实现的教学环境、教学结构、教学设计,真正做到以每一个学生为中心,给不同的孩子提供个性化、私人订制的教学服务,让每一位学生都站在教室的中央,成为教学的焦点,这种教学模式还处于个别应用阶段,将来大量应用于教学和学习过程中,更具有沉浸感。

(五)成果成效

教育网络充分利用网络,打破了时间和空间的限制进行教学和学习,做到教学和学习时间灵活自由,使学生实现个性化自主学习。职业学校应坚持以平台及资源为依托,以培训为先导,使教师们对各种应用平台由了解到熟悉,由熟悉到应用,不断地提高网络信息技术在日常教学中的应用水平,从而提高教学质量。因此,几年来网络服务功能建设取得了一定的成效。

(1)网络基础设施和设备显著提升,大多数学校实现了无线 Wi-Fi 全覆盖,增加了万兆或千兆防火墙,增设了上网行为管理设备,互联网出口也有达到 500 Mbps 以上的学校。

(2)网络服务平台及资源在以下五个方面(图6-6)服务中有着重要的作用。

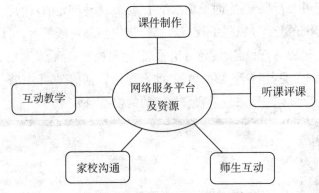

图6-6　网络服务平台及资源的作用

(3)各种现代特色学校、智慧校园和智慧教室建设,增强教师应用意识,主动进行教学模式的改革,充分体现网络服务教学功能的作用。

(六)讨论与建议

(1)网络服务教学功能建设需要相关技术团队对网络和平台进行维护,对资源进行收集等。

(2)网络硬件环境、平台和资源建设需要相应的资金投入,才能保障网络服务功能具有相应内容服务。

(3)应开展教师信息化应用能力提升工作,积极组织教师参与数字化教学资源开发、建设、信息技术教学工作,从而在学校营造良好的信息化氛围,全面推进信息化教育教学改革。

总之,网络服务教学功能深刻地改变了教学模式,丰富和完善了现有的教学与学习方式,随着新的技术不断出现、应用于教育教学过程中,将更加提升学校的教学水平,提高学生学习的成效,必将为国家现代化建设做出更大贡献。

四、重庆市黔江区民族职业教育中心应用教育网络服务地方经济案例

(一)实施背景

当今,社会已经迈入信息化时代,计算机和互联网已经与人们的日常工作、学习和生活息息相关,人类社会目前又处于一个历史飞跃时期,正由高度的工业化时代迈向初步的网络时代。网络的出现,将人类带入了数字化时代,拓展了人类的第二生存空间——网络社会。网络的出现和普及使人们在信息化、知识化的潮流中不得不学会适应以求得生存和发展。网络的服务功能与作用也在日渐凸显。作为学校而言,学校网站是学校对外宣传的窗口,也是展示全校师生才能、加强对校外联系、互相学习、共同发展的阵地。学校网站的建设对促进师生与学校共同发展,建立内容丰富的网络信息资源,形成开放的资源共享条件,实现教学、科研、管理、培训的信息化,使校园网站成为信息资源的宝库、学校形象的窗口、网络教育的基地和师生交流的乐园。加强学校网络建设,既能服务学校行政管理,也能服务教学管理,更能服务社会发展。

(二)工作目标

学校通过加强校园网络建设,依托学校门户网站和数字化校园平台两大载体,搭建对外宣传、家校沟通、校企合作、社会培训4大网络平台,促进学校内涵建设、质量提升,服务地方经济发展。

(三)实施过程

学校依托门户网站和数字化校园平台两大载体,严格按照职业教育网络平台建设与管理标准,搭建四大网络平台,促进学校内涵建设、质量提升,增强服务社会贡献力。

一是搭建对外宣传平台。为进一步向社会充分展示学校的发展变化情况、示范校建设成果,树立良好的形象,让全社会更加了解职业教育、支持职业教育,学校在门户网站上搭建宣传专栏,全方面宣传国家职教政策、学校办学条件、理念思路、内部管理、质量提升、就业工作、民族特色、服务贡献能力、示范辐射等,特别是宣传近年来学校在重点专业人才培养模式与课程体系改革、师资队伍建设、校企合作和工学结合运行机制建设、武陵山民族传承基地建设、对口升学高考、顶岗实习就业等方面取得的成绩,不断扩大学校影响力和知名度。

二是搭建家校沟通平台。加强家校联系,要以办人民满意的教育为宗旨,按照学生为本、沟通为主、理论联系实际的原则,建立起家校联系、良性互动、合作育人的良好机制。学校通过数字化校园平台,为每一位学生家长发放一个登录账号,家长登录账号就能够随时了解学生在学校的各方面表现。而学校可以通过家校沟通平台与学生家长加强交流、密切联系、增进彼此理解和支持。学校与家长沟通学生在学校、家庭和社会上

的思想、学习、生活等方面的具体表现，密切加强家校联系，形成教育合力。学校与家长交流家庭教育的难点和困惑、先进的家庭教育理念、科学的家庭教育方法和措施。学校可以总结不同家长在教育子女方面成功的经验，并通过家校互动平台等途径向其他家长进行介绍。同时，能够利用平台向家长宣传教育方针、教育法律法规及教育发展思路和改革方向，介绍学校的发展规划、工作目标及学校建设情况，征求家长对学校教育的意见和建议。围绕教育热点问题，接受家长及社会的咨询，争取家长对学校和教育的理解与支持。

三是搭建校企合作平台。校企合作是职业院校和企业发展的共同需要。学校具有人才保障和教学培训优势，能够为企业提供人力支持；企业具有技术、设备资源优势，能够为学校提供就业平台和教学实践平台。通过双方合作，让学生在校所学与企业实践有机结合，让学校和企业的设备、技术实现优势互补、资源共享，发挥学校和企业的优势，合力打造高素质的适用型技能人才。而校企合作除了线下合作，还可以进行线上合作，学校将校企合作单位简历和用人需求公布在学校门户网站上，方便学生及家长查询。同时，学校将学生实习就业情况录入平台系统，并进行跟踪服务，实时更新。

四是搭建社会培训平台。学校按照市场需求、社会需要的原则，多次深入各行业、企业、村镇开展调研，在政府相关部门的大力支持下，有针对性地开展各类职业技术培训。学校将培训项目、方案、要求实时发布在学校网站，有需求人员能够第一时间通过平台查询到培训时间、培训进度，并可以通过平台直接进行报名注册。

(四)主要成效

学校通过加强网络建设，搭建4大平台，宣传学校办学实力，凸显学校办学特色，内涵建设不断加强，育人质量稳步提升，直接或间接地为地方经济社会做出了积极的贡献。

一是每年吸引区内外3 000余名初中毕业生来校就读，生源辐射8省(市)44个区(县)。年均为各行各业输送实习就业学生3 000余人，为地方经济社会发展提供了人才支撑和智力支持。

二是学生的职业道德、职业技能、就业创业能力不断增强。毕业生大多在全国知名企业就业，就业率达98%以上，稳定就业率达90%以上。学校对口高考升学率不断突破，特别是2017年参加对口升学高考453人，本科上线329人，首次突破300人大关，本科上线率达72.63%，专科上线率100%，渝东南第一，全市领先。2018年，学校高考又创佳绩，上本科线301人。学校学生刘俊、刘念、廖芙蓉分别夺得计算机类、电子技术类、财会类的全市第一名。

三是通过进一步深化校企合作，与用人单位紧密合作，共同制订了人才培养方案、课程标准，编写专业教材；开设了与岗位对接的"订单班""冠名班"；同时，用人单位定期派专家到校授课,学校定期派专业教师到用人单位接受培训,确保"双师型"教师的高质量增长。通过深度的校企合作,学生的就业、立业和创业能力明显提高,实现了教学改革、人才培养与企业岗位需求的全方位对接,做到了"校企融合",互惠共赢。

四是学校利用优质的教育资源,年均为电力系统、财政部门、扶贫系统、劳动系统、道路运输、商贸等各部门和行业,开展进网电工作业、会计从业资格、汽车维修从业资格、家政服务、就业再就业等各类中短期培训2 000人次以上,学校通过面向企事业和社会开展的岗前培训、从业资格培训、技能提升培训、实用技术培训、贫困劳动力转移、创业培训等各类中短期培训的学员遍布重庆各大中型企业,为推动地方经济发展做出了积极贡献。

(五)体会与思考

学校网络建设取得了一定的成绩,但还是存在一些问题和不足。一是更新不及时。学校网站更新缓慢,无深度新闻,有的网站栏目内容基本是几年前的信息,网站公开的信息内容陈旧,甚至有些内容已经发生变化,但未及时更新,还停留在"过去时",保持"老面孔",有的栏目几天甚至几周才更新一次,不能保持常态化更新信息。二是互动性不强。网络是一种现代化的交互工具,网络的交互功能可以充分体现学校的办学理念。学校网站没有开通在线受理功能,不支持在线受理服务,不能及时和学生家长、社会群众进行互动交流。同时,由于网站设置的单一化,缺乏针对性,造成网站功能的无效性,使得学生家长、社会群众参与度不够,没有搭建学校与师生、家长、社会交流互动的平台,需要进一步提升网站的关注度和影响力。

加强学校网络建设,要进一步树立学校全新形象,优化学校内部管理,实现教学知识资源在网上共享,节约教学成本;让学生和学校的管理实现互动,了解学生的想法;便于学生及家长更好地了解学校的动态及教学纲领;整合校友资源。因此,学校网络建设与管理应坚持教育"三个面向"的方针,以服务于学校教学、科研、思想道德建设、精神文明建设等工作以展示学校风采为目的,坚持有利于提高教学与管理效率,有利于师生获取与交流信息,有利于加强学校对外交流与宣传,有利于服务社会发展的原则,充分发挥学校网络的服务功能。

五、重庆市商务高级技工学校校园数字化系统建设案例

(一)实施的背景

数字校园建设是教育信息化的重要组成部分,对于促进我国教育信息化,实现教育现代化具有重要意义。《国家中长期教育改革和发展规划纲要(2010—2020年)》明确提出要加快教育信息化基础设施建设,强调加快终端设施普及,推进数字化校园建设,实

现多种方式接入互联网。各级地方政府十分重视学校的信息化建设发展，投入了大量的财力、人力、物力。重庆的不少职业学校也建设了信息化管理系统，几年前受当时网络条件和使用终端等多种因素的影响，在推广使用中受到了限制，看似高、大、全的系统，实则可用性不大，存在只建不用或者不能很好地使用的情况，将系统束之高阁，信息化系统未能发挥出很好的作用。随着近几年4G网络的迅速发展，功能强大智能手机的普及，对视频、图像、文字等信息的传输有了质的提升。随着资费的下调普通百姓都能消费，人们也习惯了使用手机QQ、微信等手机通信软件，在生活上和工作中确实也得到了很好的沟通和交流的效果，因此对新的时期职业学校信息化系统的建设提出了更新、更高的要求。新的信息化系统更偏向于手机终端使用，让教职工、学生和家长都能方便、快捷地使用系统，真正实现信息资源及时、准确共享。

（二）建设前的状况

建设之前，学校没有一套规范、统一、完善的管理系统。日常的事务处理沿用传统模式，效率不高；各科室的信息资源相对独立，不能得以共享，公用数据混乱；日常办公用纸浪费较大且易造成环境污染；教学资源不能师生分享，师生交流沟通渠道不够畅通；各科室档案和常用的办公数据的保存采用纸质形式和普通的电子表格和电子文档的形式，易造成资料泄密和丢失。

（三）建设总体目标和原则

1.总体目标

以应用系统和信息资源建设为重点，结合学校特色和实际情况，建成高速、开放、可靠、安全、智能的数字化校园。发展师生的信息技术素养，创新教育教学模式，提高教学质量，规范管理流程，提升校园文化生活品质，拓展对外服务的范围，引领学校现代化发展，为学校培养高素质劳动者和技术技能人才提供信息化支撑和保障。具体建设内容如下：

（1）硬件建设。实现校园无线网络全覆盖。

（2）软件建设。一个基础支撑平台包括：数据中心、统一身份认证和移动校园基础平台。

一个管理服务中心包括：移动管理服务应用、OA系统、教务管理系统、迎新管理系统、实习就业追踪系统、实训管理系统、德育管理系统、网络教学平台、教学资源库管理系统。

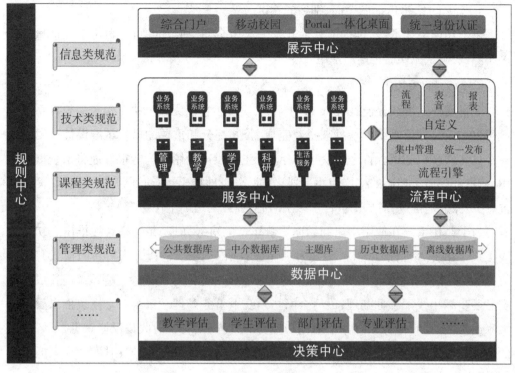

图6-7　软件系统建设逻辑结构设计图

2.建设原则

项目遵循"先进性、实用性、可靠性、安全性、经济性以及可管理性"的原则,结合学校的实际情况和理念进行建设。

(四)建设过程

1.建设前充分调研

学校信息部门于2016年上半年开始进行市场调研,到多个学校和软件开发公司实地考察,于2016年10月与软件开发公司签订了合作协议,开始了项目建设。

2.实施前充足的功能需求分析

具体实施前学校领导十分关心和重视项目的建设,多次组织中层以上干部召开功能需求分析会,深入细致地研讨,确定各科处室信息化系统的具体建设内容和整体架构,学校信息部门充分收集、了解、掌握各部门的功能需求,便于和开发人员对接。

3.与开发人员充分沟通,确保产品的方向正确

学校信息部门频繁与软件开发公司开发人员做深入、细致的沟通,做到有的放矢,无缝对接,保证产品设计的方向正确。

4.产品上线、推广前做全面、细致的测试

每个功能模块上线、推广前软件开发公司做全面、细致的测试,再由学校信息部门多次测试,确认无误后再推广使用。

5.建成、推广使用

项目硬件建设部分于2016年11月完成,实现了校园无线网络全覆盖。软件系统建设于2017年6月全系统模块框架搭建完成,公共部分和重要的模块精准设计开发完毕且经过多次模拟测试。首个模块于当年7月正式投入使用。为能很好地将系统推广使用,信息部门做了精心的推广使用策划,分期、分批地推出,由简到繁、由点到面、循序渐进、逐步深入地推进;对员工进行了多次耐心、细致的培训工作。

为了避免系统在使用中出问题而影响正常的事务办理,每个模块在推出之初结合线上线下事务办理同步进行,一是为了保证数据安全,二是让大家对新旧模式有个比较,让大家体会新系统的好处,同时也是对新系统功能的一次检验。待系统运行成熟稳定后逐步缩小线下事务办理,最后全面切断线下事务办理。每个一个模块推出后留给大家充裕的时间,让大家有一个消化和接受的过程,同时及时收集反馈意见,了解使用的情况和职工的思想动态,不断修改、完善系统,提高可操作性、实用性,让大家能更方便、快捷地操作。

系统模块成熟一个就推广一个,同时不断升级完善推出使用的模块。全项目的修改、完善工作于今年5月结束并全部投入使用,实现了预期目标,达到了预期效果。

(五)实施保障

1.经费保障

学校每年列专项资金用于数字化校园系统建设及维护。

2.组织保障

学校成立校园数字化建设工作小组,由校长任组长,分管校领导和所有中层干部为成员。学校信息部门具体负责落实、执行项目的建设。

3.制度保障

学校制定管理规章制度,明确责任,任务落实到人,将各科室的信息系统建设工作纳入年终考核。

4.技术保障

为保证系统正常、稳定运行。学校信息部门全体人员和学校计算机教师与软件开发公司开发人员成立了技术保障组。

5.安全保障

采取了软、硬件的保障措施,使用主域、备份域服务器形式进行数据异地等多重备份。与合作单位签订安全责任书,防止数据、信息泄露。做好防火、防盗、防雷电等工作,定期排查安全隐患。节假日安排专人值守、巡查。

(六)建成使用后的成效

系统自建成投入使用以来运行稳定,收到良好的效果。

1.方便、快捷地办公,缩短了时间,提高了效率

系统未使用前,一些日常的事务处理可能因领导外出等原因不能及时办理,最长可能会达10天或半个月。系统使用后,常规的用车、用印、采购、报账、物品领用等事务的处理,职工可以不受时间、地域的限制,能方便、快捷地通过手机完成申请,同时领导也能通过手机很快地完成审批。这缩短了时间,提高了办公效率。

2.实现部分无纸化办公,节约了办公经费,起到了环保作用

系统使用前,学校的各种会议、公文的处理、师生的课表和学生的成绩通知书寄送(邮寄还需购买邮票和信封)等事务处理所需纸张和打印的成本,每年需上万的经费,且这些纸件都只具有一次性的使用价值,使用过后就会被当成垃圾扔掉而污染环境。系统使用后,会议召开、公文处理、师生课表查询、学生成绩查询等都不再使用纸质形式,直接在手机上操作便可完成,实现了无纸化办公,节约了办公经费,同时还起到了环保作用。

3.实现精准管理、实时资源共享,沟通交流便捷

系统使用前,公用数据混乱、各个科室的数据不统一、资产管理中的数据不准确。在系统使用后,大家使用同一个系统,看到的是同一个数据。只要不是学校保密的信息都可以在系统中分享出来供全体师生及时了解、掌握。系统中支持语音、视频、图片、文字的信息传输,方便大家及时沟通、交流。

4.规范了办公流程,做到了一定程度的风险管控

系统使用后,签字、审核等事务流程严格按照规范设定的程序进行,无错漏环节的出现。做到事前有申请、事后有保留、过程有记录,严格按照规范办公流程进行,起到了一定程度的风险管控作用。

5.数据资料永久保存,随时方便查询

系统数据进行了本地、异地多重备份,且数据永久保存,存储数量较大、安全、稳定。系统数据随时方便查询、分析和比较。

(七)讨论与建议

数字化校园项目建设非一朝一夕工程,是长期而久远的持久建设。新一代的数字化校园系统真正发挥了系统的效能,体现了价值,提升了管理水平,提高了办事效率,做到了资源共享,实现了无纸化办公,规范了办公流程。

系统投入使用后,在系统数据累积到一定量的时候,对系统数据进行挖掘、分析,提取有用信息,为学校以后的发展、建设做决策时提供真实、有效、可靠、有力的参考依据。

六、重庆市开州区职业教育中心校园一卡通建设案例

(一)实施背景

《国家中长期教育改革和发展规划纲要(2010—2020年)》中明确指出"信息技术对教育发展具有革命性影响,必须予以高度重视",通过教育信息化促进教育内容、教学手段、教育管理和方法现代化。随着社会进步与发展,计算机硬件与软件技术的不断推进,校园传统的消费和管理模式已逐渐不能适应当前信息时代发展的要求,建立以校园一卡通系统作为基础平台的数字化校园已经成为学校管理发展的方向和趋势。校园一卡通工程是数字化校园建设的基础工程,通过校园一卡通的建设逐步形成全校范围的数字空间和共享环境。校园一卡通系统各项功能的实现,不但在生活和学习上会为学校师生员工提供极大方便,同时也会极大地提升学校的管理水平和科学决策水平,成为学校实现现代化管理的标志。

重庆市开州区职业教育中心是国家改革发展示范校、国家重点中职学校。我校结合实际情况,提出智慧校园建设项目,通过校园一卡通实现数据资源集中,消除信息孤岛,易于使用管理,共享计算资源。

(二)实施前的状况

随着校园信息化建设的不断进行,校园一卡通作为促进校园信息建设的一个重要环节,在方便师生员工工作、生活、学习和加强学校财务管理等方面发挥着越来越重要的作用。但是目前学校门禁通道系统、考勤及售饭系统等信息互通存在障碍,需要借助卡与网络的优势实现校园内各个部门机构之间的信息一体化,形成全校范围的数字空间和信息共享环境,为学校管理人员提供具有开放性、灵活性、面向校园应用的服务管理平台。

(三)建设目标和原则

1.建设目标

"校园一卡通"的总体目标是实现"数据共享,平台统一,应用集成",建立以卡为媒介的、面向全校师生的综合性服务平台,覆盖身份识别、金融服务、信息服务、流程整合等领域,形成高效稳定、功能全面、扩展灵活、管理方便的新一代"校园一卡通"系统平台,实现"一卡多用、一卡在手、走遍校园"的建设目标。按照"一库""一卡"的一体化建设理念,"校园一卡通"系统将采用平台式、模块化的建设方法接入包括消费、淋浴、门禁、考勤等在内的多个子系统,各个子系统既可独立运行,又可接入"校园一卡通"系统平台。

2.建设原则

(1)开放性与先进性相结合原则。一卡通系统采用开放、标准的网络协议,网络系统要有一定的先进性,有足够的扩充能力,有利于向新技术升级。

(2)安全性与稳定性相结合。与校园网隔离易防范各种不安全因素,一卡通独立使用带宽网络环境良好。采用一卡一密、一区一密的加密机制防止被盗滥用。加入专用标识,采用专用算法,有效地防止伪卡,确保了数据的安全性。

(四)工作过程

1.建成智能卡开放式无障碍快速门禁通道系统

(1)门禁通道系统功能介绍。我校的门禁通道系统是基于以太网模式工作的网络化的IC卡门禁通道系统,系统由Oracle中心库和SQL本地数据库、门禁通道系统、通信采集程序、门禁控制器、读卡器、门磁、电控锁、开门按钮等软硬件组成。人员在出入口读卡器上读卡,如卡有效,控制器会打开电子锁,如果该卡不被允许,读卡器和控制器均会报警,以提示管理人员,同时电子锁将不会打开。开放式无障碍通道管理系统能够实现通道控制及联动、自动拍照、24小时不间断视频监控等功能。系统在持卡人员出入通道时快速、准确地判断其通过状态,合法卡快速放行,非法卡或者无卡时声光报警并拍照,避免了传统通道验证人员身份效率较低而造成进出口拥堵的状况,防尾随,反潜入,并在遇到紧急情况时可以快速地对人员进行疏散。

（2）门禁通道系统示意图。

图6-8　门禁通道系统

（3）系统数据流程图。

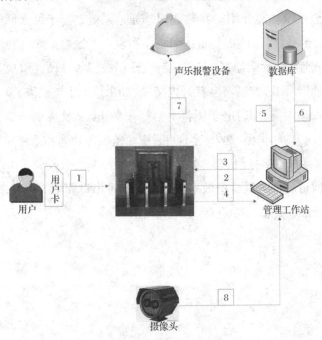

图6-9　系统数据流程图

2.建成食堂消费系统

(1)食堂消费系统功能介绍。系统主要功能包括消费扣款、发放补助、现金充值、挂失、解挂、报表统计、餐次设定等。硬件主要由充值终端、消费终端、发卡器、卡片和监控主机组成,通过独有的数据库实现商务消费功能。除了作为食堂售饭系统的功能外,校园卡的支付功能主要用在校内食堂、小超市、保险缴费、机房、图书馆等地点,完成师生在校内的各类消费的电子支付。

持卡消费采用真正的电子钱包方式实现,有完善的卡信息、终端数据采集安全机制及日志管理机制。终端机数据采集通过数据通信网关,在通信线路正常的情况下,进行7×24小时的不间断的集中数据采集,发送主机命令及处理记录,并实时监控终端的使用状态。在联网的状态下,系统会自动检查黑名单的更新情况,若有新进黑名单,则会自动发送到终端机上,终端机更新原有黑名单,并即时生效。

(2)食堂消费系统结构示意图。

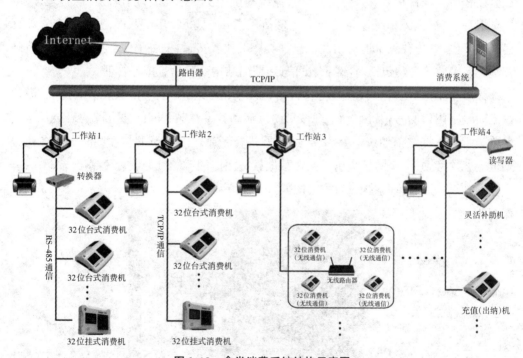

图6-10　食堂消费系统结构示意图

（3）食堂消费系统主要设备。

食堂读卡机（坐式）　　　　　食堂读卡机（挂式）

图6-11　食堂消费系统主要设备

3.建成人事考勤管理系统

（1）人事考勤管理系统功能介绍。人事考勤管理系统能够实现考勤功能,提供多用户监控和声音报警功能。人事考勤管理系统提供了上班信息管理、请假信息管理、人事信息管理、人员出入情况监控功能。上班信息指几点上班,几点下班,迟到多少分钟算迟到,早退多少分钟算早退。请假信息种类一般比较多,每一种请假类型有不同的请假算法。人事信息管理包括对部门人员信息、部门结构变动信息进行管理。

针对学生考勤,可和教务系统进行信息共享,在安排好学生排课表的前提下,设置在流动教室门口的考勤机自动下载该日内该流动教室在某一时间要上课的班级及学生名单。学生上课之前通过"指纹+卡"的方式进行考勤。非本班的学生此时无法在此考勤机上进行考勤,本班的学生也无法在其他教室门口的考勤机上进行考勤。

（2）人事考勤管理系统设备示意图。

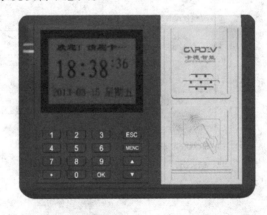

图6-12　考勤门禁机

(五)条件保障

1.组织保障

学校为智慧校园建设工作成立了智慧校园工作领导小组,由校长任组长,分管校领导及部门主要负责人组成工作机构,同时成立信息中心,具体实施学校整体的智慧校园建设工作。

2.制度保障

制定管理规章制度,明确负责人。制订网络故障、服务器硬件故障、服务器软件故障、数据库故障、存储系统故障等应急预案,防患于未然。

3.经费保障

为确保智慧校园建设的持续开展,学校每年经费预算中均列出资金用于智慧校园建设及维护工作。

4.人员保障

安排专业技术人员负责智慧校园的维护,人员具备相关专业技术资格证书及接受过相关业务技术培训。

5.技术保障

有防止数据被侵入或破坏的软件技术措施,有灾难恢复措施,定期进行后台程序、数据库升级维护,定期进行服务器病毒防治和打操作系统漏洞补丁,定期进行存储数据备份。

(六)建设与应用后效

通过网络将整个校园连接在一起,利用智能卡开放式无障碍快速门禁通道系统、食堂消费系统、人事考勤管理系统三大系统将师生的学习、生活工作联系在一起,方便师生的日常生活与工作,也方便学校的管理,实现真正的电子钱包,这样可有效禁止学生逃课现象,规范日常的教学秩序。

表6-2 校园一卡通应用数据或变化与传统管理模式效果对比

类别 项目	门禁通道系统	食堂消费系统	考勤管理系统
一卡通管理系统	外来人员清晰可查	收假币的概率为零	教师迟到旷课有据可查,而且人数大大减少
传统管理系统	外来人员无法统计	收假币的概率为2%	教师迟到旷课无据可查

(七) 讨论与建议

校园一卡通建设已经成为学校信息化建设中的一个重要项目,在进行项目建设过程中由于其涉及学生的个人资金问题,所以应该保证其安全性。在校园一卡通建设过程中应该考虑校园网络应用特性,不要片面追求技术的先进性,应该保证相关网络布置的合理性。

由于校园一卡通本身是一个重要IC卡,其中记录了学生的个人信息以及学生的个人财产信息,所以我们需要对校园一卡通安全使用流程进行详细分析,确保学生的信息不被泄露,资金安全。虽然我们对网络安全做了周密的安防技术保障,但是任何网络都不是绝对安全,都有可能出现漏洞,我们需要进一步加强网络安全系统。

第四节　重庆职业教育网络服务功能与作用研究论文

教育网络在中职学校教育教学及管理中的应用探索

——以重庆市梁平职业教育中心为例

李少军　谭　铸

（重庆市梁平职业教育中心）

【中文摘要】在"互联网+"的时代发展大背景下，职业院校及职业教育工作者需要利用教育网络达到管理育人的目的。本论文使用了调查法、个案研究法、探索研究法、经验总结法等，并结合学校实际就网络在学校教育管理工作中的作用进行探讨，认为教育网络改变教师的教育方式，教育网络提高了学校的管理水平；教育信息化与学校管理手段陈旧之间存在矛盾，学校管理人员适应现代学校管理的水平亟待提高；利用微信等网络工具可以达到学校管理育人的目的等。

【关键词】网络平台；教育方式；管理；教育信息化

当今世界是互联网时代，学校作为社会的一面窗口，自然离不开网络。学校是教书育人的地方，学校管理是做好育人工作最重要的工作之一。本文仅就网络在学校教育管理工作中的作用结合我校实际情况做一些探讨。

一、教育网络平台改变教师的教育方式

教师上课，千百年来，在三尺讲台上，似乎都已形成根深蒂固的模式，无论是拿着戒尺的私塾先生，还是沾满粉笔灰，带着玻璃瓶底眼镜的教书匠，无不是中国传统教师的写照。然而，随着互联网时代的来临，教师的教学方式有了天翻地覆的变化。教育信息化作为教育系统的一种基本构成要素，并在教育的各个领域被广泛地利用，以促进教育现代化的发展。学校利用现代信息技术辅助教与学，把网络技术手段融合到各学科的教学和管理之中，充分利用网上资源，达到提高教育教学及管理效益的目的。网络信息技术应用于教育及教学管理，已经成为21世纪教育发展中的一个必然趋势。

由于网络技术的发展，我们现在传输信息和接收文件等方面变得更为简单快捷，所以我们在管理过程中可以更有效地贯彻我们的方针政策。同时由于信息的反馈也非常

及时准确,所以我们可以更注重工作过程。通过网络,我们还为教师提供新课程改革、新教育实验、教育资讯相关文章来进行共同学习、探讨,也利用网络资源进行教研培训活动。在此时,网络的技术手段不再是早期的简单通信,也不再是冷冰冰的、单向传播的传统意义上的媒体,它是实时的、双向的、交互的、可控的,是多种媒体的。我们觉得,这才是网络教育真正具有革命性的意义所在。其优势有以下几方面:

一是极大地增强了教师之间的交互性,打破了学校与教师、教师之间、教师与学生之间的相对孤立状态。这种交互性是近乎实时的,而且可以利用多种渠道实现,比如:电子邮件、PPT、WWW、网上在线QQ等。二是学习的异步性。利用网络进行远距离教学,可全天24小时进行,每个学生都可以根据自己的实际情况来确定学习时间、内容和进度,教师可随时在网上下载相关学习内容或向同行、专家进行请教。三是学习信息的广泛性。网络为教师提供多层次、全方位的学习资源,可引导教师由被动式学习向主动式学习转变。

可以这样说,正是网络的发展改变了教师的传统授课方式,也改变了学校的教育。

二、教育网络平台提高了学校的管理水平

校园网的开发利用对教育教学的改革、教育教学质量的提高,对实施创新教育,培养学生的实践能力,扩大学生的知识面,全面推进素质教育有着极其深远的意义。同时,校园网也是实施学校教育现代化的重要基础设施之一,是建设高素质学校的必要条件。

作为教育信息化主体部分的校园网络,目前已渗透到学校职能业务与管理决策的各个层面,以及师生员工学习、工作、生活的每个角落,是对传统的教学方法、教学手段、教学理念和教育管理模式的变革和挑战。

(一)充分利用校园网络促进教学和管理

随着我校校园网的开通和网站的建成,校园网已成为学校教育教学管理、教师教学和教育科研不可缺少的重要手段,促进了教育教学及管理。但是,仔细分析学校校园网发现存在这些现象:教师用得多,学生或家长用得少,内部人员用得多,外部人员访问少,存在这些现象问题,说明学校的网站要真正吸引人,还有不少工作要做,我想首先要做的应该是不断更新充实,把最新的最有吸引力的内容放到网上,学校的校园网才会真正吸引同行。所以我校发动教师积极为学校网站出谋献策,撰写稿件,通过网络交流,可以让老师们有更多的时间来深挖教材、学习理念、研究学生。这是我们教师真正接触计算机走出的坚实的第一步。

(二)利用校园网站激发教师钻研业务,不断学习

"国家的希望在教育,教育的希望在教师",教师在教育教学改革中的关键作用得到了人们更广泛的认同。教师专业化、教师的专业发展,无论在理论上还是实践上都成为各界教师教育关注的焦点。全国数学教学研究会副理事长,特级教师顾泠沅教授曾说过这样的话:"如果说过去的校长以教学质量为他的责任的话,那么现在的校长的职责有两条,还应把教师的发展作为他的职责。"

我们认为,教师专业发展需要一种氛围,而网络的交流给我们提供了很好的空间。我校校园网络开通以来,对于教师专业成长的影响是巨大的。上网与反思,已经逐步成为教师们的至爱。他们对教育的认识,就在这样的追寻中有了深刻的变化。因为教师的成长除了独立奋斗之外,还需要合作,还需要与外界广泛地交流,在碰撞与融合中发展,在写作或参与各种讨论的时候激起强烈的专业意识,从观念到思想,从精神到行动,都进入一种专业的状态。"教师的专业发展意味着要给教师提供反思的机会,要让他们形成有关内容、教学法和学习者的新观点。"从我们有校园网站后,学校就要求教师写教育随笔或论文并上传自己的文章,我们对教师上传的文章进行审核后,符合要求的给予在学校网站上发表,对于发表的文章给予一定的奖励。在坚持写教育随笔和论文的过程中,我们实实在在地发现教师变得愿意思考了,也善于思考、勤于思考了,使教学行为不再盲目随意,对学生也变得温和了,教师们还感到教学工作有意思起来了,生活也更充实了。

(三)利用校园网站加强学校与社会的沟通

我校利用校园网站中的"校园之窗"展示学校的各种活动,如学校的招生就业情况、健康教育、教师风采、艺术教育以及校企联合办学等,使更多的人了解我们的办学理念、办学特色,提升我校的社会声誉。特别是我们通过设立网上招生就业咨询处、网上报名点,给社会各界人士了解我校情况提供了很大的便利,学校的社会知名度日趋增强。

(四)利用校园网站实现学校全过程的具体管理

一是便于各种数据材料的收集整理。由于学校管理事务数据的繁杂性,在没有信息技术之前,我们真的难以及时看到我们所需要的数据,所以我们对任何事物的评价或多或少都带有盲目性,有了信息技术,我们收集数据的速度变快了,对任何事物的评价就可以从理性的角度出发来判断事物的属性,所以我们的管理就可以实现由结果管理向过程管理的转变,即全过程的具体管理。二是及时掌握教师和学校的相关信息。由于网络的快捷和方便,我们在进行各种管理工作的时候不需要等有了具体的结果才做出判断和决策,当我们从各种信息中感觉到我们需要调控我们的计划时,我们就可以随

时调控我们的决策和管理方法，真正实现由结果管理向过程管理转化。三是快捷地上报和交流信息材料。现代教育技术已广泛地被运用于教育教学当中，并取得了一定的成就。

三、教育网络平台在学校管理中存在的问题

从学校管理过程来看，学校管理是学校管理人员围绕学校的总目标，对学校工作中的所有因素进行计划、组织、指导和控制等的过程。学校的总目标又分为学校基本目标和具体目标。不管是学校的基本目标还是学校的具体目标都要量化，并落实到每一个部门和人员身上，只有做到"千斤重担众人挑，人人身上有目标"，才能使学校工作目标一致、达成度高。对学校管理目标的量化、管理、分析等只有以现代教育技术为手段，才能做到公正、公平、科学、合理。而作为学校工作重要内容之一的学校管理在现代教育技术面前存在一些问题，教育信息化的要求与学校管理手段的陈旧之间的矛盾日益突出。学校管理人员不适应现代学校管理的状况越来越明显。产生这种现状的原因固然是多方面的，我认为目前主要原因有三点：其一，学校一些管理人员的观念陈旧，满足于现状，没有开拓进取精神。其二，由于资金问题，现代教育技术管理系统的建设滞后。其三，学校一些管理人员素质偏低，或者说现代教育管理技术水平不高。学校管理人员的观念陈旧主要是指对现代教育技术在学校管理中的地位和作用认识不足；现代教育技术管理信息系统建设滞后主要指由于学校资金有限，学校管理活动中的各种信息技术设备及其相应的软件建设不能满足学校管理的要求；学校管理人员的现代教育技术素质偏低主要指其不能有效地运用现代教育技术手段获取、分析、处理和传送学校管理信息。因此加强管理员的网络管理技术水平是提高和应用网络管理技能的关键。

重庆市梁平职业教育中心在探索网络在学校管理中的作用时发现了一个非常好的手段，那就是微信。重庆市梁平职业教育中心探索合理运用微信群来达到管理学校，提升教育教学水平，家校育人的目的。根据职业教育网络服务标准，学校成立了新闻中心，将学校信息、新闻、公众号、微信群、QQ群等纳入统一管理，层层落实责任人，签订责任书，制定网络管理制度和公约，真正让微信等网络平台起到管理育人的目的。

学校探索微信育人以来，取得了很好的成效。一是充分发挥了教职工的主人翁精神，凝聚了他们的积极性。通过微信工作群，教职工无论职位高低，皆能参与到学校的管理工作中来，提的建议和意见能被学校采纳，让教职工备感欣慰。同事之间因工作而生的琐事，在不经意间成为相互沟通的纽带，大家变得彬彬有礼，谦和大度。二是全方位地宣传学校，对学校的发展作用巨大，每一位教职工、学生、家长都是一个传播者，我们制作的"美篇"通过他们的转发瞬间传给万千读者，学校发展的点滴也随之广泛传播，这比在媒体上打广告效果要好得多。三是学生职业素养得到提升，许多学生通过"美

篇"的制作,变得善于思考,善于发现身边的美好,性格也阳光起来,学习也变得积极起来。

　　总之,教育网络平台种类繁多,形式多样,需要教育工作者认真学习并熟练使用,同时,也要求学校改革创新,多做探索,发现问题,解决问题,始终把是否助推职业教育的发展作为衡量网络适用于教学管理成功与否的标尺。

主要参考文献

[1]王民.信息技术在学校管理中的应用[J].环球人文地理,2015(22):1.

[2]曾祥翊.信息技术对中小学教育的影响及其应用.中国电化教育,1999(10):12-15.

中职学校智慧校园移动平台开发和应用研究

——以重庆市龙门浩职业中学校为例

孙志元
（重庆市龙门浩职业中学校）

【摘要】智能移动设备和移动网络的快速发展为中职学校的教育教学和学校管理提供了新模式，本文运用案例分析和经验总结方法，针对网络服务于教学和管理功能研究，结合学校智慧校园建设，分析微信平台和App优势，探讨中职学校移动平台建设方案，同时展示学校移动平台的应用情况，为中职学校智慧校园移动平台建设提供一种建设方案。

【关键词】智慧校园；微信；职业学校

目前中职学校已有一些PC平台系统，如OA系统、教务系统、招生就业系统、资源云平台、校园一卡通系统、网站等，这些系统平台必须能够兼容PC端和移动端应用，因此智慧校园建设离不开平台系统建设，平台系统建设必须包含移动平台建设。随着智能手机、平板电脑等移动设备的普及，移动设备已经成为人们日常生活和工作中必不可少的工具。移动应用系统程序的发展十分迅猛，移动平台主要是基于微信、App平台的建设和应用，充分发挥移动平台使用的便捷、迅速、高效、不受空间和时间限制等优势，从而进一步推动职业中学智慧校园建设。

一、职业学校智慧校园移动平台的建设目标

职业中学智慧校园移动平台的建设，主要是针对学校微信企业号、微信服务号、微信小程序，QQ公众号和App等移动系统的开发，把学校现有的系统业务增加或扩充到移动端，基本建成覆盖学校主要教育教学、管理业务、资源公共服务的移动平台。健全各大系统数据共享机制，做到全校师生的上网账号和系统平台账号统一，形成满足全校师生工作学习的移动平台，从而促进学校信息技术与教育教学服务深度融合，使学校智慧校园建设充分显现对职业中学校的人才培养和管理服务的支撑与推动作用。

二、移动平台建设工作策略

为了进一步推进智慧校园建设，稳步推进学校移动平台的开发建设，确定以下建设的工作策略。

（1）做好需求分析调研。学校各部门根据自身业务的需求，提出相关的工作业务需求，信息化中心根据业务需求做好调研，形成调研报告，上交学校行政讨论建设的可行性和必要性，作为最后是否建设的参考。

（2）统一规划，选择好开发平台。移动业务平台需站在学校全局和未来发展的高度，统一规划，选择好基于微信或App开发方案，可以采用第三方开发平台与学校自身开发相结合的原则。

（3）分块实施，急用先做。分类分块整理移动平台的建设，根据用户使用群体、是否急需等进行循序渐进的开发，逐步完善校园移动平台的建设。

（4）落实部门、专人负责。为确保移动平台建设按时、按点、有效地顺利开展，根据功能需要，落实专门部门、专人责任制，确定岗位职责，细化工作流程，不断改进工作措施，增进监督办法，切实落实移动平台的建设。

（5）加强宣传，增强效率。开发与利用好学校的移动平台需进行宣传和推广，利用好用户评价机制，增加移动平台的使用效率。

三、职业学校智慧校园移动平台建设总体架构

通过对学校管理平台和资源平台进行多次应用分析，按照智慧校园建设的要求，总结出满足职业学校移动平台建设的内容框架，如图6-13所示。

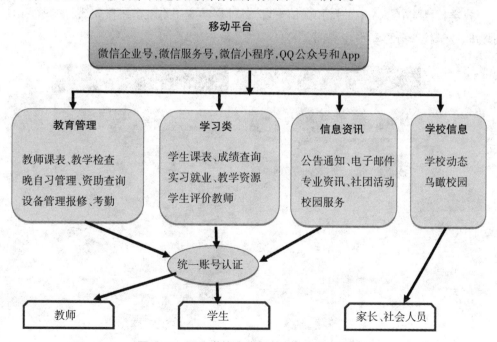

图6-13　职业学校移动平台建设的内容框架

四、各系统应用的设计与实现

1.基于AD的统一账号认证管理

如果每个业务系统的用户身份认证方式都不尽相同,用户需要针对每个系统记忆特定的密码,这样给全校师生使用各个系统带来了不便,也增加了系统的开发和维护成本。因此我校采取了基于AD的统一账号认证策略,首先安装Windows 2008 Server服务器操作系统,同时安装Active Directory活动目录(简称AD),用户身份信息(包含用户名/密码)等用户凭据放在这台服务器上进行集中存储和管理,全校师生上网通过行为管理器设置LDAP认证策略,同时各个系统(包含移动平台微信、OA平台和App平台账号),同步使用该账号进行验证,这样用户的所有上网和系统应用就只有一个账号和密码,便于操作和维护。

2.多数据库系统进行存储

学校OA系统和成绩管理等可采用第三方系统,而教学检查、晚自习管理、招生就业、电子工资条等可自行开发,数据库为MySQL、SQL Server或Oracle。PC平台开发代码C#语言,Java语言,PHP语言等;移动微信平台、App大多采用Java语言。各移动平台采用统一账号,调用不同的数据库,达到各平台数据共享的效果。

3.移动平台各应用功能的实现

我学校已建立了App平台和微信平台,各种移动应用系统多维度实现,如图6-14所示为职业学校部分移动平台界面。

图6-14　职业学校部分移动平台界面

(1)基于微信企业号移动平台的应用。该功能主要是学校教师使用,教师可以通过微信企业号进行自动化办公,接收公告通知、电子邮件和进行晚自习查询、工资条明细查询、招生查询、资助查询、新生分班查询、学生成长档案查询以及日程安排查询、学校通讯录查询等功能。

(2)基于微信服务号的移动平台的应用。该功能针对教师、学生和家长、社会人员,其移动应用包含成绩查询、云课堂等教学管理内容以及校园新闻、学校全景、手机微官网、失物招领、招生简章等学校资讯类的应用,同时学校定期推送一些资讯。

(3)基于微信小程序的移动平台的应用。该功能主要针对家长和社会人员,主要展示学校专业、招生宣传等信息。

(4)基于QQ公众号的移动平台的应用。该功能主要针对学生,主要包含掌上职校、校园服务、新生专区等模块内容

(5)基于App移动平台应用。该功能主要针对教师,其应用主要为自动化办公、晚自习查询、招生查询、资助查询、新生分班等。

(6)排课系统移动平台的开发。实现与PC机上的排课信息无缝链接,教师通过微信企业号或App获取教学课表以及相应班级的课表,教导处临时调课或代课,通过微信企业号主动推送相关教师;教师也能够查询月课时统计情况。学生通过微信服务号获取班级课表。

(7)学生学习空间人人通移动平台。整合学校现有云课堂资源,增加、扩充或利用好现有的云课堂的师生交互功能,教师的作业安排、答疑以及学生学习、作业完成都可以在该平台上进行。

(8)针对智慧教室的移动平台管理。职业学校可使用现有第三方智慧教室集控管理平台,扩充到移动手机端,便于学校智慧教室管理。

总之,充分利用网络服务于管理和教学功能,积极推动智慧校园移动平台的规划与建设,加快构筑校园业务服务系统的移动平台建设,构建起移动办公,教学和学习的环境,从而适应当前职业教育教学和管理的重大变革,进一步推进校园移动系统的智慧化应用。

主要参考文献

[1]罗国华.基于中职移动学习平台的教学新模式探索[J].教育界(高等教育研究),2016(24):106-107.

[2]曾文欢.浅析智慧校园建设中的移动校园应用平台建设[J].中国信息技术教育,2016(18):59-61.

[3]张虹.基于移动终端的智慧校园服务平台研究[J].福建电脑,2017(6):120-121.

重庆中职教育网络服务平台服务教学的应用研究

熊　华　孙志元

（重庆市龙门浩职业中学校）

【摘要】本文针对重庆职业教育网络服务功能与作用研究调查情况,运用调查研究和定性分析方法,充分考虑网络服务平台对教学过程各个环节的影响,同时对网络服务和学习的多样性以及制约网络服务平台服务教学的因素进行了全面的分析,提出了解决制约因素的建议,从而进一步推动中职学校教学模式改革。

【关键词】网络;服务平台;教学环节;多样性

在传统教学过程中,教师讲,黑板上书写,学生听教师讲解和记笔记,在这样的教育过程中,教师要边授课边书写,而学生则只能以听讲、看黑板、看课本的方式来接纳新知识,效果并不是十分理想。而在网络教学中,教师可以借助网络服务平台,在教学中融入更多的信息,且不局限于课堂时间教学;学生则可以看、听、说多种感官相结合,且课堂上未弄懂的知识点,在课后可以深入学习,提高学习效率。因此网络服务平台提高了课堂教学实效性,帮助学生、教师获得更多的学习、教学资源。如图6-15所示为网络服务平台与教学关系图。

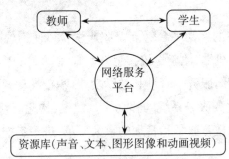

图6-15　网络服务平台与教学关系图

一、网络服务平台应用于教学过程中的各个环节

1.备课环节

教师在备课时,利用网络服务平台进行教育资源的整合。教师在网上或学校的服务平台上查阅多种教案、课件等资源,因不同的资源有各自的特色,即便是同一种资源,不同的提供者也有差异性,教师进行比较借鉴,取众家之长,优化组合,从而在写教案、制作教学课件时达到事半功倍的效果。

2.授课环节

教师在上课时,利用网络服务平台提高课堂教学效果。网络教育资源辅助教学最大的特点是有助于形象生动地展示教学内容,特别是案例、视频资源、虚拟仿真的展示,更能突出教学重点,分解难点。对于一些抽象性的知识点,教师难于表达,借助网络服务平台来展示,便可以轻松解决问题。这样的教学,既能吸引学生的注意力,又能给学生丰富的感知,从而化难为易,提高了课堂教学实效性。

3.教学评价环节

教师利用网络服务平台达到自动阅卷并统计的效果。教师上完课后,根据不同的教学内容、教学目标、侧重点以及不同班级制作相应的教学评价,让学生或听课教师在网络服务平台进行回答,网络服务平台自动对各项内容进行归纳、统计、分析,并直接展现评价结果给上课教师,达到准确、快速的效果。

4.课后辅导作业环节

教师利用网络服务平台有助于以学生为中心,引导、激发学生学习功力。学生在课后可以随时随地地查阅课堂未掌握的知识,促进学生主动地进行学习。教师布置课后作业,学生通过网络服务平台提交,教师可以立即知道学生作业完成情况,并进行网上批改,批改情况实时返回给学生,学生实时知道作业的对错,从而进一步改进学习。这样,教师、学生、教学资料之间的关系是网状的,在讨论、协作学习、课后作业等过程中都可以展开"双向"互动,而且不受时间、空间的限制,随时随地地展开,有助于激发学生的创造力。

通过对26所中职学校进行调查,如表6-3所示,充分说明网络教学服务平台对教学过程的重要性。

表6-3　在开展教学工作需要借助网络的环节

选项	小计	比例
备课环节	26	100%
授课环节	22	84.62%
教学评价环节	14	53.85%
课后辅导作业环节	16	61.54%
本题有效填写人次	26	—

二、网络服务和学习多样性

1.网络服务平台多样性

要从网络上获取学习内容,搭建网络服务系统平台是必须的,包括软件平台和硬件平台,如网站、资源平台、学习空间、微博、微信公众号等服务平台。大多数中职学校都建立了自己的网站、资源平台,并通过http和ftp提供服务,即使学校未建立自己的网络服务平台,也能在互联网上已有的各种各样网络服务平台进行搜索并获取教学过程和学习过程中的各种资源等。

2.网络资源的多样性

网络服务资源有媒体素材、题库、案例、课件、网络课程、专题学习网站等,融合了各专业、学科的信息,并进行数字化处理,并以声音、文本、图形、图像和动画视频的形式,利用多媒体或虚拟现实技术,通过网络服务平台提供界面友好、形象、直观的学习环境,满足各个层次学习者的学习需要,同时极大地扩展了学习者的认知面。

3.网络资源的共享性

网络空间是一个共享的平台,网络上的资源只要不受限制,均可以通过网络服务平台或搜索引擎检索到,这一共享特性加速了资源的传递,有利于教师、学生进行复制或下载这些共享资源,促进教学和学生自主学习。

4.教学方式的多样性

教师不仅可以在课堂上使用教学服务平台,也可以在课堂外使用教学服务平台,因此教学服务平台是教师除学校课堂教学外的第二课堂。教师利用教学服务平台将课堂教学的地点延伸到教室外,将教学时间延伸到课外,将教学内容进一步扩展,实现课内和课外互补教学。

5.学习方式的多样性

网络资源服务具有交互性,学生可根据明确的学习任务、学习内容、学习目标、时间安排以及自身特点,通过网络服务平台进行查询、筛选、获取有用信息,从多视角、全方位寻找答案,并通过网络论坛、电子邮件、服务平台的交互系统与教师或其他人进行信息交流,共同探讨,相互促进,解决问题。随着智能手机的普及,许多学习资源可以通过手机访问学习,因此学生除教室外,随时随地可以进行学习,突破了时间、空间的限制。

通过本次调查,从表6-4得出网络辅助教学的重要性。

表6-4　网络辅助教学时的形式

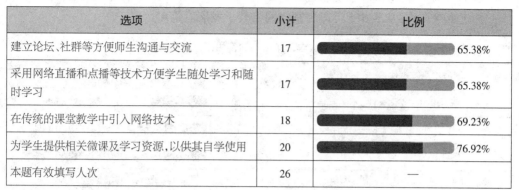

选项	小计	比例
建立论坛、社群等方便师生沟通与交流	17	65.38%
采用网络直播和点播等技术方便学生随处学习和随时学习	17	65.38%
在传统的课堂教学中引入网络技术	18	69.23%
为学生提供相关微课及学习资源,以供其自学使用	20	76.92%
本题有效填写人次	26	—

三、制约网络服务平台服务教学发展因素

网络教学有许多明显的优点,但由于它是一种开放式教学,也存在一些因素制约其发展。

1.教学资源原因

职业教育有自己的特点与要求,课程设置、教学内容、培养目标上与普高有着极大的不同,涉及的专业多,课程多,教材变化大,资源库要覆盖基础课程和幼师、种植、养殖、机电、电子电工、汽修、计算机、建筑、旅游、财会、文秘、商贸、英语、音乐、美术、服装、服饰艺术、表演、烹饪、影视制作、动漫等学科课程的教学资源。从整体上说,网络中适合中职学生的、有针对性的资源少,特别是虚拟仿真实验和操作练习题少。各个学校教学资源重复建设严重,没有进行资源共享,也没有一个广泛认可的开发标准和配套法规。

2.资源开发技术和经费原因

资源开发需要一定的技术。工具和软件要能熟练地使用需要花费一定的时间和精力,同时新技术更新快、成本高。比如:微课制作需要DV/DC、麦克风、黑/白板、粉笔和其他教学演示工具,还需要视频处理软件进行后期处理,加上片头文字,对视频进行编辑和美化、重新配音等。各个学校没有专门的资源开发经费,都是某个教师凭着兴趣,为了满足自身上课的要求机构进行,制作自己的教案和课件,对于音视频课件非专业教师又无法完成。因此就需要专门的计划、统筹,并组织一批人员进行分工合作开发。

3.教学设施设备原因

教学资源的存储、更新、使用需要相应的设备,这意味着硬件设备和机房环境设备的投入,以及运行维护成本和人力成本的增加。而现在有的学校,特别是经济条件不好的学校没有资金购买独立的、私有的存储设备,搭建较好的网络环境,更没有相关工程师能够有效地完成存储设备的管理和维护,因此仍有一些学校未建立在线教学平台,这都给教学资源有效利用带来很大的压力。

通过本次调查,从表6-5可得出制约网络教学发展有许多因素。

表6-5　教学工作中制约使用网络的因素

选项	小计	比例	
技术太难,变化太快,不易掌握	10		38.46%
学校的教学设施太陈旧,无法使用	8		30.77%
网上找不到需要的教学资源	8		30.77%
感觉网络对教学工作没有多少作用,不想使用	0		0%
本题有效填写人次	26		—

针对中职资源不足,教学网络设施设备不够等情况,建议教育主管部门统筹安排,采用"购买第三方资源""引进优质资源"和"自主开发教学资源"相结合的原则,同时要求各中职学校之间实现资源共享,解决中职资源不足的问题;学校要组织相关技术培训,把制作资源作为教师的一项技能来要求;并且学校根据信息化建设及网络服务平台的要求,改造学校的网络和教学设施设备,从而满足网络服务平台服务教学的要求。

总之,随着网络服务平台多样式发展,网络资源不断建设和扩充,网络资源所需的设备不断完善,教师利用网络服务平台进行教学的意识逐渐增强,必将进一步推动教学模式改革,为教师和学生提供更多的学习机会与学习交流空间,最终提高学生的学习效果。

主要参考文献

[1]重庆市职业学会.重庆职业教育网络服务功能与作用研究调查报告[R].2017.

[2]吴清洁.师生网络交互学习平台在中等职业教育中应用的研究[D].长春:东北师范大学,2010.

[3]武亚丽,兰厅,刘雨,等.基于泛在学习的网络资源服务平台应用研究[J].软件导刊·教育技术.2016,15(9):52-54.

[4]任晶晶.中职学生网络学习平台构建的研究[D].南昌:江西科技师范大学,2013.

重庆中职教育网络建设的社会服务功能和作用研究

刘德友　江菲
（重庆市黔江区民族职业教育中心）

【摘要】加强重庆市职业教育网络建设,既是学校发展的需要,也是社会发展的需要。社会服务能力已经成为职业学校增强竞争优势的重要方面,推进重庆市职业教育网络建设是提高职业教育社会服务能力的重要途径。因此,探讨职业教育网络建设的社会服务功能和作用具有重要的意义。本文主要通过问卷调查、实地考察的方法,对重庆市职业教育网络建设的社会服务功能和作用进行分析,以求更好地凸显职业教育网络建设的社会服务作用。

【关键词】职业教育;网络建设;社会服务

随着信息化时代的发展,"互联网+职业教育"已经是发展的大趋势,越来越多的眼光聚焦于如何建设校园网络,诸如校园网建设、信息化校园建设、智慧校园等。信息化建设确实给职业教育带来了很多变化和机遇,不仅仅是体现在服务学校教育教学、学校管理等方面,也体现在职业教育网络建设如何更好地发挥社会服务功能。社会服务是职业教育信息资源共享的趋势,在2005年发布的《国务院关于大力发展职业教育的决定》与2006年关于启动国家示范职业院校建设项目中都将职业教育的社会服务能力作为职业院校的基本职能。社会服务能力已经成为职业院校增强竞争优势的重要方面,因此,探讨职业教育网络建设的社会服务功能和作用具有重要意义。

一、社会服务功能和作用的内涵

中职教育网络建设的社会服务功能和作用主要是指学校网络建设面向社会服务,学校利用办学资源,依托网络建设,为区域发展提供不同的服务,例如信息传递、技术推广、技术培训等,满足企业、行业需要,不断促进地区经济、文化发展。

二、中职教育网络建设的社会服务功能和作用

(一)加强职业教育网络建设是信息传递的重要途径

1.重庆职业教育网是社会获取职业教育最新动态的重要平台

目前,重庆职业教育已经搭建了重庆职业教育网,共享了30所共建单位学校的信息,搭建了社会了解职业教育新动态的窗口和桥梁。重庆职业教育网可以加强职业院

校与政府部门的联系与沟通,将有关政府、职业院校、企业行业的信息、资源投放在网上,为社会提供一个信息获取的平台。

2.学校门户网站是了解职业学校的重要窗口

将学校的动态、专业建设信息发布到学校门户网站,及时主动推送发布国家重大职教政策和本校的社会培训和校企合作的信息,并发挥校企合作优势,开展校企合作信息共享网络平台建设,发布行业企业的最新资源信息,加大校企合作的宣传,让优秀的企业在共建单位发布招聘信息,能够让社会大众及时、准确地了解学校各类信息,使他们通过信息化方式更加便捷地获取学校以及各类行业企业的信息和资源。

为了更好地了解重庆市职业教育网络建设如何发挥社会服务功能和作用,我们对30所共建院校开展了调查,取回26份有效调查问卷。通过本次调查,我们可以看到重庆市30所共建院校的92%以上将国家重大职教政策、本校的社会培训、校企合作的信息通过公众平台及时主动推送发布;信息服务类资源更新的频率也比较高,26.92%的学校能够做到每周更新一次,42.31%的学校能够做到每两三天更新一次,19.23%的学校能够做到每天更新一次。职业学校在信息的更新和发布方面做得还是比较好,能够为社会提供一定的信息服务。

3.担任技术传播和推广的重要角色

利用重庆职业教育网和学校网站,将教师的最新研究成果、各专业的新技术向社会传播,有助于社会劳动者素质的提高。学校可以将最新的研究成果和先进技术推广到企业,为企业解决应用技术方面的困难,让最先进的技术服务于社会经济,促进生产力的发展。

(二)依托网络建设,为社会培养特色人才,服务经济发展

在职业教育教学过程中,随着教育技术水平和教学手段的不断发展,学校网络建设的作用越来越重要。学校通过网络技术优化教学手段,改进教学模式,更有利于培养适合于企业和社会需求的特色人才,为地方经济发展提供人才支撑。

1.扩大教育范围,为社会培养创新人才

校园网络建设是实现教育信息化发展的关键点,对地方经济建设和社会发展积累人才和提供技术起着重要作用。一方面,加强校园网络建设是培养学生创新能力的有效途径。它使学生在学校就能够掌握信息社会要求的基本素质,例如学会使用通信技术,通过使用信息化手段获取知识和信息,有利于学生接受新事物,培养学生的创新能力,为社会提供优秀的、紧缺的创新型人才,服务社会经济的可持续发展。另一方面,加强职业教育网络建设能够拓宽社会大众获取知识的渠道,提供更多的接受教育的机会,实现学习和教育方式的多样化,不断扩大学校教育的范围,有助于提高公民的素质,促进社会发展。

2.灵活开放的职业培训网络,不断推动区域经济发展

中职学校可充分利用校内资源,依托政府、企业、社区共建培训网络,积极为本区域务农人员、下岗职工、待业青年、企业转岗人员、进城务工人员等提供各种技术培训和技能鉴定,如就业培训、转岗培训、转业培训等,促进本区域的经济、文化发展。同时,还可为企业和行业提供专项培训,有针对性地开展技术支持,满足企业和行业的发展需要。

3.降低教育消费,提高教育效率

职业教育网络建设的发展促进了教育方式、方法和过程的改进和提高,提高了课堂教学实效性,优化了教育的成果,提高了教育的效率,学习方式的改变也使得受教育者能够以较少的投入获得较高的回报。在本次调查中,有75%以上的学校的教学资源对外免费开放,60%以上的学校开通了在线交流功能,无论是在校学生还是社会人士都能够免费获取一定的学习资源。因此,网络技术的运用在一定程度上节约了教育成本,从而促进社会经济的发展。

(三)推进学校图书馆信息化建设,为社会搭建一个资源共享和学习的平台

随着网络的普及,人们信息意识的日益增强,学校加强图书馆网络信息资源的建设,实现资源共享,能够更好为社会服务。学校图书馆可以利用现代化信息手段,发挥馆藏优势,不仅仅为教学和科研服务,还可以面向社会,使图书馆成为一个网络学习中心和资源中心,大家都可以到网上图书馆进行资源搜索和学习。学校之间的图书馆可以开展互借和预约外借、网上数据库资源共享、联合开展数字化参考咨询和信息服务的工作。为学生、为教师、为社会提供多种检索途径,开展多种形式的网上咨询服务,实现资源共享和信息服务社会化。

(四)学校推行无纸化办公,有利于节约社会资源,保护环境

当今社会是一个推行低碳环保的社会,讲求效率的社会,学校顺应时代发展,有效利用现代化信息技术,搭建校园网络办公平台,推行校园无纸化办公是必然趋势。学校是用纸大户,实现无纸化办公不仅有利于学校节约成本,提高办事效率,而且有利于减少环境污染。这是落实科学发展,实现可持续发展的客观要求。大部分学校都在利用网络平台进行办公,管理学校数据和信息,学校各部门之间也通过校园网络平台进行业务联系和沟通。网络技术的运用不仅提高了工作效率,而且实现了绿色办公。

(五)加强学校新媒体平台建设,有利于树立职教良好形象

加强学校网络建设,推动学校媒体平台建设。学校利用信息化手段,拓展学校宣传范围,例如,以网站群、手机客户端、微博、微信等各种新媒体为载体,培育职业院校积极向上的校园文化。通过问卷调查,重庆市30所共建院校基本开通了官方微博、微信公众

号等两个及以上的公众服务平台,信息服务公众平台访问量也比较高。所以,职业学校对媒体平台的合理建设与利用,能够助推职业教育发展,在社会上树立职业教育学校的良好形象,帮助大家正确了解职业教育。

职业教育网络建设给当前职业教育带来了新的活力,学校应该合理、有规划地进行信息化设备、信息化资源和信息化应用更新,重视网络建设,开展校校合作、校企合作,共建全方位的信息化环境,提高信息化管理水平,使职业教育网络建设发挥其社会服务的功能和作用,更好地为社会提供服务。

参考文献：

[1]冯爱莉.试论学校校园信息化建设的战略意义[J].长江大学学报(社会科学版),2011(04):165-167.

[2]姚静华,罗江华.面向社会服务的职业教育信息资源建设路径探析[J].中国职业技术教育,2015(09):32-38.

[3]苏文锦.高等职业教育社会服务的内涵与实现途径[J].福建师范大学学报(哲学社会科学版),2008(06):166-169.

[4]重庆市职业教育学会.重庆职业教育网络服务功能与作用研究调查报告[R].2017.

附　录

附录一　项目结项证书

结项证书

项目类别：重庆市社会科学规划 重点 项目（项目编号：2016ZDJY07）

项目名称：重庆职业教育网络建设与应用研究

负责人：李光旭　　　　　　　　　　证书号：2019040

主要成员：杨和平、邱孝述、张扬群、罗能

参加者：颜庆、李涛、肖菁、朱丽佳　　　证书等级：优秀

本项目经审核准予结项，特发此证。

重庆市社会科学规划办公室

2019 年　　月 28 日

附录二 课题组成员名单

课题组成员名单

总课题

组　长:李光旭

副组长:杨和平　罗　能　邱孝述　张扬群　颜　庆

第一子课题

组　长:邱孝述

副组长:彭发明　刘生亮

课题组成员:李　涛　王大伦　吴一峰　姜正友　何以南　艾雄伟　李　平
　　　　　　易克建　梁　强　臧春梅　许少伟　周朝强　李先宇　周永灿

第二子课题

组　长:杨和平

副组长:罗　能　杨宗武　朱强章

课题组成员:梁　宏　罗统碧　朱　庆　何仁聘　徐其镁　唐　勇　肖贵斌
　　　　　　张　健　肖　菁　朱丽佳　李　璇　杜柏村　韦永胜　黄福林
　　　　　　赵小冬　李祖平　代　淼　崔明睿　杨　星　成　宇　吴文明
　　　　　　向　军　罗少甫　谢娜娜　代才莉　李军凯　卜波波

第三子课题

组　长:颜　庆

副组长:廖　建　王曦川　刘　可　龙泽平　甘志勇

课题组成员:杜宏伟　李　俊　刘　军　何木全　周振瑜　熊　华　李祖平
　　　　　　钱华军　程泽友　谭　铸　孙祖胜　邓晓宁　胡　幻　胡栋国
　　　　　　汪　然　黄　梅　张　伦　王成麟　殷　莉　朱汉全　刘辉元
　　　　　　黎红兵　兰　飞　杨兴江　秦继发　刘　鑫　苟氏杰　胡俊清
　　　　　　李丽华　付依琳　王　晋　申鸿平　王秀红

第四子课题

组　长:张扬群

副组长:钟代文　李少军

课题成员:刘德友　李　庆　余朝洪　刘必昌　殷安全　蒲林峰　王美娥
　　　　　李　清　杨　苏　黄一马　徐　鸥　熊　华　谭　铸　孙志元
　　　　　江　菲　马小锋　刘　洁　钟　莉　陈　思　陈永龙　陶管霞
　　　　　彭　林　邓晓宁

附录三　公开发表论文篇目

公开发表论文篇目

序号	论文名称	发表刊物名称及期数
1	《中职学校全息化教学模式的构建与实施》	核刊《教师教育研究》2018年12月
2	《智慧校园平台支撑下职业院校教学工作诊断与改进方法及工具探析》	核刊《职业技术教育》2019年2月
3	《建设智慧校园，实践以信息化为支撑的校园生活——重庆渝中职业教育中心信息化实践探索》	《中国培训》2018年NO.347
4	《智慧教室与智慧教学的原理与应用》	《中国培训》2018年NO.347
5	《职业院校新一代信息化办公的应用研究》	《中国培训》2018年NO.348
6	《大数据时代背景下中职学校教职工绩效管理智慧化转型初探》	《中国培训》2018年NO.348
7	《运用智慧校园平台实现教务管理创新》	《中国培训》2018年NO.350
8	《浅析智慧校园应用制度体系建设的问题与对策》	《中国培训》2018年NO.350
9	《浅析"互联网+"背景下智慧校园的特征与构建》	《中国培训》2018年NO.350
10	《浅议职业院校智慧校园移动应用的研究》	《中国培训》2018年NO.351
11	《基于智慧校园平台的信息安全体系研究》	《中国培训》2018年NO.354
12	《智慧校园大数据与决策分析应用研究》	《中国培训》2018年NO.356
13	《用在线考试促进中职英语教学的实例分析》	《中国培训》2018年NO.356
14	《基于智慧校园平台的在线考试系统应用研究》	《中国培训》2018年NO.346
15	《网络教学平台在高职教学中的实际应用分析》	《重庆航天职业技术学院学报》2017年7月
16	《浅析职业教育课程改革的趋势》	《东方教育》2017年3月
17	《智慧校园平台支撑下的教学常规监督与管理》	《中国培训》2018年NO.346
18	《网络技术在职业院校教学与管理中的运用研究》	《信息与电脑》2018年12月

附录四 研究成果相关软件著作权登记证书(复印件)

中华人民共和国国家版权局

计算机软件著作权登记证书

证书号: 软著登字第1754720号

软 件 名 称: 重庆职业教育课程管理平台系统
V1.0

著 作 权 人: 重庆航天职业技术学院

开发完成日期: 2016年11月10日

首次发表日期: 未发表

权利取得方式: 原始取得

权 利 范 围: 全部权利

登 记 号: 2017SR169436

根据《计算机软件保护条例》和《计算机软件著作权登记办法》的规定,经中国版权保护中心审核,对以上事项予以登记。

中华人民共和国国家版权局
计算机软件著作权
登记专用章
2017年05月09日

No. 01800481

中华人民共和国国家版权局

计算机软件著作权登记证书

证书号： 软著登字第2790711号

软 件 名 称： 智慧校园平台
[简称：YNedut Campus]
V9.0

著 作 权 人： 成都依能科技股份有限公司

开发完成日期： 2018年05月31日

首次发表日期： 未发表

权利取得方式： 原始取得

权 利 范 围： 全部权利

登 记 号： 2018SR461616

根据《计算机软件保护条例》和《计算机软件著作权登记办法》的
规定，经中国版权保护中心审核，对以上事项予以登记。

计算机软件著作权
登记专用章
2018年06月20日

No. 02703472

中华人民共和国国家版权局
计算机软件著作权登记证书

证书号： 软著登字第2639762号

软 件 名 称： 依能教育教学质量管理平台
V1.0

著 作 权 人： 成都依能科技股份有限公司

开发完成日期： 2018年04月03日

首次发表日期： 未发表

权利取得方式： 原始取得

权 利 范 围： 全部权利

登 记 号： 2018SR310667

根据《计算机软件保护条例》和《计算机软件著作权登记办法》的

规定，经中国版权保护中心审核，对以上事项予以登记。

中华人民共和国国家版权局
计算机软件著作权
登记专用章
2018年05月07日

No. 02533726

中华人民共和国国家版权局

计算机软件著作权登记证书

证书号：软著登字第2711893号

软件名称：依能教学诊改工作系统
　　　　　V1.0

著作权人：成都依能科技股份有限公司

开发完成日期：2018年03月28日

首次发表日期：未发表

权利取得方式：原始取得

权利范围：全部权利

登　记　号：2018SR382798

根据《计算机软件保护条例》和《计算机软件著作权登记办法》的规定，经中国版权保护中心审核，对以上事项予以登记。

中华人民共和国国家版权局
计算机软件著作权
登记专用章
2018年05月25日

No. 02606859

中华人民共和国国家版权局

计算机软件著作权登记证书

证书号: 软著登字第2706693号

软 件 名 称: 依能信息化办公平台
V8.0

著 作 权 人: 成都依能科技股份有限公司

开发完成日期: 2018年04月20日

首次发表日期: 未发表

权利取得方式: 原始取得

权 利 范 围: 全部权利

登 记 号: 2018SR377598

根据《计算机软件保护条例》和《计算机软件著作权登记办法》的

规定,经中国版权保护中心审核,对以上事项予以登记。

中华人民共和国国家版权局
计算机软件著作权
登记专用章
2018年05月24日

No. 02609834

中华人民共和国国家版权局

计算机软件著作权登记证书

证书号：软著登字第2709893号

软 件 名 称：依能制度设计系统
V1.0

著 作 权 人：成都依能科技股份有限公司

开发完成日期：2018年03月16日

首次发表日期：未发表

权利取得方式：原始取得

权 利 范 围：全部权利

登 记 号：2018SR380798

根据《计算机软件保护条例》和《计算机软件著作权登记办法》的

规定，经中国版权保护中心审核，对以上事项予以登记。

No. 02623998

2018年05月25日

中华人民共和国国家版权局

计算机软件著作权登记证书

证书号：软著登字第2710913号

软件名称：依能质量报告设计系统 V1.0

著作权人：成都依能科技股份有限公司

开发完成日期：2018年03月21日

首次发表日期：未发表

权利取得方式：原始取得

权利范围：全部权利

登记号：2018SR381818

根据《计算机软件保护条例》和《计算机软件著作权登记办法》的规定，经中国版权保护中心审核，对以上事项予以登记。

No. 02614526

2018年05月25日

中华人民共和国国家版权局

计算机软件著作权登记证书

证书号：软著登字第1447530号

软件名称：同方知网机构知识管理及协同创新平台
[简称：OKMS]
V1.0

著作权人：同方知网（北京）技术有限公司;同方知网数字出版技术股份有限公司

开发完成日期：2016年06月20日

首次发表日期：2016年06月30日

权利取得方式：原始取得

权利范围：全部权利

登记号：2016SR268933

根据《计算机软件保护条例》和《计算机软件著作权登记办法》的规定，经中国版权保护中心审核，对以上事项予以登记。

中华人民共和国国家版权局
计算机软件著作权
登记专用章
2016年09月21日

No. 01251302

附录五　重庆职业教育网络服务功能与作用研究调查问卷

重庆职业教育网络服务功能与作用研究调查问卷

2017年9月,本调研通过对重庆市内30所中职共建学校进行手机端问卷调查,共设置37题,涉及网络服务于教学、服务于管理、服务于社会三方面内容,取回26份有效调查问卷,统计得到如下结果:

第1题　贵学校的名称:

第一部分:网络服务于社会的功能作用研究

第2题　贵校开通的官方网站、官方微博、微信公众号等公众服务平台情况。[单选题]

选项	小计	比例
一个	4	15.38%
二个	14	53.85%
三个及以上	8	30.77%
本题有效填写人次	26	

第3题　贵校所有信息服务公众平台的周访问量。[单选题]

选项	小计	比例
小于1000	6	23.08%
1 000~5 000	15	57.69%
5 000以上	5	19.23%
本题有效填写人次	26	

第4题　贵校信息服务类资源更新的频率。[单选题]

选项	小计	比例
每天更新	5	19.23%
每二三天更新一次	11	42.31%
每周更新一次	7	26.92%
一周以上更新一次	3	11.54%
本题有效填写人次	26	

第5题　贵校对国家重大职教政策和本校的社会培训和校企合作的信息是否通过公众平台及时主动推送发布。[单选题]

选项	小计	比例
及时发布	24	92.31%
延迟发布	0	0%
未发布	2	7.69%
本题有效填写人次	26	

第6题　贵校建有数字化教学资源库开放程度。[单选题]

选项	小计	比例
全免费开放	16	61.54%
部分免费开放	4	15.38%
全部付费使用	0	0%
不对外开放	6	23.08%
本题有效填写人次	26	

第7题　社会培训和校企合作类的信息及相关教学资源占本校所有信息和教学资源的比例。[单选题]

选项	小计	比例
小于10%	5	19.23%
10%~30%	13	50%
30%~50%	8	30.77%
大于50%	0	0%
本题有效填写人次	26	

第8题　公众平台是否开通在线交流功能。反馈的信息是否及时有效地处理。[单选题]

选项	小计	比例
未开通	10	38.46%
开通且及时处理反馈问题	15	57.69%
开通但延时处理反馈问题	1	3.85%
开通而未处理反馈问题	0	0%
本题有效填写人次	26	

第9题　贵校在网络建设服务社会方面做得如何?[单选题]

选项	小计	比例
成功	3	11.54%
比较成功	8	30.77%
一般	14	53.84%
不好	1	3.85%
其他情况	0	0%
本题有效填写人次	26	

第二部分:网络服务于学校管理

第10题　学校的行政管理工作可以通过网络功能管理数据和信息。[单选题]

选项	小计	比例
同意	24	92.31%
不完全同意	2	7.69%
完全不同意	0	0%
不确定	0	0%
本题有效填写人次	26	

第11题　学校的教学工作可以通过网络提供教学信息与教学资源。[单选题]

选项	小计	比例
同意	25	96.15%
不完全同意	0	0%
完全不同意	0	0%
不确定	1	3.85%
本题有效填写人次	26	

第12题　学校的科研工作需要通过网络提供科研信息与科研资源。[单选题]

选项	小计	比例
同意	25	96.15%
不完全同意	1	3.85%
完全不同意	0	0%
不确定	0	0%
本题有效填写人次	26	

第13题　学校各职能部门能通过网络有效沟通与紧密合作、共享数据和资源。[单选题]

选项	小计	比例
同意	26	100%
不完全同意	0	0%
完全不同意	0	0%
不确定	0	0%
本题有效填写人次	26	

第14题　学校认为网络功能对学校整体工作是不可缺少的重要组成部分。[单选题]

选项	小计	比例
同意	26	100%
不完全同意	0	0%
完全不同意	0	0%
不确定	0	0%
本题有效填写人次	26	

第15题　学校主要的网络功能使得学校主要工作正常运转。[单选题]

选项	小计	比例
同意	26	100%
不完全同意	0	0%
完全不同意	0	0%
不确定	0	0%
本题有效填写人次	26	

第16题　学校主要利用网络功能来提高现有工作管理流程的效率。[单选题]

选项	小计	比例
同意	24	92.31%
不完全同意	2	7.69%
完全不同意	0	0%
不确定	0	0%
本题有效填写人次	26	

第17题 学校内部利用网络技术进行沟通联系程度高。[单选题]

选项	小计	比例
同意	25	96.15%
不完全同意	0	0%
完全不同意	0	0%
不确定	1	3.85%
本题有效填写人次	26	

第18题 教学、教务管理方面网络功能应用程度高。[单选题]

选项	小计	比例
同意	24	92.31%
不完全同意	2	7.69%
完全不同意	0	0%
不确定	0	0%
本题有效填写人次	26	

第19题 科研管理方面网络功能应用程度高。[单选题]

选项	小计	比例
同意	22	84.62%
不完全同意	3	11.54%
完全不同意	0	0%
不确定	1	3.85%
本题有效填写人次	26	

第20题 图书资源管理方面网络功能应用程度高。[单选题]

选项	小计	比例
同意	21	80.77%
不完全同意	4	15.38%
完全不同意	0	0%
不确定	1	3.85%
本题有效填写人次	26	

第21题　财务管理方面网络功能应用程度高。[单选题]

选项	小计	比例
同意	21	80.77%
不完全同意	4	15.38%
完全不同意	0	0%
不确定	1	3.85%
本题有效填写人次	26	

第22题　人事管理方面网络功能应用程度高。[单选题]

选项	小计	比例
同意	22	84.61%
不完全同意	3	11.54%
完全不同意	0	0%
不确定	1	3.85%
本题有效填写人次	26	

第23题　固定资产管理方面网络功能应用程度高。[单选题]

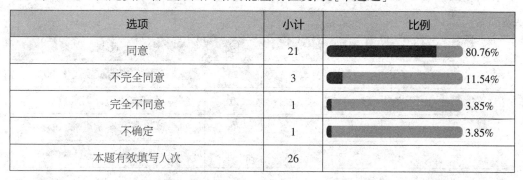

选项	小计	比例
同意	21	80.76%
不完全同意	3	11.54%
完全不同意	1	3.85%
不确定	1	3.85%
本题有效填写人次	26	

第24题　后勤服务方面网络功能应用程度高。[单选题]

选项	小计	比例
同意	19	73.08%
不完全同意	6	23.08%
完全不同意	0	0%
不确定	1	3.85%
本题有效填写人次	26	

第25题 学校网络功能提高了课堂教学实效性。[单选题]

选项	小计	比例
同意	24	92.31%
不完全同意	2	7.69%
完全不同意	0	0%
不确定	0	0%
本题有效填写人次	26	

第26题 学校网络功能帮助了学生、教师获得更多的学习、教学资源。[单选题]

选项	小计	比例
同意	26	100%
不完全同意	0	0%
完全不同意	0	0%
不确定	0	0%
本题有效填写人次	26	

第27题 学校网络功能为教师学生提供了更多的学习机会与学习交流空间。[单选题]

选项	小计	比例
同意	26	100%
不完全同意	0	0%
完全不同意	0	0%
不确定	0	0%
本题有效填写人次	26	

第三部分:网络服务于教学

第28题 你是专业课教师还是文化课教师?[单选题]

选项	小计	比例
专业课	17	65.38%
文化课	9	34.62%
本题有效填写人次	26	

第29题 你的学校位于哪里?[单选题]

选项	小计	比例
重庆主城	13	50%
区县县城	12	46.15%
偏远农村	1	3.85%
本题有效填写人次	26	

第30题 你所在的学校是否建有在线教学平台?[单选题]

选项	小计	比例
是	17	65.38%
否	9	34.62%
不清楚	0	0%
本题有效填写人次	26	

第31题 你在开展教学工作的过程中,需要借助网络吗?[单选题]

选项	小计	比例
需要,且经常使用网络	21	80.77%
需要,偶尔使用网络	5	19.23%
基本上不需要	0	0%
本题有效填写人次	26	

第32题 你一般在开展教学工作的什么环节需要借助网络?[多选题]

选项	小计	比例
备课环节	26	100%
授课环节	22	84.62%
教学评价环节	14	53.85%
课后辅导作业环节	16	61.54%
本题有效填写人次	26	

第33题　你认为网络在你的教学工作中起到的最大作用是什么?[单选题]

选项	小计	比例
方便收集各种素材	15	57.69%
方便与学生沟通	0	0%
提高工作效率	4	15.38%
方便教学资源的共享	7	26.92%
本题有效填写人次	26	

第34题　你认为是什么因素制约了你在教学工作中使用网络?[单选题]

选项	小计	比例
技术太难,变化太快,不易掌握	10	38.46%
学校的教学设施太陈旧,无法使用	8	30.77%
网上找不到需要的教学资源	8	30.77%
感觉网络对教学工作没有多少作用,不想使用	0	0%
本题有效填写人次	26	

第35题　在教学工作中使用网络时,你主要采用什么方式连接到互联网?[单选题]

选项	小计	比例
固网	14	53.85%
Wi-Fi	12	46.15%
流量	0	0%
本题有效填写人次	26	

第36题　在开展教学工作的过程中,你主要使用什么终端连接网络?[单选题]

选项	小计	比例
计算机	24	92.31%
平板	0	0%
手机	2	7.69%
本题有效填写人次	26	

第37题　你在使用网络辅助教学时,用到了哪些形式?[多选题]

选项	小计	比例
建立论坛、社群等方便师生沟通与交流	17	65.38%
采用网络直播和点播等技术方便学生随处学习和随时学习	17	65.38%
在传统的课堂中教学中引入网络技术	18	69.23%
为学生提供相关微课及学习资源,以供其自学使用	20	76.92%
本题有效填写人次	26	

附录六　重庆市职业院校网络管理制度

重庆市职业院校网络管理制度

第一章　总则

第一条　为加强重庆市职业院校计算机网络(以下简称院校网络)的管理,确保网络安全、可靠、稳定地运行,根据《中华人民共和国计算机信息系统安全保护条例》《中华人民共和国计算机信息网络国际联网管理暂行规定》《中华人民共和国计算机信息网络国际联网安全保护管理办法》和其他有关规定,特制定本规定。

第二条　院校网络是为全市职业教育教学、科研和行政管理建立的计算机信息网络,其目的是利用先进实用的计算机技术和网络通信技术,实现校内计算机互联、计算机局域网互联,与国际互联网络(Internet)互联,实现信息的快捷沟通和资源共享。其服务对象主要是全市院校广大师生。

第三条　院校网络建设和管理实行统筹规划、统一标准、协同管理的原则。

第二章　组织与管理

第四条　网络信息管理领导小组为院校网络管理工作的领导组织,负责提出院校网络规划、建设和发展的意见,负责加强对院校网络信息的检查、监督与管理,使院校网络安全、稳定地运行。

第五条　网络信息中心为院校网络建设和管理的具体办事机构,负责院校网络日常运行、管理和发展。做好校园网突发事件应急处置预案,健全预警预防与快速反应机制,完善校园网络安全防护、信息过滤、信息实时监测与跟踪、路由路径控制等系统,构建网络技术防控体系。其主要职责是:

1.执行网络信息管理领导小组的有关决策。

2.负责院校网络系统的建设、管理和维护。

3.管理、指导和监督院校网络用户、子网和主机接入主干网运行。

4.负责保存网络运行的有关记录并接受上一级网络的监督和检查。

5.负责二级接入部门和用户的管理、技术咨询和培训工作。

6.负责院校网站相关栏目的制作、管理工作;为负责网站其他栏目的部门提供技术指导。

7.提出院校网络管理、运行、维修、扩充升级等经费使用计划,报有关部门,经学校批准实施。

第六条　网络信息中心负责院校网络系统的安全运行和系统设备的管理和维护,保证主干网的畅通。各接入部门应当服从网络信息中心的网络管理。完善技术措施,提高预警防范能力;各网站要加强系统维护,定期更新软件,定期查毒、杀毒,严防黑客攻击和不良信息传播。

第三章　IP地址使用与用户入网申请

第七条　网络信息中心负责全校网络IP地址统一管理。

第八条　入网部门应统一向网络信息中心申请使用(增加)IP地址。入网部门和个人应严格使用由网络信息中心及本部门网络管理员分配的IP地址,严禁盗用他人IP地址或私自乱设IP地址。

第九条　用户入网实行自愿原则。用户集体开户,应向各部门网络管理员提出申请,填写相应的开户申请表由管理员统一到网络信息中心办理有关手续。

第十条　需要建设业务子网的部门应向学校提交书面申请和子网规划,经网络信息中心确认、学校主管领导同意后实施。未经批准,任何部门和个人不得私自扩充子网或与校外单位联网。

第四章　网络机房

第十一条　院校网络机房包括各院校的网络中心机房和学校各楼宇的网络接入设备间,以下统称网络机房。

第十二条　网络机房由网络信息中心负责管理。网络信息中心网络管理员负责网络设备的运行与维护、系统数据和系统日志备份、系统安全检查、系统相关参数的配置。

第十三条　网络机房钥匙由网络信息中心指定专人保管,其他部门与人员未经许可不得随意进入机房。

第十四条　网络设备的驱动程序、保修卡及重要随机文件等,由网络管理员负责整理,并移交中心档案室存档。随机资料一律不得外借,如遇特殊情况,需经学校领导批准,并在指定的时间内归还。

第十五条　网络机房内严禁存放易燃、易爆、腐蚀性、强电磁、辐射性、流体物质及与工作无关的物品。

第十六条　网络机房内应保持清洁卫生。严禁在机房内吸烟、饮食、嬉戏和从事其他活动。

第十七条　网络机房实行巡检制度,网络管理员应定期对机房进行巡检,检查设备运行状态、机房环境及安全状况:

1.巡检内容:网络设备如路由器、交换机、网络安全设备工作状态;机房供电、环境卫生、照明、防水、温湿度;UPS工作状态;消防设施状况等。

2.巡检流程:首先检查路由器、交换机、网络安全设备的通电状态,电源指示灯、运行状态指示灯是否正常,有无异常警告;其次检查网络机房温度是否过高,空调是否正常;第三检查消防设施是否在位和完好;第四填写网络机房巡检记录;第五检查网络机房监控系统及其记录是否正常;第六检查门、窗、灯是否关闭,机房、机柜等是否锁好。

3.常规物理巡检后应立即查看当日的系统日志,监测网络运行状况,做好工作记录及维护日志。

第十八条 网络管理员应恪守保密制度,不得擅自泄露网络机房各种信息资料与数据。

第五章　网站与上网信息

第十九条 各院校建立校园网站,内容由各相关职能部门负责维护;各部门建立主页,自行维护。上网信息管理实行谁上网谁负责原则。上网信息不得有违反国家法律、法规或侵犯他人知识产权的内容。上网信息应定期进行更新,网络信息中心提供技术支持。

第二十条 上网信息实行审核登记制度。各部门上网信息按"谁上网谁负责"的原则,严格执行上网信息审批制度,履行信息发布审批手续。

第二十一条 需要设立Web服务器、FTP服务器等公开站点的部门,必须由部门网络管理员向网络信息中心提出申请,填写表格,由部门领导签字同意,经主管校领导审核批准后方可设立,同时应指定专人负责管理。

第二十二条 除经批准的电子商务站点外,其余任何网络站点不得从事带有商业性质的服务。

第六章　网络安全管理

第二十三条 各部门、用户必须自觉遵守国家有关保密法规

1.不得利用网络泄露国家秘密;

2.涉密文件、资料、数据严禁上网流传、处理、储存;

3.与涉密文件、资料、数据和涉密科研课题相关的计算机严禁联网运行。

第二十四条 任何部门、用户不得使用院校网络制作、复制、查阅和传播下列信息:

1.违反、破坏宪法和法律的信息;

2.煽动颠覆国家政权、推翻社会主义制度的信息;

3.煽动分裂国家、破坏国家统一的信息;

4.煽动民族仇恨、民族歧视,破坏民族团结的信息;

5.捏造或者歪曲事实,散布谣言、扰乱社会秩序的信息;

6.宣扬封建迷信、淫秽、色情、赌博、暴力、凶杀、恐怖、教唆犯罪的信息;

7.邪教的有关信息；

8.公然侮辱他人或者捏造事实诽谤他人的信息；

9.损害国家机关信誉的信息；

10.违反伦理道德的不健康的信息。

第二十五条　任何用户不得从事下列危害计算机信息网络安全的活动

1.未经允许,进入计算机信息网络或者使用计算机信息网络资源；

2.未经允许,对计算机信息网络功能进行删除、修改或者增加；

3.未经允许,对计算机信息网络中存储、处理或者传输的数据和应用程序进行删除、修改或者增加；

4.故意制作、传播计算机病毒等破坏性程序；

5.其他危害计算机信息网络安全。

第二十六条　用户的通信自由和通信秘密受法律保护。任何单位和个人不得违反法律规定,利用院校网络侵犯用户的通信自由和通信秘密。

第二十七条　网络信息中心应当履行下列安全保护职责

1.负责本校网络的安全保护管理工作,建立健全安全保护管理制度；

2.落实安全保护技术措施,保障本网络的运行安全和信息安全；

3.负责对入网用户的安全教育和培训；

4.对委托发布信息的部门和个人进行登记,并对所提供的信息内容按照相关规定进行审核；

5.建立计算机信息网络电子公告系统的用户登记和信息管理制度；

6.发现有违法乱纪行为的,应当保留有关原始记录,并及时向学院领导和相关职能部门报告；

7.按照国家有关规定,删除本网络中含有违法内容的地址、目录或者关闭服务器。

第二十八条　各接入部门必须建立以下安全管理制度

1.信息发布文责自负、审核、登记制度；

2.有害信息监视、保存、清除和备份制度；

3.违法案件报告和协助查处制度；

4.账号使用登记和操作权限管理制度；

5.安全教育和培训制度；

6.禁止涉密微机入网制度。

第二十九条　对于不符合安全管理规定的站点、网页,一经发现,网络信息中心有权从网上隔离,并要追究有关人员的责任。

第三十条　网络信息中心和各接入部门要定期对相应的网络用户进行有关的信息安全和网络安全教育,并根据国家有关规定对上网信息进行检查。发现问题应及时上报,并采取处理措施。接入部门和用户必须接受并配合国家和学校有关部门依法进行的监督和检查。

第三十一条 网络使用者不得有意运行黑客程序和制造、施放计算机病毒,不得利用各种网络设备或软件技术从事端口扫描、用户口令侦听及账户盗用活动。

第三十二条 院校网络的使用实行用户认证制度。联网计算机及上网人员要及时、准确登记备案。所有用户都必须按规定开设账户后使用网络,账户密码要妥善保管。个人账户和密码不得转借他人,即不得有多人共用同一账户的情况。

第三十三条 院校内从事施工、建设,不得危害计算机网络系统的安全。

第三十四条 院校网络主、辅节点设备及服务器等遭到黑客攻击后,有关部门必须及时向网络信息中心及公安机关报告。

第三十五条 禁在院校网络上使用来历不明、可能引发病毒传染的软件;对于来历不明的可能带有计算机病毒的软件应使用公安部推荐的杀毒软件检查、杀毒。

第三十六条 院校网络管理和使用部门必须落实各项管理制度和技术规范,监控、封堵、清除网上有害信息。为了有效地防范网上非法活动,院校网络实行统一出口管理、统一用户管理。各部门一律不得私设各类服务器。

第三十七条 各类服务器必须设置日志记录,日志记录时间不得少于6个月。网络信息中心要按照有关部门的规定,不定期地检查各服务器的日志。

第七章 域名管理

第三十八条 学校主域名由网络信息中心负责向相关部门申请并备案,可以建立二级域名,要符合国家有关规定。

第三十九条 任何部门或个人,未经允许不得在院校网络中架设域名服务器,所有正式面向学校或社会的域名服务都必须接受网络信息中心管理。

第四十条 对于需要申请域名的个人或其他特殊需求者,经所在部门同意、主管校长批准后,由网络信息中心审核并实施。

第四十一条 网络信息中心应保证所管理的域名服务器连续稳定地正常运行;应监视、记录、制止、查处和防范涉及所管理域名服务器违反有关规章制度的情况;应及时发现并尽快排除影响系统安全和正常运行的各种故障和隐患。

第四十二条 域名在使用期间违反国家、行业或学校相关法律法规的,网络信息中心有权暂停该域名的使用,经整改后重新使用。

第四十三条 域名所对应的服务器如果没有运行所申请的服务,或者所申请的服务中断运行连续超过三个月,且未向管理部门说明具体原因的,网络信息中心有权暂停该域名的使用。

第四十四条 域名申请部门需要暂停或注销域名的,须向网络信息中心备案。